大学生素养丛书

大学生信息素养

（第2版）

林豪慧　主　编
陈晓瑜　杨　伟　副主编

電子工業出版社
Publishing House of Electronics Industry
北京 · BEIJING

内 容 简 介

本书以提高大学生信息素养为目标，依据《高等教育信息素养框架》引入了信息素养的新视野，介绍了信息素养框架和相关知识、技能，并结合高校信息素养教育实践，分享了反映学习者信息行为的学习实践和感悟。全书共 8 章，包括信息素养，人人都应具备；认知信息的价值，认识信息伦理与安全；培养检索思维，探索式查找与获取信息；知悉信息源，学术科研必备；开放与免费资源，公平获取信息；管理文献与知识，提升学习科研效率与质量；分析研读信息，进行科研过程训练；活用信息，发现、探索、创新、创造。

本书既可作为本科生和研究生的学习用书，也可作为教师、科研人员、工程技术人员和其他社会各界人士有效利用信息、开展研究活动的参考材料。

图书在版编目（CIP）数据

大学生信息素养 / 林豪慧主编. —2 版. —北京：电子工业出版社，2022.1

ISBN 978-7-121-42835-7

Ⅰ. ①大… Ⅱ. ①林… Ⅲ. ①信息素养－高等学校－教材 Ⅳ. ①G254.97

中国版本图书馆 CIP 数据核字（2022）第 015766 号

责任编辑：张云怡　　　　文字编辑：赵　娜
印　　刷：大厂回族自治县聚鑫印刷有限责任公司
装　　订：大厂回族自治县聚鑫印刷有限责任公司
出版发行：电子工业出版社
　　　　　北京市海淀区万寿路 173 信箱　　邮编：100036
开　　本：787×1 092　1/16　印张：19.5　字数：499.2 千字
版　　次：2017 年 8 月第 1 版
　　　　　2022 年 1 月第 2 版
印　　次：2025 年 1 月第 9 次印刷
定　　价：68.00 元

凡所购买电子工业出版社图书有缺损问题，请向购买书店调换。若书店售缺，请与本社发行部联系，联系及邮购电话：（010）88254888，88258888。

质量投诉请发邮件至 zlts@phei.com.cn，盗版侵权举报请发邮件至 dbqq@phei.com.cn。

本书咨询联系方式：（010）88254573，zyy@phei.com.cn。

前　言

第 2 版说明

《大学生信息素养》以美国《高等教育信息素养框架》（以下简称《框架》）的新理念为引领，结合编者在信息素养教育实践和探索中所得的经验、素材和感悟进行筹划和编写，在大纲和内容编排、资料和素材选取、呈现和表达形式等方面非常具有实操性，并特别提供了丰富的学生习作案例。作为信息素养教育教材编写的一次探索，本书自出版以来，得到了广大读者朋友们的厚爱、反馈和建议，非常感谢。

引入《框架》的新理念，是本书的编写思路，也是本书的一个重要特色。国内外对信息素养概念的理解和诠释不断演变，原有信息素养概念遭遇当前信息全媒体化和泛在化的冲击，使“素养”概念的融合变得必要且必然。2015 年美国大学与研究图书馆协会发布了《框架》，其信念是，只有通过一套更丰富、更复杂的核心理念，信息素养作为一项教育改革运动的潜力才能得以充分实现。《框架》采纳、借鉴了“元素养”的概念，是对信息素养概念的重塑，是灵活和可扩展的，是与时俱进的，因而在国内外引起了较大反响，国内高等教育界也在积极引进、研究和应用。本书在拟订大纲时，以《框架》的新理念为引领，并结合内容的实用性，在一定程度上将这些新理念呈现出来。

本书的第二个特色是在教材中突出了学生的参与度，本书既是一本教材，也是一本“学材”。本书尝试用教学实践来诠释信息素养的技能范畴，并显示了以学生为中心，支持泛在学习、情境学习、问题解决式学习、协作式学习，发展创新、创造能力的信息素养教育的努力方向。在上一版的基础上，本书第 1 章～第 7 章末增加了“学习分享”板块，并在第 8 章提供了最新的学生习作案例。在这些习作案例中，搜索思维清晰，内容各具特色，关注现实，呈现信息利用成果，既体现了学习者的搜索思维和知识技能，又展示了学习者在信息行为方面的实践和感悟。这些习作案例来自编者这几年来在信息素养教育中积累的几千份一手素材，其中一部分是在 2020 年年初线上授课时完成的，及时、真实、鲜活地反映了当前大学生在学业、科研、成长和生活过程中，获取、评估和利用信息抗击新型冠状病毒肺炎（以下简称新冠肺炎）疫情、解决问题、进行学术训练和学术交流的一般状况和动态。感谢他们的分享！读者可以从中更好地理解反映信息素养重要学习目标的知识技能和行为方式这两个元素，从而引发思考，获得借鉴。

本书还介绍了几种信息管理工具，用以提升读者的学习、科研、生活和工作效率，也分享了学习者综合利用这些信息管理工具进行论文和综述写作的实践和感悟。每章章首都提供了该章的思维导图，既呈现了每章的内容，也方便读者快速把握每章的主要内容和结构，用实际行动引导读者学习和应用信息素养的思维和技能。相比一般同类教材，这些内容的安排可以说是本书的第三个特色。

本书共 8 章，第 1、2、3、6、7、8 章由林豪慧编写，第 4 章由杨伟和陈晓瑜合作编写，第 5 章由陈晓瑜编写。全书由林豪慧策划主编，并对书稿进行了统筹、修改、审校和定稿。陈如好审阅了全书。

本书的编写获得了广东工业大学本科教学工程的正式立项。图书馆陈如好馆长审阅了本书，李晖书记给予了关心和支持。本书采用了高婧、李伟东、梁轩、冯凯俊、邓煜钊、王长庚、谭令威、龚啟鸣、黄瑜、郑宗楷、陈华悦、卢澍楠、林宝滢、黄楚炘、梁华杰、陈蔚星等同学的习作素材，也从很多学术文献及其他参考资料中得到了启发和灵感，由于篇幅所限，这些资料未能在本书中尽列，在此一并深表谢意！

希望读者能从本书中受益，也欢迎大家对本书提出任何反馈和建议！

联系邮箱：linhaohui@gdut.edu.cn。

林豪慧

目　录

第 1 章

信息素养，人人都应具备

1974 年，美国信息产业协会主席保罗·泽考斯基（Paul Zurkowski）首次提出了信息素养的概念，认为信息素养是利用大量的信息工具及主要信息源使问题得到解决的技能。信息素养概念一经提出，便得到广泛传播和使用，世界各国的研究机构和教育机构围绕信息素养展开了持续而广泛的研究、探索和实践，信息素养的概念也随着时代的发展不断演变。在互联网时代，信息素养是个人投身信息社会的一个先决条件，提升和优化公民的信息素养已经成为各国的共识，信息素养也成为促进人类发展的全球性政策。信息素养，人人都应具备。

本章思维导图

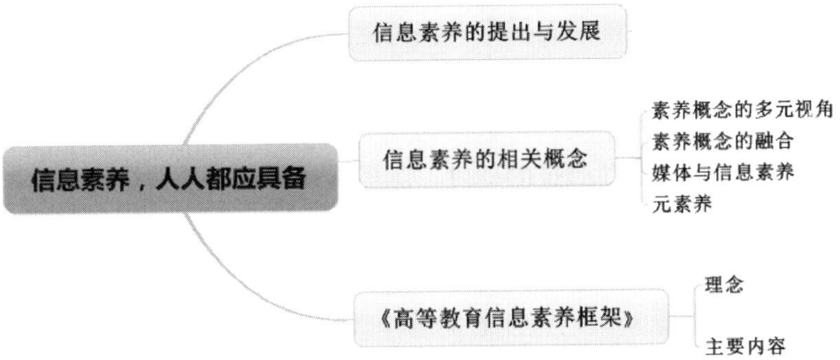

1.1 信息素养的提出与发展

1974 年，美国信息产业协会主席保罗·泽考斯基在给美国图书馆与信息科学委员会的报告中，首次提出了信息素养的概念。他认为，信息素养是利用大量的信息工具及主要信息源使问题得到解决的技能。这个定义的内涵有三个方面：一是在具体问题中使用相关信息；二是具有利用信息工具和主要信息源的知识与技能；三是利用信息的目的是解决具体问题。简单地说，信息素养就是获取、评价及使用信息资源的能力。

1976 年，黎·伯奇纳（Lee Burehinal）提出，一个具备信息素养的人需要掌握一系列新的技能，包括高效地检索与利用所需信息解决实际问题的能力。

1979 年，罗伯特·泰勒（Robert Taylor）认为，信息素养应包含以下几方面的因素：在大部分的问题解决方案中使用恰当的事实与信息；各种可获得信息源的基础知识；信息的存储组织是一个持续的过程，它与用户的信息需求同样重要；必须掌握信息获取的策略与方法。

在以上几个定义中，信息素养都被看作一种掌握并利用信息的技能。

1980 年以后，以计算机技术为核心的信息技术的发展日新月异，并在各行各业中得到了广泛应用。在这种形势下，各国专家、学者和机构对信息素养概念的内涵做了大量的理论研究和探讨，使信息素养的含义不断深化，不仅包括各种信息技术和技能，而且包括个体对待信息的态度。日本学者指出，信息素养应包括 4 个方面的内容：一是判断、选择、处理、创造和传递信息的能力；二是对信息社会的特性和信息化给社会和人类带来的影响的理解；三是对信息重要性的认识和信息责任感；四是对信息科学的基础及信息手段的特性和基本操作的掌握。美国信息学家福雷斯特·霍顿（Forest Horton）认为计算机在信息时代将体现出其潜在的价值，他指出："相对于计算机素养而言，信息素养反映了整个社会对知识爆炸的认识水平，是计算机信息处理系统在问题处理和决策过程中对所需信息进行标识、存取等提供知识的水平。"这一定义标志着计算机信息处理已被引入信息素养的概念中。1983 年，霍顿提出，教育部门应开设信息素养课程，以提高人们对电子邮件、数据分析及图书馆网络的使用能力。这把信息素养与计算机和网络联系了起来。

1987 年，信息学家帕特丽夏·布里维克（Patrieia Breivik）将信息素养概括为一种了解提供信息的系统，并能鉴别信息的价值，选择获取信息的最佳渠道，掌握获取和存储信息的基本技能。

1989 年，美国图书馆协会和美国教育传播与技术协会提出了被广泛接受和使用的信息素养的定义："具有信息素养的人能够知道什么时候需要信息，并能够有效地获取、评价和利用所需要的信息。"这个定义指出了信息素养的 4 个基本点：信息素养是一种技术与技能；信息素养的技术与技能是运用信息工具和主要信息源的知识与技能；判断是否具备信息素养的标准是能否利用信息解决问题；信息素养需要培养。在这 4 个基本点中，运用信息工具和主要信息源的知识与技能、利用信息解决问题是信息素养的核心，也是保罗·泽考斯基向图书馆界提出培养社会成员信息素养的主要原因。也就是说，信息素养的核心是信息能力，特别指检索、评价和利用信息的能力，即能够快速地、有效地获取信息，能够熟练地、批判地评价信息，能够精确地、创造性地使用信息。这是信息时代学习能力中最重要的一项能力，它强调的是采取各种方式获取需要的信息来解决实际问题。因此，它非常宽泛，适用于各类群体，包括没有受过高等教育的普通民众。信息素养这个概念也从图书情报界迅速扩展到教育界，甚至全球各个领域。

1992 年，道伊尔 C. S.（Doyle C. S.）在《信息素养全美论坛的总结报告》中进一步将信息素养定义为："一个具有信息素养的人，能够认识到精确和完整的信息是做出合理决策的基础，确定对信息的需求，形成基于信息需求的问题，确定潜在的信息源，制定成功的检索方案，从计算机和其他信息源中获取信息、评价信息、组织信息并实际应用这些信息，将新信息与原有的知识体系进行融合，在运用批判的观点思考和解决问题的过程中使用信息。"这个定义将信息素养的内涵具体化了。

1998 年，在美国图书馆协会和美国教育传播与技术协会的出版物《信息能力：创建学习的伙伴》中，从信息技术、独立学习和社会责任等方面进一步扩展和丰富了信息素养的内涵和外延。

2000 年 1 月，美国大学与研究图书馆协会（Association of College and Research Libraries，ACRL）在得克萨斯州的圣安东尼奥召开了美国图书馆协会会议，会上审议并通过了《美国高等教育信息素养能力标准》（*Information Literacy Competency Standards for Higher Education*），并于 2004 年 2 月获得美国独立大学理事会的认可。该标准被世界多个国家采用或参照采用。

2003 年，《布拉格宣言：走向具有信息素质的社会》指出，信息素养是终身学习的一项基本人权。

2005 年，《亚历山大宣言》指出，信息素养和终身学习是信息社会的灯塔，照亮了信息社会发展、繁荣和走向自由的进程。

2008 年，联合国教育、科学及文化组织（以下简称联合国教科文组织）在报告中确定了信息素养的指标框架。

2013 年，《国际图书馆协会联合会关于图书馆与发展的宣言》指出，图书馆尤其是公共图书馆的重心，将逐渐从阅读向包括阅读在内的更广泛的素养转移，而且更加突出信息素养和技术素养对现代人的重要性，希望让更多的人通过掌握这些技能，增加工作机会，提高创业能力，提升生活品质。国际图书馆协会联合会（International Federation of Library Associations and Institutions，IFLA）成立于 1927 年，是联合各国图书馆协会、学会共同组成的一个机构，是世界图书馆界最具权威、最有影响的非政府专业性国际组织，为全球图书馆和信息界发声。目前 IFLA 拥有来自 150 多个国家和地区的 1 500 多名会员（数据来源于 IFLA 官网）。

2015 年 2 月 2 日，ACRL 理事会提交了《高等教育信息素养框架》（*Framework for Information Literacy for Higher Education*），提出了信息素养框架的新理念，由 ACRL 董事会于 2016 年 1 月 11 日签署通过。后文将对此做相应介绍。

1.2 信息素养的相关概念

1.2.1 素养概念的多元视角

素养是一个多元、情境、动态的概念。进入 21 世纪以来，世界各国纷纷由工业社会进入信息社会，信息社会要求公民具备新的能力以适应不断变化的环境。受到信息媒体、通信技术和数字世界的持续影响和冲击，素养的概念历经发展和延伸，除了信息素养，还有媒体素养、网络素养、计算机素养、数字素养、图书馆素养、文化素养、视觉素养、科学素养、元素养等相关素养，如图 1-1 所示。不同素养概念之间的界限逐渐模糊，呈现出多个概念逐步走向复合的趋势。这些概念既各有侧重，又在一定程度上相似、交叉、融合，信息素养概念面临一系列相似概念的竞争和冲突。

图 1-1　素养概念的发展和延伸

媒体素养、信息素养和数字素养有着不同的学术起源和研究范畴。媒体素养源于媒体和公民的研究，关注媒体内容、媒体行业和社会影响，具有强烈的社会性内涵；信息素养源于图书馆学和信息学，关注知识的创造和使用，以及对学习过程、信息存储处理和使用的充分知情；数字素养源于计算机科学和信息学。

媒体素养的概念起源于 20 世纪 30 年代，最早可追溯至屏幕材料的使用，但在近 20

年内才得到了快速发展。在英国，媒体素养被定义为在多种情境下获取理解和创设交流的能力；在北美，媒体素养被视作一系列通信能力的集合，包括对各种形式的信息的获取、分析和表达能力，这些信息可以是纸质的或非纸质的。尽管人们对媒体素养概念在表述上各不相同，但都一致强调批判地处理媒体信息，提高获取、理解、分析、使用和创建媒体制品能力的特征。

数字素养通常是指有效地、批判地从一系列来源中获取和评估不同格式（尤其是数字格式）信息的能力，在此基础上使用一系列工具和资源（尤其是数字技术）创造新的知识。就概念本身来说，数字素养与媒体素养十分接近，主要体现为帮助信息的使用者安全和道德地进行社交与合作。

虽然媒体素养聚焦于媒体的获取与发展，信息素养聚焦于如何使用不同的技术工具管理不同格式和形式的信息，数字素养聚焦于使用数字设备软件的能力和信息通信技术的开放透明，但它们都表现出以下相似之处。

① 关注培养人的能力——获取、理解、评价、交流、使用和创建媒体消息与信息的能力，致力于促进终身学习、全民参与、建构知识社会的目标，强调道德地使用信息、批判地分析内容、多媒体平台的使用、知识生产这 4 个方面的重要性。

② 促进人类的基本权利和自由，尤其是发表和获取信息的自由。媒体素养尤其考虑言论自由、新闻自由和媒体多元；信息素养则强调通过任意媒体跨越国界收集信息和思想的权利；数字素养涉及信息和信息通信技术（尤其是互联网技术）的开放、多元、包容和透明。

③ 三者都越来越重视信息和通信技术支持下的多媒体资源的使用，关注的重点包括对内容的批判性评价、对媒体和信息供应者职能的理解、对媒体信息产品、服务与过程的了解等。

1.2.2　素养概念的融合

近年来，随着信息技术应用的逐步深入，媒体素养、信息素养和数字素养等概念呈现出日渐融合的发展趋势。一方面，大众媒体和信息通信技术不可逆转地影响着人们日常的生活、学习和工作，在新的技术环境下，人们迫切需要具备多种素养技术和能力，单一的信息素养或媒体素养都不足以体现个人应对与使用媒体和信息的能力；另一方面，技术的融合淡化了不同素养概念之间的界限，数字技术的迅速发展与深入应用成为媒体素养和信息素养融合的主要原因。20 世纪 90 年代，克尔施（Koelsch）认为，计算机技术将媒体素养的内涵延伸至信息素养。信息素养专家意识到需要与媒体世界联通，应更加重视对检索到的信息进行批判地分析。在媒体素养方面，面对数字化时代的海量信息，从业者也深刻地认识到提升信息素养及熟练进行信息搜索、评估和应用的重要性。

由此，国际上提出了媒体与信息素养、元素养的概念。

1.2.3 媒体与信息素养

1. 媒体与信息素养的提出

素养概念的融合成为时代的必然。信息素养和媒体素养传统上被视为两个独立且不同的领域，联合国教科文组织将这两个领域作为今天人们生活和工作所必需的综合能力（知识、技能和态度），将相关概念进行融合，提出了媒体与信息素养（Media and Information Literacy，MIL）的概念。

联合国教科文组织在 2013 年发布的《全球媒体与信息素养评估框架》（*Global Media and Information Literacy Assessment Framework*，以下简称《MIL 评估框架》）中，对 MIL 的概念做了界定，MIL 被定义为一组能力，这些能力允许公民使用一系列工具，以批判的、道德的和有效的方式，获取、检索、理解、评估、使用、创造、分享所有格式的信息和媒体内容，以参与和从事个性化、专业化、社会化的活动。联合国教科文组织认为，提升公民的 MIL 对公民权利的享有和社会的持续发展都是极为重要的，每位公民都需要学习、理解媒体与信息的传播规则，学习管理资源的能力，了解更多来自虚拟世界的机遇和威胁。联合国教科文组织通过综合战略来创建 MIL 社会，支持和鼓励各成员国创建有利的环境，帮助本国公民成为具有 MIL 的人。

2. 媒体与信息素养五大法则

联合国教科文组织于 2017 年 2 月发布了 MIL 五大法则（见图 1-2），期望通过信息素养与媒体素养的结合，将其内化为人们在 21 世纪生活和工作所必备的知识、技能和态度。MIL 可以辨识出媒体与信息在人们日常生活中的主要角色，使公民能够了解媒体和其他信息提供者的功能，并且能够以批判的角度去评估媒体与信息的内容，使用户及媒体与信息内容的提供者做出明智的决策。

3.《MIL 评估框架》

（1）《MIL 评估框架》简介

在信息与交流技术飞速发展的时代，要求人们具有更好地管理信息与知识的能力。联合国教科文组织于 2013 年 12 月发布了《MIL 评估框架》，为各成员国评估其在创造能动的 MIL 环境上所做的准备及评估公民 MIL 的能力方面，提供了方法指导与实践工具，尤其聚焦于对服务与培训领域的教师能力的评估。

联合国教科文组织在其战略中引入了 MIL 的新概念，从而将一些相互关联的概念，如信息素养、媒体素养、信息与计算机技术（Information and Communication Technology，ICT）和数字素养及其他相关方面，纳入一个总体概念，如图 1-3 所示。联合国教科文组织认为这些素养在复合概念中是互补和统一的，同时也承认这些素养是相互独立的，具有各自的完整性和身份。

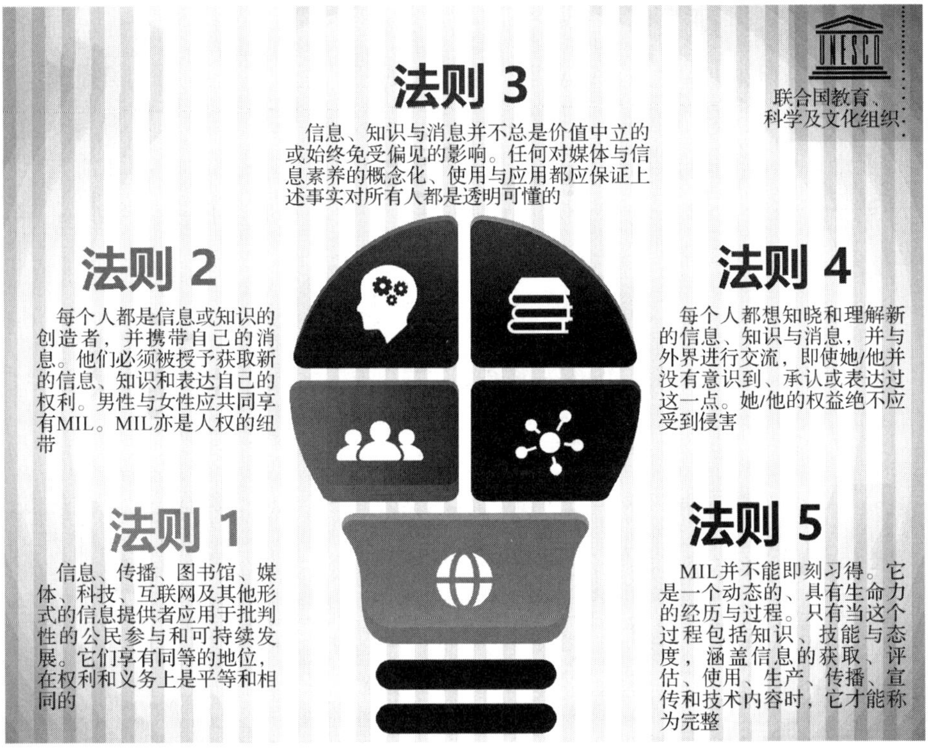
UNESCO
联合国教育、
科学及文化组织
法则 3
信息、知识与消息并不总是价值中立的或始终免受偏见的影响。任何对媒体与信息素养的概念化、使用与应用都应保证上述事实对所有人都是透明可懂的
法则 2
每个人都是信息或知识的创造者，并携带自己的消息。他们必须被授予获取新的信息、知识和表达自己的权利。男性与女性应共同享有MIL。MIL亦是人权的纽带
法则 4
每个人都想知晓和理解新的信息、知识与消息，并与外界进行交流，即使她/他并没有意识到、承认或表达过这一点。她/他的权益绝不应受到侵害
法则 1
信息、传播、图书馆、媒体、科技、互联网及其他形式的信息提供者应用于批判性的公民参与和可持续发展。它们享有同等的地位，在权利和义务上是平等和相同的
法则 5
MIL并不能即刻习得。它是一个动态的、具有生命力的经历与过程。只有当这个过程包括知识、技能与态度，涵盖信息的获取、评估、使用、生产、传播、宣传和技术内容时，它才能称为完整
图 1-2　MIL 五大法则

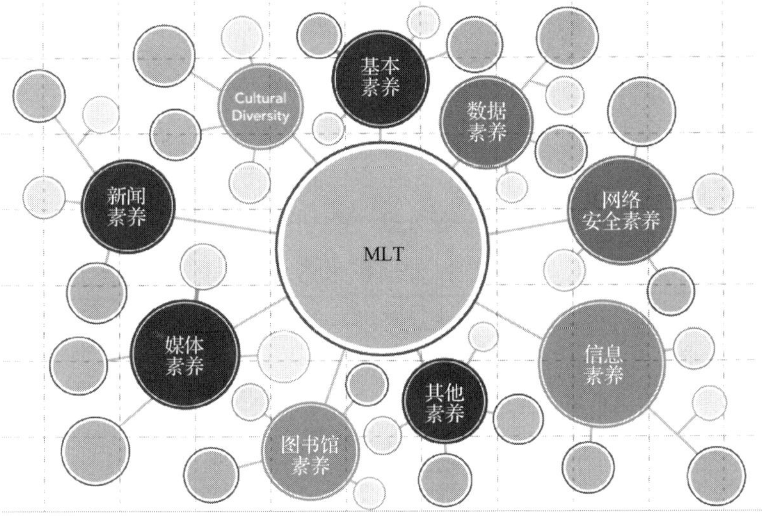
基本
素养
Cultural
Diversity
数据
素养
新闻
素养
MLT
网络
安全素养
媒体
素养
信息
素养
其他
素养
图书馆
素养
图 1-3　复合概念的 MLT

联合国教科文组织认为，对于任何社会的可持续发展，信息素养人口的培育都是必不可少的，要求个人、社区和国家都要获得不同范围的能力形成 MLT。

当前，ICT 快速增长，在互联网领域占据主导地位，并越来越多地与移动技术融合，

为公民的工作、参与和包容提供了新的机会和形式。ICT 的使用，以及社交网络平台、全球共享信息和媒体内容的大规模获取、生成和处理，创造了一个独立的虚拟世界，或者说一个新的现实世界。此外，大型媒体和信息提供商作为主要的互联网服务提供商，与其他全球性的公司、社区和网络一起，不仅直接影响了国家和地理区域的自然和历史边界，还进入了每个人的个人、专业和社会生活。MIL 对社会的直接影响如图 1-4 所示。

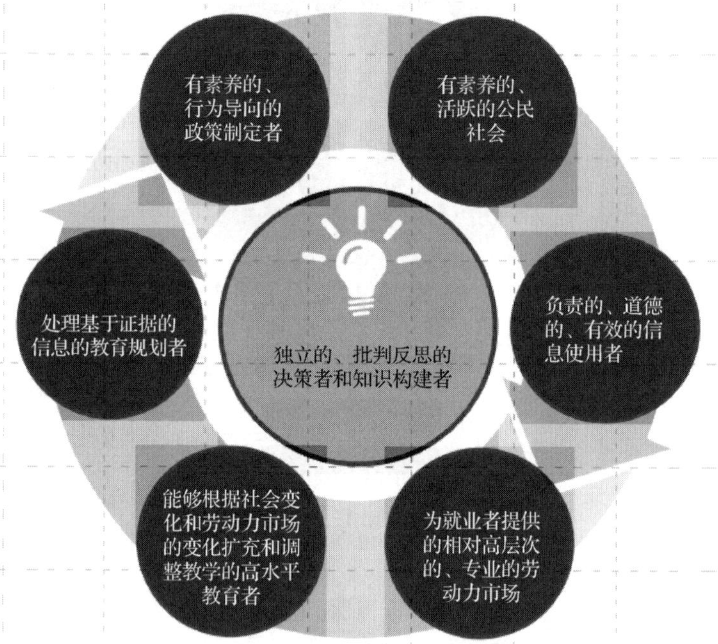

图 1-4 MIL 对社会的直接影响

在《MIL 评估框架》中，评估是必不可少的第一步，是开发、监测和实施干预的过程，它提供有效和可靠的数据用于战略决策，特别是制定国家政策、战略并建立条件和要求。没有有效和可靠的数据，政策制定者和决策者就可能不知道现有的需求、差距和挑战，可能也很少了解可用或需要采取的手段、有效措施以实现预期目标。如图 1-5 所示说明了《MIL 评估框架》的主要利益相关者。

（2）《MIL 评估框架》的主要内容

①《MIL 评估框架》包括三部分，具体如下。

一是理论依据。具体包括：素养概念的变迁；不同素养之间的关系与融合及其对社会影响；MIL 的概念与理论依据；MIL 对社会、社区和个人的潜在益处；发展 MIL 的条件；国家实施 MIL 评估的理论依据。

二是评估框架细则。内容包括 MIL 评估的对象目标与结构。其中，结构的第一层是国家准备程度，评估国家为提升 MIL 水平所采取的相关举措的准备程度；第二层是针对公民 MIL 能力的评估，特别关注服务与培训领域的教师能力。

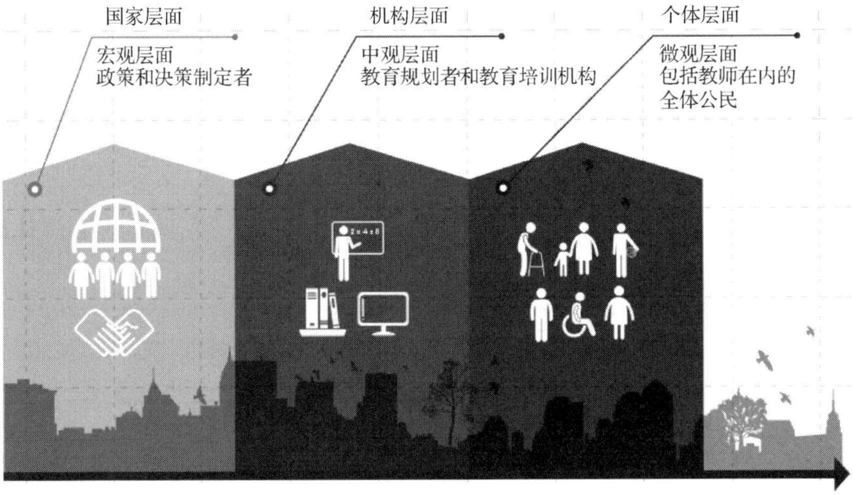

图 1-5 《MIL 评估框架》的主要利益相关者

三是评估的实施。具体包括：为实施 MIL 评估提供方法上的指导和切实可行的建议；针对评估结果建议进一步的对策与解决方案；提供面向国家和公民的各种实用的评估工具。

②《MIL 评估框架》的两个层面：MIL 的国家准备程度和 MIL 能力。

MIL 的国家准备程度用于描述一个国家为提升 MIL 水平所采取的相关举措的准备程度。《MIL 评估框架》中的国家准备程度评估指标包括以下 5 个方面：MIF 教育、MIF 政策、媒体和信息供给、媒体和信息的获取与使用、公民社会。

在《MIL 评估框架》中，MIL 的国家准备程度分为三个等级：一是非常有利的环境，即与 MIL 环境相关的 5 个方面的指标都被包括在内，在国家层面得到了较好的发展和支持；二是比较有利的环境，即大多数指标都被包括在内，在国家层面得到了发展和支持，部分指标仍有待提高；三是不太有利/不利的环境，即大多数 MIL 指标都有待提高，部分指标缺失。

MIL 能力用来描述公民在 MIL 方面的能力和表现水平。MIL 能力矩阵包含 5 个方面：MIL 要素、MIL 二级指标、能力、表现标准、熟练程度。

③《MIL 评估框架》中的 MIL 要素。《MIL 评估框架》中的 MIL 要素包括获取要素、评价要素和创建要素，下面做简要介绍。

首先是获取要素。获取指的是使用适当的技术访问、检索、存储信息和媒体内容的能力，包括明确对信息、媒体内容和知识的需求的能力，识别各种来源和格式（纸质、音频、图像和数字）的信息和媒体内容的能力，以及从数字或实体图书馆、博物馆、个人文件或其他来源中进行检索、获取信息的能力。

获取要素的表现水平（或熟练程度）分为低、中、高三个等级：低级水平表现为能够认识到自己对信息和媒体（内容）的需求，能使用基本的工具快速查找、提取信息源，能甄别并存储信息和媒体内容；中级水平表现为明确信息和媒体（内容）需求的性质、角色和范围，能使用不同的工具在不同的、相互矛盾的信息源中查找和提取信息和媒体内容，在法律和道德原则的基础上存储和应用信息和媒体内容；高级水平表现为能将自己对信息和媒体（内容）的需求转变为具体的检索策略和计划，在必要时能使用不同的工具，以一种系统、准确和有效的方式，从各种信息源中检索所需信息和媒体内容以备后续利用。

其次是评价要素。评价指的是理解、批判地分析和评估信息和媒体内容、信息和媒体机构的工作和职能的能力。其中包括比较事实，在观点中分辨事实，觉察时机，识别重要的意识形态和价值观，质疑社会、经济、政治、专业人员和技术力量如何塑造信息和媒体内容，评估信息的质量（准确性、相关性、流通时间、可靠性和完整性）。

在信息爆炸的时代，首先，个体需要掌握组织、提取、综合信息和媒体内容的技能；其次，个体需要理解媒体机构、媒体专业人员和信息提供者的性质、功能和操作的含义；再次，在更广泛的背景下，个体需要明确信息和媒体内容的功能对促进言论自由、信息自由和获取信息十分重要；最后，具有 MIT 的个体能够理解经济、社会和政治力量，并明察媒体机构、信息提供者及公共机构所产生的影响。

评价要素的表现水平（或熟练程度）分为低、中、高三个等级：低级水平表现在选择信息的来源方面，缺乏对评估标准的运用，对信息提供者的主要原则、条件、社会角色的应用和认识不足，对信息和媒体内容的甄别能力有限；中级水平表现为能在理解信息提供者的重要性和社会角色、分析不同观点的基础上，分析和鉴别信息和媒体内容的质量，有选择性地存储以备后续应用；高级水平表现为能在特定情境和多种条件下，解释、比较、批判地评价、认证信息和媒体内容，鉴赏作者及信息提供者的作品。

最后是创建要素。创建指的是掌握信息、媒体内容和新知识的建立，以及与他人有效交流的能力。包括道德地、有效地使用信息和媒体内容，具备使用信息和媒体内容的基本知识（如知识产权方面的知识）。具有 MLT 不仅意味着具有分析和制作技能，还意味着具有信息和媒体的相关知识，以及道德地使用信息、媒体和 ICT 的态度及价值观。具有 MIL 的公民能够参与和监督民主化进程，因此对媒体制作、知识创造、使用与影响的监控也是 MIL 的关键因素。

创建要素的表现水平（或熟练程度）同样分为低、中、高三个等级：低级水平表现为不能综合运用基本工具组织和存储信息，在传播方面不能进行批判性评价，缺乏道德和法律意识；中级水平表现为能使用恰当的方式和工具，以一种新的形式创建、制作和沟通新的信息和媒体内容，与他人开展对话时在道德和法律层面认识不足；高级水平表现为能够针对目标受众，结合信息和媒体内容，创建、产生新知识，以各种恰当的方式和工具，通过参与的、符合道德和法律的、高效的形式进行交流和传播，并监控相关影响和冲击。

1.2.4　元素养

1．元素养的提出

信息素养是人们有效参与信息社会的一个先决条件，并伴随着信息技术的发展不断地被赋予新的内涵。面对 Web 2.0 不断创新的浪潮，特别是网络社交媒体时代的到来，美国纽约州立大学学者麦基（Mackey）和雅各布森（Jacobson）整合多种素养模型，形成了新的综合性素养框架，在 2011 年提出了元素养的概念。元素养被界定为面向新的 Web 2.0 环境，特别是网络社交媒体时代，通过对相关素养理论的整合并与新信息技术应用相结合，指导信息主体在社交媒体和交互协同在线社区中进行信息获取、评估、组织、交互协同生产与分享的一个整体性、综合性和自我参照的素养框架，强调对信息的批判性思考和交互协同能力。

元素养的提出，是面对单一信息素养不适应 Web 2.0 的新浪潮，特别是不适应网络社交媒体时代的状况，提供一个元视角来整合各种素养模型，它推动了信息素养理论的发展，也展示了信息素养发展的方向。元素养模型展现了人们在重塑信息素养理论和制度方面的努力，提供了在交互协同的信息环境中运用批判性思维、元认知学习进行自我强化学习的有效工具。

2．元素养的主要内容

雅各布森等人将元素养学习分为 4 个领域，指向 4 个培养目标，其中每个目标下又有若干个细分目标，每个细分目标分属于不同的领域，如表 1-1 所示。这 4 个领域分别是：行为（Behavioral，B）领域，包括学习者完成学业应当具备的技巧和能力；认知（Cognitive，C）领域，包括学习者完成学业所需的理解、组织、应用和评估能力；情感（Affective，A）领域，包括学习者通过参与学业实现的态度或情感转变；元认知（Metacognitive，M）领域，包括学习者对自己学习活动的批判性反思，即学习者能够知道为何学和如何学、学到什么和没学到什么、先入之见和继续学习之道。

表 1-1　元素养的培养目标和领域

目　标	细分目标	领　域
培养目标 1：能够批判地评估动态演化的信息内容和网络情境	（1）将参与者的具体情境与信息源结合起来以便确定信息的价值	B、C
	（2）从研究者视角区分原始信息和编辑信息，了解信息的价值和细节	C
	（3）判断来自各种网络信息源的正式或非正式信息的价值	C
	（4）对用户反馈进行积极评估，理解传统网络与社交平台之间不同的机制和情形	B、C
	（5）理解从各种渠道获取信息的重要性，特别是理解批判地获取社交平台内容的重要性	A
培养目标 2：理解技术变迁情境中个人隐私、信息伦理和知识产权等议题	（6）区分原始信息、合成信息和开源信息之间的差别	C
	（7）区分适合开放或分享的信息和适合在受限环境中传播的个人信息	C
	（8）运用信息技术构建活跃的网络空间	B
	（9）在生产或再创造信息时恰当地运用版权和共享许可	B

续表

目　标	细 分 目 标	领　域
培养目标3：在多元化信息参与环境中交互协同和分享信息	（10）遵守信息分享的伦理准则	A
	（11）切实地参与到交互协同的信息环境中去	B
	（12）负责任地参与到交互协同的信息环境中去	A
	（13）有能力区分学术文献、维基等信息形式，并恰当地使用和引用这些信息，以创造新信息	B
	（14）能描述在交互协同环境中与他人所分享信息的不同面	A
	（15）根据服务需求，能将不同的信息形式进行转换，将非结构化数据整合成统一形式	M、C
	（16）和他人有效地就个人或专业信息进行沟通，懂得师生角色可以相互转化	A、B
	（17）用多媒体形式生产所需内容，将在不确定环境中获取的信息转换为新形式	B
	（18）尊重用户生产的内容并合理评估他人的贡献，懂得自己也是信息的生产者和消费者	A
	（19）保持全球化视角，在全球化环境中与他人交流以促进深度学习	A
培养目标4：具备将终身学习和学业、专业目标相结合的能力，以及将学习和科研相结合的能力	（20）根据个人需要设定问题或任务的范围	C
	（21）在活动中对需求和下一步任务进行再评估	C
	（22）懂得信息需求获取策略与信息工具相匹配的重要性	C
	（23）在学习过程中对自己的知识和学习策略进行反思	M
	（24）在信息情境中进行批判的思考，并能将这种批判性思维迁移到新的情境中	M
	（25）持久的、适用性强的、灵活的价值观念	M
	（26）在交互协同的环境中有效沟通，保持多元化学习视角	M
	（27）懂得学习是一个过程，总结经验教训能带来新的认知和发现	M
	（28）通过了解当今信息技术，保持全球化视野，开展智慧的自我学习	M
	（29）通过互动和表达进行自我赋权，具有教学相长和师生角色转换的能力	M
	（30）懂得元素养具有终身实践的价值	M

1.3 《高等教育信息素养框架》

1.3.1 《高等教育信息素养框架》的理念

2016年1月11日，ACRL理事会签署通过了《高等教育信息素养框架》（*Framework for Information Literacy for Higher Education*，以下简称《框架》）。作为国际信息素养教育领域的风向标，《框架》的发布在业界引起了强烈的反响。《框架》的中文版由清华大学图书馆组织团队翻译。

《框架》的信念是，只有通过一套更丰富、更复杂的核心理念，信息素养作为一项教育改革运动的潜力才能得以充分实现。在《框架》发布之前，《高等教育信息素养能力标准》已实施了十多年，学术图书馆员及其高等教育协会的合作伙伴开发了相应的学习成果、工具和资源，并且一些大学已经利用它们将信息素养的概念和技能注入教学大纲中。然而，高等教育环境正在迅速变化，人们赖以工作和生活的信息生态系统也往往是动态而不确定的，这些都需要我们再次把注意力聚焦在这一生态系统的基本理念上。学生在创造新知识、认识信息世界的轮廓和动态变化，以及合理使用信息、数据和学术成果方面有着更重要的作用和义务。教师在设计促进和加强信息的核心概念与本领域学术相融合的课程及作业方面承担着更大的职责。图书馆员则在识别自己知识领域内可以拓展学生学习的核心理念、创设紧密结合的信息素养新课程，以及与教师进行更广泛的合作方面担负着更大的责任。

《框架》特意使用了“框架”一词，因为它是对一系列互相关联的核心概念的集合，可供人们灵活选择和实施，而不是一套标准，或者一些既定的学习成效和技能列表。该框架的核心是将许多信息、研究和学术的相关概念和理念组织成一个整体的概念性认识。这些概念性认识是由威金斯（Wiggins）和麦克蒂赫（McTighe）提出的，其关注点是制订课程计划中的基本概念和问题，以及“阈概念”。阈概念是指那些在任何学科领域都可以增强人们理解、思考及实践方式的通道或门户类概念。《框架》借鉴了一个关于鉴定信息素养阈概念的德尔菲研究成果，并以创新的、突出阈概念的思路进行了重新整合。《框架》还增加了两个反映重要学习目标的相关元素：知识技能和行为方式。知识技能表示的是学习者如何增强他们对这些信息素养概念的理解；行为方式是描述解决学习的情感、态度或评价维度的方式。《框架》按 6 个框架编排，每个框架都包括一个信息素养的核心概念、一组知识技能和一组行为方式。代表这些框架的 6 个核心概念如下。

① 权威的构建性与情境性。

② 信息创建的过程性。

③ 信息的价值属性。

④ 探究式研究。

⑤ 对话式学术研究。

⑥ 战略探索式检索。

无论是知识技能，还是支撑每个核心概念的行为方式，都没有强制规定各具体机构应使用该框架做什么；每家图书馆及其校园合作单位都需要因地制宜地部署《框架》，包括设计学习成果。同样，《框架》所列内容也不是详尽无遗的。

此外，《框架》主要采纳了“元素养”的概念。元素养是指学生作为信息消费者和成功参与合作的信息创造者的一组综合能力，它为我们开启了信息素养的全新愿景。元素养要求从行为上、情感上、认知上和元认知上参与到信息生态系统中去。《框架》正是基于元素养这一核心理念，特别强调元认知（也称为批判式反思），因为元认知对于在快速变化的生态系统中变得更加自主是至关重要的。

《框架》提供了信息素养的新视野，学生是消费者和能够成功参与协作空间的信息创造者。《框架》设想信息素养延长了学生学术生涯中的学习弧线，并与其他学术和社会学习目标相融合，由此给出了信息素养的扩展定义，以强调动态性、灵活性、个人成长和社区学习：信息素养是指包括信息的反思发现、理解信息如何生产与评价，以及利用信息创造新知识、合理参与学习社区在内的一组综合能力。

1.3.2 《高等教育信息素养框架》的主要内容

《框架》中 6 个框架的主要内容如下（以清华大学图书馆翻译的版本为参照）。

1. 权威的构建性与情境性

信息资源反映了创建者的专业水平和可信度，人们基于信息需求和使用情境对其进行评估。权威性的构建取决于不同团体对不同类型权威的认可。权威性适应于一定的情境，因为信息需求有助于决定所需的权威性。

专家知道，权威是一种在团体内被认可或可起作用的影响力。对于权威，专家是以一种有根据的怀疑态度，以及对新观点、不同声音和思想流派变化的开放态度来看待的。专家明白，对于不同权威所给出的信息的有效性，需要判断，也需要承认偏袒某些权威现象的存在，尤其是涉及世界观、性别、性取向和文化导向时。明白了这一概念，初学者就会批判地审视所有证据——不管这是一篇博客短文，还是一篇经同行评审的会议论文，并会就信息的来源、背景及其对当前信息需求的适用性提出疑问。这样一来，初学者在尊重权威所代表的专家意见的同时，对产生权威的体系及权威所创建的信息持保留态度。专家知道如何寻求权威观点，但也承认，不起眼的观点在特定的需求下，也可能会成为权威。初学者可能会依赖基本的权威指标，如出版物类型或作者资质，而专家则认可思想流派和专业学科范式。

（1）知识技能

提高个人信息素养能力的学习者应当：

① 明确权威的类型，如学科专业知识（如学术成就）、社会地位（如公职或头衔）或特殊经历（如参与某个历史事件）；

② 使用研究工具和权威指标来判定信息源的可信度，了解可能影响这种可信度的因素；

③ 明白在很多学科领域，知名学者和著名出版物被视作权威，并被普遍作为标准。即便在这种情况下，一些学者仍将挑战这些信息源的权威性；

④ 认识到权威的内容可以被正式或非正式地包装，并且其来源可能包括所有媒介类型；

⑤ 确认自己正在一个特定的领域形成自己的权威观点，并清楚为此所需承担的责

任，包括追求精确度和可靠性、尊重知识产权、参与团体实践；

⑥ 理解由于权威人士积极互联，以及信息源随时间而不断发展，信息生态系统也在日益社会化。

（2）行为方式

提高个人信息素养能力的学习者应当：

① 在遇到不同的甚至相互冲突的观点时，形成并保持开放的思维；

② 激励自己找到权威信息源，明白权威可以被授予或通过意想不到的方式表现出来；

③ 逐步明白对内容做客观评估的重要性，评估时需持有批评精神，并对自己的偏见和世界观保持清醒的认识；

④ 质疑推崇权威的传统观念，并认可多元观点和世界观的价值；

⑤ 意识到维持这些态度和行为需要经常进行自我评价。

2. 信息创建的过程性

任何形式的信息都是为了传递某个消息而生成的，并通过特定的传送方式实现共享。研究、创造、修改和传播信息的迭代过程不同，最终的信息产品也会有差异。

信息创造的过程可能会导致产生一系列的信息形式和传送方式，所以专家在选择资源时往往会不拘泥于形式。每个信息创造过程的优势和局限性，加上特定的信息需求，决定了信息产品将如何使用。专家认为，在不同的使用背景下，如学术界或工作场所，信息产品的价值也不同。影响或反映信息创造的因素，如出版前或出版后的编辑或审稿过程，可以作为衡量信息质量的指标。对于信息创造与传播的动态性，需要给予持续的关注，从而明白进展中的信息创造过程。认识了信息创造的本质，专家就会结合隐含的信息创造过程和最终的信息产品，批判地评价信息的有用性。初学者认识到信息创造过程的意义后，就会在匹配信息需求与信息产品时做出更精准的选择。

（1）知识技能

提高个人信息素养能力的学习者应当：

① 可以阐明不同创造过程所产生的信息的功能和局限性；

② 评估信息产品的创造过程与特定信息需求之间的匹配程度；

③ 可以清楚地说明，在一个特定学科中，信息创造与传播的传统和新兴的过程；

④ 认识到可能因为包装形式不同，信息给人的感觉也会有异；

⑤ 判断信息形式所隐含的是静态还是动态信息；

⑥ 特别关注在不同背景下各类信息产品被赋予的价值；

⑦ 将对信息产品的优势和局限性的认识运用到新类型的信息产品中；

⑧ 在自己创造信息的过程中形成一种认识，即自己的选择将影响该信息产品的使用目的及其所传达的消息。

（2）行为方式

提高个人信息素养能力的学习者应当：

① 力图找出能体现所隐含的创造过程的信息产品特性；

② 重视将信息需求与适当的产品相匹配的过程；

③ 承认信息的创造最初可能始于一系列不同形式或模式的交流；

④ 承认以新兴格式或模式表达的信息所拥有潜在价值的模糊性；

⑤ 抵制将信息形式等同于其所隐含的创造过程的倾向；

⑥ 知道因不同目的而产生的不同信息传播方式可供利用。

3．信息的价值属性

信息拥有多方面的价值，它可以是商品、教育手段、影响方式及谈判和认知世界的途径。法律和社会经济利益会影响信息的产生和传播。

信息的价值在多种情况下都有体现，包括出版业、信息获取、个人信息的商业化和知识产权法。在“免费”信息和相关服务非常丰富，通过引用规则或抄袭警告和版权法才让人们第一次有了知识产权概念的情况下，初学者可能很难理解信息的多元价值。作为信息的创造者和使用者，专家知道在参与学术团体时自己的权利和义务。专家也明白，在强大利益的驱使下，价值可能会被滥用，某些观点因此会遭到排斥。 然而，价值可以被个人或机构为了引起变革而利用，也可以服务于公民、经济、社会或个人利益。专家也懂得，在面对何时服从、何时质疑与信息价值有关的当前法律和社会经济活动时，个人有责任做出深思熟虑的明智选择。

（1）知识技能

提高个人信息素养能力的学习者应当：

① 恰当地注明信息的出处和引用，表达对他人原创观点的尊重；

② 明白知识产权是法律和社会的共同产物，随着文化背景的不同而有差异；

③ 可以清楚地说明版权、正当使用、开放获取和公共领域的用途及其显著特征；

④ 明白在信息产生和传播系统中，一些个人或群体是如何及为什么被忽视或排斥的；

⑤ 认识到获取或缺乏获取信息源的问题；

⑥ 判断信息发布的途径和方式；

⑦ 明白个人信息商品化和在线互动如何影响个人所获取的信息，以及个人在线生成或传播的信息；

⑧ 在在线互动中，对个人隐私和个人信息商业化的问题保持高度清醒的认识，并做出明智的选择。

（2）行为方式

提高个人信息素养能力的学习者应当：

① 尊重他人的原创；
② 重视知识创造所需的技能、时间和努力；
③ 将自己定位为信息市场的贡献者而非单纯的消费者；
④ 注意审视自己的信息倾向性。

4．探究式研究

在任何领域，研究都永无止境，它依赖越来越复杂的或新的问题的提出，而获得的答案反过来又会衍生出更多问题或探究思路。

专家将探究视为一个过程，在此过程中需要关注的是学科内或学科间开放的或未解决的难题或疑惑。专家认为，学科内的协作能够扩展同领域的知识。很多时候，这一过程会有争议点。围线争议而开展的争论或对话能够加深对知识的探讨。探究的过程可能会超越学术界而延伸至社会大众领域，也可能会聚焦个人、专业或社会需求。探究涉及的范围很广，既有基于对知识基本概述的简单提问，也有更高水平的能力要求，包括提炼研究问题、利用更先进的研究方法和探索更多元化的学科视角。初学者在该过程中可以获得探究的战略视角和更全面的调研方法。

（1）知识技能

提高个人信息素养能力的学习者应当：
① 基于信息空白或针对已存在的但可能存在争议的信息来制定和研究问题；
② 确立合适的调研范围；
③ 通过将复杂的问题分解为简单的问题、限定调研范围来处理复杂的研究；
④ 根据需求、环境条件和探究类型使用多种研究方法；
⑤ 密切关注所收集的信息，评估缺口或薄弱环节；
⑥ 以有意义的方式组织信息；
⑦ 对多渠道获取的观点进行综合；
⑧ 通过信息分析和演绎得出合理的结论。

（2）行为方式

提高个人信息素养能力的学习者应当：
① 视研究为开放式探索和信息研究过程；
② 明白一个问题也许看起来很简单，但仍可能对研究有颠覆性和重要性；
③ 重视问题发现和新调研方法学习过程中的求知欲；
④ 保持开放的思想和批判的态度；
⑤ 重视持久性、适应性和灵活性，明白模糊性对研究过程是有益的；
⑥ 在信息收集和评估过程中寻求多维视角；
⑦ 如有需要可寻求适当的帮助；
⑧ 在收集和使用信息的过程中遵守道德和法律准则；

⑨ 展现学识上的虚心（如承认个人知识或经验的局限）。

5. 对话式学术研究

由于视角和理解各异，不同的学者、研究人员或专业人士团体会不断地带着新见解和新发现参与到持续的学术对话中。

学术和专业领域的研究是一种话语实践，在此实践过程中，观点的形成、争论、相互权衡要经历相当长一段时间。专家明白，为复杂的问题寻找分散的答案是错误的做法，一个问题在持续对话的过程中可能被赋予若干相互矛盾的观点。在此过程中，信息的使用者和创造者会聚在一起互相讨论。专家也清楚，一些话题通过对话就能得到确定的答案，而有的问题则可能会得到多个无争议的答案。专家因此倾向于寻求更多的观点，而不限于他们所熟知的观点。这些观点可能属于他们自己的学科或专业领域，也可能属于其他领域。即使各层次的初学者和专家都可以参与到对话中，已有的权威结构也可能会影响他们各自的参与能力，并使某些观点和信息占有优势。对领域内所讨论话题的证据、方法和模式的熟悉有助于初学者更好地参与对话。新型的学术和研究对话形式为广泛的个体发声提供了更多途径。为前期相关研究注明归属信息也是参与对话的一项义务，这有助于推进对话，并为归属者的观点增加力量。

（1）知识技能

提高个人信息素养能力的学习者应当：

① 在自己的信息产品中引用他人有贡献的成果；

② 在适当的层面为学术对话做出贡献，如本地的网络社区、引导式讨论、本科生学术刊物、会议报告/海报环节；

③ 识别通过各种途径加入学术对话的障碍；

④ 理性评判他人在参与式信息环境中所做的贡献；

⑤ 鉴别特定文章、书籍和其他学术作品对学科知识所做的贡献；

⑥ 对具体学科中特定主题的学术观点的变化进行总结；

⑦ 明白指定的学术作品可能并不代表唯一的观点，甚至也不代表多数人的观点。

（2）行为方式

提高个人信息素养能力的学习者应当：

① 清楚自己参与的是正在进行的学术对话，而不是已结束的对话；

② 找出自己研究领域内正在进行的对话；

③ 将自己视为学术的贡献者而不只是消费者；

④ 明白学术对话发生在各种场合；

⑤ 在更好地理解学术对话的大背景之前，不对某一具体学术作品的价值进行判断；

⑥ 明白只要参与对话，就要担负相应的责任；

⑦ 重视用户生成内容的价值，并评价他人的贡献；

⑧ 明白体制偏爱权威，而语言表达不流畅和不熟悉学科流程会削弱学习者参与和深入对话的能力。

6．战略探索式检索

信息检索往往是非线性且迭代反复的，需要对广泛的信息源进行评估，并随着新认识的形成，灵活寻求其他途径。

检索行为往往始于某个问题，这个问题指导人们寻找所需信息的行为。检索过程包括查询、发现和偶然所得，需要识别可能相关的信息源，以及获取这些信息源的途径。专家认为信息检索是一种与情境相关的、复杂的经历，影响着检索者的认知、情感和社会关系，反之亦然。初学者检索到的可能是有限的资源，而专家可以通过更广泛、更深入的检索来确定项目领域内最合适的信息。同样，初学者往往很少使用检索策略，而专家会依据信息需求的来源、范围和背景，在多样化的检索策略中进行选择。

（1）知识技能

提高个人信息素养能力的学习者应当：

① 确定满足信息需求的任务的初步范围；

② 确认关于某一话题的信息产生方，如学者、组织、政府或企业，并决定如何获取信息；

③ 检索时运用发散思维（如头脑风暴）和收敛思维（如选择最佳信息源）；

④ 选择与信息需求和检索策略相匹配的检索工具；

⑤ 根据检索结果来设计和改进信息需求和检索策略；

⑥ 理解信息系统（如已记载信息的收集）的组织方式，以便获取相关信息；

⑦ 使用不同类型的检索语言（如控制词表、关键词、自然语言）；

⑧ 管理检索过程和结果。

（2）行为方式

提高个人信息素养能力的学习者应当：

① 展现出思维的灵活性和创造性；

② 明白最初的检索尝试不一定能得到充足的结果；

③ 认识到各种信息源在内容和形式上有很大的不同，并且其相关性和价值也会因信息需求和检索性质的不同而有很大的差异；

④ 寻求专家的指导，如图书馆员、研究人员和专业人士；

⑤ 明白浏览及其他偶然发现的信息收集方法的价值；

⑥ 坚持面对检索的挑战，并知道在拥有足够的信息时结束任务。

学习分享

问题：信息具有价值属性。关于这一点，你有什么看法或经历呢？

高婧同学分享（2020 年年初）：

1．新冠肺炎疫情防控期间，我基于信息解决了获取口罩的具体问题。

2．分析信息需求：疫情当前，口罩成为大家的必需品，每个人都不惜高价甚至从世界各地抢购口罩，所以口罩购买信息的需求十分迫切和刚性。

3．查找信息：我每天通过关注本地电视台、互联网、手机 App、微信朋友圈、微博等多个途径，去查找购买口罩的信息，并联系在国外旅游的朋友，让他们回国时采购带回。查找信息的途径可谓五花八门。

4．解决问题：我从微信的穗康小程序中摇号，摇到了口罩购买资格；从附近的药店抢购到了口罩；朋友当时在泰国旅游，帮忙带回了一盒口罩；我在京东 App 上也抢购到了口罩。多管齐下，很好地解决了口罩这个刚需问题。

5．我的思考和收获：信息的收集十分重要，信息搜索的技巧更重要，每个人都应该保持对信息的敏感度并把握信息的精准度，从多方面、多途径去积累信息获取和分析的要点，更好地提高生活效率和质量。

练习、讨论与思考

1．谈谈你对高校学生应该具有的信息素养能力的理解。

2．网络谣言止于智者。试从信息素养的角度谈谈你对网络谣言的看法。

3．1989 年美国图书馆协会和美国教育传播与技术协会提出的信息素养定义关注了哪几个方面？你怎么理解？

4．《MLT 评估框架》包括哪几个部分和哪几个层面？MIL 的三个要素是什么？它们各自主要包括哪些能力？

5．元素养理论将元素养学习分为 4 个领域，指向 4 个培养目标，分别指什么？试选取其中一个目标，查看其细分目标，评估自己的状态并设法提高。

6．2015 年 ACRL 理事会签署通过了《高等教育信息素养框架》，试说明它采用“框架”一词的原因。

7．《高等教育信息素养框架》主要采纳了元素养的概念，试谈谈你的理解。

8．《高等教育信息素养框架》按 6 个框架编排，每个框架都包括一个信息素养的核心概念、一组知识技能和一组行为方式。请尝试理解、应用这 6 个框架来提高自己的信息素养。

第 2 章

认知信息的价值，认识信息伦理与安全

信息与知识的产生具有一定的社会价值、学术价值和经济价值。在信息世界，人们既是信息消费者，也是信息生产者，相关的信息和信息活动让人与人之间、人与社会之间、虚拟与现实之间产生各种交互，由此产生了安全、规范、伦理、法律、社会和经济利益等一系列相关问题，需要人们正确认知信息的价值，了解信息活动的权利和义务，尊重知识产权，遵循学术规范，重视信息安全，规范信息行为。

本章思维导图

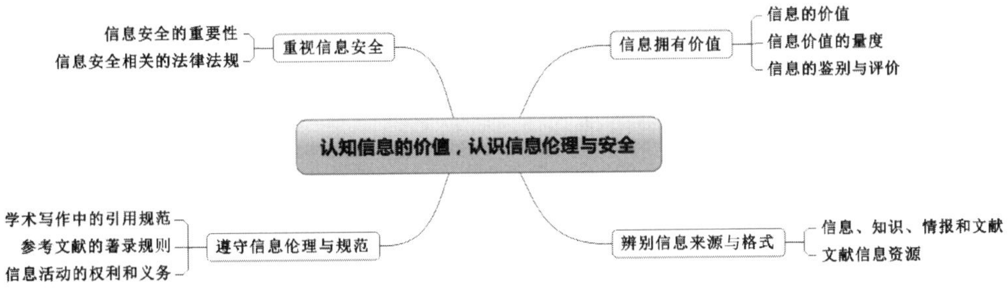

2.1　信息拥有价值

信息是一种非常有价值的资源，人类社会中的一切活动都离不开信息。信息具有价值性特征，即利用信息资源能为使用者的决策活动提供支持并产生价值。从广义上讲，信息资源开发是指任何能够改进和加速信息资源交流与利用的活动；从狭义上讲，信息资源开发是一种创造和生产信息产品的活动。因此，信息资源开发的目的在于使用信息，或者说信息资源开发的成果最终要体现在信息的使用上。

信息不仅是沟通交流、认识世界、教育传播的产物，也是一种财产和商品，具有交换、使用等多维价值，蕴含着巨大的法律和社会经济利益。

信息的价值在于它能向物质转化。信息的价值一般可以按所付出的必要社会劳动计算，也可以按使用信息所产生的效果计算，所得收益越大，信息的价值就越大。

2.1.1　信息的价值

通常，事物所具有的能够满足人类某种需要的属性叫作价值。信息的价值一般被看成信息的实用属性，即对信息使用者（用户）来说，信息对达到具体目标的有益性。信息的价值既取决于用户对信息需要的程度，也取决于用户能否充分发挥信息的作用。只有既需要发挥作用又能发挥作用的信息，才是有价值的。

信息是有价值的，但信息的价值必须通过信息管理者的行动才能实现。信息的价值有伸缩性，可能很大，也可能很小，还可能是负价值，关键看信息管理者如何行动和采取行动的时间。信息的价值可能是直接的，只要针对某个信息采取了行动就能取得效益；也可能是间接的，需要对信息进行处理后才能发现其价值。例如，每天播放的商业广告可能没有直接价值，但经过长期积累、分析，就可以从商业广告中看出商品的生产、供应形势等重要信息。

这里的“价值”是一个十分模糊的概念。一般来说，人们难以决定某一信息的价值的大小，因而有必要对信息的价值做进一步探讨。由于价值决定使用，所以这一探讨具有重要的实际意义。

1．信息的总体价值与使用价值

讨论信息的价值，要有明确的对象和条件。一方面，信息对任何观察者都具有同一数值的绝对性；另一方面，对于不同的接收者，信息又具有不同数值的相对性。此外，同一信息对同一用户的价值也会随时间的变化而变化。例如，爱因斯坦的相对论，一方面，其价值对物理学家来说比对一个普通人来说大得多；另一方面，相对论从提出至今，其价值已经发生了变化。可见，讨论信息的价值必须在一定的范围内进行。

B. C.布鲁克斯曾经指出：“向他人提供的信息，必须适合其知识结构，因为这是用户了解该信息的正确性和成熟性的一个条件。”也就是说，要从用户对信息的认识角度来讨论信息的价值。

（1）信息的总体价值

信息的总体价值又称为信息的绝对价值或总体使用价值。按照米哈依诺夫的说法，信息的总体价值是从绝对真实的社会认识角度来讨论的信息价值，而不是考虑完全由利用这一信息的具体条件和对象所决定的具体价值。这一价值只能用全人类的认知结构进行衡量。

（2）信息的使用价值

信息的使用价值又称为信息的相对价值，它是信息对某一用户来说的利用价值，即以用户的认知结构来衡量的信息交流与信息利用价值；同时，这一价值还受用户使用条件的限制。可见，尽管同一信息的总体价值是一定的，然而对于不同的用户，在不同的使用条件下，同一信息有不同的使用价值。

2. 信息的总体价值与使用价值的关系

信息的总体价值与使用价值存在一定的关系。一般来说，如果信息的总体价值不大，则其对大多数用户的使用价值就不大。这是因为总体价值是对社会整体而言的，而使用价值是对组成社会的每个个体而言的。值得注意的是，信息的价值（包括总体价值和使用价值）是一个变量，它随着人类社会及用户个体认知结构的变化而变化。

事实上，用户对信息的认知是吸收信息的先决条件，而信息对用户的作用将改变用户的认知结构，由此体现信息的价值。E. C. 托尔曼（E. C. Tolman）指出，在认知过程中，主体（用户）获得的代表外部环境的表象，如同地图可以代表地形图一样，将作用于主体（用户）的头脑。如果主体（用户）对表象是未知的，将扩充其认知结构；如果主体（用户）对表象是部分未知的，将部分改变其认知结构。

以上所说的认知，包含了“认识”与“知识”。科学信息作用于用户，其主要作用是改善用户的知识结构。一般消息型信息，由于并不一定能扩充用户的知识，因此其主要作用是向用户提供未知的消息，改变的是用户对信息所反映的事件的认识。

2.1.2　信息价值的量度

对信息总体价值与使用价值的测量是一个复杂的问题。从理论上看，信息的价值可以用用户（社会大众、团体或个体用户）的认知结构来衡量。对科学信息而言，主要用“知识结构”来衡量。事实上，客观知识结构就是一个精干的信息库，用户使用科学信息的目的在于扩大自己的“知识库”。为了理解和进一步利用科学信息，用户应具有一定的知识储备。A. 史列捷尔将这一知识储备描述为“词库”，即用“词库”来表示人们的知识结构。

1. 信息使用价值的变化

信息的使用价值包含它的实际使用价值和潜在使用价值两部分。信息使用价值的变化，一是信息价值中的实际使用价值与潜在使用价值之间的转化；二是信息使用价值的衰减。

（1）信息的实际使用价值与潜在使用价值的转化

信息的实际使用价值简称信息的实用价值，是指在目前条件下信息对用户的使用价值；用户目前不能利用的信息实体所具有的使用价值称为信息的潜在使用价值。显然，信息的实用价值和潜在使用价值都属于信息的使用价值。如果某一信息对用户来说既存在目前可以利用的部分，又存在暂时还不能利用的部分，那么该信息便同时存在实用价值和潜在使用价值，两者的和为信息的使用价值。用公式表示为：

$$V_{\text{使}}=V_{\text{实}}+V_{\text{潜}}$$

这里需要注意的是，信息对用户的实用价值并不是用户利用信息以后才存在的，而是对用户固有的一种当前实用价值，由用户的知识结构和使用条件决定。

信息对用户的实用价值和潜在使用价值可以互相转化。例如，人类历史上一些重大的科学发明无疑对科学界有着巨大的使用价值，但由于当时各方面条件的限制，它们没有立即被人们利用的可能，因此在相当长的时期表现为潜在使用价值，直到人们具备吸收这些信息的条件，其潜在使用价值才转化为实用价值。对某一用户而言，信息的实用价值也可能转化为潜在使用价值。

某一信息对于用户具有实用价值的条件主要包括以下两个。

① 充分条件。充分条件主要是指用户的知识结构和水平与信息内容相匹配，即用户具有使用信息的能力。此外，用户的心理在客观上应与信息相适宜。

② 必要条件。必要条件是指信息内容应包括在用户的信息需求之中；同时，用户具有接触信息的可能性。

上述两个条件也适用于信息的潜在使用价值向实用价值转化的过程。

（2）信息使用价值的衰减

一般说来，任何信息问世以后其价值都会逐渐减少，这种信息价值逐渐减少的现象称为信息使用价值的衰减。

价值衰减的一种情况是信息使用后的价值减少。信息一经用户使用，其使用价值将发生变化；如果信息的价值被所有用户完全吸收，那么信息的总体使用价值将变为零。要使信息的总体使用价位为零，需满足两个条件：信息要被所有可能的用户利用；信息要被利用它的用户完全吸收。实际上，任何信息都不可能在运动过程中完全满足这两个条件，即使是消息性信息，经用户使用后仍然可能保持一定的参考价值，因此我们说信息的总体价值会逐渐减少，直至趋于零。

此外，还存在多种形式的信息使用价值的衰减，包括：信息经过用户使用后，其使用价值逐渐衰减；信息未经使用，但被新的信息超越；信息内容已经包含在其他更新的更适用的信息之中；用户通过其他途径改变了自己的知识结构；信息所属学科或领域的地位下降；信息内容过时（特别是消息性信息）。

信息使用价值的衰减是一种客观规律，是自然界和社会发展规律的体现。半衰期和普赖斯指数可用作衡量信息使用价值衰减的指标。

① 半衰期。1960 年，P. 巴尔顿和 R. 凯普勒从用户使用科技文献的角度出发，提出了科技文献半衰期这一科技文献价值衰减的指标（或称科技文献老化指标）。“半衰期”的概念来源于人们对放射性物质核衰变的研究，其定义为“放射性元素核因衰变而减少到原来的一半所需要的时间”。应用于文献研究中，半衰期表示目前被利用的全部文献的一半的最近发表时间。例如，假设目前用户所使用的 50%左右的物理文献是在最近 4.6 年以内发表的，则物理文献的半衰期为 4.6 年。半衰期还可以反映信息价值衰减的速度，因而可以直接用来描述信息使用价值的衰减情况。我们可以通过统计用户所需文献信息的数量，粗略地计算某领域信息的半衰期；同时，也可以采用跟踪调查法，直接估算某些具体信息的半衰期。

② 普赖斯指数。D. 普赖斯建议引入另一个衡量各种知识领域信息使用价值衰减的文献老化指标。他认为，“有现实作用”的文献数量与“档案性”文献数量的比例是比文献的半衰期更重要的特征。于是，他将最近 5 年内发表的文献引用数量与总的引文数量的比例作为一个指数。该指数的数值可以宏观和微观地用来表示某一学科领域、某一期刊、某个研究所，甚至某个人的某篇文献的价值变化。“档案性”文献的普赖斯指数的数值范围为 22%～39%，“有现实作用”文献的普赖斯指数的数值范围则为 75%～80%，各学科的总平均值为 50%。普赖斯指数显示了文献的利用情况。由于它的广泛适用性，该指数可以用来描述任何信息的使用情况和价值变化。

2. 信息实用价值的分析

对信息实用价值的定性分析包括以下三个方面。

（1）信息的正确性与可靠性分析

信息（特别是科技信息）的正确性与可靠性是衡量信息有无价值的必要条件，信息如果缺乏这两个条件，就失去了使用价值。在信息的正确性与可靠性分析中可采用逻辑思维的分析方法。

（2）信息水平的衡量

对于信息的水平，很难用一个统一的标准去衡量，在一般情况下应注意以下问题：信息产生时间、内容的新颖程度，信息在某领域的地位，以及信息的总体利用情况。

（3）信息对用户的适用性分析

信息对用户的适用性是确定其实用价值的重要标准，对此可进行相应研究：分析信息所含知识与用户知识结构的关系；确定信息与用户目前工作的相关性；分析信息对用户可能产生的作用；分析用户的心理状态对吸收信息的影响。

2.1.3 信息的鉴别与评价

在信息获取的过程中始终伴随着如何判断、鉴别与评价信息的问题。纷繁复杂的信息世界很容易扰乱人们的注意力，因此有效的鉴别与评价信息是科学合理地利用信息的前提。当前信息传播渠道和信息媒体类型呈现多样化趋势，人们基于信息需求和使用环境对所获得的信息资源的可靠性、权威性、有效性及学术价值等进行评价是普遍的信息活动。

一般而言，可以从信息的来源、信息的价值取向及信息的时效性等多个方面对信息价值进行评估与判断。我们需要了解对信息进行鉴别和评价的基本原则和方法，学会以批判性思维和眼光进行评估，使信息能够为我们创造财富。

1. 信息鉴别与评价的基本认识和知识技能

① 信息内容的可靠性、权威性与信息源和生产者相关。

② 研究、创造、修改和传播信息的过程不同，生产者专业水平的差异，都会影响最终的信息产品价值和权威性。

③ 不同用户对信息价值的判断是有差异的，信息价值的评价标准并非唯一的。

例如，一份购书网站潜在客户名单，对经营图书音像类产品的企业是有价值的，而对一个餐馆业主来说，其价值基本为零。信息仅对能满足其期望的人来说才有价值。

④ 不同使用情境会产生不同的信息评价结果。

⑤ 能够对不同阶段、不同呈现形式的信息产品的价值和质量做出判断，并结合自己的信息需求，选择各种信息中间产品或最终产品。

⑥ 认识到权威是一个学科或团体内被认可或起重要作用的影响因素。

在进行信息鉴别与评价时，应了解如何确认权威，会使用相关的标准、指标等研究工具去寻找、发现权威的观点和意见，同时对产生权威的体系及其创建的信息持保留态度，了解可能影响信息价值判断的相关因素，如出版物类型、作者资质、不同的思想流派和学科范式等，并意识到为树立和形成自己的权威声音，在信息生产过程中应努力承担相关责任，包括追求准确和可靠、尊重知识产权和学术规范等。

在实际中，要认识到对信息内容做客观评估的重要性，激励自己找到权威的信息来源，在做信息评估时要有批判精神，能意识到自己的认识角度、世界观和可能的偏见会对评估产生影响，敢于质疑传统的价值判断标准，对权威的推崇保持开放心态，尊重多元的价值观，包容不同的观点，经常对自己的信息评价态度和行为进行自我反省，努力发现与信息创造过程相关的信息产品的特点，重视找到与信息需求相匹配的适当的信息产品形式。

2. 信息鉴别与评价的方式

（1）从信息的来源鉴别信息

① 看信息来源是否具有权威性，是否真实可靠。

② 查看信息的来源，判断信息的要素是否齐全。

③ 使用逻辑推理、查阅、调查的方法进行深入的考证和调查。

④ 查看信息是否来自权威部门。

⑤ 判断信息中涉及的事物是否客观存在，构成信息的各种要素是否真实，并与同类信息进行比较。

⑥ 研究信息是否具有代表性、普遍性。

⑦ 实地考察。

⑧ 学会分析和鉴别，去其糟粕，取其精华。

（2）判断信息是否具有时效性

在信息来源都可靠的基础上，还要判断信息的实效性。判断方法如下。

① 对于突发性或跃进性事实，在第一时间做的报道具有很强的实效性。

② 对于渐进性事实，应在事实变动中找到一个最新、最近的时间点来判断其实效性。

③ 对于过去发生的事实，新近才发现或披露出来的，可以通过说明自己得到信息的最新时间和寻根探源的方法来证明其实效性。

（3）从信息的价值取向、情感成分进行判断

信息对每个人的价值都不相同。社会角色不同、知识背景不同、生活经历不同等决定了信息价值取向的多样性。一个人不可能接受所有的信息，他只关心与自己相关的信息，因为这些信息对他来说是有价值的。在日常生活中所获取的信息对我们来说，有的有用，用的无用；有的真实，有的虚假。

（4）对信息的可信度进行研究和判断

21 世纪对信息的需求量之大，是之前任何时代都无法想象和相比的。政府需要统计资料来进行宏观调控，工厂需要市场数据来规划生产，人们需要医疗信息来保障健康。正确的信息可以帮助人们更好地生产和生活，错误的信息可能导致人们出现意外和损失。因此，区别信息的真伪、确定信息的可信度，是一个重要和广泛的话题。计算机领域、人因学领域、心理学领域等各领域的专家和学者从 20 世纪就开始对信息进行了大量深入的研究。

就像一个可信的人是因为他诚实、慎言和拒绝欺骗而使他人信服一样，一条可信的信息也应该因为它没有歧义、偏颇和失实而令人信服。可信度的对象通常是信息源、信息结构和内容，以及传播的媒介。

3. 信息鉴别的具体方法举例

（1）IFLA 8 条辨识假新闻的技巧

IFLA 2016 年发布了 8 条辨识假新闻的技巧，内容是基于 FactCheck.org 上的《如何分辨假新闻》一文总结而成的。IFLA 认为批判性思维是 MIT 的关键技能。这 8 条技巧如下所述。

① 考虑新闻来源。不要局限于新闻本身，而是调查其网站、发布机构的使命和联系信息。

② 读全。标题通常是获取点击量的重要方式，我们需要弄明白整个故事的内容是什么。

③ 查询作者信息。快速检索作者信息。作者值得信赖吗？是真实的吗？

④ 核实论据。点击文中的链接，确认链接中提供的信息能否支撑新闻中的观点。

⑤ 核实日期。重复发布的旧新闻，不意味着与当前的事件有关联。

⑥ 核实新闻内容的性质。如果新闻中提到的事情过于异乎寻常，那可能是讽刺性的。需要研究新闻发布网站和作者来确认新闻内容的性质。

⑦ 核实自己对某一新闻有无偏见。确认你现有的认知是否会影响对某一新闻的判断。

⑧ 请教专家。咨询一位图书馆员，或者查阅专注于信息核实事务的网站。

自新冠肺炎疫情暴发以来，网络虚假信息的产生与传播引发了一波又一波舆情，严重影响了疫情防控。虚假信息的传播及其危害在国际上引起了前所未有的共同关注。上述 8 条技巧有助于我们有效地辨识与疫情有关的虚假信息和新闻。

（2）《大英百科全书》推荐的核查事实的技巧

“核查事实”是摄取信息和查阅资料时必不可少的一步。《大英百科全书》推荐了 5 个技巧。

① 明智地选择你的信息来源。某些类型的信息来源的可信度要高于其他选择。选择那些在发布前会全面核查资讯的原创来源。在查找资料时，试着去查找那些第一手的、权威的资料，如学术期刊或政府数据库，而不是二手报告。

② 谨慎行事。对任何夸张用词、一概而论的或好到有失真实的信息保持怀疑态度。考虑作者的动机。例如，消息来源是否拥有中立的观点？信息背后有没有其他意图？

③ 相信专业知识。当你对资料来源持有疑问时，查看作者的资格和背景，确认他对相关主题到底有多了解。

④ 展开搜索。如果能找到两个或更多信息来源，就不要满足于单一信息来源。寻找共识，但是要对“回音室效应”保持警惕。广撒网，除了简单的网络搜索，还可以尝试其他可核实的资料库。

⑤ 了解上下文。很少有事实能独立存在于大背景之外。通过了解信息的上下文来看看它是如何融入大背景的。

2.2 辨别信息来源与格式

产生信息或情报的源泉或母体简称信息源。从事科学研究工作或生产管理及经营活动的组织和个人，各种图书馆、情报中心、信息中心、文献资料等都是信息源。从根本上说，一切信息和情报都来源于自然界或人类的实践活动，只有自然界和人类社会才是信息的真正源泉。文献上记录的信息只是信息传递过程中的一种存在方式或表达方式。不过，对大多数信息用户或读者来说，文献信息资料是他们获取信息常用的和主要的来源，所以习惯上将它们称为信息源，也称为信息资源、信息来源。

2.2.1　信息、知识、情报和文献

1．信息

在自然界和人类社会，从日常生活到科学研究，信息无处不在、无时不有。我们在社会的各个角落经常能听到“信息”两字。例如，人或动物的大脑通过感官接收到的有关外界及其变化的消息就是一种信息；人与人之间的消息交换也是一种信息；人与机器之间、机器与机器之间的消息交换也是一种信息。同样，外交家注重国际关系的微妙变化，经商者关心市场商情，军事家捕捉战争风云的瞬息变幻，这些都是我们在社会的各个角落听到的“信息”。

信息的内涵十分广泛，并无严格定义，不同的学者从不同的角度对信息做出了各种定义。例如，在文献信息学中，信息往往被理解为知识内容；而心理学家认为信息不是知识，知识存在于人们的大脑中，信息则存在于人们的意识之外，如存在于自然界、印刷品、硬盘及空气中；在遗传学中，信息被视为一种遗传物质（DNA）的结构形式、组织方式来下定义；在管理学界，信息则被理解为管理活动的特征及其发展情况的统称；图书情报学家认为，信息可以定义事物和记录，记录所包含的信息是读者通过阅读而获得的。我国《辞海》认为，信息是指通信系统传输和处理的对象，一般指事件或资料数据。我国国家标准《信息与文献　术语》（GB/T 4894—2009）规定，信息是被交流的知识，是在通信过程中为了增加知识用以代表信息的一般消息。日本《广辞苑》认为，信息是对某种事物的预报。美国《韦氏大辞典》认为，信息是通信的事实，是在观察中得到的数据、新闻和认识。信息论的奠基人香农认为，信息是用来消除不确定性的东西。控制论专家维纳认为，信息就是人与外界互相作用过程中相互交换的内容和名称。我国学者周怀珍认为，信息是物质和能量在空间和时间中分配的不均匀程度。

人们从不同层次、不同侧面对信息的概念给予不同的解释，赋予信息不同的内涵与外延，从而达到认识世界与改造世界的目的。

信息具有普遍性、传递性、时效性、共享性、客观性等特性。

2．知识

知识是人们对客观事物的存在和运动规律的认识，是人类在改造客观世界的实践中积累起来的认识和经验的总和。

《辞海》对“知识”的解释是人类认识的成果或结晶，包括经验知识和理论知识。其

初级形态是经验知识，高级形态是系统的科学理论。《当代科学学辞典》认为，知识是一种特定的人类信息，是整个信息的一部分。

知识提供某种经过思考的判断和某种实验的结果，是信息经过多次反复及人们的加工整理而序列化后形成的。信息经过人脑的储存、识别、加工、处理及转换等形成知识。人们不仅能通过信息感知世界、认识世界和改造世界，而且能将获得的信息转变成知识，作为认识和改造世界的工具。人类在接收了社会和自然界的大量信息后，通过实践活动和大脑的思维活动，将这些信息结合实践活动进行分析与综合，形成新的认识，这种经过加工、孕育的信息就成为知识。或者说，知识是同类信息的深化、积累，是优化了的信息的汇总和结晶。知识包含在信息之中。

知识具有实践性、规律性、渗透性及继承性等特点。

3. 情报

情报主要指信息、资讯、消息。"情报"一词最早诞生于军事领域，是战时关于敌情的报告，之后在不同的历史时期有着不同的含义。但是，无论情报的内容与形式如何变化，都有一个共同之处，那就是情报是为一定目的收集和传递的有特定效用的知识。

本书认为，情报是指被传递的知识或事实，是知识的激活，是运用一定的媒体（载体），越过空间和时间传递给特定用户，解决科研、生产中的具体问题所需要的特定知识和信息。它具有知识性、传递性和效用性 3 个基本属性。

4. 文献

国家标准《信息与文献　资源描述》（GB/T 3792—2021）中将"文献"一词定义为"包含知识内容和/或艺术内容的有形的或无形的实体"。在这个看似简单的定义中，实际上包含了文献的 4 个基本要素：①记录知识的具体内容；②记录知识的手段，如文字、图像、符号、声频、视频等；③记录知识的物质载体，如纸张、光盘、录像带等；④记录知识的表现形态，如书刊、录音带等。由此可见，将人类创造积累的知识用文字、图形、符号、声频、视频等手段记录保存下来，并用以交流传播的一切物质形态的载体，都称为文献。

在阅读文献时，人们关注的不只是文献的载体和形态，更注重文献中传递的信息、蕴含的知识。文献因载有知识和信息才有存在的价值和意义，而知识和信息因附着于文献这一载体之上，才得以超越时空地保存和传递。

5. 信息、知识、情报和文献的关系

综上所述，人们通过对表征客观世界之客观信息的获取、加工等一系列思维过程，形成了反映客观事物本质和规律的具有主观色彩的知识，将知识以某种方式系统化地记录于某种实体之上，便形成了文献。当知识对特定用户而言具有意义和价值时，则成为情报。它们之间的关系如图 2-1 所示。

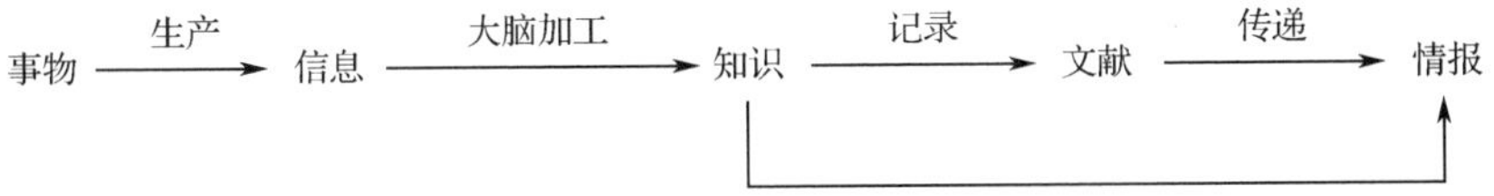

图 2-1　信息、知识、情报和文献之间的关系

如图 2-2 所示为信息、知识、情报和文献之间的外延关系。简言之，信息包括知识、文献和情报，知识、文献和情报三者有相交部分但并不重合。文献可以提供信息、知识和情报，但信息、知识和情报获得的方式并不完全是文献。信息是情报和知识的载体，情报是特指的专业信息。知识是信息的内核，是信息中的精华部分，信息的价值取决于其精华部分的价值。如果说信息是食物，那么知识则是食物中的营养成分。知识依存于信息，信息经过提炼和加工可成为知识。知识组织最终要通过信息组织方式来实现。信息是原料，经过人类的认识活动，成为已知的知识。被传递、被激活的有用的信息就是情报。

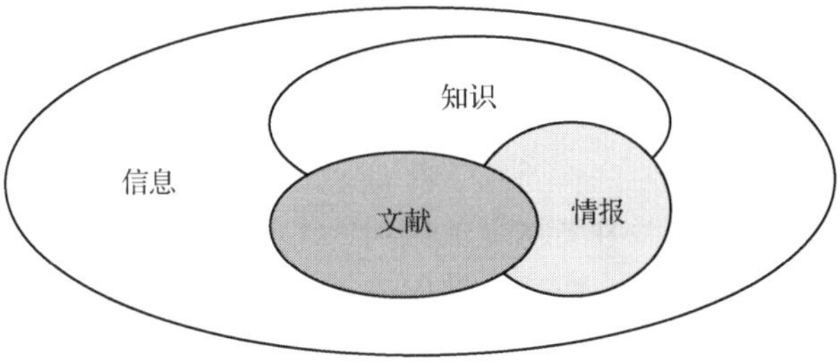

图 2-2　信息、知识、情报和文献之间的外延关系

2.2.2　文献信息资源的类型

文献信息资源是指用一定的记录手段将系统化的信息内容存储在纸张、胶片、磁带、磁盘和光盘等物质载体上而形成的一类信息资源。换言之，文献信息资源就是指包含信息的各种类型的文献。文献的基本功能是存储与传播信息。文献是社会信息交流系统的重要成分之一，它是社会文明发展历史的客观记录，是人类思想成果的存在形式，也是科学与文化传播的主要手段。正是借助于文献，科学研究才得以继承和发展，社会文明才得以发扬光大，个人知识才能变成社会知识。文献信息资源是人类最丰富、最宝贵的信息资源，也是信息量最大的一种信息资源。文献信息资源按照不同的划分方法，可以分为不同的类型。

1. 按载体形式划分

（1）印刷型信息资源

印刷型信息资源是传统的、常见的信息资源，指通过油印、铅印、胶印等各种印刷手段将信息记录在纸张上的信息资源。其特点是使用方便、易于携带和阅读，但体积大、不易整理和保存。

（2）缩微型信息资源

缩微型信息资源包括缩微胶卷、缩微平片等，指利用光学技术将信息记录在感光材料上的信息资源。其特点是体积小、易保存、存储密度高，但使用时需要专门的设备和环境。

（3）声像型信息资源

声像型信息资源包括唱片、录音带、录像带、电影、幻灯片等，是通过专门的设备，使用声、光、磁、电技术将信息以声音、图像等形式记录下来的信息资源。其特点是直观形象，但使用时需要专门的设备。

（4）电子型信息资源

电子型信息资源也称电子资源，是以数字方式将图、文、声、像等信息存储在磁、光、电介质上，通过计算机、网络或相关设备使用的记录有知识内容或艺术内容的信息资源，包括电子公告、电子图书、电子期刊、数据库等。如果这些电子信息资源能够在互联网或局域网内检索，那么也称为网络信息资源。

2．按出版类型划分

国家标准《信息与文献　参考文献著录规则》（GB/T 7714—2015）将文献的类型分为普通图书、会议录、汇编、报纸、期刊、学位论文、报告、标准、专利、数据库、计算机程序、电子公告、档案、舆图、数据集及其他。下面对常见的文献类型加以说明。

（1）普通图书

普通图书是一种成熟而稳定的出版物，是对已有的研究成果、生产技术、实践经验或某一知识体系的概括和论述。它的特点是内容全面系统、观点相对成熟，但它的出版周期较长，报道速度慢，具有相对滞后性。普通图书是传播知识、教育和培养人才的主要工具。

（2）期刊

期刊是一种有固定名称、有一定出版规律的连续出版物。其特点是出版周期短、报道速度快、数量大、内容丰富新颖，能及时反映当代社会和科技的发展水平和动向，因此期刊是科研人员进行研究不可缺少的信息资源。

（3）报纸

报纸是一种出版周期最短、发行量最大的出版物。它报道的内容极为广泛，与人们的生活息息相关，是人们日常生活中最常接触的信息资源。报纸的信息具有极强的时效性，信息量大，这也造成了报纸查找的不便。

（4）学位论文

学位论文是指高等院校或研究机构的毕业生和研究生为取得学位而撰写的论文，它的级别可分为学士论文、硕士论文和博士论文。尤其是博士论文，具有一定的创造性，所论及的内容较为专深，对科研、生产和教学有较大的参考价值。

（5）专利

专利是指与专利制度有关的所有专利文件，包括专利说明书、专利公报、专利分类表、专利检索工具及专利的法律文件。其中，专利说明书是主体，它具有统一编号、数量大、内容丰富新颖、实用可靠及报道迅速等特点。

（6）会议文献

会议文献是指发表在各种学术会议上的论文和报告。其学术性很强，往往反映了当前的学科进展和发展动态，是获取最新信息的重要来源。

（7）科技报告

科技报告是对科技人员从事某一专题研究所取得成果和科研进展的实际记录。其特点是反映新技术较快、内容比较专深新颖、数据比较可靠、保密性较强（有相当一部分科技报告不公开发行）。科技报告每份单独成册，有专门的编号用以识别报告类型及其主持机构。

（8）标准文献

标准文献是描述有关产品和工程质量、规格、工艺流程及其测试方法等的技术文件，是一种经权威机构批准的规章性文献，具有一定的法律约束力。

（9）产品资料

产品资料是国内外生产厂商或经销商为推销产品而印发的商业宣传品，按其内容性质大体上可以分为产品目录、产品样本、产品说明书等。该类文献直观性强、数据翔实，是宝贵的科技信息资源、商贸信息资源和竞争情报资源。

（10）技术档案

技术档案是科研部门在生产建设和技术活动中形成的具体工程对象的技术文件、图样、图表、照片、原始记录或其复制品。其内容包括任务书、审批文件、研究计划、技术指标、技术措施、调查材料、设计计算和工艺记录等。它是科研和生产建设中积累经验、提高质量的重要依据。此类文献具有明显的保密性和内部控制使用的特点。

（11）政府出版物

政府出版物是各国政府部门及其所属机构所发表的各类文件，主要包括行政政策性文件和科技文件两种。

常见文献类型和电子文献载体的标志代码分别如表 2-1 和表 2-2 所示。

表 2-1　文献类型的标志代码

文献类型	标志代码	文献类型	标志代码	文献类型	标志代码
普通图书	M	期刊	J	专利	P
会议录	C	学位论文	D	数据库	DB
汇编	G	报告	R	计算机程序	CP
报纸	N	标准	S	电子公告	EB

表 2-2　电子文献载体的标志代码

载体类型	标志代码
磁带	MT
磁盘	DK
光盘	CD
联机网络	OL

3．按加工层次划分

（1）零次文献

零次文献是指未经信息加工，直接记录在载体上的原始信息，如实验数据、观测记录、调查材料等。这些未融入正式交流渠道的信息，往往反映的是研究工作取得的最新发现、遇到的最新问题，或者针对某些问题的最新想法等，而这一切无疑是启发科研人员思路、形成创造性思维的最佳思维素材。

（2）一次文献

一次文献是以作者本人的科研工作成果为依据而创作的原始文献，如专著、期刊中的论文、科技报告、会议文献、专利文献和学位论文等，具有新颖性、创造性和系统性等特征，参考和使用价值较高。但由于其量大、分散而无序，给读者的查找和利用带来了极大的不便。

（3）二次文献

二次文献是将大量无序、分散的一次文献收集、整理、加工、著录其特征（如著者、篇名、分类、主题、出处等），并按一定的顺序加以编排，形成供读者检索所需一次文献线索的新的文献形式。这种工具性文献包括目录、题录、文摘、索引及相应的数据库，因其具有检索功能而被称为检索工具或检索系统。

从上述定义的引申来看，二次文献信息是关于文献的文献、关于信息的信息，有时也称为二次信息。百度、Google 等搜索引擎是各种数据和网页的信息集合，其功能和作用等同于二次文献。提供网上信息资源检索和导航服务的专门站点或服务器，同样是对所采集的网上信息进行加工整理，建立存储和管理网络信息的索引数据库，为用户提供网络信息的检索和导引。

相对于一次文献，二次文献实现了文献从分散到集中、从无序到有序、从繁杂到简约，因而具备可查检的便捷性，用以解决读者查阅所需特定文献线索的问题。知识和信息的散乱无序性与用户使用的特定选择性之间的矛盾，一直是困扰学者学术研究的一道永恒的难题，在知识爆炸、信息泛滥的今天，这个矛盾越来越突出，仅靠“学海无涯苦作舟”的勤奋和坚韧，实难登上光辉的彼岸，唯有驾驭好二次文献这“一叶扁舟”，方可畅游于知识和信息的海洋。正因为如此，包括网上检索工具在内的二次文献及其利用，成为信息素养提升的重要内容。

下面简要介绍一下目录、题录、文摘、索引这 4 种二次文献。

① 目录。目录是一批相关文献的著录集合，用以报道文献的出版信息或收藏信息。目录通常以一个完整的出版或收藏单元（如一种书、一种刊等）为著录的基本单位，即以文献的“种”“本”或“件”为报道单元。它对文献信息的描述比较简单。以图书的目录（一般简称为书目）为例，每个记录条目的著录项有：书名、卷（期）数、作者、出版地、出版社、出版时间及收藏情况等。书目著录示例如图 2-3 所示。

题名	大学生信息素养 / 林豪慧主编
责任者	林豪慧主编
出版项	北京：电子工业出版社, 2017
载体形态	xi, 323 页：图；26cm
丛编	高等院校“十三五”系列规划教材
主题	信息学 -- 高等学校 -- 教材
中图分类号	G201
附注	有书目（第 321-323 页）
附注	本书共 8 章，包括：信息素养，人人都应具备；认知信息的价值，认识信息安全与伦理；培养检索思维，探索式查找与获取信息；知晓信息源，学术科研必备；开放与免费资源，公平获取信息；管理文献与知识，提升学习科研效率与质量；分析研读信息，进行科研过程训练；活用信息，发现、探索、创新、创造。
ISBN	978-7-121-31734-7 CNY47.00

图 2-3　书目著录示例

常用的目录包括馆藏目录和联合目录。图书馆的馆藏目录，也称藏书目录，是反映某个图书馆的藏书情况，帮助进馆读者查找和借阅图书的工具。

联合目录，是指由一批图书馆合作编制的综合反映各成员馆书刊收藏情况的目录，如图书联合目录、期刊联合目录等。它在开展馆际互借、实现信息资源共享和充分发挥众多图书馆的整体作用等方面有重要的用途。读者可以利用它来了解某一国家或地区的信息资源分布情况，如中国高等教育文献保障系统（China Academic Library & Information Syatem，CALIS）和公共目录查询（Open Public Access Catalogue，OPAC）系统。

② 题录。题录是将期刊、报纸等文献中的论文和文章的篇目，或者图书中的章节，按照一定的排检方法编排而成的，供人们查找篇目出处的工具。题录通常按“篇”报道，具有广泛、全面、快速的特点，一般按照论文或章节的名称顺序排列。题录单条记录的著录项通常包括篇名、著者（含其所在机构）和原文出处等项目，如图 2-4 所示，是常见的期刊论文的题录式记录。

张启彬，王鹏，陈宗海．基于速度空间的移动机器人同时避障和轨迹跟踪方法．控制与决策，2017，(2)：358-362．

图 2-4　题录示例

题录记录是描述某一特定文献的外部特征的一条记录，它为人们了解有关文献的存在情况和鉴别出版物提供简略的数据或信息。它与文摘的主要区别是：文摘不仅要对文献的外部特征做出完整的描述，而且要对其内容特征做出简要的描述；而题录只描述文献的外部特征，对文献的分析只限于表层，缺乏深度，故简短易做。在文摘款目中，题录是其中的一部分。

③ 文摘。文摘以最简练的文字概括文献的特征，不仅描述文献的外表特征，而且揭示文献的内容特征，是带有摘要内容的、扩展了的题录，比题录多了摘要等部分。文摘著录格式如图 2-5 所示，包含著者、题名、出处、摘要 4 个必备的著录项目。

张启彬，王鹏，陈宗海．基于速度空间的移动机器人同时避障和轨迹跟踪方法．控制与决策，2017，(2)：358-362．
【摘　要】针对有障碍物环境下非完整轮式移动机器人的轨迹跟踪问题，提出一种基于速度空间的同时避障和轨迹跟踪方法（VSTTM）。首先，根据机器人的动力学特性构建速度空间，得到由速度元组构成的控制集；其次，构造目标函数并对各控制量进行评价，其中跟踪误差评价函数评估跟踪效果，碰撞检测函数检测是否发生碰撞，终端状态惩罚项保证算法的稳定性；最后，通过优化过程找到最优的无碰控制量。

图 2-5　文摘著录示例

根据摘要内容的详细程度，文摘可分为：

- 指示性文摘，是原文的简介，一般有 100 字左右，有的只有一句话。
- 报道性文摘，是原文的浓缩，一般有 200～300 字，甚至更多。报道性文摘基本上能反映原文的技术内容，信息量大，参考价值高。

④ 索引。索引是指将文献中具有检索意义的事项（可以是人名、地名、词语、概念或其他事项），按照一定方式有序编排起来以供检索的工具。

在手工检索工具中，索引通常是将书刊中的内容或项目分类摘录，标明页数，按一定的顺序排列，附在一本书之后，或者单独编印成册，以便读者查阅。在数据库等检索工具中，索引是对数据库表中一列或多列的值进行排序的一种结构，使用索引可快速访问数据库表中的特定信息。

（4）三次文献

科技人员围绕某一专题，借助二次文献，在充分研究与利用大量一次文献的基础上，经过阅读、分析、归纳、概括而撰写成的新的文献即三次文献，它是对有关领域的一次信息源和二次信息源进行广泛深入的分析、综合后得到的知识产品。它们或综述已取得的成果进展，或加以评论，或预测发展趋势，形式有综述、述评、进展、现状、发展趋势等期刊文献，以及百科全书、年鉴、手册、文献指南等参考工具。许多学术期刊上均辟有综述栏目，而且专门刊载三次文献的综述性期刊也越来越多。与一次文献的产生有所不同，三次文献是以现有一次文献中的知识信息为基本研究素材，对其进一步加工、整理、重组，使之成为更加有序的知识产品。但由于三次文献同样融入了作者的智力劳动，所以和一次文献一样同属智力产品，这使三次文献具有信息含量大、综合性强和参考价值大等特点，可以使读者不必大量阅读一次文献，就能够比较全面地了解某一专题、某一领域当前的研究水平和动态。当学者面临知识和信息的海量无限性与自己的时间精力的相对有限性这一困扰时，三次文献不失为获取信息的一条最佳捷径。

① 综述。综述是对某一领域或研究课题的有关文献进行归纳、整理、分析、加工制作后形成的一种综合报告，系统阐述该领域的内容、意义、历史、现状和发展趋势。综述又称综述报告或文献综述。它的主要特点是，作者对现有文献做客观的归纳和综合，一般不加以评论，资料收集比较全面，讨论的问题比较集中、具体，主要读者是研究人员、管理决策者。

② 述评。述评是对某一领域、研究课题或成果的水平、现状、发展动向及影响进行全面、系统的分析评价。其内容一般包括三部分：综述部分、分析评价部分、建议或意见部分。述评一般先交代事情的原委，继而对现有文献资料进行分析归纳，对有关的理论、假说、技术方法或成果加以审议和对照比较，从中提炼出新的概念和信息。述评既是现有知识的综合，又有评价和预见。述评的主要特点是，强调作者在综述的基础上要提出自己的观点、看法和评价意见。

综述和述评具有信息整理与鉴别、压缩传递及预测功能。其作用主要有：帮助人们了解有关领域的发展概况和趋势，用很小的代价获得最重要的信息源；为确定研究方向和课题、制订各种计划和策略提供比较可靠的依据；为科学评价研究成果提供参考依据。

应当注意，综述和述评是经过多次加工压缩的情报，其内容的可靠性和观点的科学性必然会受到作者学识水平和心理素质的制约，不能盲目相信和过分依赖这种信息源，不能完全用它代替一次信息源和二次信息源。

综合上述，各级别文献的形成及相互关系如图 2-6 所示。

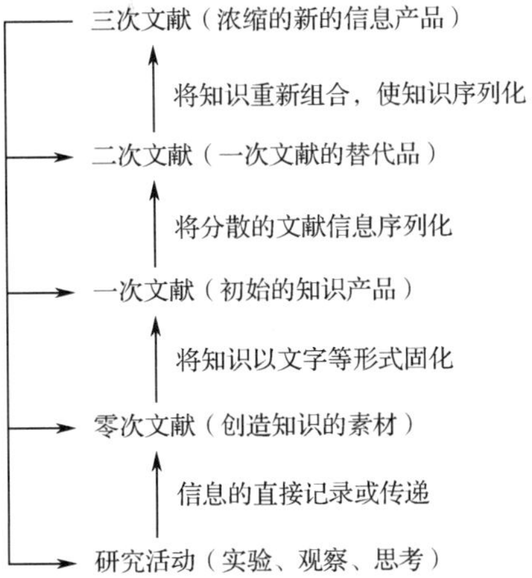

图 2-6　各级别文献的形成及相互关系

当今，互联网的发展使信息采集与传播的速度和规模达到空前的水平，实现了全球的信息共享与交互。现代通信和传播技术的发展，大大提高了信息传播的速度和广度，克服了传统的时间和空间障碍，将世界进一步联结为一体。数字化信息资源开始占据主流地位，社交网络、自媒体、全媒体化的出现，使信息来源更具便利性、多样性和复杂性，对人们的信息获取、利用、交互、创造等信息活动全过程都产生了巨大的影响。

由于上述因素和变化，信息源也产生了极大的变化，包括：信息资源数字化不断推进；各种数据类型日益整合；出现了很多大型数据库商；信息来源日益多元；搜索引擎占据着信息入口的重要位置；非营利组织在信息采集和提供方面做了大量工作；免费、开放的资源不断增多，为人们的利用带来了极大的方便；各种新的信息技术得到了应用；对知识和信息的搜索、揭示已经可以深入到知识单元；面向移动环境、移动端的信息应用日益发展，广为人们所喜爱和接受；信息资源与信息服务更密切地结合，很多时候甚至合而为一。

2.3 遵守信息伦理与规范

习近平总书记强调，“要营造良好学术环境，弘扬学术道德和科研伦理”。近年来，中央和教育主管部门多次下发文件，提出加强学风建设。例如，在《关于进一步弘扬科学家精神加强作风和学风建设的意见》中，提出“科研诚信是科技工作者的生命”；在“十四五”规划和 2035 年远景目标的建议中，再次提及加强学风建设，坚守学术诚信。

个体在参与信息活动的过程中，既有自由获取、交流和利用信息等的权利，也有遵守信息道德、伦理、规范和法规的义务。信息具有社会价值、经济价值和学术价值。信息的误用、滥用会引发信息污染、信息犯罪等问题，影响信息价值的发挥，损害各方利益。大学生应该了解信息查询、获取、传播与利用过程中的相关政策、法律法规，尊重和保护知识产权；约束和规范自己的信息行为，维护和遵守信息道德、信息伦理；在学术研究与交流中，遵守学术规范和学术道德，杜绝学术不端。

2.3.1 学术写作中的引用规范

任何研究和创新都是基于前人的研究进行的，人们在学术写作中都要引用他人的文献，人们也越来越多地意识到引用的伦理规则的重要性。那么，如何引用文献才是合理的、规范的呢？北京大学法学院贺卫方教授结合其多年的编辑工作经验，根据各种文献整理出了 10 条规范，供读者思考和参考使用。

1. 学术引用应体现学术独立和学者尊严

作为学者，在学术写作的过程中，应当在各个环节遵循学者的职业伦理，需要对学术研究事业心存虔诚。在引用环节中，所有征引文献都应当受到必要的质疑，而不是被视为当然的真理。

2．引用必须尊重被引用者原意，不可断章取义

无论是作为正面立论的依据，还是作为反面批评的对象，引用都应当尊重被引用者的原意，不可曲解引文。当然，从解释学上看，这确实不大容易。第一个问题是，作者表意的过程是否能够妥帖地达到原初目的？第二个问题是，任何理解都是在读者与文本之间的互动中产生的，读者本身的价值预设会投射到文本之中，使文本中相同的内容产生不同的意义。

人可以运用理性，人与人之间可以通过研究、交流而产生理解。时间的流逝会给后人解读前人的文献带来困难，不过，时间也能够带来某种知识的确定性，随着解读者的增多，一些误解逐渐祛除，作者的真意最终可以为人们所认知。况且，以尊重被引用者原意的心态进行引用会使人们带着同理心理解被引用者，从而减少误读和曲解。

3．引注的观点应尽可能追溯到相关论说的原创者

建立在前人研究基础之上的新作，需要对此前的研究尤其是一些主要观点的发轫、重述或修正过程有清晰的把握。否则，张冠李戴，不仅歪曲了学术史的本来面目，也可能使相关思想学说本身在辗转之间受到歪曲。其实，对思想或学术谱系的认真梳理，清楚地区别原创与转述，正是一名研究者应具备的基本功，通过引文，往往可以清楚地显示出写作者的这种基本功是否扎实。

4．写作者应注意便于他人核对引文

不少文献存在不同的版本，不同版本之间在页码标注甚至卷册划分上并不一致。因此，如果引用者不将所引文字或观点的出处标示清楚，势必给读者核对引文带来不便。

5．应尽可能保持引文的原貌，如有增删，必须加以明确标注

为了节省篇幅，或者使引文中某个事项为读者所理解，引用者可以对引文进行一定限度的增删。通常增加的内容应以夹注的方式注明；删节则通常使用省略号。删节之间，引用者应留心避免令读者对引文原意产生误解。

6．引用应以必要为限

学术研究须具有新意，写作者的引用是为了论证自己的观点。因此，他人的文字与写作者本人的文字之间应当保持合理的平衡，要避免过度引用，尤其是过度引用某个特定作者的文字，势必令读者产生疑问："为什么我不干脆直接读原著呢？"当然，对于研究对象特定于某种文献或只能依赖某种文献的写作者，这种"专项"引用便是不得已之事了。

7．引用已经发表或出版修订版的作品，应以修订版为依据

在作品发表之后，作者又出版了修订版，或者在改变作品的发表形式时（如论文被收入文集）进行了修订，这在学术著作史上都很常见。修订意味着作者对其原来作品的观点、材料或表述不满意，因此修订版代表了作者最新的看法或思想。不过，这条规则有一个限制，那就是如果引用者所从事的恰好是对特定作者学说演变的研究，则引用此前各种版本便是必要的。

8．引用未发表的作品须征得作者或相关著作权人的同意，并不得使被引用作品的发表成为多余

学术研究中经常需要引用尚未公开发表的手稿、学位论文、书信等。除非只提供相关文献的标题、作者等技术信息，否则对正文文字的引用必须征得作者或相关著作权人的同意，这是为了确保尊重作者对某些不希望披露的信息的权利。尤其是私人书信，不经同意的发表会侵犯我国民法所保障的隐私权，引用时更需慎之又慎。另外，由于引用作品一般先于被引用作品发表，过度引用也可能导致原作内容过分公开，从而损害被引用作品发表的价值，因此有必要对此类引用做较之引用已发表作品更严格的限制。

9．引用应伴以明显的标识，以免读者误会

通常引用有直接引用与间接引用两种，直接引用需要使用引号，间接引用应当在正文或注释行文时明确向读者显示其为引用。引用多人观点时应避免笼统，使读者可以清楚地区分不同作者之间的异同。直接引用的文字如果超过一定篇幅，则应当指示排版时通过技术方式使引文更清晰地显示。

10．引用须以注释形式标注真实出处，并提供与文献相关的准确信息

引用时的作伪常常表现为注释中的出处信息虚假，如掩盖转引，标注为直接引用。另外，近年来一些作者引用译著时喜欢引用中文版却标注原文版。边码（边白处标注的原著页码，以便读者核查原文和利用索引）更加便利了在注明出处时的作伪行为。将转引标注为直引，将来自译著的引文标注为来自原著，不仅是不诚实的表现，而且是对被转引作品作者和译者劳动的不尊重。

2.3.2　参考文献的著录规则

国家标准《信息与文献　参考文献著录规则》（GB/T 7714—2015）于 2015 年 5 月 15 日发布，2015 年 12 月 1 日起实施。该标准规定了各个学科、各个类型信息资源的参考文献的著录项目、著录顺序、著录用符号、著录用文字、各个著录项目的著录方法，以及参考文献在正文中的标注法，适用于著者和编辑著录参考文献。

1．部分常用文献类型的著录规则

（1）专著（普通图书）

主要责任者．题名：其他题名信息[文献类型标识/文献载体标识]．其他责任者．版本项．出版地：出版者，出版年：引文页码[引用日期]．获取和访问途径．数字对象唯一标识符．

示例：燕今伟，刘霞．信息素质教程[M]．武汉：武汉大学出版社，2008：120-122.

（2）连续出版物中的析出文献（期刊论文）

析出文献主要责任者．析出文献题名[文献类型标识/文献载体标识]．连续出版物题名：其他题名信息，年，卷（期）：页码[引用日期]．获取和访问途径．数字对象唯一标识符．

示例：杨汝岱．中国制造业企业全要素生产率研究[J]．经济研究，2015，（02）：61-74．

（3）专利文献

专利申请者或所有者．专利题名：专利号[文献类型标识/文献载体标识]．公告日期或公开日期[引用日期]．获取和访问途径．数字对象唯一标识符．

示例：袁柳，徐明，周造文，吴小亚．一种模锻件单面薄壁结构梁类零件变的补偿法加工方法[P]．江西：CN106312475A，2017-01-11．

（4）报纸中的析出文献

示例：汪瑞林．MOOCs 辨析与在线教育发展[N]．中国教育报，2014-01-04（003）．

（5）学位论文

示例：马晨．中国跨境电商的发展现状及今后对策研究[D]．对外经济贸易大学，2015．

（6）会议文献

示例：张立德．国内外纳米材料与纳米结构研究的最新进展[C]//第四届中国功能材料及其应用学术会议论文集．2001：9-13，17．

（7）标准文献

示例：全国信息与文献标准化技术委员会．文献著录：第 4 部分 非书资料：GB/T 3792.4－2009[S]．北京：中国标准出版社，2010：3．

（8）电子资源

属电子专著、电子专著中的析出文献、电子连续出版物、电子连续出版物中的析出文献及电子专利的著录项目与著录格式分别按对应文献类型的有关规则处理。除此以外的电子资源按以下规则著录。

主要责任者．题名．其他题名信息[文献类型标识/文献载体标识]．出版地：出版者，出版年：引文页码（更新或修改日期）[引用日期]．获取和访问途径．数字对象唯一标识符．

示例：中国互联网络信息中心．第 29 次中国互联网络发展现状统计报告[R/OL]．（2012-01-16）[2013-03-26]．http://www.cnnic.net.cn/hlwfzyj/hlwxzbg/201201/P020120709345264469680.pdf.

2．顺序编码制和著者-出版年制

参考文献表可以按顺序编码制组织，也可以按著者-出版年制组织。引文参考文献既可以集中著录在文后或书末，也可以分散著录在页下端。阅读型参考文献著录在文后、书的各章节后或书末。

（1）顺序编码制

顺序编码制是按正文中引用的文献出现的先后顺序连续编码，将序号置于方括号中。在论文正文中引用文献的作者姓名或成果叙述文字的右上角，用方括号注阿拉伯数字，依正文中出现的先后顺序编号。例如，"……表明已低到 2 500m 的高度[1]" "……文献[1]指出，此高度已低到 2 500m" "MacFarland[1]指出，此高度已低到 2 500m"。如果顺序编码制采用脚注方式，则序号可由计算机自动生成圈码。参考文献表采用顺序编码制组织时，各篇文献应按正文部分标注的序号依次列出。顺序编码制被我国科学技术期刊普遍采用。

（2）著者-出版年制

当正文引用的文献采用著者-出版年制时，各篇文献的标注内容由著者姓氏与出版年构成，并置于"（）"内。参考文献表采用著者-出版年制组织时，各篇文献首先按文种集中，可分为中文、日文、西文、俄文、其他文种 5 部分；然后按著者字顺和出版年排列。中文文献可以按著者汉语拼音字顺排列，也可以按著者的笔画笔顺排列。

3．数字对象唯一标识符

在著录项目的设置方面，为了适应网络环境下电子资源存取路径的发展需要，《信息与文献　参考文献著录规则》（GB/T 7714—2015）新增了"数字对象唯一标识符"，以便读者快捷、准确地获取电子资源。

数字对象唯一标识符（Digital Object Identifier，DOI），是针对数字资源的全球唯一永久性标识符，具有对资源进行永久命名标志、动态解析链接的特性。

参考文献的获取和访问路径中不含数字对象唯一标识符时，可依原文如实著录数字对象唯一标识符。否则，可以省略数字对象唯一标识符。

2.3.3　信息活动的权利和义务

每个人不仅是信息的消费者，同时也是信息产品的生产者和信息市场的贡献者。人们一方面通过网络和各种渠道获取信息，另一方面通过各种方式不断地生成和发布信息。在从事信息活动的过程中，应该理性地认识到信息活动的权利和义务。

1．信息和知识是自由的，但并不意味着毫无约束

信息和知识是自由的，网络访问和使用也有很高的便利性和自由性，但这并不意味着人们在信息活动过程中是丝毫不受约束的。这里有一个前提，即秉持学术自由精神，以及严格的自律和道德约束。学者可以自由教授内容、交流观点和看法，同时学术自由也是一个具有争议的话题，在实践中存在如何把握好尺度的问题，因此，在实践中有一定的限制。

人们需要学术自由，同时也需要应有的学术严谨态度和学术自律。当前，中国正在积极建设法治社会，推进依法治国。我们应当认识到，网络的自由应该是有限度的、有

界限的，不能超越伦理和法律的边界。

2. 了解知识产权

（1）知识产权的含义

知识产权是指权利人对其所创作的智力劳动成果所享有的专有权利，是依照各国法律赋予符合条件的著作者、发明者或成果拥有者在一定期限内享有的独占权利。知识产权由人身权利和财产权利两部分构成。所谓人身权利，是指权利同取得智力成果的人的人身不可分离，是人身关系在法律上的反映。例如，作者在其作品上署名的权利，或者对其作品的发表权、修改权等。这种权利也称为精神权利。所谓财产权是指智力成果被法律承认以后，权利人可利用这些智力成果取得报酬或得到奖励的权利，这种权利也称为经济权利。

知识产权包括工业产权和著作权两大类。

① 工业产权。工业产权是指技术发明的专利权，以及商标、工业品外观式样、服务业标志、商品产地标志和产品名称的专用权。

专利权是依法授予发明创造者或单位对发明创造成果独占、使用、处分的权利。专利权的主体是有权提出专利申请和专利权，并承担相应的义务的人，包括自然人和法人。我国专利权的客体是发明、实用新型和外观设计。专利权人的权利包括独占实施权、许可实施权、转让权、放弃权、标记权。专利权人的义务包括实施专利的义务、缴纳年费的义务。

商标是为了帮助人们区别不同的商品而专门设计的、有意识地置于商品表面或其包装物上的一种标记。商标权是指商标使用人依法对所使用的商标享有的专用权利。商标权的主体是申请并取得商标权的法人或自然人。商标权的客体是经过国家商标局核准注册、受商标法保护的商标，即注册商标，包括商品商标和服务商标。商标权人的权利有使用权、禁止权、转让权、许可使用权。商标权人的义务有保证使用商标的商品质量、缴纳规定的各项费用。

② 著作权。著作权也称版权，是公民、法人或非法人单位按照法律规定享有的对自己文学、艺术、自然科学、工程技术等作品的专有权，对文字著作和艺术品的印刷、销售、演出、摄影、录音等方面的专有权。著作权的主体是著作权所有者，即著作权人，包括作者和继承著作权的人、法人或非法人单位、国家。著作权的客体是受著作权保护的各种作品。享受著作权保护的作品涉及文学、艺术和科学作品，是由作者创作并以某种形式固定下来能够复制的智力成果。著作权人的权利有人身权和财产权。其中，人身权包括发表权、署名权、修改权；保护作品完整权；财产权包括使用权、获得报酬权。

（2）知识产权法

知识产权法是指在调整知识产权的归属、行使、管理和保护等活动中产生的社会关系的法律规范的总称。我国现有一系列知识产权方面的法律，专利法方面主要有《中华人民共和国专利法》，商标法方面主要有《中华人民共和国商标法》，著作权法方面主要有《中华人民共和国著作权法》。另外，还有《中华人民共和国反不正当竞争法》等。

相关的法规条例有《专利审查指南》《中华人民共和国商标法实施条例》《驰名商标认定和保护规定》《信息网络传播权保护条例》《计算机软件保护条例》《广播电视管理条例》《音像制品管理条例》《出版管理条例》《中华人民共和国植物新品种保护条例》《地理标志产品保护规定》《农产品地理标志管理办法》《农产品产地安全管理办法》《中国名牌农产品管理办法》等。

相关的国际条约有《保护工业产权巴黎公约》《伯尔尼保护文学和艺术作品公约》《专利法条约》《专利法条约实施细则》《世界知识产权组织版权条约》《世界知识产权组织表演和录音制品条约》《保护表演者、音像制品制作者和广播组织罗马公约》《视听表演北京条约》《商标法新加坡条约》《商标法新加坡条约实施细则》等。

3．尊重和保护知识产权，合理利用他人的信息产品和成果

公民应在了解知识产权和知识产权法的基础上，尊重知识产权，以法律来保护和约束自己的信息活动和信息行为，具体包括：理解版权的合理使用，理解开放获取和公有领域等概念的意义及特征，合理利用他人的信息产品和成果；尊重他人的原创观点，对他人在知识生产过程中所付出的技能、时间和精力给予充分重视。

4．维护自身的相关权利

数字化的信息具有极其快速的传递能力和几乎无成本的复制能力，再加上网络和社交媒体的发达，信息在公开网络上一经发布，即可扩散至全社会、全世界，可以被所有网络用户看到和获取。因此，我们应该意识到，在线交互可能会对信息的生成、获取、传播产生影响，包括对自己、他人、社区、社会乃至全世界的影响，而且这种影响几乎是无法消除的。此外，网络上也存在个人信息商品化、个人隐私保护不足、个人信息使用不当等问题。我们应充分认识到，网络是一把“双刃剑”，既可以发生正向作用，也会产生负面影响，我们既要尊重他人的隐私权和知识产权，也要积极维护自身的相关权利，避免个人相关信息被滥用、盗用、恶意利用，乃至损害自身、他人和社会的合法权益。

2.4 重视信息安全

2.4.1 信息安全概述

1．什么是信息安全

信息作为一种资源，它的普遍性、共享性、增值性、可处理性和多效用性，使其对人类具有特别重要的意义。信息的泛在化虽然给人们带来了便利，但也具有破坏性的一面。因此，信息安全是一个不可忽视的重要问题。

信息安全是指信息系统（包括硬件、软件、数据、人、物理环境及相关基础设施）受到保护，不因偶然的或恶意的原因而遭到破坏、更改、泄露，系统连续、可靠、正常地运行。

信息安全的实质就是保护信息系统或信息网络中的信息资源免受各种类型的威胁、干扰和破坏，即保证信息的安全性。根据国际标准化组织（International Organization for Standardization，ISO）的定义，信息安全的含义主要是指信息的完整性、可用性、保密性和可靠性。

信息安全本身涉及的范围很大，如防范商业企业机密的泄露、防范青少年对不良信息的浏览、防范个人身份信息的泄露等。网络环境下的信息安全体系是保证信息安全的关键，包括计算机安全操作系统、各种安全协议、安全机制（数字签名、消息认证、数据加密等）、安全系统等，只要存在安全漏洞，便可威胁全局安全。

狭义的信息安全建立在以密码论为基础的计算机安全领域，早期中国信息安全专业通常以此为基准，辅以计算机技术、通信网络技术与编程等方面的内容；广义的信息安全是综合性的，从传统的计算机安全到信息安全，不只是名称的改变，也是对安全发展的延伸，安全不再是单纯的技术问题，而是管理、技术、法律等问题相结合的产物。

2．信息安全的重要性

信息安全问题涉及人们学习、工作、生活和娱乐的方方面面，因此，强化信息安全意识，掌握信息安全技能，提高识别与防范信息风险的能力，维护自己和他人的权益，是信息社会每个人都应关心和了解的。

不管是机构还是个人，都正在把日益繁多的事情交由计算机和网络来完成。例如，敏感信息经过脆弱的通信线路在计算机系统之间传送，专用信息在计算机内存储或在计算机之间传送，电子银行业务使财务账目可通过通信线路查阅，执法部门从计算机中了解罪犯的前科，医生用计算机管理病历等。在信息传输和传播的全过程中，保障信息安全，使其不至于在对非法（非授权）获取（访问）不加防范的条件下传输信息，都是极其重要的事情。

近年来，通过网络犯罪的案件数量不断增加，网络系统的安全已引起国家和个人的高度重视。对于上网所涉及的信息，如果得不到安全保证，网络攻击者就会通过一定的技术手段窃取和获得相应的权限，然后进行操作，产生一定的不可估量的严重后果。因此，在网络环境的虚拟世界，安全问题尤为重要。

对公民个人来说，在信息安全方面可能遇到的问题有很多。例如，刚刚买了房，装修公司的电话就打过来了；刚刚买了车，保险公司的电话就打过来了……这些都属于个人隐私信息泄露，让人烦心，更让人忧心。手机银行、网络支付、支付宝、微信和 QQ 转账，让个人财产和机构财产在看不见对方的情况下流转，如何确保这一过程中的信息安全？如何保护好电子健康信息的安全，以免泄露个人隐私？如何保护好包括身份户籍、名下资产、手机通话记录、名下支付宝账号等在内的各类公民个人信息，以免损害个人利益？

信息安全是任何国家、政府、部门、行业都必须十分重视的问题，是不容忽视的国家安全战略。随着网络信息化的不断普及，信息系统的安全已成为影响政府及个人的重要因素。当然，对不同的主体来说，包括各种组织、行业和个人，其对信息安全的要求和重点也是有区别的。

2.4.2 信息安全相关的法律法规

1.《中华人民共和国网络安全法》

为保障网络安全，维护网络空间主权和国家安全、社会公共利益，保护公民、法人和其他组织的合法权益，促进经济社会信息化健康发展，我国制定了《中华人民共和国网络安全法》。该法由全国人民代表大会常务委员会于 2016 年 11 月 7 日发布，自 2017 年 6 月 1 日起施行。

《中华人民共和国网络安全法》共七章，分别是总则、网络安全支持与促进、网络运行安全、网络信息安全、监测预警与应急处置、法律责任、附则。

其中，“第四章 网络信息安全”的内容如下。

第四十条 网络运营者应当对其收集的用户信息严格保密，并建立健全用户信息保护制度。

第四十一条 网络运营者收集、使用个人信息，应当遵循合法、正当、必要的原则，公开收集、使用规则，明示收集、使用信息的目的、方式和范围，并经被收集者同意。

网络运营者不得收集与其提供的服务无关的个人信息，不得违反法律、行政法规的规定和双方的约定收集、使用个人信息，并应当依照法律、行政法规的规定和与用户的约定，处理其保存的个人信息。

第四十二条 网络运营者不得泄露、篡改、毁损其收集的个人信息；未经被收集者同意，不得向他人提供个人信息。但是，经过处理无法识别特定个人且不能复原的除外。

网络运营者应当采取技术措施和其他必要措施，确保其收集的个人信息安全，防止信息泄露、毁损、丢失。在发生或者可能发生个人信息泄露、毁损、丢失的情况时，应当立即采取补救措施，按照规定及时告知用户并向有关主管部门报告。

第四十三条 个人发现网络运营者违反法律、行政法规的规定或者双方的约定收集、使用其个人信息的，有权要求网络运营者删除其个人信息；发现网络运营者收集、存储的其个人信息有错误的，有权要求网络运营者予以更正。网络运营者应当采取措施予以删除或者更正。

第四十四条 任何个人和组织不得窃取或者以其他非法方式获取个人信息，不得非法出售或者非法向他人提供个人信息。

第四十五条 依法负有网络安全监督管理职责的部门及其工作人员，必须对在履行职责中知悉的个人信息、隐私和商业秘密严格保密，不得泄露、出售或者非法向他人提供。

第四十六条 任何个人和组织应当对其使用网络的行为负责，不得设立用于实施诈骗，传授犯罪方法，制作或者销售违禁物品、管制物品等违法犯罪活动的网站、通讯群组，不得利用网络发布涉及实施诈骗，制作或者销售违禁物品、管制物品以及其他违法犯罪活动的信息。

第四十七条 网络运营者应当加强对其用户发布的信息的管理，发现法律、行政法规禁止发布或者传输的信息的，应当立即停止传输该信息，采取消除等处置措施，防止信息扩散，保存有关记录，并向有关主管部门报告。

第四十八条 任何个人和组织发送的电子信息、提供的应用软件，不得设置恶意程序，不得含有法律、行政法规禁止发布或者传输的信息。

电子信息发送服务提供者和应用软件下载服务提供者，应当履行安全管理义务，知道其用户有前款规定行为的，应当停止提供服务，采取消除等处置措施，保存有关记录，并向有关主管部门报告。

第四十九条 网络运营者应当建立网络信息安全投诉、举报制度，公布投诉、举报方式等信息，及时受理并处理有关网络信息安全的投诉和举报。

网络运营者对网信部门和有关部门依法实施的监督检查，应当予以配合。

第五十条 国家网信部门和有关部门依法履行网络信息安全监督管理职责，发现法律、行政法规禁止发布或者传输的信息的，应当要求网络运营者停止传输，采取消除等处置措施，保存有关记录；对来源于中华人民共和国境外的上述信息，应当通知有关机构采取技术措施和其他必要措施阻断传播。

2.《互联网广告管理暂行办法》等

为了规范互联网广告活动，保护消费者的合法权益，促进互联网广告业的健康发展，维护公平竞争的市场经济秩序，根据《中华人民共和国广告法》等法律、行政法规，我国制定了《互联网广告管理暂行办法》（国家工商行政管理总局令第 87 号），自 2016 年 9 月 1 日起施行。利用互联网从事广告活动，适用《中华人民共和国广告法》和《互联网广告管理暂行办法的》规定。

其他相关的法律法规有《中华人民共和国保守国家秘密法》《中华人民共和国计算机信息系统安全保护条例》《计算机信息网络国际联网安全保护管理办法》《互联网上网服务营业场所管理条例》等。

小案例：关注即送红包、优惠券、礼品，你愿意吗？

由微信和支付宝引发的全民领红包风潮，刺激了许多企业趁势加入营销队伍，纷纷抛出了“关注即送”的橄榄枝。大伙儿乐此不疲地领红包、领礼品，不少人先关注企业的公众号，抢到红包、得到礼品后，立即取消关注。

这真的是既实惠又没有损失的做法吗？通信专业人士提醒：注意信息安全。授权获得个人信息，就意味着包含个人真实身份或手机号码的信息已被对方获取。商家看似在做赔钱赚吆喝的买卖，可实际上，掌握大数据信息才是其用意所在。所以用户要注意个人信息的保护，不要盲目地将信息透露给他人。

➥ 学习分享

问：在生活中，你有没有亲身验证新闻/信息真假的经历呢？有的话，请分享一下。

李伟东同学分享（2020年年初）：

2020年春节，全国人民少了往年的喜悦，都笼罩在新冠肺炎疫情的阴影中，家家户户都足不出户，"不知所措"这个词可以准确地形容当时中国人的心情。人们不知道病情会不会继武汉后在其他各大城市相继暴发，不知道如何去防护，不知道能不能去市场等人多的地方购买生活物资，也不知道在过完年后的返工潮中情况会不会恶化。我家也是这样，大家都不知道未来要怎么办。但我始终相信国家能够以科学的、正确的方式去应对疫情，而我国那么多科学家现在正夜以继日地分析病毒，为我们的安全制定一些防范措施。

一开始，我会到一些门户网站或公众号中随机查询，其中有很多关于防范新冠病毒的资料，但是内容很纷杂，很多都没有整理过，有些是相当没有科学依据的，如一些偏方之类的，甚至有些纯属用心不良。具体如下图所示。

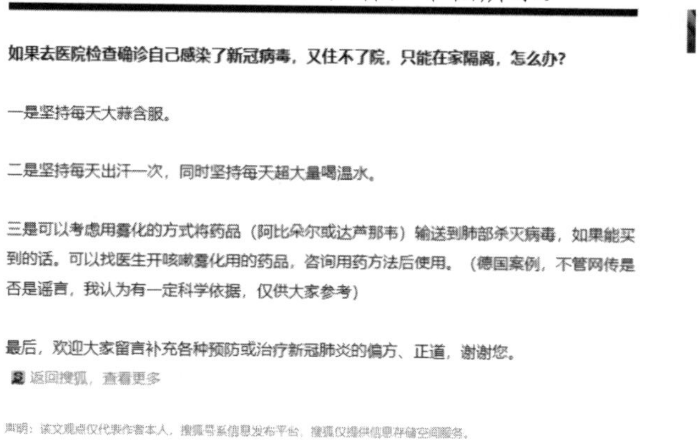

如果去医院检查确诊自己感染了新冠病毒，又住不了院，只能在家隔离，怎么办？

一是坚持每天大蒜含服。

二是坚持每天出汗一次，同时坚持每天超大量喝温水。

三是可以考虑用雾化的方式将药品（阿比朵尔或达芦那韦）输送到肺部杀灭病毒，如果能买到的话。可以找医生开咳嗽雾化用的药品，咨询用药方法后使用。（德国案例，不管网传是否是谣言，我认为有一定科学依据，仅供大家参考）

最后，欢迎大家留言补充各种预防或治疗新冠肺炎的偏方、正道，谢谢您。

返回搜狐，查看更多

声明：该文观点仅代表作者本人，搜狐号系信息发布平台，搜狐仅提供信息存储空间服务。

这些不科学的东西，没有经过科学认证，是相当危险的，甚至可能危及生命，虽然知识水平高一点的人一看就能分辨出来，但一些老人家知识水平比较低，容易轻信这种毫无依据的假科学。

因此，为了家里人着想，我开始寻找各种科学防范新冠病毒的资料，再在家庭群中分享，告诉他们这些才是官方的、有根据的文章。

以下分享一些我在国家卫生健康委员会网站上搜索的一些关于疫情防控的政府宣传。登录网站后搜索“新型冠状病毒”，能看到以下内容。

宣传司　发现新型冠状病毒感染肺炎病例时，疾病预防控制机构应采取哪...

导有关单位对传染病疫情的处理。”发现新型冠状病毒感染肺炎病例时，疾病预防控制机构应采取哪些措施？……

国家卫生健康委员会 - 2020-02-12

宣传司　对已经发生新型冠状病毒感染肺炎病例的相关场所里的人员，可...

隔离措施的解除，由原决定机关决定并宣布。”对已经发生新型冠状病毒感染肺炎病例的相关场所里的人员，可以采取哪些措施？……

国家卫生健康委员会 - 2020-02-12

宣传司　...飞机等公共交通工具上发现新型冠状病毒感染肺炎病人怎么办？...

。”在火车、飞机等公共交通工具上发现新型冠状病毒感染肺炎病人怎么办？……

国家卫生健康委员会 - 2020-02-12

主持人：

时间关系，现场的答问就到这里，下面请专家就疫情防控当中的相关健康知识回应一下我们征集到的网友的问题，我想这些问题对现场的各位媒体朋友也会有所帮助。请冯录召先生来解答。2020-02-08 16:38:18

冯录召：

谢谢主持人。下面我来回应一下网友关心的一些问题。

第一个问题，有的居民听说自己小区里有了确诊病例，或者楼里有隔离的病例就很恐慌，不知道传染的风险有多大。事实上，新型冠状病毒肺炎被确诊之后都会到定点医院接受隔离治疗，病例的密切接触者也会按照有关要求进行隔离医学观察。确诊病例的家庭以及小区的公共区域都将进行清洁消毒，所以作为小区居民，无需过度恐慌，要继续做好个人防护。这里我想说，新型冠状病毒肺炎是一种新发的传染病，我们大家都没有免疫力，人人易感，所以无论小区是否有病例，如果不注意防范，都会有感染的风险，因为社会不是封闭的，如果出小区会有感染的风险，包括公寓的电梯、步行楼梯的通道，通常通风情况不太良好，所以我们在坐电梯时，或者走步梯时都要戴口罩，房间要经常开窗通风，每天打开一段时间能够让空气充分交换。在疫情终结之前，尽可能避免用手触摸楼梯的扶手、电梯的按钮、小区的社区公共设施物体表面。出门之后，一定不要触摸自己的眼睛、嘴巴、鼻子，要尽快洗手。

第二个问题，有些人担心我们的医护人员在定点医院诊疗护理了新型冠状病毒肺炎病人，乘坐交通工具或者回家时会不会把病毒带出来，我想这是大家的疑问，更是医护人员家属的担心，担心他们的身体健康，从科学的角度来讲，医护人员，即使是在隔离病房接触患者，都会按照严格的要求，经过科学防护才进入病房开展工作，经过正确的消毒防护措施和院感防护手段，医务人员在离开病房和医院时都是不会携带病毒的，请大家放心。医务人员作为抗击疫情日夜奋战在一线最直接的战士，我们希望每一位医护人员都能被尊重、被善待。2020-02-08 16:38:32

这些都是官方机构针对新冠病毒的一些具有权威性的答复，看了之后只要做好相应的预防措施，被感染的概率就会大大降低。而且这里面的内容采用了对话形式，通俗易懂，不存在专业性很强的名词和术语，对阅读者的文化水平要求并不高。家里人看了之后，很快就消除了恐惧心理。

同时，为了更加了解新冠病毒，我又去知网查询了一些关于新冠病毒的资料。知网上有很多相关文章。经过搜索和筛选，我选择了一些看得懂的文章。

做完这些事情之后，我对新冠病毒的了解加深了很多，也消除了很多未知的恐惧。现在社会上的信息很纷杂，真假难辨，有时候想了解一样东西，却总是被弄得一头雾水。而在学习了“搜索”课程后，我学会了搜索资料、知识、信息的方法，学会了使用很多以前知道但不了解的方法，使我对信息的搜索更加精确，这些事情做起来也就轻松多了。

➘ 练习、讨论与思考

1. 小明在网上登记了自己的基本资料后，收到了一封来自国外的信件，说他中了50 万元现金大奖，只要他立即电汇 1 000 元的手续费，对方两天内就可以将现金送到他手中。你从哪些方面来分析这条信息的真伪?

2. 每年的 11 月、12 月是企业到高校招聘的高峰期，每年的 3 月、4 月是大学生求职的黄金时段。面对铺天盖地的招聘信息，你如何快速、准确地鉴别信息，以避免上当受骗?

3. 将本章图 2-4 中的书目信息改写成规范的参考文献格式。

4. 某文献的著录格式为：谭雪峰. 自主导航农业机器人全方位视觉目标识别与跟踪研究[J]. 农机化研究，2017，(12)：53-57。请问该文献属于哪种类型?

5. 你如何看待微信公众号内容的付费订阅?

6. 商业数据库全文常常需要付费获取，你能否找出一些替代性的免费方案?

7. 信息和知识是自由的，但并不意味着毫无约束。你能找到一些实际案例，并就这一方面进行分析吗?

第3章

培养检索思维，探索式查找与获取信息

在新的信息环境下，查找信息的范围大大扩充，检索行为已从以往的单一、直接转向复杂、多样和多维，并且以不断循环、递进、往复的形式向前推进。检索过程包括查询、发现和偶然所得，需要从问题出发，对广泛的信息源进行评估，确定可能的信息源和相关的检索途径。信息检索已成为一个情境化的探索过程，检索者的认知、情感和社会关系等都会影响检索进程，反之亦然。

本章思维导图

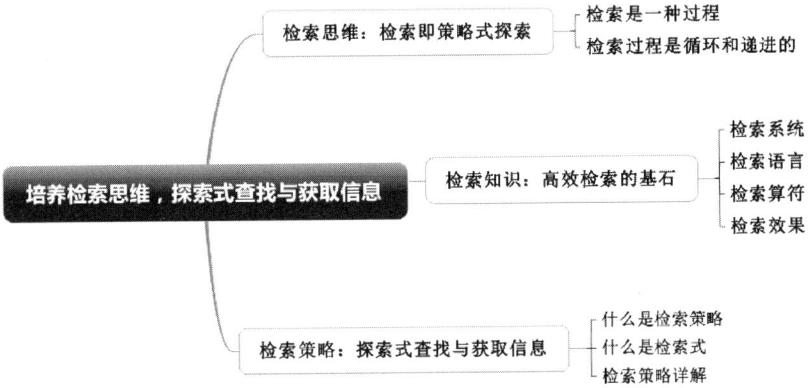

3.1 检索思维：检索即策略式探索

下面围绕信息检索的特点、过程和策略展开论述。

3.1.1 检索是一种过程

信息查找是一种非线性的、需要反复进行并带有偶然性的发现活动，是与问题的发现、研究和解决过程同步进行的，是探索式地查找与获取信息的过程。在这个过程中，我们需要了解如何从信息需求出发，确定信息来源、信息查询方向及信息检索的初始范围，合理运用发散思维和收敛思维，设计制定检索策略，选择与信息需求和检索策略相匹配的检索工具，理解信息系统的组织方式，合理使用不同类型的检索语言，如控制词表、关键词、自然语言等，灵活运用各种检索途径，根据检索结果来调整检索问题、改进检索策略，从而有效推进检索进程，管理检索结果。

3.1.2 检索过程是循环和递进的

我们也要意识到，各类信息源除了在内容和形式上具有差异，其相关性和价值也会因为信息需求和检索目标的不同而有很大差异，要重视利用浏览及其他偶然发现的形式收集信息，认识到检索过程的复杂性，具备检索思维的灵活性和创造性，了解一次的检索尝试不一定能够得到满意的结果，要能够积极面对检索的挑战，知道寻求专家指导，能够随着检索中产生的新认识灵活寻求其他检索途径，运用多样化的检索策略来把控检索方向，既能将检索推向广泛和深入，也能根据问题解决的程度和需要，适时地结束检索过程，既能解决问题，又能利用好时间，提高学习、科研和工作的效率。

检索作为一种可以动态调整、变化、循环、迭代和递进的过程，需要根据检索的需求、检索的效果、检索任务的完成情况、检索的结果、结果的可用性等诸多因素进行调整优化。因此，检索者应树立动态调整、相对优化的检索思维。检索不是一成不变的，不是唯一的，不是固定的，也不是固化的。同时，检索者与检索也存在交互，检索者的知识、能力、专业、认知、情感和社会关系等都会影响检索进程，同时检索也会影响检索者。

3.2 检索知识：高效检索的基石

检索中需要掌握的基础知识介绍如下。

3.2.1　检索系统

1．检索系统的定义及构成

检索系统，是指根据特定的信息需求而建立起来的用于信息收集、加工、存储、检索及分析等的程序化系统，其主要目的是为人们提供信息服务。检索系统可以是供手工检索使用的卡片目录、书目、文摘、索引等，也可以是计算机化的信息检索系统，如搜索引擎、网络数据库、光盘数据库、搜索网站和搜索平台等。

（1）广义的检索系统

从广义上理解，检索系统是与检索相关的工具、设备和人的总和，一般包括以下几种。

① 检索文档。检索文档即标有检索标识的信息集合，如手工检索系统中的书目和索引、文摘中由文献款目组成的记录、工具书中的条目或短文组成的主体、计算机检索系统中的数据库。

② 技术设备。技术设备指能储存信息的技术设备，如输入装置、储存器、输出装置、通信设备等。

③ 语言工具。语言工具指检索语言、标引规则、输入和输出标准等。

④ 作用于系统的人。包括信息加工人员、标引人员、录入人员、检索人员、系统管理维修人员等。

（2）狭义的检索系统

狭义的检索系统一般指用于提供检索的工具本身，也就是我们常说的检索工具。

检索工具有很多类型。根据载体不同，可将检索工具分为手工检索工具和计算机检索工具。根据组织和提供信息方式的不同，将可检索工具分为搜索引擎、数据库、参考工具等。而每种工具又可分为不同的类型。例如，对数据库来说，根据提供信息的详略程度，可将其分为二次文献数据库（包括目次型、文摘型、指南型等）和全文数据库等。二次文献数据库也称为参考数据库，主要用来指引用户到另一信息源获得原文或其他细节，本身并不提供全文。根据数据库收录信息内容的学科领域范围，则可将其分为综合性数据库和专业性数据库。

不同的检索工具，在具体的编排方式、使用方式、使用功能等方面都会有所差异，但其基本原理、构成、类型是相同的。手工检索工具和计算机检索工具的基本构成如表 3-1 所示。

表 3-1　手工检索工具和计算机检索工具的基本构成

系统 / 内容 / 组成	手工检索工具（印刷型检索工具）	计算机检索工具（数据库和搜索引擎等）
使用指南	正文前部分：使用说明、目次表、样例等	帮助文档

续表

组成 \ 内容 \ 系统	手工检索工具 （印刷型检索工具）	计算机检索工具 （数据库和搜索引擎等）
主体部分	正文部分 条目 著录项	主文档 记录 字段
索引部分	正文后部分：辅助索引	倒排（索引）文档
检索语言	主题词表、分类表	主题索引、分类索引
其他	正文后部分：资源来源目录、附录、对照表	

① 使用指南。使用说明、目次表、样例、帮助文档用于介绍检索系统的学科范围、结构、功能和使用方法，是用户使用检索系统前必读的内容。

② 主体部分。正文部分是检索系统的主体部分。它是反映文献信息特征的条目的有序集合，每个条目都由若干数据著录项组成，条目按序有址，如文摘号或索引号。手工检索系统中大多数检索刊物的正文部分都按学科分类体系的序列编排，提供分类检索途径（检索点）。计算机检索系统的正文部分是系统的主文档。

③ 索引部分。手工检索系统的辅助索引是对正文分类检索方式的补充。常见的辅助索引有作者索引、主题索引等。对应于计算机检索系统，索引以倒排文档的形式出现。计算机检索系统的倒排索引品种要远多于手工检索系统，如前者还有年份、语种、文献等类型索引。

④ 检索语言。主题词表用于浏览、确定主题词，分类表用于浏览、确定类号和分类类目。准确选择主题词、分类号是获得满意检索结果的前提。

⑤ 其他。资源来源目录是被检索工具摘录过的一次文献的清单，描述期刊、会议录或其他出版物的名称、代码及出版和收藏等情况，是用户获取原文的一个主要依据。

2. 记录与字段

无论是手工检索工具（印刷型检索工具），还是计算机检索工具（数据库和搜索引擎等），都可以理解为文献信息的集合，这种集合既存储和记录文献，又为用户提供查找文献线索或获得文献的功能。根据记录文献的方式和详略程度，有目录、题录、文摘、索引等记录方式，印刷型检索工具主要以上述形式为用户提供文献线索，通常不直接提供文献原文；数据库等计算机检索工具，除了能为用户提供目录、题录、文摘等形式的文献线索，有的还进一步为用户提供文献全文，非常方便。计算机检索工具的内在结构通常包括文档、记录、字段等要素。以下对记录和字段稍做介绍，方便读者学习了解。

（1）记录

数据库主要由文档、记录、字段三个层次构成。文档也称文件，在逻辑上是由大量性质相同的记录组成的集合，是数据库中数据组织的基本形式。记录是指对应数据源中一行信息的一组完整的相关信息。一条记录由若干个字段组成。

记录是机器可存取的基本单位，是供计算机读取的格式化数据，用于数据资源的交换与共享。由于格式规范，程序能准确地识别每条记录及其数据著录项的内容。ISO 颁布的记录格式标准有《信息与文献　信息交换格式》(ISO 2709：2008)，具体包括头标、目次、数据区和记录分隔符。我国制定的国家标准《信息与文献　信息交换格式》(GB/T 2901—2012）参照了 ISO 2709：2008)，并具有中国特色。

记录有逻辑记录和物理记录之分。逻辑记录与存储环境无关，它是把一些在逻辑上相关的数据组织到一起的数据集合，是面向用户的记录，相当于手工检索工具中的一个条目。物理记录则是指硬件设备上的一个基本存储单位，是计算机内存与外存之间进行数据交换的基本单位。

不同的数据库，向用户提供的记录的表现形式可能会有所差异。如图 3-1 所示为万方数据平台的记录示例，可以帮助我们了解数据库中一条记录的构成。

“一带一路”框架中的合作基础——基于沿线核心国家创新力现状的分析

推荐

The Foundation for Cooperation in"the Belt and Road"Framework——Analysis Based on Status Quo of Innovation Power of Core Countries along the Belt and Road

查看全文　下载全文　导出　添加到引用通知　分享到 |　　下载PDF阅读器

doi：10.19503/j.cnki.1000-2529.2017.02.014

摘要：当今世界正在形成一个全球性的社会，国家的创新力越来越依赖于国家间的互补协作和分工，通过互补性的合作来促进更大的创新，从而实现新的发展.创新成为社会发展的根本动力和国际合作的基础.没有创新的合作是难以持续的，只有创新才能创造永久合作的基础和永续发展的动力.推进“一带一路”建设就是为了寻找与沿线国家的创新互补性项目，来实现中国与沿线国家在创新前提下的共赢发展.本研究从国际社会学体系出发分析了“一带一路”沿线核心国家的创新力状况并通过比较分析来探究国家创新力对推进“一带一路”的政策意义，提出了一些较新的观点.

作者：胡键

Author：HU Jian

作者单位：上海社会科学院 上海200020

刊 名：湖南师范大学社会科学学报　ISTIC PKU CSSCI

Journal：Journal of Social Science of Hunan Normal University

年，卷(期)：2017，46(2)

关键词：一带一路　核心国家　创新力　合作共赢

在线出版日期：2017年5月19日

基金项目：国家社会科学基金项目“中国软实力评估与增进方略研究”(4BKS064)，上海市高原学科(上海政法学院)支持项目

图 3-1　万方数据平台的记录示例

（2）字段

字段是记录的基本单元，用于描述事物的某一属性和特征。字段与文献记录中的著录项相对应，也是检索的入口。

在数据库等检索工具中，可用于检索的字段通常包括描述文献外表特征的字段，如作者字段、号码字段、出版字段、语种字段等；也包括描述文献内容特征的字段，如文摘字段、主题词字段、分类号字段等。名称字段既可以表达文献的外表特征，也可以表

达文献的内容特征。各字段还可进一步细分为不同的各子字段，它们是字段的一部分。各字段都有自己的标识符，其内容称作字段值或属性值。

在图 3-1 中，显示了篇名、摘要、作者、作者单位、刊名、刊期、关键词等字段。

文献数据库中的常用字段如表 3-2 所示。根据文献类型的不同，题名又分为书名、刊名、报纸名、专利题名、标准名、学位论文名、档案名、舆图名、析出的文献名等。

表 3-2　文献数据库中的常用字段

表达内容特征的字段			表达外表特征的字段		
中文字段名称	英文字段全称	英文字段简称	中文字段名称	英文字段全称	英文字段简称
题　名	Title	TI	作　者	Author	AU
文　摘	Abstract	AB	作者单位	Author Affiliation	AF
叙　词	Descriptor	DE	期刊名称	Serials Title	ST
关键词	Keyword	KW	语　种	Language	LA

3.2.2　检索语言

1．检索语言的定义

检索语言是用来描述文献、组织文献记录、进行文献检索的标识系统。检索语言是存储信息与检索信息所使用的共同语言，它是标引人员和检索人员之间沟通思想、取得一致理解的桥梁，是标引和检索之间的约定语言，是一种人工语言。

就检索语言的实质而言，它是从自然语言中精选出来并加以规范化的一套词汇符号，是概括文献信息内容或外表特征及相互关系的标识体系。检索语言由词汇和语法两部分组成。词汇是指收录在分类表、词表中所有的标识（分类号、检索号、代码等），是可识别的语词；语法是指如何运用标识来准确表达文献信息的内容和外表特征，以有效实现文献信息检索的规则。由于检索的匹配过程是通过检索语言的匹配来实现的，检索语言的质量好坏及对它的使用正确与否直接影响检索效率的高低，因此用户检索能力的提高离不开对检索语言的了解和掌握。

2．检索语言的类型

检索语言能描述文献的内容特征和外表特征，一方面用来编排组织文献，另一方面又可用于表达信息提问。检索语言可以分为许多不同的类型。

（1）按照规范化程度，检索语言可分为受控语言和非受控语言

① 受控语言，是对自然语言中的同义词、近义词、反义词、多义词、上位词、下位词、相关词等经过一系列规范化处理的语言，也叫规范化语言或人工语言，是人为地对标引词和检索词加以控制和规范，目的是确保每个词只能表达一个概念，一个概念只能用一个词表达，必要时还可以对概念进行扩大、缩小和延伸。标题词、单元词、叙词和分类号都属于受控语言。

② 非受控语言，也称为自然语言，主要指关键词语言。关键词语言是直接从原始信息中抽取出自由词作为检索词的检索语言，也是大众广为熟悉和使用的检索语言。

（2）按标识组配方式，检索语言可分为先组式检索语言和后组式检索语言

① 先组式检索语言是描述文献主题概念的标识在检索之前就已经固定好了的标识系统，如分类语言、标题词语言等。

② 后组式检索语言是描述文献主题概念的标识在检索之前未固定组配，而是在检索时根据检索的实际需要，按照组配规则临时进行组配的标识系统，如叙词语言等。

（3）按照囊括的专业范围，检索语言可以分为综合性检索语言和专业性检索语言

① 综合性检索语言是在一定范围内或国际范围内通用的检索语言，如各国的图书分类法。

② 专业性检索语言是适用于某一专业领域的检索语言，如各国的专利分类法等。

（4）按照描述信息的特征划分，检索语言可分为描述信息外部特征的语言和描述信息内容特征的语言

① 描述信息外部特征的语言以文献上标明的、显而易见的外部特征（如题名、著者姓名、机构名称、文献号和文献出处等）作为文献的标识和检索的依据。通常按照文献题名、作者姓名、出版者等的字序进行排列，或者按照报告号、专利号等号码的数序进行排列，以文献题名、作者姓名及号码等为检索途径，满足用户需求。

② 描述信息内容特征的语言与描述信息外部特征的语言相比，其在揭示文献特征与表达信息提问方面具有更大的深度。描述信息内部特征的语言的结构与使用规则，比描述信息外部特征的语言更加复杂。描述信息内容特征的语言包括分类语言和主题语言。

我们所说的检索语言，通常都是指描述信息内容特征的语言，即分类语言和主题语言。

3. 分类语言

（1）分类语言的内容

分类语言以学科体系为基础，将各种概念按学科性质和逻辑层次结构进行分类和系统排序，用分类号和相应的分类款目来表达各种概念，能反映事物的从属派生关系，便于按学科门类进行族性检索。分类语言也称为分类法，其分类体系通常以分类表的形式体现出来，所以一般对分类语言（分类法）和分类表不予严格区分。

图书分类表、专利分类表通常都采用分类语言。按照分类方式的不同，分类语言又分为体系分类语言、组配分类语言和混合分类语言等。体系分类语言在我国被广泛使用。

（2）体系分类语言

体系分类语言将文献根据其所属的学科内容分门别类地进行系统化组织，是一种直

接体现知识分类的等级关系的标识系统，是按文献内容特征进行分类的检索语言。其主要特点是按学科、专业来集中文献，并从知识分类的角度揭示各类文献在内容上的区别和联系，提供从学科分类角度检索文献的途径。

体系分类语言的构成原理是以学科体系为基础，将各种概念按照学科性质进行分类和系统排列，并按分类号编排组织成一个完整的体系。它按照知识门类的逻辑次序，运用概念划分和归属的方法，由总到分、由一般到个别、由抽象到具体、由简单到复杂，类目层层划分，层层隶属，逐步展开，形成一个有序的等级制体系。

所谓“类”，是指具有许多共同属性事物的集合。凡用来表达同一事物的概念都称为“类目”。每类事物，除了有共同的属性，还有各自的个性，也就是说，还可以用个性相近的事物为标准再进行划分。例如，通信类可以划分为通信系统、有线通信、电话、电报、传真等子类目。这里，“通信”属于被划分的类，一般称其为“母类”或“上位类”（属概念）；经过一次划分所形成的一系列概念，如通信系统、有线通信、电话、电报、传真等，称为“子类”或“下位类”（种概念）。子类与子类之间称为“同位类”（并列概念）。子类中的某一概念还可再进行划分，如通信系统又可分成数字通信系统、扩展频谱通信系统、多址通信系统等，依此层层细分下去。

在体系分类表中，一个大类或上位类每划分一次便产生许多子类，所有不同级别的子类向上层层隶属，向下级级派生，从而形成了一个严格有序的、直线性的知识门类等级体系。

体系分类语言广泛用于图书、资料的分类和检索，是图书情报界使用最普遍的一种检索语言。它的具体体现形式就是图书分类法，比较有影响的有《中国图书馆分类法》《国际十进分类法》和《杜威分类法》等。

（3）《中国图书馆分类法》简介

《中国图书馆分类法》（以下简称《中图法》）是新中国成立后编制出版的一部具有代表性的大型综合性分类法，是当今国内图书馆使用最广泛的分类法体系。《中图法》原称为《中国图书馆图书分类法》，出版于 1975 年，1999 年修订出版了第四版，增加了类分资料的类目，并与类分图书的类目以“+”标识进行了区分，因此正式改名为《中图法》。2013 年修订出版了第五版。《中图法》由基本部类和基本大类、简表、详表、通用复分表组成。

① 基本部类和基本大类。基本部类，又称基本序列，由五大部类组成。基本大类，又称大纲，是在基本部类的基础上展开的第一级类目，由 22 个大类组成，用 A～Z 22 个字母表示。《中图法》的基本部类和基本大类如表 3-3 所示。

表 3-3 《中图法》的基本部类和基本大类

基本部类	基本大类
1. 马克思主义、列宁主义、毛泽东思想、邓小平理论	A.马克思主义、列宁主义、毛泽东思想、邓小平理论
2. 哲学	B.哲学、宗教
3. 社会科学	C.社会科学总论 D.政治、法律 E.军事 F.经济 G.文化、科学、教育、体育 H.语言 I.文学 J.艺术 K.历史、地理
4. 自然科学总论	N.自然科学总论 O.数理科学和化学 P.天文学、地球科学 Q.生物科学 R.医药、卫生 S.农业科学 T.工业技术 U.交通运输 V.航空、航天 X.环境科学、安全科学
5. 综合性图书	Z.综合性图书

② 简表。简表是在基本大类的基础上展开的二级类目表，通过简表可了解分类的概貌。《中图法》工业技术大类简表（二级类目表）如表 3-4 所示。

表 3-4 《中图法》工业技术大类简表（二级类目表）

TB	一般工业技术	TL	原子能技术
TD	矿业工程	TM	电工技术
TE	石油、天然气工业	TN	无线电电子学、电信技术
TF	冶金工业	TP	自动化技术、计算机技术
TG	金属学与金属工艺	TQ	化学工业
TH	机械、仪表工业	TS	轻工业、手工业
TJ	武器工业	TU	建筑科学
TK	能源与动力工程	TV	水利工程

③ 详表。详表是分类表的主体，它依次详细列出类号、类目和注释。此处以“计算机软件”说明其类号、类目展开示例，如表 3-5 所示。

表 3-5 “计算机软件”类号、类目展开示例

TP3 计算技术、计算机技术

TP31 计算机软件

TP311 程序设计、软件工程

TP312 程序语言、算法语言

TP313 汇编程序

TP314 编译程序、解释程序

TP315 管理程序、管理系统

TP316 操作系统

TP317 程序包（应用软件）

TP319 专用应用软件……

④ 通用复分表。通用复分表对主表中列举的类目进行细分，以弥补详表中的不足。通用复分表由总论复分表、世界地区表、中国地区表、国际时代表、中国时代表、世界种族与民族表、中国民族表和通用时间、地点表组成，附在详表之后。

（4）确定课题分类号的方法

确定课题的分类号是利用分类途径检索文献的关键。下面介绍单概念课题和多概念课题的分类方法及上位类分类方法。

① 单概念课题的分类方法。所谓单概念课题，是指课题涉及的主题概念只有一个，如“刑法”“股票”“语法”等都属于单概念课题。使用分类表给单概念课题确定类号的一般方法是，了解分类表的体系结构，重点掌握大类的分布；在相关的大类中，由大到小，逐步查找最接近课题要求的类号。

利用分类途径查找文献的具体步骤是：分析所需查找文献的内容主题，判断该主题在分类法中属于哪一大类，然后从大类一级一级往下寻找，直到查到具体类目为止，记下分类号，再根据检索到的分类号在检索工具中检索，获得相关文献。

例如，要查找“塑料吹塑成型”的《中图法》相关分类号。第一步，先分析课题，塑料是一种化工产品，按其学科属性分析，它属于工业技术中的化学工业大类，“塑料吹塑成型”则属于塑料化工工艺。第二步，从分类表中逐级向下查找，查得“TQ320.664　塑料吹塑成型”。

② 多概念课题的分类方法。涉及两个或两个以上概念的课题即为多概念课题，如“计算机在人口预测研究中的应用”（含“计算机”“人口预测”两个概念）属于多概念课题。给多概念课题确定分类号的方法，除了应用单概念课题分类方法，还应注意并列概念课题和应用性课题的归类方法。

- 并列概念课题。对于涉及同一研究对象的几个方面，或者涉及几个并列研究对象的课题，凡有主次者，应取其重点或主要研究对象归类。例如，“新闻宣传研究”，如果侧重于“新闻”，在《中图法》中取“G212　新闻采访和报道”；如果侧重于“宣传”，则应取“G223　广播电视宣传和群众工作”。如果涉及同一研究对象的几个方面都需要检索，则应在所涉及的几个类中同时查找。仍以“新闻宣传研究”为例，如果“新闻”和“宣传”都有所侧重，则两个分类号都应该查找。
- 应用性课题。研究一种理论、方法等在某方面应用或对某方面影响的课题，应在所应用或受影响的类目中查找分类号。例如，“计算机在人口预测方面的应用”的《中图法》分类号应归入“人口预测”所在的分类号“C923”，而不应归入“计算机的应用”所在的分类号“TP39”。研究一种理论、方法、工艺等在多方面应用或对多方面造成影响的课题，则在该理论、方法、工艺等本身所属的类目中查找。例如，“计算机在人文社会科学方面的应用”的《中图法》分类号应归入“计算机的应用”所在的分类号“TP39”。

③ 上位类分类方法。这种归类法是一种特殊的分类方法，它是指欲查课题在分类表中无符合要求的专指类目时，可以将其归入紧邻的上位类。确定合适的上位类是这种分类方法的关键。例如，“电影音乐合成”在《中图法》中没有现成的分类号可用。经分析，“电影音乐合成”是一项影视技术，因此，“电影音乐合成”的分类号可以用上位类分类方法选择“J93　电影、电视拍摄艺术与技术”下的“J933　录音”。

4．主题语言

主题语言又称主题法系统，是一种描述性语言，它用语词直接表达文献的主题，这些语词就是表达主题概念的标识，将这些作为标识的语词按字顺排列并使用参照系统来间接地表达各种概念之间的关系。主题语言直接醒目、易学易用，便于进行特性检索，一直是各种检索工具必备的检索渠道或编排依据。

（1）主题、主题词、主题词表

① 主题。文献主题，即文献论述或涉及的主要事物或问题。文献主题可分为简单主题和复杂主题两类。当某文献或问题只涉及一个主题时，该主题就叫简单主题；当某文献或问题涉及两个或两个以上主题时，则该主题叫复杂主题。实际上，绝大多数图书、论文、会议文献的主题，都是复杂主题。

② 主题词。主题词是用于描述、存储、查找文献主题的词汇，是表达一定意义的最基本的词汇单元。根据选词原则、组配方式、规范方法，可将主题词分为标题词、叙词、关键词和单元词等。

- 标题词。标题词是从文献的题目和内容中抽选出来，经过规范处理，用以描述文献内容特征的词和词组。标题词一般分为两级，即主标题和副标题。编制标题词表时，标题词被一一列举，并将主标题和副标题固定地组配在一起。
- 叙词。叙词是表达文献基本内容的概念单元，即在概念上不能再分的基本概念。叙词经过规范形成一个完整的词表，词表中词与词之间无从属关系，都是一个个相互独立的概念单元。
- 关键词。关键词是从文献的题目和内容中抽选出来，未经过规范处理的自由词汇。关键词没有固定词表，标引文献时根据文献内容选择恰当的词汇进行组配，以表达文献的内容特征。
- 单元词。单元词是从文献的题目和内容中抽选出来的、最基本的、字面上不能再分的词汇。单元词一般未经规范，也无词表，无固定组配关系，检索时根据问题的内容特征，选取恰当的单元词进行组配检索。

③ 主题词表。主题词表是把主题词按一定方式组织与展示的词汇表。受控的主题词之间的语义关系用参照系统等方式加以显示。主题词表是沟通文献标引人员和文献检索人员的桥梁，是双方进行思想交流的一种工具。

（2）主题语言的要素

① 语词标识。语词标识是代表一定主题概念的标记符号，是标引、存储和检索文献主题的依据。语词标识采用自然语言中的名词术语，作为描述文献主题的检索标识。

② 字顺系统。字顺系统是主题语言区别于其他检索语言的重要标志。汉字的字顺系统，即汉字排检方法，主要有两类。一是音序法，即以汉字的音序作为编排次序的排检方法，主要有声韵法、注音字母法和拼音字母法。二是形序法，即从汉字字形特征出发来编排汉字次序的排检方法，包括部首法、笔画笔形法和四角号码法。

③ 参照系统。参照系统是主题语言显示主题词语义关系的语义网。其基本作用是显示概念关系，扩大检索途径。

④ 主题检索工具。主题检索工具是依据主题语言原理编制的各种主题检索工具，主要包括主题目录、主题索引及计算机的主题词倒排档。

（3）叙词语言

叙词语言是以表达文献主题内容的概念单元为基础，经过规范化处理、可进行逻辑组配的一种主题语言。它的基本性质是概念组配。概念组配是概念的分析和综合，而不是简单地依据字面意义进行组词和拆词。

叙词语言是主题语言的高级形式，是后组式检索语言，有一套比较完整的参照系统，能显示叙词之间的相互关系。对熟悉自己专业词汇的科技人员来说，从叙词表中找到切题的叙词后，只要组配得当，就能大大提高检索效率。常用的叙词表有《汉语主题词表》、INSPEC 叙词表、Compendex 叙词表等，分别介绍如下。

①《汉语主题词表》。《汉语主题词表》是由中国科学技术信息研究所、国家图书馆主编的我国第一部大型综合性汉语叙词表。《汉语主题词表》由以下几部分构成：前言，是对词表的编制意义、目的、编制简况和适用范围的概括介绍；说明，是对词表的编制原则、体系结构和使用方法进行的全面说明；使用规则，是关于词表使用的若干规定；主表，将全部叙词款目按汉语拼音顺序排列，是标引文献、检索文献和组织目录索引的主要工具；附表，4 个，分别是世界各国政区名称、自然地理区划名称、组织机构、人物；辅助表（索引表），是将主表中的全部叙词按不同的需要和用途编制而成的表，词表的辅助表包括词族索引、范畴索引（分类索引）和英汉对照索引。

《汉语主题词表》共三卷、10 个分册，分为自然科学和社会科学两部分。第一卷为社会科学部分，包括 2 个分册；第二卷为自然科学部分，包括 7 个分册，其中第 1～4 分册为主表，第 5 分册为词族索引，第 6 分册为范畴索引，第 7 分册为英汉对照索引；第三卷为附表。全表共收词 108 568 条，其中叙词 91 158 条，非叙词 17 410 条，是世界上收词最多的词表。

- 主表也称字顺表，是《汉语主题词表》的主体部分。所有正式（规范）与非正式（非规范）主题词均按汉语拼音顺序排列，该表是标引和检索汉语文献、组织目录的主要工具。主表中条目主题词的参照项是指示词之间的语义关系，主要有同义关系、属分关系和相关关系。其语义参照系统如表 3-6 所示。

表 3-6　叙词的语义参照系统

语义参照关系	参照项	中文符号	英文符号	作用
同义关系	用	Y	USE	指引相应的正式主题词
	代	D	UF	指引相应的非正式主题词
属分关系	属	S	BT	指引所从属的上位主题词
	分	F	NT	指引所含的下位主题词
	族	Z	TT	指引所从属的族首
相关关系	参	C	RT	指引有语义关系的相关词

- 词族索引以族首词为条目词，按其汉语拼音排序，按级别展开成词族系统，用加“.”号的方式表示级别。
- 范畴索引即分类索引，它按学科范畴把全部主题词编列成分类体系，以便从分类角度查找有关的主题词。自然科学部分划分为 43 个大类，展开成 333 个二级类和 770 个三级类，每类都有范畴号标记，采用数字与字母混合号码形式，如 39C。
- 英汉对照索引按英文字顺排序，将英文主题词与汉语主题词对应，是通过英译名来选择主题词的辅助工具。

② INSPEC 叙词表。INSPEC 叙词表是《科学文摘》（*Science Abstracts*，SA）检索工具配套使用的规范词表，由国际物理与工程情报服务部（International Information Services for the Physics and Engineering Communities，INSPEC）编辑出版。该叙词表自 1973 年出版以来，每隔几年修订一次，是利用主题途径检索 SA 时确定正式叙词的依据。该叙词表提供在线版本。

INSPEC 叙词表由字顺表和等级表两部分组成。

- 字顺表按其所收录的词汇的字母顺序编排，表中叙词为黑体字，每个叙词下有若干可参照的相关词汇，有专门的参照项标识来表示它们的关系。字顺表展开叙词的同义词，表达正式主题词的上下位和相关关系，以及该叙词所属的分类号和计算机检索分类号。

  词表中也列入了一些非规范词，用斜体字表示，其后用“USE”标识，意为“用”，来指向应该使用的叙词。
- 等级表按族首词的字顺排列，每个族首词之下由上而下逐级列出其下位、下下位词，级别由点数来标识。等级表展开叙词的等级关系，可帮助读者确定正式叙词和扩大检索范围。

在线 INSPEC 叙词表示例如图 3-2 所示。在图 3-2 中，Industrial robots 是正式叙词，其优先用词（Prior Terms）是 robots，族首词（Top Terms）是 automation，上位词

（Broader Terms）是 robots，下位词（Narrower Terms）有 industrial manipulators 等 3 个，相关词（Related Terms）有 automatic guided vehicles 等 15 个。

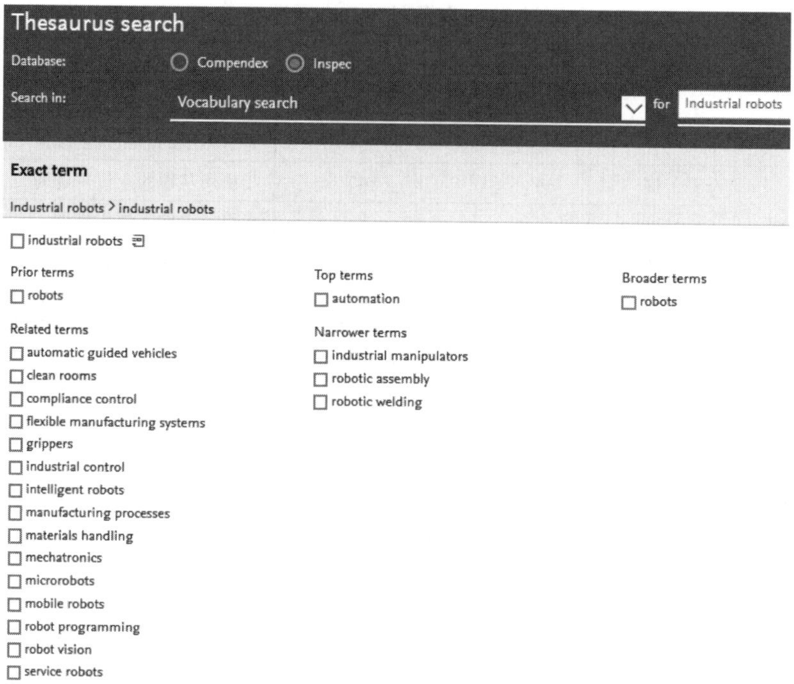

图 3-2　在线 INSPEC 叙词表示例

单击 industrial robots 后面的提示按钮，可以查看该叙词的介绍信息，如图 3-3 所示。可了解到该叙词的采用时间（于 1981 年开始采用），以及其在叙词表中的相关分类代码。

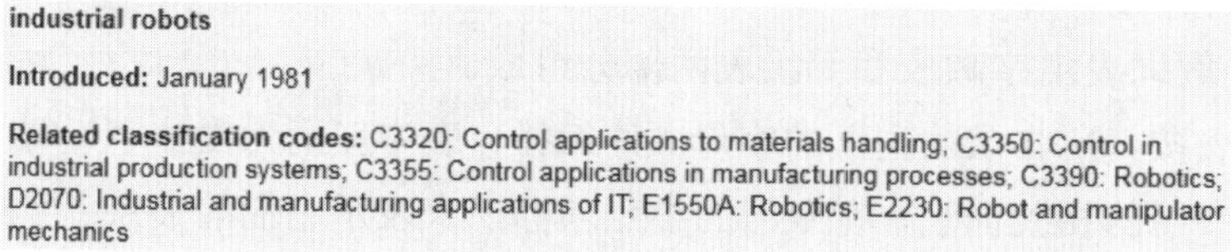
industrial robots

Introduced: January 1981

Related classification codes: C3320: Control applications to materials handling; C3350: Control in industrial production systems; C3355: Control applications in manufacturing processes; C3390: Robotics; D2070: Industrial and manufacturing applications of IT; E1550A: Robotics; E2230: Robot and manipulator mechanics

图 3-3　INSPEC 叙词表中叙词“industrial robots”的介绍

INSPEC 叙词表中使用的语义关系主要有：控制号（Control Number）、分辑号（Status）、记录类型（Record Type）、非正式用词（Used for Terms）、优先用词（Prior Terms）、叙词正式采用的时间（Introduced）、正式叙词（Thesaurus Terms）、下位词（Narrower Terms）、上位词（Broader Terms）、相关词（Related Terms）和族首词（Top Terms）。

③ Compendex 叙词表。Compendex 叙词表最初的标题词语言采用主、副标题词进行固定组配，因此不能用一对主、副标题词来反映因现代科技发展而出现的纵横交错的文献主题概念，以至于检索者难以迅速查出确切的文献，这使 Compendex 叙词表在使用

上受到了一定限制。因此，1993 年美国工程信息公司彻底放弃了原标题词检索语言，采用了新的叙词检索语言。全部主题词仍按字顺排列，对检索词同一对待。检索时不再受主、副标题词固定组配的羁绊，大大增加了寻找主题词的自由度。该叙词表中的任何词都可以作为导词，任何词都可以作为说明词，检索概念由主题词自由组配，充分发挥了检索系统的功能，有利于进行文献主题概念复杂的检索。为进一步提高检索功能，在 EI 检索系统中仍继续使用了大量自由词作为助词，以弥补标准词的不足。

在线 Compendex 叙词表如图 3-4 所示。仍以“Industrial robots”一词为例，在图 3-4 中，Industrial robots 是正式叙词，Robots, Industrial* 是非正式用词（Used for），其上位词（Broader Terms）是 Robots，其相关词（Related Terms）有 Anthropomorphic robots 等 27 个，其下位词（Narrower Terms）是 Industrial manipulators。

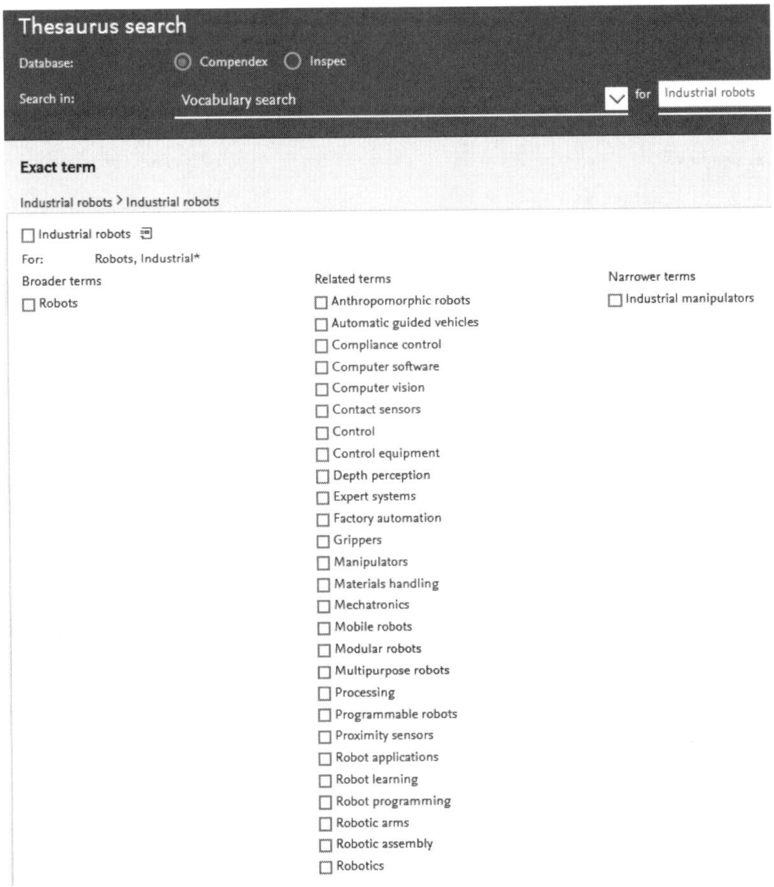

图 3-4　在线 Compendex 叙词表示例

单击 Industrial robots 后面的提示按钮，可以查看该叙词的介绍信息，如图 3-5 所示。可了解到该词的采用时间（于 1993 年开始采用），以及其在叙词表中的相关分类代码。

Industrial robots

Introduced: January 1993

Related classification codes: 731.6: Robot Applications; 912.1: Industrial Engineering

图 3-5 Compendex 叙词表中叙词“Industrial robots”的介绍

（4）关键词语言

关键词选自文献题目、文摘乃至正文中具有实质意义的语词，是不受词表控制的非规范化语言。关键词语言则是以关键词作为文献内容标识和检索依据的一种主题语言。

计算机检索系统可以对所有的词进行检索，并对每个词在每篇文献中出现的频率进行统计，可以根据某个词出现的频率判断某篇文献与某一主题的相关程度。一般主题词的检索局限在题名、文摘、全文等字段中，而关键词或自由词的检索则不局限在题名、文摘、全文等字段中，可以对所有字段进行自由检索。

在使用关键词进行检索时，往往需要通过各种方法，使关键词能够更好地表达课题需求。确定关键词的方法，涉及检索概念的切分、删除、补充、组合等。

3.2.3 检索算符

计算机信息检索过程实际上是检索词与标引词比较的过程。单个检索词的计算机检索比较简单，两个或两个以上检索词的计算机检索则需要根据检索课题的要求，运用检索算符对检索词进行组配。在计算机信息检索系统中，基本的检索算符有布尔逻辑算符、截词符、字段限定算符、位置算符等。

1．布尔逻辑算符

规定检索词之间的逻辑关系的算符，称为布尔逻辑算符。主要的布尔逻辑算符有逻辑“与”（AND）、逻辑“或”（OR）、逻辑“非”（NOT）。

① 逻辑“与”。逻辑“与”用来组配不同的检索概念，其含义是检出的记录必须同时含有所有的检索词，如图 3-6 所示。设两个圆圈分别表示 A、B 词，可用 AND、and 或*表示，组配方式为“A and B”或“A*B”，表示数据库中同时含有 A、B 两词的文献为命中文献。其作用是增加限制条件，即增加检索的专指性，以缩小提问范围，减少文献输出量，可提高查准率。

② 逻辑“或”。逻辑“或”用来组配具有同义或同族概念的词，如同义词、相关词等，其含义是检出的记录中至少含有两个检索词中的一个，如图 3-7 所示。设三个圆圈分别表示 A、B、C 词，可用 OR、or 或 + 表示，组配方式为“A OR B OR C”或“A+B+C”，表示数据库中凡含有检索词 A 或 B 或 C，或者同时含有检索词 A、B 和 C 的文献均为命中文献。使用逻辑“或”相当于增加了检索主题的同义词、近义词和相关词，其作用是放宽提问范围，增加检索结果，起扩检作用，可提高查全率。

③ 逻辑“非”。逻辑“非”用来排除含有某些词的记录，即检出的记录中只能含有

NOT 算符前的检索词，但不能同时含有其后的词，如图 3-8 所示。设两个圆圈分别表示 A、B 词，可用 NOT、not 或-表示，组配方式为“A not B”或“A-B”，表示数据库中含有 A 词而不含有 B 词的文献为命中文献。其作用是排除不希望出现的检索词，能够缩小命中文献范围，增强检索的准确性。

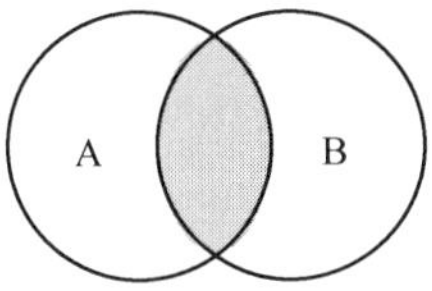

图 3-6　逻辑“与”

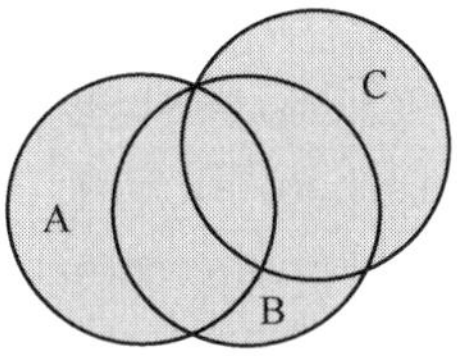

图 3-7　逻辑“或”

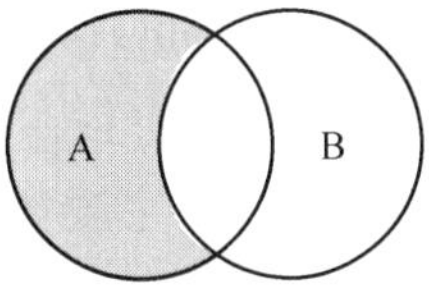

图 3-8　逻辑“非”

这三种布尔逻辑算符的优先级从高到低为逻辑“非”（NOT）、逻辑“与”（AND）、逻辑“或”（OR）。当同一组检索提问中既含有 OR，又含有 AND 时，可以用优先算符“()”来改变运算顺序，将 OR 前后的词放入括号中，计算机将优先运算括号内的算符，如 (financial or monetary) and bonds not (chemical or atomic)。

2．截词符

不同的数据库和搜索引擎有不同的截词符号，如 DIALOG 系统中用“?”，Elsevier SDOL 系统中用“*”。

截词检索是指在检索式中用截词符号来表示检索词的某一部分的词形变化，因此检索词的不变部分加上由截词符号所代表的任何变化形式所构成的词汇都是符合要求的检索词，结果中只要包含其中任意一个就满足检索要求。截词检索的主要目的是提高查全率。截词检索的类型有以下几种。

（1）右截词

右截词又称后截词、前方一致。右截词允许检索词的词尾有若干变化，主要用于词的单复数、年代、作者、同根词。例如，使用检索词 comput*，将检索出 computer、computing、computerised、computerized、computerization 等结果。

（2）中间截词

中间截词允许检索词中间有若干变化，可用于解决有些单词的英美国家拼写方式不同，或者有些词在某个元音位置上出现单、复数的不同拼写等问题。例如，使用检索词 wom*n，将检索出 woman、women 的结果。

（3）左截词

左截词又称前截词、后方一致，允许检索词的词前有若干变化。例如，使用检索词 *physics，将检索出 physics、astrophysics、biophysics、chemophysics、geophysics 等结果。

3．字段限定算符

字段限定算符，即字段代码。在检索系统中，为了提高查准率，缩小检索范围，通常有一些限制的手段和方法。使用这些方法进行检索通常称为限制检索。常用的限制检索方法是字段限定。

数据库中每条记录都有许多字段，将检索词限定在特定的字段中进行检索就叫作字段限定检索，通常在检索式中加入字段代码来限定检索字段。字段代码与检索词之间可用后缀符（如“/”）或前缀符（如“=”）连接起来。

例如，education/TI、high school/DE、teaching/AB,ID，分别是指将“education”限定在 TI（题目）字段中检索，将“high school”限定在 DE（叙词）字段中检索，将“teaching”限定在 AB（文摘）字段和 ID（自由标引词）字段中检索。

又如，AU=wang haiyan、JN=psychology abstracts、LA=English，分别是指将“wang haiyan”限定在 AU（作者）字段中检索，将“psychology abstracts”限定在 JN（刊名）字段中检索，将“English”限定在 LA（语种）字段中检索，以缩小检索范围。

各个检索系统的字段限定算符和前缀、后缀符号可能各有不同。在菜单式检索界面，通常用户只要在下拉菜单中选择某个字段名称，在提问框中输入检索词，就可完成字段限定检索。

4．位置算符

位置算符用于表达检索词之间的位置关系。位置检索适用于两个检索词以指定间隔或指定顺序出现的场合，如以词组形式表达的概念、彼此相邻的两个或两个以上的词、被禁用词或特殊符分隔的词及化学分子式等。如果说布尔逻辑算符表示的是两个概念之间的逻辑关系，那么位置算符表示的就是两个概念在信息中的实际物理位置关系。下面介绍部分常用的位置算符。

（1）词位置检索算符

词位置检索算符即邻近检索算符，表示两个检索词或短语之间的距离和位置关系。

① 位置算符(W)。表达式为 A(w)B，表示 A、B 两词靠近，次序为 A 先 B 后，顺序不可颠倒，而且检索词之间不允许有其他的词或字母，但允许有空格或连字符号。例如，使用检索词 communication(W)satellite 或 communication()satellite，可检索出 communication satellite、communication-satellite。

② 位置算符(*n*W)。表达式为 A(*n*W)B，W 的含义为 Word，表示 A、B 两词靠近，次序为 A 先 B 后，中间最多可加 *n* 个词，但两个检索词的次序不能颠倒。例如，使用检索词 communication(2W)satellite，可检索出 communication satellite、communication though satellite、communication on the satellite 词组的记录。

③ 位置算符(N)。表达式为 A(N)B，N 的含义为 near，表示 A、B 两词靠近，次序可变。例如，使用检索词 money(N)supply，可检索出 money supply 和 supply money 两个词组。

④ 位置算符(*n*N)。表达式为 A(*n*N)B，表示 A、B 两词靠近，次序可变，中间最多

可加 n 个词。例如，使用检索词 cotton(2N)processing，则凡含有 cotton processing、processing of cotton 和 processing of Egyptian cotton 的文献记录都算命中文献。

⑤ ADJ。类似于词组检索，表示两词前后顺序固定。

⑥ 拼写词 TYPO[ ]。可进行同义词不同拼写的检索。例如，使用检索词 TYPO[fibre]，可检索出 fibre、fiber。

⑦ " "。用" "标注的检索式表示完全匹配的短语/词组检索。一般来说，在查询框内输入一个或多个关键词，而且两个检索词之间没有任何其他符号，则检索系统会将这两个检索词之间的关系设为默认值（AND 或 OR）。若将这两个检索词看成一个短语或词组进行检索，就必须使用一定的标识号来表明该词组或短语。最常用的方法是将该词组用双引号或括号标识出来。

（2）同字段检索算符

① (F)算符。表达式为 A(F)B，F 的含义为 Field，表示 A、B 两词在同一字段中，次序可变，中间可插任意检索词。例如，pollution(F)control 表示检索词在同一字段中，可检索出 control and management of industrial pollution。字段类型可用后缀限定。例如，environmental(F)impact/DE,TI，表示这两个词必须同时出现在叙词和篇名字段中。

② (L)算符。L 是 Link（连接）的缩写，(L)两侧的检索词之间有一定的从属关系。在某些数据库中，存在主标题词与副标题词，副标题词一般是修饰主标题词或限定主标题词的，二者之间有一定的从属关系。

（3）子字段检索算符

子字段检索算符(S)，表达式为 A(S)B，S 的含义为 Sentence，表示算符两侧的检索词出现在同一个子字段中，在文摘中可以用来限定在同一句子中检索，检索词之间的词数可以是不定的，并且前后关系不限。例如，使用检索词 literature (S) foundation，则只要 literature 和 foundation 两个词出现在同一句子中，就满足检索条件。子字段检索算符(S)比词位置检索算符(W)、(N)的词间位置关系更宽松。在某些检索中，用户对检索词之间位置关系的要求不像词位置检索算符(W)、(N)那么严格，但还是要求有一定的上下文关系，那么此时使用子字段检索算符(S)检索比较合适。

3.2.4　检索效果

所谓检索效果，是指检索结果的有效程度。检索效果包括技术效果和经济效果两方面，技术效果主要指系统的性能和服务质量，它是由检索系统实现其功能的能力确定的；经济效果主要指检索系统服务所花费的成本和时间，它是由检索系统完成其检索服务的代价确定的。检索效果评价是根据一定评价指标对实施信息检索活动所取得的成果进行客观、科学的评价，以进一步完善检索工作的过程。常用的评价指标有收录范围、查准率、查全率、响应时间、用户负担和输出形式等，其中主要指标是查准率与查全率。

1．查准率与查全率

在检索过程中，检索系统中参加检索的全部文献可分成 a、b、c、d 4 个量。如果以 a 表示检出的有关文献（命中的），b 表示检出的无关文献（误检的），c 表示未检出的有关文献（漏检的），d 表示未检出的无关文献（应拒的），则这 4 个量之间的关系如表 3-7 所示。

表 3-7 检索系统中 4 个量的关系

系统相关性	课题相关性		
	有关文献	无关文献	总计
检出文献	a（命中的）	b（误检的）	$a+b$
未检出文献	c（漏检的）	d（应拒的）	$c+d$
总计	$a+c$	$b+d$	$a+b+c+d$

分析表 3-7，检出文献（$a+b$，从系统中检索出来的文献）和未检出文献（$c+d$，未从系统中检索出来的文献）是从系统相关性的角度观察检索的效率，而相关文献（$a+c$，与用户需求相符的文献）和无关文献（$b+d$，与用户需求不相符的文献）是从用户相关性角度观察检索的效率。任何一次检索结果都必然有这 4 个量，根据表 3-7 中 4 个量词的关系，我们可以对查准率与查全率进行定义和计算推导。

查准率，又称检准率，是指检出的相关文献数与检出的文献总数之比。可用下式表示：

$$\text{查准率}=\frac{\text{检出的相关文献数}}{\text{检出的文献总数}}\times 100\%=\frac{a}{a+b}\times 100\%$$

查全率，又称检全率，是指检出的相关文献数与文献库内相关文献总数之比。可用下式表示：

$$\text{查全率}=\frac{\text{检出的相关文献数}}{\text{文献库内相关文献总数}}\times 100\%=\frac{a}{a+c}\times 100\%$$

2．合理调整查准率与查全率

一系列的试验结果表明，查准率与查全率之间存在互逆关系。从不同检索语言出发得到的试验结果都表明了这种关系，即查全率高时，查准率较低。要想做到查全，势必要对检索范围和限制逐步放宽，结果就会把很多不相关的文献带进来，影响了查准率；反之亦然。

例如，心理学是包含了教育心理学的大概念，把“心理学”作为检索词具有泛指性，能提高查全率，但是正因为检索范围的扩大，使查准率降低。同样，把“教育心理学”作为检索词具有针对性，能提高检索词的专指性，排除非相关信息，但是也降低了查全率。前者查全率高，虽查出的文献量大，但误检的多；后者漏检率高，丢失了大量的有关文献。

一般来说，如果检索时所用检索语言的泛指性强，检出的文献多，那么查全率就会提高，但误检率也会同时增大，因而查准率降低。如果检索语言专指性强，查准的文献多，那么查准率就会提高，但漏检率也会同时增大，因而查全率降低。所以，要达到较好的检索效果，必须兼顾两者，不能单纯追求其中一个，而应当根据具体课题的要求，合理调整查全率和查准率，保证检索效果。例如，要了解某项研究的全面情况，则要求查全率高；要了解某项技术的具体问题，则要求查准率高。从理论上说，一般查全率在 60%～70%，可使检索达到最佳效果。

3.3　检索策略：探索式查找与获取信息

3.3.1　什么是检索策略

从广义上理解，检索策略是实现检索目标的途径与方法，是为实现检索目标而制订的全盘计划或方案。检索策略具体包括以下流程：分析信息需求，选择检索工具，拟订检索词，明确各检索词之间的逻辑关系与检索步骤，制定、调整和优化检索式，获取和管理检索结果。这也是进行一次检索的完整步骤和合理的流程安排，要在分析检索需求的基础上，确定用于检索的数据库，确定检索用词，并明确检索词之间的关系和查找步骤。

检索策略体现了对检索的总体计划和全部过程，也可以将其理解为检索步骤、检索流程、检索过程、检索条件设置等。检索策略的优劣直接影响检索效果。

检索策略指导着整个检索过程，因此，检索策略中包括了绝大部分检索相关基础知识的应用。本章后文将对检索相关的常用名词术语、基本概念、检索技术和检索技巧做简明和概要性的介绍，方便学习者掌握这些检索必备的基础知识。

3.3.2　什么是检索式

在检索过程中，检索者要构造一个既能表达信息需求，又能为计算机或各类搜索工具所识别的检索表达式。这个检索表达式就是检索式。检索式是狭义上的检索策略，是检索策略的具体体现。

检索式是表达检索提问的逻辑表达式，它将检索词、检索字段、检索算符等检索要素组织在一个计算机可识别并可执行的检索语句中，用以表达复杂的检索需求，完成检索任务。

最简单的检索式可以只是一个检索词（关键词或号码等），就像人们经常做的，在搜索引擎中输入一个关键词。如果希望检索结果满足更多更精细的要求，就需要更复杂一些的检索式。例如，可以给检索词添加检索字段，以限定检索词在文献信息中出现的位置和重要程度等；再复杂一些，则可以包含多个检索词、检索字段和检索算符，甚至多重嵌套条件。举例如下。

例 1：篇名：人机交互设备

例 2：TI=人机 AND TI=交互 AND TI=设备

例 3：TI=(用户 or 人类 or 人 or 使用者) and TI=(电脑 or 计算机 or 电子计算机 or 机器) and TI=(交互 or 互动 or 相互 or 交相) and TI=(设施 or 器材 or 配备 or 装备 or 装置 or仪器)

例 4: TA=((人 and 机 and 交互 and 设备) or ((((用户 or 人类 or 人 or 使用者 or user* or human* or man* or person* or people) and (电脑 or 计算机 or 电子计算机 or 机器 or computer* or machine* or electron* brain or electron* computer or calculate* machine* or comput* machine*) and (交互 or 互动 or 相互 or 交相 or interact* or conversation or mutual* or alternate*)) or HCI or HMI) and (设施 or 器材 or 配备 or 装备 or 装置 or仪器 or equip* or device* or facilit* or apparatus* or gear* or kit*))) and IPC=(G06F) and AD>(20110101)

说明：本处检索式示例引自梁轩同学习作：人机交互设备专利分析。在例 2、例 3中，TI 表示标题字段。在例 4 的检索式中，TA 表示标题和摘要，IPC 表示 IPC 分类号，AD 表示申请日期，适用于壹专利检索分析数据库。

一个课题的检索式表达未必是唯一的，可以有各种选择、描述、限定和组配方式，这些都可以通过各种检索算符来体现。

检索式在检索中可一次设置完成，也可分为多步完成，检索者可以根据信息需求和信息源的特点，以及自身需要，灵活编制、运用检索式，实现检索目标。

3.3.3 检索策略详解

1．分析课题

分析课题，即分析信息需求，是检索过程中最重要的一步，是决定检索效率的关键。面对一个课题，需要明确它的研究范围、研究现状及要达到的检索目的。

（1）明确检索目的

明确检索目的指明确所需信息的用途。例如，是为了编写教材、撰写学科总结或进行专题综述系统而收集信息，还是为了申请专利或鉴定科技成果而利用信息为依据说明其新颖性和创新性？是为解决某一技术问题需利用相关的技术信息提供借鉴或参考，还是为技术预测或决策提供背景材料？等等。

（2）明确检索要求

明确检索要求是指明确课题的类型检索的时间范围、检索的语种等，以控制对查新、查准、查全的指标要求及其侧重。

① 课题的类型。例如，要了解科技的最新动态和学科的进展、了解前沿、探索未知，

则强调一个“新”字；要解决研究中的具体问题，则强调一个“准”字；要了解一个全过程、写综述、做鉴定、报成果，就要回溯大量文献，要求检索全面、详尽、系统，则强调一个“全”字。检索目的不同，分析课题时选取主题范围的广度与深度就不同。若要系统、全面地收集有关信息，则选取主题范围的面要宽一些，所得信息的泛指性要强一些；若需收集有关信息为某一技术问题提供解决方案做参考或借鉴，则选取主题范围的面要窄一些，所得信息的专指度要高一些。

课题的类型主要包括下面几种。

- 查全型课题：开题、编写教材、基础研究或应用理论研究的课题。
- 查准型课题：用户需要查询在科研、生产过程中遇到的非常专指或细微的问题。
- 动态型课题：研究开发和应用新技术、新理论的课题。
- 查新型课题：某项技术或新产品在研制开发完成后，要对同类研究项目或相关研究项目等有关的专利及非专利文献资料进行对比分析所进行的检索。

② 确定检索的时间范围。每项研究理论和技术都有其发生、形成和发展的过程，为提高检索效率，检索时应根据研究课题的背景，即有关知识发展的形成期、高峰期和稳定期，确定检索的时间范围，对发展较快的学科领域首先查找最近几年的文献。

③ 确定检索需要的语种。

④ 了解课题对查新、查准、查全等方面的具体要求。

（3）分析课题的主题内容

了解课题的背景知识是进行课题检索的基础，课题的背景知识包括课题研究的对象及其所属的学科，涉及的主要内容包括研究方法、使用器材、主要研究单位和人员等。要获取背景知识，可以询问专业人员，也可以阅读一些入门的相关文献。

找出课题所涉及的主要内容和相关内容，形成主要概念和次要概念，选取主题词。要注意通过课题分析获得的是反映课题主要内容的概念，而不是文献篇名中字面的罗列和堆砌。

2. 选择检索工具

根据课题分析的结果，确定了检索目的和主题内容之后，下一步就是选择适用的检索工具。要根据课题要求，选择与所查课题和信息需求相适应、学科专业对口、覆盖信息面广、报道及时、揭示信息内容准确、有一定深度、检索功能比较完善的检索工具。

（1）了解检索工具的收录和质量等情况

不同的检索工具，其收录的学科类别、文献类型、文献收录的时间跨度、覆盖的地理范围、文献记录的详略程度、是否提供全文、语种等方面都会存在差异，要根据所查课题的需要加以选取。

一般来讲，学科类别是考察检索工具是否适用的首要考虑因素。首先要保证所选择的资源与检索课题的学科一致。其次应考虑所选资源在该学科领域的权威性如何，尽量使用权威的专业数据库作为检索工具。

课题的检索范围包括时间、地理、文献形式和资料类型的范围，并与课题的学科特点有很大关系。例如，社会人文科学方面的课题受地域因素的制约，在资料的检索范围上应当有所侧重，有关中国社会问题的研究应着重参考有关的国内文献；对于科学技术，特别是高科技领域方面的课题，只查阅国内的文献是不够的，还必须查阅先进国家的研究情况。

对检索工具的正确选择必须建立在对可利用资源全面了解的基础上，同时充分认识各种检索工具的类型、内容、意义和功能。如需要系统地掌握某学科的知识，可以选择图书；如需要撰写研究项目开题报告、学术研究和技术攻关，可以选择研究报告、科技论文、学位论文、会议文献等；如需要进行发明创造、工艺改革、新产品设计、引进设备和签订合同，可以选择专利说明书、标准文献、产品资料等。

（2）了解检索工具的功能和特色

不同的检索工具具有不同的检索功能和特色，有些功能单一，只提供搜索功能；有些功能较强大，在搜索之外还提供分析功能。要学会了解并有效利用检索工具的助检手段和辅助工具，如检索帮助、培训课程等。

（3）了解检索工具的检索界面、方式

在检索中，我们会经常面临检索方式的选择。检索式和检索方式表达的意思不一样，在此做一下区分。检索式是由检索词、检索字段和检索算符等检索要素构成的一个表达式，而检索方式则是数据库和搜索引擎等检索工具提供的不同功能的检索界面。不同的检索界面可以为检索者提供不同的检索精度、灵活度和全面度。

一般来说，在使用数据库等检索工具时，可以根据其提供的功能设置和界面，选择不同的检索方式。最常见的就是浏览和检索两类检索方式。

① 浏览，也称导航，由检索工具提供导航和索引列表，如作者导航、机构导航、期刊导航等，方便用户在导航显示列表中任意浏览查看、选择点击，而无须输入检索词。导航的顺序常用字顺法、地域法等。如图 3-9 所示是中国知网的期刊导航界面，用户可在该页面上浏览信息。

② 检索，也称查询、搜索，由检索工具提供输入框，用户自行输入检索词和检索式，并设置检索限制条件，以完成检索过程，得到检索结果。

检索的方式一般有三种，分别是快速检索、高级检索和专家检索，可实现不同的检索精度和灵活度。

- 快速检索，也称一般检索、普通检索、简单检索、简易检索，通常用于实现单条件的检索。通常只可输入一个或少量几个检索词，不同检索词之间的逻辑关系往往也比较单一。快速检索简单易行，可以比较全面地查找出与检索词相关的信息，让检索者快速了解总体情况，但缺点是检索精度不高，不够灵活。

- 高级检索，往往提供多个输入框，并提供检索字段选项，以及各种检索限制条件，使检索者可以方便地输入多个检索词，并设置多种逻辑关系，以完成复杂的检索条件设置，达到更高的检索精度和灵活度。
- 专家检索，也称专业检索，其灵活性比高级检索更强，可以使用的检索词往往更多，检索词之间的关系也更加复杂多变，能将多种检索要素集合在一个检索式中，更加快速、准确、灵活、高效地完成检索。

如图 3-10 和图 3-11 所示分别是 EBSCO 数据库的快速检索和高级检索界面。

图 3-9　中国知网的期刊导航界面

图 3-10　EBSCO 数据库的快速检索界面

图 3-11　EBSCO 数据库的高级检索界面

3．拟订检索词

（1）分析、提取课题概念

分析课题所涉及的主要概念和辅助概念，并找出能表达这些概念的若干个词或词组。

① 主要概念，也称核心概念，是指课题研究的主要对象。课题研究的主要对象包括课题归属的专业学科名称，以及课题涉及的具体原理、研究方法、材料工艺、应用领域等。例如，课题“3D 打印技术在建筑领域的应用”的主要概念是“3D 打印”和“建筑”。

② 辅助概念，又称普通概念，是指一些没有专业意义的概念。例如，课题“新一代可降解塑料薄膜研究”，其主要概念是“降解塑料”“薄膜”，辅助概念是“新一代”。

③ 禁用词。所谓禁用词，是指没有实质检索意义，在检索过程中一般不使用的词，包括介词、冠词和连词等虚词，也包括没有事物含义的普通名词、代词、动词和形容词，如“研究”“技术”“过程”“问题”“关于”“基于”等。

（2）拟订检索词的一般方法

① 切分。切分是对课题的语句以自由词为单位进行拆分，转换为检索的最小单元。自由词切分仅适用于自然语言检索。例如，检索“负载催化剂的性能与制备”相关文献，可直接将语句切分为：负载催化剂 | 的 | 性能 | 与 | 制备。当词被切分后将失去原来的意思时，不应再切分，即必须注意保持意思的完整，如“中国科学院”不可切分为“中国”和“科学院”。这类词一般都是一些专用名词，如地名、机构名等。

② 删除。删除是对自然语言中不具有实质性检索意义的介词、连词、虚词等，或者使用频率较低的词，或者专指性太高、过分宽泛的词，或者过分具体的限定词、禁用词，一律予以删除。例如，“与”“的”“关系”“研究”“技术”“方法”“分析”“应用”“运用”“利用”“发展”等词都应删除。

在分析、提取课题概念的过程中，有些检索词中已经含有的某些概念，在概念分析中应予以排除。例如，课题“玻璃纤维增强石膏制品”，从字面上看，这个课题可划为三个概念，即“玻璃纤维”“增强”“石膏制品”，但石膏制品中加入玻璃纤维，其目的就是增强石膏制品，因此可将“增强”这一概念排除。又如，课题“内弹道高温高压高密度的气体状态方程”，如果把“内弹道”“高温”“高压”“高密度”“气体”“状态方程”6 个概念全部组配起来，会造成大量漏检。实际上，内弹道状态方程必然是高温、高压、高密度的，而且弹道状态方程必然是针对气体而言的，所以可以删除“高温”“高压”“高密度”“气体”。

③ 替换。对表达不清晰或易造成检索误差的词，可以用更明确、具体的词予以替换。例如，“绿色包装”中的“绿色”，应替换为“环保”“可降解”“无污染”等。

④ 补充。补充是进行同义词、近义词、相关词、缩写词、翻译名等方面的查缺补漏。例如，“二氧化钛”应考虑补充“TiO_2”。

⑤ 组合。组合是对概念进行语义上的组配、合并，使概念的集合转换为主题词的集合。

自由词的概念组合方式有以下 4 种。

- 概念相交组合，即内涵不同、外延部分重合的两个相同性质的概念之间的组配。组配的结果产生一个新概念，这个概念分别属于这两个概念的下位概念。例如，青年×科学家=青年科学家。
- 概念限定组合，即两个不同性质的概念之间的组配，其中一个概念反映了另一概念的某一方面、某一特征或时空中的某一部分。限定的结果也产生一个新概念，它表示该事物的某一方面或某一特征。例如，数学×基础理论=数学基础理论。

  以上两种组配方式所得到的新概念都是原组合概念的下位概念，缩小了检索范围，提高了概念的专指度和查准率。
- 概念概括组合，即两个或两个以上的同级概念相加或并列，组配结果形成一个新概念，作为原来概念的属概念。例如，文学理论+艺术理论=文艺理论。
- 概念联结组合，这种组配表示几个概念之间的联系，并不形成新的概念。例如，档案学+图书馆学=档案学和图书馆学。

组合的条件如下。

- 当组配表达会产生意义失真时，不用组合表达。例如，用“蘑菇”和“战术”两个词来组合表达“蘑菇战术”这个概念，“蘑菇”一词在检索时独立使用会产生误检，所以应直接采用专指性词组，即用“蘑菇战术”一词。
- 某些专业词汇和专有名词不必组配，可直接采用专指性词组，如“收录两用机”。
- 当组配表达不能体现出组配的优点时，就采用专指性词组。例如，“文化水平”一词就不必分拆成“文化”+“水平”，因为“水平”一词并没有检索意义，不能成为一个检索词。

⑥ 增加。对于提取的检索词，应明确其除了具有我们所期望的含义，是否还具有其他含义。如果有，就应该增加“限义词”，分析隐含概念。

- 增加“限义词”的方法主要有直接增加限义词、挖掘隐含词、提取潜在的检索词。

还可以把限义词以逻辑的方式加入，采用逻辑“与”或逻辑“非”的方法来增加限义词。

- 分析隐含概念就是挖掘潜在的主题词，可通过对上位词、下位词、同类词关系进行分析得到其他相关主题词。例如，检索“F117A 潜隐战斗机”的相关文献，主题词是“隐身飞机”和“F117A 飞机”，隐含主题是“武器”。又如，“智力测试”，隐含着“能力测试”“态度测试”“创造力测试”等概念。

4．制定、调整和优化检索式

（1）制定检索式

前文说到，检索式是既能表达检索课题需求，又能被计算机识别的检索表达式，其构成包括检索词、检索字段和检索算符。检索词、检索字段、检索算符在前面都分别介绍过，此处介绍一下检索字段的具体选择。

检索字段是指文献信息的特征项目，对应于数据库中的字段标目，是检索的出发点，以前常用“检索途径”这一术语，现在常用的名称还有检索项、检索入口、检索点等。常用的检索字段主要有分类、主题、作者、团体作者、篇名、摘要、关键词、号码等。每种文献均有内容特征及相关的外表特征，分类、主题等字段反映文献信息的内容特征，作者、名称和号码等字段反映文献信息的外表特征。检索时从文献的特征出发，将其特征值与检索系统中的标目数据进行比较，通过匹配达到检索目的。

① 分类字段。分类字段检索是从文献内容所属的学科类别出发来检索文献，它依据的是一个可参照的分类体系，具体表现为分类表、分类目录、分类索引、分类导航、分类专辑等，检索时可使用分类号或分类类目。分类字段检索能满足族性检索的需求，查全率较高。

② 主题字段。主题字段检索是从课题的主题内容出发，按主题词（包含关键词、叙词、标题词等）来查找文献。主题字段对应文献主题概念，主要包括题名、关键词、摘要。以主题作为检索途径能满足特性检索的需求，查准率较高，适合查找比较具体的课题。

③ 作者字段。作者字段检索是从文献的作者姓名出发来检索文献信息。作者包括个人作者和团体作者，个人作者广义上还应包括汇编者、编者、主办者、译者等；团体作者包括作者所在单位。

④ 名称字段。名称字段检索是从各种事物的名称出发来检索文献信息。名称包括书名、刊名、资料名、出版物名、出版社名、会议名、物质名称等，也包括人名和机构名。书名索引、会议名称索引、书目索引、刊名索引等都提供了根据名称进行检索的途径。

⑤ 号码字段。号码字段检索是以号码特征来检索文献信息。号码包括文献的编号、代码等，它们是文献信息的一些特有的外表标识。号码多种多样，通常用数字、字母、数字与字母相结合或以分段的方式来表示其各部分的含义。例如，图书有国际标准书号；期刊有国际标准刊号；科技报告有报告号、合同号、拨款号等；专利文献有专利号、入

藏号、公司代码等；馆藏单位编有馆藏号、索取号、排架号等。它们各自按号码顺序，或以数序、字序或混合序列检索，比较机械、单纯，不易错检或漏检。若已知书名、刊名、作者姓名或序号数码的文献，则可直接判断该文献的有无。

（2）调整和优化检索式

检索是一个动态的随机过程。在实施检索之后，要对检索结果进行评估，判断检索结果是否理想，再根据结果情况对检索式进行调整和优化。

一般来说，初次检索得到结果后，应先大致浏览检索结果，分析其在全面性、准确性、新颖性等方面的检索效果，再据此调整和优化检索式。如果检索出来的文献量太多，就需要考虑适当缩小检索范围，减少检出量；反之，则要采取相反的措施。这个过程可以进行多次，直到逼近相对更优的检索效果。

若发现以下三种情况之一，则必须重新思考并建立检索命题，对检索策略进行优化，进行缩检或扩检：显示太多与研究课题不相关的记录；显示太少与研究课题相关的记录；没有与研究课题相关的记录。

调整检索式可以从构成检索式的三个部分入手，即检索词、检索字段、检索算符。

从检索的整体流程看，除了检索式可以调整，其他各步骤涉及的事项也可以根据需要进行灵活调整，包括检索工具、各种限制条件等。

（3）编制检索式的注意事项

不同的课题、不同的检索目的，有不同的检索方法和策略。一般来说，使用逻辑“与”算符越多，专指性就越强，查准率就越高；使用逻辑“或”算符越多，检索范围就越大，查全率就越高；使用逻辑“非”算符去掉不相关的概念，也可提高查准率，但用时要慎重，以免漏检。另外，在编制检索式时，不要连续使用多个位置和逻辑算符，以免限制过严而导致漏检文献。

5. 获取和管理检索结果

（1）浏览和分析检索结果

浏览检索结果，若内容相关，则可及时、完整地记录保存，以备后续查看或进一步索取原始文献。可以充分利用检索工具或数据库的多种浏览和排序功能，高效浏览检索结果。

由于数据库等检索工具常常收录了海量文献，检索到的文献信息量往往也数量巨大，导致人们无法有效地全部阅读使用，所以通常需要对获得的检索结果进行分析，以便对信息进行有效利用。有很多数据库提供了对结果的分析功能，可以对结果进行多角度的聚类、排序、过滤等操作。要学会充分利用数据库自带的分析功能，总体上把握检索结果所反映的信息。

（2）选择和记录文献线索

可以按照自己的需求和检索工具提供的不同格式，对选中的文献进行标记、记录、导出、关注、分享、收藏、打印、保存、下载、邮件订阅等各种操作。

（3）获取文献原文

当文献类型和出版物的全称明确以后，即可利用各种馆藏目录或联合目录查找所需文献的收藏机构，进行借阅或复制；通过网络全文数据库检索，直接下载得到原文；通过搜索引擎搜索获得部分原文；通过作者个人主页或博客获得原文；与作者联系获得原文；通过馆际互借、文献传递等方式获得原文等。

学习分享

问：如何为研究课题选取和补充关键词，使检索效果更理想呢？

冯凯俊同学分享（2020 年 12 月，大三）：

研究课题：基于深度学习的 Visual SLAM 定位方法研究

1. 课题分析

1.1 概念描述

SLAM，全称为 Simultaneous Localization and Mapping，即同步定位与建图。

SLAM 问题可以描述为：机器人在未知环境中从一个位置开始移动，在移动过程中根据位置估计和地图进行自身定位，同时在自身定位的基础上建造增量式地图，实现机器人的自主定位和导航。

SLAM 按传感器和安装方式的不同，可分为激光 SLAM 与 Visual SLAM（简称 VSLAM）。其中，激光 SLAM 比 VSLAM 起步早，在理论、技术和产品落地上都相对成熟。但是，随着计算机技术的发展，VSLAM 因成本低、应用场景丰富和精度较高等优点，受到许多研究者的关注。

1.2 选题背景及意义

目前，传统的 VSLAM 在一些问题上还没有完备的解决方案，如光照恶劣时算法鲁棒性差、传统算法不能识别前景物体、相机运动幅度较大时出现“跟丢”现象等。随着深度学习在计算机视觉领域的发展，越来越多的视觉问题都通过深度学习的方式取得了更大的突破。

深度学习与 VSLAM 技术的结合改善了视觉里程计和场景识别等应用的局限性，提高了载体的智能化水平。基于深度学习的 VSLAM 定位导航方案，使载体能在光照较恶劣时正常工作；能识别、提取环境中的移动物，并进行动态建模；能提取高层语义信息，促进了语义 SLAM 的发展；更符合人类认知，具有研究潜力。深度学习与 VSLAM 技术的结合是未来研究的一个重要方向，在服务机器人、无人驾驶汽车、增强现实等领域，会发挥越来越重要的作用。

1.3　调研的主要内容

通过文献检索，主要目的是了解深度学习在 VSLAM 定位与导航中的应用情况，并总结国内外先进的研究与应用案例，总结基于深度学习的 VSLAM 技术研究中的瓶颈与解决方法、深度学习与 VSLAM 的结合。次要目的是通过分析国内外该研究方向的专利申请情况，大胆评估国内外该课题的研究水平。最后，提出该技术未来发展方向的几个建议。

1.4　确定所属学科

使用万方数据知识服务平台和中国知网进行初检和试检，使用学科分类、学科分布功能，确定课题所属学科及子领域。在万方数据知识服务平台，学科分布主要为工业技术、航空航天、天文学、地球科学和交通运输。在中国知网中，学科分类为控制工程和计算机。综合两大数据平台的结果，本课题所属学科为工业技术。

2. 确定检索词

为了提高查全率，对研究题目中的检索词进行拓展，包括核心词、近义词、同义词上位词和下位词。

2.1　提炼主要概念

由万方数据知识服务平台的关键词功能可知，在根据本课题所检索出的论文中，“深度学习”“SLAM”“卷积神经网络”“语义地图”“回环检测”5 个关键词出现频次最高。在中国知网中，“深度学习”“闭环检测”“卷积神经网络”“视觉 SLAM”4 个关键词出现频次最高。其中，“回环检测”与“闭环检测”是同义词，并且属于“Visual SLAM”的技术范畴，所以将其作为“Visual SLAM”的下位词；而“卷积神经网络”属于“深度学习”的范畴，所以将其作为“深度学习”的下位词。

因此，确定中文核心检索词为“深度学习”“视觉 SLAM”。确定英文核心检索词为“Deep Learning”“Visual SLAM”。

2.2　确定同义词、近义词

在中文检索词中，“深度学习”“视觉 SLAM”无显然的中文同义词；“卷积神经网络”的近义词为“神经网络”；“闭环检测”的近义词为“回环检测”。

在外文检索词中，“Deep Learning”的同义词/缩写词为“DL”；“Visual SLAM”的同义词为“VSLAM”；“Convolutional Neural Network”的同义词为“CNN”；“Closed Loop Detection”的同义词为“Close-loop Detection”。

2.3　确定上位词、下位词

为了应对检索结果过少或过多的情况，需要确定好上位词、下位词。

在中文检索词中，“深度学习”的上位词为“人工智能”，下位词为“卷积神经网络”“监督学习”“非监督学习”；“视觉 SLAM”的上位词为“同步定位与构图”“计算机视觉”，下位词为“闭环检测”“回环检测”。

在外文检索词中，“Deep Learning”的上位词为“Artificial Intelligence”“AI”，下位词为“Convolutional Neural Network”“CNN”“Supervised Learning”“Unsupervised Learning”；“Visual SLAM”的上位词为“SLAM”“Computer Vision”，下位词为“Closed Loop Detection”“Close-loop Detection”。

2.4 提炼隐含概念

核心检索词的隐含概念为“自动驾驶”“人工智能”。

2.5 总结（见表 1）

表 1 总结

中文检索词（同义词）	上位词	下位词
深度学习	人工智能	卷积神经网络、监督学习、非监督学习
视觉 SLAM	SLAM、同步定位与构图、计算机视觉	回环检测、闭环检测
外文检索词（同义词）	**上位词**	**下位词**
Deep Learning（DL）	Artificial Intelligence、AI	Convolutional Neural Network、CNN、*upervised Learn*
Visual SLAM（VSLAM）	SLAM、Computer Vision	Clos* Loop Detection

3. 编写检索式

根据上述分析和检索词，可制定出通用的检索式，然后根据不同数据库的语法规则和字段代码，对检索式的表达形式进行适当的修改和完善。

邓煜钊同学分享（2020 年 12 月，大二）

研究课题：基于自动追光系统的太阳能电池板效率提高方法的研究

Research on the Method of Improving the Efficiency of Solar Panels Based on Automatic Tracing System

1. 概念描述

（1）自动追光系统。自动追光系统是将传感器安装在太阳能电池板上，与电池板同步转动。光线方向一旦发生细微的改变，电箱从测光盒接收到的数据就会发生同步变化，核心控制器将对数据进行逻辑处理，驱动两轴电机进行矫正。如此反复调整，实现“自动追光”功能。

（2）太阳能电池板。大部分太阳能电池板的主要材料为硅，利用光伏发电，通过一对有光响应的器件将光能转换成电能。太阳能电池板的发电量与太阳光线的入射角有关，当太阳光线与太阳电池板平面垂直时转换率最高。

（3）光能利用效率。光能利用效率一般指单位土地面积上，农作物通过光合作用所产生的有机物所含的能量与这块土地所接收的太阳能的比值。对太阳能电池而言，光能利用效率是指转化为电能储存起来的能量与接收的太阳辐射能量的比值。

2. 选题背景

本人作为新能源材料与器件专业学生，对太阳能电池比较感兴趣，如今太阳能电池正处于发展阶段，民用设备也在逐渐普及，太阳能电池的使用和普及已成一大趋势。然而，太阳能电池仍存在需要改进和加强的地方，提高采光率和转换率就是其中的重要方向。因此我拟订此选题，希望能够对自己的未来发展有所帮助。

3. 课题调研的目的

深入了解自动追光系统在提高太阳能电池板效率方面的作用方式、工作原理及效果，了解目前改进和创新发展的主要方向和方法。

4. 检索的关键词

经过初步搜索、浏览、阅读部分文献，我抽取了 3 个检索概念，并初步列出了表达每个检索概念的中英文关键词，包括题目中选取的关键词、根据题意和研究内容补充和扩展的关键词，如下所示。

（1）检索概念：自动追光系统（Automatic light tracing system）。表达该检索概念的中英文关键词有：

自动追光（Automatic light tracing）

光敏（Photosensitive）

向日葵（Sunflower）、仿生（Bionics）

自动追踪（Automatic tracking）

自动化（Automation）

（2）检索概念：太阳能电池板（Solar panel）。表达该检索概念的中英文关键词有：

太阳能电池（Solar cell）

硅电池（Silicon）

光伏发电（Photovoltaic power generation）

（3）检索概念：效率（Efficiency），表达该检索概念的中英文关键词：

光能利用效率（Efficiency of light utilization）

采光率（Daylighting rate）

5. 编写检索式

根据上述检索词，列出检索式，然后在各种英文数据库中进行检索和分析。

练习、讨论与思考

1. 请登录《中图法》网站（http://www.ztflh.com/），查出图像处理软件和汉语应用文写作的《中图法》分类号。

2. 在 Compendex 叙词表中查找“虚拟现实技术”这一概念，记录该叙词表采用的正式叙词，以及其上位词、下位词、相关词。

3. 有哪些方式可以提高查准率？请介绍若干种，并以实例说明。

4. 有哪些方式可以提高查全率？请介绍若干种，并以实例说明。

5. 检索式通常由哪几个要素构成？

6. 查找有关家居机器人方面的文献，你认为可以使用哪些词来表达，以获得更高的查全率？

7. 查找“石墨烯碳量子点的制备与表征”的相关文献，你如何制定检索式？

8. 查找“电动汽车的电池技术研究现况”的相关文献，你如何制定检索式？

9. 查找“我国打车软件应用的法律监管”的相关文献，你如何制定检索式？

10. 常用的检索方式包括快速检索、高级检索和专家检索，简述这三种检索方式的性能和效果。

第 4 章

知悉信息源，学术科研必备

在学习、工作和科研过程中，往往需要高效获取可靠的学术信息，这就要求我们能检索和利用高质量的、收录全面的、权威的、学术专业性强的信息资源。图书、期刊论文、会议论文、学位论文、报纸、专利、标准、科技报告、图片、视频、音频、参考工具；目次信息源、文摘信息源、全文信息源；综合性信息源、专业性信息源；中文的、英文的……数字资源形式多样，类型不一，数量繁多，内容各异，可以满足我们的多种信息需求。不同的信息源在具体功能上有强弱之分，不过在检索方法上大同小异。本章将介绍多种信息源，并选择部分详解其操作和利用方法，希望读者可以触类旁通，灵活学习。

本章思维导图

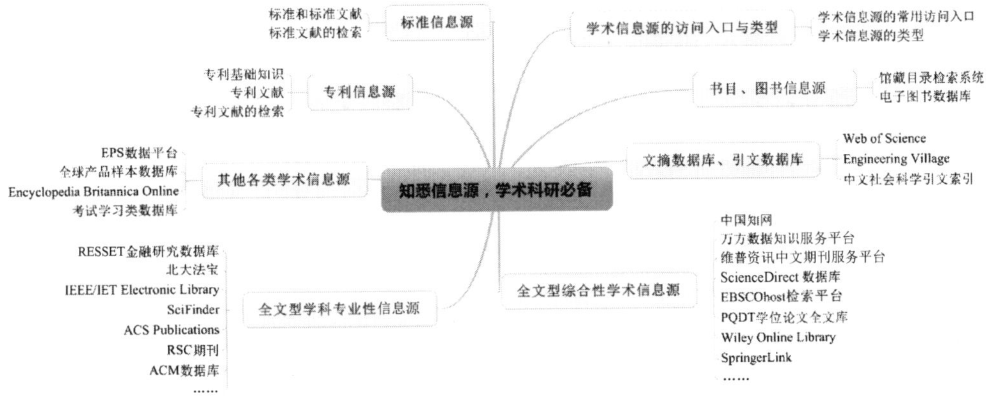

4.1 学术信息源的访问入口与类型

4.1.1 学术信息源的常用访问入口

通过网络可以搜索并直接连接到各种信息源进行访问和使用。访问图书馆主页，是快速访问学术信息源的好入口。图书馆是重要的文献信息中心，是信息源的集约地。除了收藏大量的纸质文献，图书馆还会购买各种数字化学术信息资源，供授权用户免费使用，读者可以方便地查阅、下载、使用。

1. 高校图书馆

高校图书馆根据自己的学科发展、专业特点和经费等情况，会购置众多符合学校发展特色和目标的中英文数据库，供师生科研、教学和学习使用，师生可以方便地访问和使用各种学术信息源。

2. 公共图书馆

公共图书馆主要是保障一般公众的阅读和信息资源，覆盖的读者面很广泛，通常以提供中文资源为主。读者注册后，可以通过网络访问馆藏数字资源，如果到馆，还可以查阅纸质资源。

3. 科技图书馆

科技图书馆比公共图书馆更加注重保障科技类文献读者的信息源，因而通常会提供相对较多的英文学术信息源。

这里向读者推荐中国国家数字图书馆。中国国家数字图书馆为读者提供了种类丰富、数量巨大的中文、外文商业购买资源库服务，以及国家图书馆馆藏的特色资源库服务。读者注册后，便可通过中国国家数字图书馆门户网站获得丰富的数字资源服务，包括图书、期刊、报纸、论文、古籍、工具书、音视频、数值事实、征集资源等多种类型的数字资源在线服务。截至 2020 年 4 月，中国国家数字图书馆网上实名认证读者可使用自建特色资源库 49 个，商业购买资源库 67 个，可免费获得全文。

4.1.2 学术信息源的类型

高校订购的各种中英文数据库，是获取科研、教学和学习信息的主要学术信息源。通常高校图书馆会提供多种方式对这些学术信息源进行揭示，方便读者从不同的角度进行访问。

- 根据数据库对收录文献的揭示程度，分为目次（书目）数据库、文摘数据库、全文数据库。
- 根据数据库收录文献的学科属性，分为综合性数据库、学科专业性数据库。

- 根据数据库收录的文献类型，可分为电子图书数据库、期刊论文数据库（通常同时含有会议论文）、学位论文数据库、科技报告数据库、报纸数据库、专利数据库、标准数据库、数值事实型数据库等。
- 根据数据库收录文献的媒体形式，可分为图片数据库、视频数据库、试题数据库等。
- 根据数据库的功能和作用，可分为引文数据库、统计分析数据库、“一站式”搜索平台、发现系统等。

当然，上述划分方式并不绝对，也并不唯一，很多时候信息源具有多种属性，内容和媒体形式多种多样，功能也很多，我们可以根据其最主要的特征来认识和使用信息源。

本章接下来主要按以下属性组合顺序对学术信息源加以介绍：首先是文献揭示程度，其次是学科属性，接着是文献类型，最后是其他特征。

4.2　书目、图书信息源

4.2.1　馆藏目录检索系统

馆藏目录是按照特定的方法组织起来的，用于揭示、报道和检索一所或多所图书馆的馆藏文献的工具。随着计算机、网络的普及，以及图书馆工作的自动化程度的提高，OPAC 系统得到广泛应用。目前，绝大多数图书馆的馆藏目录都可以在网上检索。通过馆藏目录，读者可以了解图书馆是否有所需图书、藏书地址、能否借阅等信息。如果需要了解多所图书馆的馆藏图书信息，读者还可以查找能反映多所图书馆馆藏的联合目录，如 CALIS 联合目录。

1．图书馆馆藏目录

以广东工业大学图书馆馆藏书目检索系统为例，采用 SULCMIC OPAC 系统，提供快速检索和高级检索两种方式，分别如图 4-1 和图 4-2 所示。快速检索提供 11 个检索字段，高级检索的各条件之间默认为逻辑“与”关系。

现在不少图书馆积极应用新的信息技术和手段为读者揭示馆藏。例如，读者可通过关注微信公众号“广东工业大学图书馆”或下载“找本书”App 的方式，更快捷地对广东工业大学图书馆进行馆藏检索并获取相关信息。

2．CALIS 联合目录（http://opac.calis.edu.cn）

CALIS 是以中国高等教育数字图书馆为核心的教育文献联合保障体系，旨在实现信息资源共建、共知、共享，服务中国的高等教育。

图 4-1　图书馆馆藏目录的快速检索

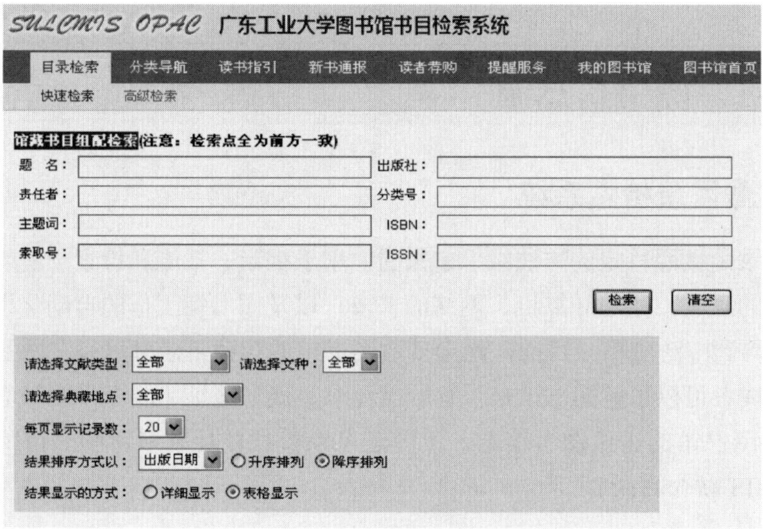

图 4-2　图书馆馆藏目录的高级检索

CALIS 联合目录涵盖印刷型图书、连续出版物、电子期刊、古籍等多种文献类型，覆盖中文、西文和日文等语种，提供简单检索、高级检索、古籍四部类目浏览三种检索方式。书目列表包含题名、责任者、出版信息、馆藏、资源链接等内容。

4.2.2　电子图书数据库

电子图书（Electronic Book，E-book）又称数字图书，是指以数字化的电子文件形式存储在各种磁性或电子介质中的图书，一般包括网上免费电子图书和基于商业目的制作的电子图书系统。商业系统中电子图书的品种更齐全丰富，学科也更全面，可满足多学科的图书阅读需求。

1．超星读书（http://book.chaoxing.com/）

超星读书由北京世纪超星信息技术发展有限责任公司于 1992 年创建，与国家图书馆、中国社科院、广东省立中山图书馆、深圳图书馆、美国加州大学等 20 多家机构合作，1998 年 7 月开始提供网上免费的电子图书阅览，2000 年 1 月超星数字图书馆正式开通。

超星中文电子图书内容丰富，覆盖范围广泛，包括文学、经济、计算机等 50 余大类，有大量免费电子图书，并且每天都在不断增加与更新。下载的图书需使用超星阅读器阅读。

超星读书提供电脑端与移动端服务，提供镜像站、读书卡、免费浏览等服务方式。镜像站方式主要针对高校、科研机构、企业等单位用户，用户只能使用已购买的数字资源，通常通过 IP 地址识别进入超星镜像站“汇雅电子书”；读书卡方式主要针对个人用户，用户可通过购买超星公司的读书卡，注册、登录、下载、离线阅读和打印图书；在免费浏览方式下，用户无须下载阅览器也可以免费阅读 5 000 种电子图书。超星读书提供了快速检索、高级检索、分类导航等检索方式。

2．读秀学术搜索（http://www.duxiu.com）

（1）简介

读秀学术搜索（以下简称读秀）由北京世纪超星信息技术发展有限责任公司研发，以 590 万种中文图书信息、16.5 亿页全文资料为基础，提供图书章节和全文检索、原文试读及 E-mail 资源获取等信息服务。事实上，读秀是由全文数据和元数据组成的大型数据库，它在最初图书资源的基础上，还提供知识、期刊、报纸、学位论文、会议论文、专利、标准、音视频等多个检索频道，是一个“一站式”搜索平台。同时，读秀与各图书馆资源挂接，将图书馆现有的纸质图书和电子图书及各种异构资源整合于读秀平台。读秀的图书检索页面如图 4-3 所示。

图 4-3　读秀的图书检索页面

（2）检索

读秀提供普通检索、高级检索、专业检索、分类导航 4 种检索方式。默认界面是普通检索，用户可输入单个或多个检索词，可检索出图书、期刊、报纸、学位论文、会议论文等多种资源的相关信息。用户也可以单击相应的文献类型标签，检索某一特定类型的文献。

（3）检索结果

检索结果以列表形式显示，一般分三栏：中间栏是读秀知识库中检索到的题录信息；左栏一般是聚类，如类型、年代、学科、作者，单击特定聚类，可精准定位，缩小检索范围；右栏将检出结果按文献类型分类显示，方便用户切换。在读秀上检索任何词时，会同时得到相关的图书、期刊、报纸、会议论文、学位论文、音视频、专利、标准、百科、文档、课程课件等各种文献类型的资源。

（4）获得图书的几种方式

① 从本图书馆借阅纸质图书。如果在检索结果标题后有“馆藏纸本”按钮，或者在图书的信息页面有“本馆馆藏纸书”链接，可单击该按钮或链接直接进入本单位图书馆系统。

② 直接阅读本馆的电子全文。如果在检索结果标题后有“电子全文”按钮，或者在信息页面有“电子全文”标记，可单击该按钮或链接直接在线阅读或下载全文。

③ 使用文献传递。在图书详细信息页面，用户可以单击“图书馆文献传递中心”选项，进入“图书馆参考咨询服务”页面，填写相关信息并提交，即可通过邮箱接收所需文献。每本图书单次咨询不超过 50 页，同一图书每周咨询量不超过全书的 20%；咨询内容的有效期为 20 天。

④ 文献互助平台及相似文档下载。这两种方式都是读秀提供的供用户交流的平台，前者通过上传用户自己的文献与其他用户交换达到获取文献的目的，后者可以获取其他用户已经上传的文献（大部分都是全文文献），是读秀文献的有益补充。

（5）读秀的重要特色

读秀的重要特色是全文搜索。选择“知识”频道进行搜索，系统将围绕关键词深入到图书的每页资料中进行信息的深度查找。读秀将所有图书的内容打碎为知识点，以章节为基础重新整合在一起，实现了 590 万种图书、16.5 亿页资料的文本化，任何一句话、一句诗词、一幅图、一张图表都可以在读秀中找到出处，相当于把所有图书整理成了一部最大的百科全书。

此外，珠江三角洲数字图书馆联盟（http://dlib.gdlink.net.cn/）的收录与功能几乎等同于读秀。

4.3　文摘数据库、引文数据库

4.3.1　Web of Science

1．概况

Web of Science 是汤森路透（Thomson Reuters）公司（该公司于 2016 年将知识产权与科技事业部出售给 Clarivate Analytics，2017 年 1 月 10 日启用中文名称“科睿唯安”）开发的信息平台。通过这个平台，用户可以检索关于自然科学、社会科学、艺术与人文学科的文献信息，文献类型包括国际期刊、免费开放资源、图书、专利、会议录、网络资源等。通过 Web of Science 平台，用户可以访问最可靠且涉及多个学科的整合科研成果，这些科研成果通过来自多个来源、互相链接的内容引文指标加以关联。

其中 Web of Science™ 核心合集是世界上最有影响的多学科的学术文献文摘索引数据库之一，内容涵盖自然科学、工程技术、生物医学、社会科学、艺术与人文等领域，还收录了论文中所引用的参考文献，并按照被引作者、出处和出版年代编制成索引。通过独特的引文检索，用户可以用一篇文章、一个专利号、一篇会议文献或一本书的名字作为检索词，检索这些文献的被引用情况，了解引用这些文献的论文所做的研究工作，轻松地回溯某一研究文献的起源与历史，或者追踪其最新的进展，既可以越查越旧，也可以越查越新，越查越深入。

2．Web of Science™ 核心合集包括的数据

（1）4 个期刊引文数据库

① 科学引文索引（Science Citation Index，SCI），收录年限为 1900 年至今。SCI 被公认为世界范围内最权威的科学技术文献的索引工具，能够提供科学技术领域最重要的研究成果。SCI 为自然科学类的 9 000 余种完全涵盖 178 个科学学科的核心期刊编制了全面索引，并包含从索引文章中收录的所有引用的引文（参考文献）。其引文记录所涉及的范围十分广泛，包括图书、期刊论文、会议论文、专利和其他各种类型的文献。

② 社会科学引文索引（Social Sciences Citation Index，SSCI），收录年限为 1900 年至今，是针对社会科学期刊文献的多学科索引，为社会科学类的 3 000 余种完全涵盖 58 个社会科学学科的期刊编制了全面索引。

③ 艺术和人文引文索引（Arts & Humanities Citation Index，A&HCI），收录年限为 1975 年至今，是跨 28 个艺术与人文学科的艺术与人文科学期刊文献的多学科索引，完整地收录了 1 700 余种世界一流的艺术和人文期刊。

④ 新兴来源引文索引（Emerging Sources Citation Index，ESCI），收录年限为 2015 年至今，提供了在最新或新兴研究领域中学术出版和引证活动的视野，可帮助用户了解科学研究的新趋势。ESCI 包含约 5 000 余种期刊，且每周都增加新的刊物。

（2）2 个会议论文引文数据库

2 个会议论文引文数据库分别是科学技术会议录引文索引（Conference Proceedings Citation Index-Science，CPCI-S，收录时间为 1990 年至今）、社科及人文会议录引文索引（Conference Proceedings Citation Index-Social Science & Humanities CPCI-SSH，收录时间为 1990 年至今），包括多种学科的重要会议、讨论会、研讨会、学术会、专题学术讨论会和大型会议的出版文献。CPCI-S 涵盖了所有科技领域的会议录文献，CPCI-SSH 涵盖了社会科学、艺术及人文科学的所有领域的会议录文献。使用这两个数据库，用户可以在期刊文献尚未记载相关内容之前，跟踪特定学科领域涌现出来的新概念和新研究。

（3）2 个化学数据库

化学反应数据库（Current Chemical Reactions，CCR）收录了来自期刊和专利文献的一步或多步新合成方法。化合物索引（Index Chemicus，IC）则收录了世界上有影响的期刊报道的新颖有机化合物。这两个化学数据库可以用结构式、化合物和反应的详情和书目信息进行检索。

3．核心合集外的重要数据

（1）德温特创新索引

德温特创新索引（Derwent Innovations Index，DII）将原来的德温特世界专利索引（Derwent World Patents Indes，WPI）与专利引文索引（Patents Citation Indes，PCI）加以整合，是世界上国际专利信息收录最全面的数据库之一。该数据库收录年限为 1963 年至今，共收录了 2.3 万个基本发明、5.1 千万项专利，使读者可以总览全球化学、工程及电子方面的专利概况。每周有 40 多个国家、地区和专利组织发布的专利文献和来自 6 个重要专利版权组织的专利引用信息被收录到该数据库中。

（2）MEDLINE

MEDLINE 为美国国立医学图书馆（U.S. National Library of Medicine®，NLM）建立的医学文献数据库，内容涉及生物医学、生命科学、生物工程、公共卫生、临床护理和动植物科学领域，利用 MeSH 主题词和 CAS Registry Number 进行精确检索，链接到 NCBI 数据库和 PubMed 的相关文章。该数据库收录了 1966 年以来世界上 70 多个国家、以 40 多种语言出版的 4 800 多种生物医学期刊上的文献，其中我国有 40 多种，年报道量达 40 多万条，75%为英文文献。该数据库自 1975 年开始收录文献摘要，文献可回溯至 1950 年。

（3）《期刊引用报告》

《期刊引用报告》（Journal Citation Reports，JCR）是一种全面和独特的资源，是依据期刊相互引用情形编制的书目计量分析统计报告，是期刊评价、排名、分类及比较的量化工具。它使用户能够使用引文数据来评价和比较期刊，这些引文数据摘自全球近万种学术性技术期刊，内容涵盖科学技术和社会科学的所有专业领域。JCR 包括两个部分：国际性科学技术期刊和国际性社会人文科学期刊。

JCR 可提供的信息包括：期刊刊载论文数量，依递减顺序排列，比较其出版量的多寡；各期刊当年被引用次数；某一期刊某年刊载的论文在当年即被引用的比率；期刊论文的平均被引用率；对于每一特定年度的期刊，计算出它的影响因子；计算每种期刊的引用文献和被引用文献的半衰期。作为一种研究工具，JCR 可以显示某一领域最常引用的期刊、最具影响力的期刊、最热门的期刊、一流期刊、相关期刊。引文和文献数是表明当前研究人员使用单个期刊频繁程度的重要指标。

4．检索

（1）检索算符与检索规则

Web of Science 的检索算符如表 4-1 所示。

表 4-1　Web of Science的检索算符

检索算符	表　达	含　义	举　例
逻辑算符	AND	两个检索词必须同时出现（与）	education AND college
	OR	两个检索词任一出现即可（或）	education OR college
	NOT	只可出现第一个检索词（非）	education NOT college
截词符	*	无限截词符*，代表字符串，检索与输入词起始部分一致的词	enzym* = enzyme, enzymatic, enzymology
	?	中间屏蔽符“?”，以检索名词单复数不同的表达或英美国家拼写方式不同的表达	wom?n = woman, women
	$	表示零或一个字符	vapo$r=vapor, vapour
词组	“　”	以自然词序输入即可	输入“energy conservation”返回相应的词组结果
位置算符	SAME	两个检索词前后位置可换	energy SAME conserv*

检索规则说明如下。

① 逻辑算符字母大小写均可。

② 系统对大小写字母不加以区别。

③ 使用双引号进行精确的短语检索。

④ SAME 指检索词在同一个句子中。句子指文献题名或摘要的句子或单个地址。

⑤ 检索优先顺序：SAME、NOT、AND、OR。使用括号可以改变运算符的优先级。

（2）检索方式

Web of Science 提供多种检索方式，如基本检索、高级检索、作者检索、被引参考文献检索和化学结构检索等。

① 基本检索。基本检索提供较全面的检索功能，界面如图 4-4 所示，能够通过主题、标题、作者、团体作者、出版物名称、DOI 信息等进行检索。通过单击“添加另一字段”

来添加检索字段。还可以对检索结果的语种和文献类型加以限制，在检索字段框中选择“语种”和“文献类型”即可实现。Web of Science 常用检索字段及代码如图 4-5 所示。

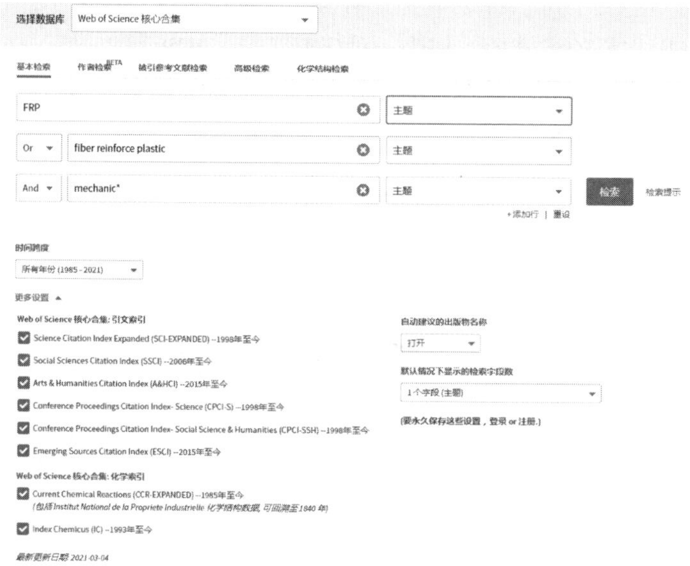

图 4-4　Web of Science 基本检索界面

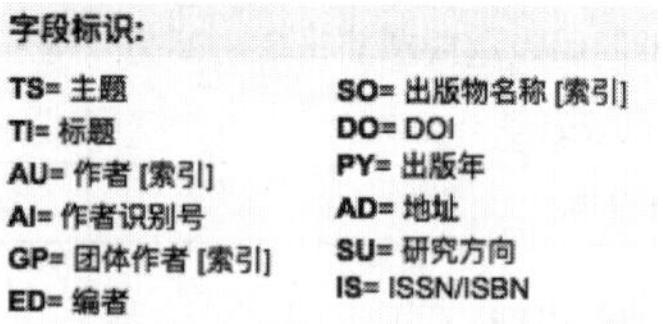

图 4-5　Web of Science 常用检索字段及代码

选择主题字段，检索将自动检索标题、摘要和关键词字段。出版物名称（Source Title）字段采用词组索引的方式，为了方便检索，请先查询刊名全称列表（Full Source Titles List），或者输入刊名单词的前几位字母并利用通配符来检索。在“地址”（Address）字段中，每个作者的地址都会在 Proceedings 记录中列出来，可利用地址缩写词列表检索作者地址。还可利用 SAME 算符来检索作者地址为某个大学某个具体的系或学院的记录。会议检索字段包括“会议标题”“召开地”“主办者”“召开日期”。另外，Web of Science 中还提供了作者甄别工具，用户能够在查找特定作者发表的文章的同时，帮助区分具有相同姓氏和名字首字母的作者，还能够通过主题类别和机构缩小查找范围。

② 高级检索。在高级检索中，可使用字段标识符（用两个字符表示）、其他检索算符和检索词组配成复杂的检索式。例如，查找 2003 年在 Washington, D.C.召开的 82nd Annual Meeting of the Transportation ResearchBoard 会议中有关 intelligent transportation systems 的会议记录，则可以输入以下检索式：ts=intelligent transport* AND cf=(transport*

AND washington and 2003)。

③ 作者检索。检索步骤是输入作者姓名，选择研究领域，选择组织机构。其中，“姓”必填，如输入 Smith；“名”填首字母，最多填 4 个字母，如输入 CE。可添加作者姓名的不同拼写形式。可选择是否精确匹配。

④ 被引参考文献检索，即引文检索。传统的检索系统是从作者、分类、标题等角度来提供检索途径的，而引文检索却是从另一个角度，即从文献之间相互引证的关系角度来提供检索途径的，显示了检索的高效性、检索结果的高度相关性、文献之间的内在联系。在该界面，检索字段主要有“被引作者”（Cited Author）、“被引著作”（Cited Work）、“被引年份”（Cited Years），以及被引的卷、期、页、标题。

⑤ 化学结构检索。使用该检索方式前需要下载化学结构绘图插件 Structure Drawing（免费）。通过化学结构检索方式，用户可以检索与创建的化学结构检索式匹配的化合物和化学反应，检索与化合物和化学反应相关联的数据，检索化合物或化学反应数据而不进行化学结构检索。另外，在检索前还要在“选择数据库”（Citation Database）中勾选 Current Chemical Reactions 和 Index Chemicus 两个数据库。

化学结构检索页面分为三部分：化学结构绘图、化合物数据、化学反应数据。一种化学结构检索可以创建两种检索式：化学反应记录检索式和化合物记录检索式。在这种情况下，相同的化学结构检索式将在检索历史表中显示两次。化合物的子结构检索可查找 25 种化合物和 10 种化学反应，这 25 种化合物属于一种检索式，而这 10 种化学反应属于另一种检索式。

当单击 Draw Query 选项时，系统会弹出一个窗口，可以利用它提供的数据来构造化学反应，检索结果包括反应概要图示、论文全记录的链接及反应细节的链接。

化合物的相关数据检索，可以通过输入化合物的名称、化合物的生物活性、反应中物质分子量的大小，并选择物质在反应中所处的角色来进行。

在反应数据中，可以给出反应的条件，如保护气体是什么，反应时间多长、温度多高等。另外，还可以对反应进行描述和评价。

（3）检索结果

① 调整检索结果。

- 二次检索。可以通过主题（标题、摘要、关键词和词组）在检索结果中进行二次检索，从而生成一个新的集合，这样无须进行集合的组合便可提高查准率，并生成另一个结果页面。
- 精炼检索结果。单击任意一个字段链接即可对检索结果进行进一步完善。出现频率最高的条目会显示在列表最上方。

② 分析检索结果。分析功能可用于任何结果概要页面，因此可以在选择查看记录后对感兴趣的结果进行再次分析。分析检索结果有助于从宏观上把握检索课题的情况，并且很

容易地将需要的文献显示出来。Web of Science 可对检索结果进行 16 个角度的分析，包括 Web of Science 类别、出版年、文献类型、机构扩展、基金资助机构、作者、来源出版物、丛书名称、会议名称、国家或地区、编者、团体作者、语种、研究方向、授权号、机构。

③ 检索历史。单击“检索历史”选项，按倒序数字顺序显示已用检索式，即最近创建的检索式显示在列表顶部。在检索历史中可以根据以前的检索式组配成新的检索式。选中以前的检索式，单击“AND”或“OR”选项，然后单击“组配”按钮，开始新检索式的检索。

（4）个性化服务

用户可以在 Web of Science 网站上注册。注册后可以使用文献管理软件 EndNote Online，用于建立和保存邮件提醒服务（如定题提醒和引文提醒等）并进行查看和管理，了解一个定题服务是否有效及有效期。进入检索式的管理页面可管理自己曾经保存的检索式，更新某篇文章的服务状态，对其进行重新设置或删除，还可以打开检索式并加以运行。

（5）检索实例

例如，检索近 5 年关于研究玻璃纤维增强塑料（Fiber Reinforce Plastic，FRP）应用于建筑工程中的力学性能的文献，可以先登录 Web of Science 网站，选择在 Web of Science™ 核心合集中检索。首先检索 FRP 的力学性能。在检索输入框中分别输入检索词“FRP”“fiber reinforce plastic、mechanic*”，选择检索字段“主题”，选定检索词之间为逻辑“或”、逻辑“与”的关系，如前文图 4-4 所示。其检索式为：主题=(FRP) OR 主题=(fiber reinforce plastic)AND 主题=(mechanic*)。

检索结果为 20 081 篇文献，如图 4-6 所示。为了得到更加精确的检索结果，可以在精炼检索结果中进行二次检索，在图 4-6 中的页面左侧的输入框中输入“construc*”。精练检索结果后，缩小范围至 2 258 篇文献，如图 4-7 所示。

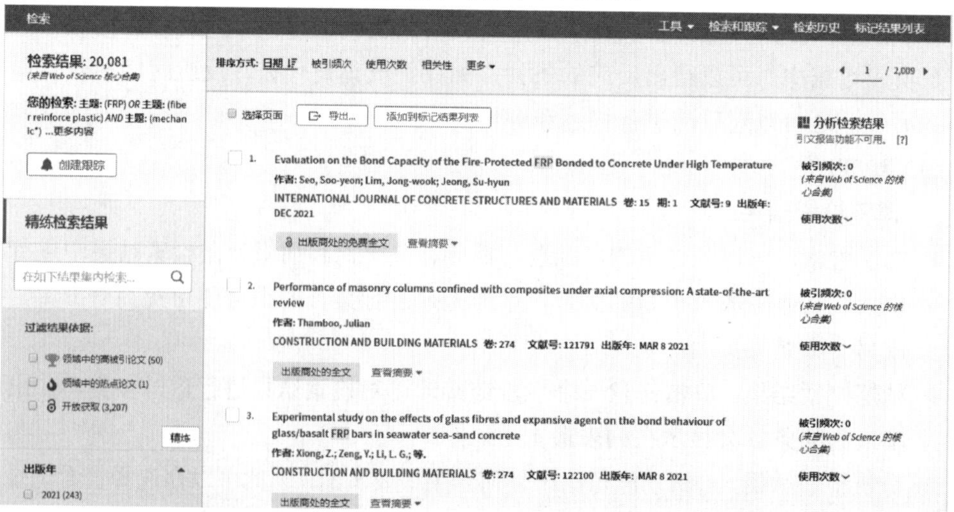

图 4-6　Web of Science 初步检索结果及精练检索结果

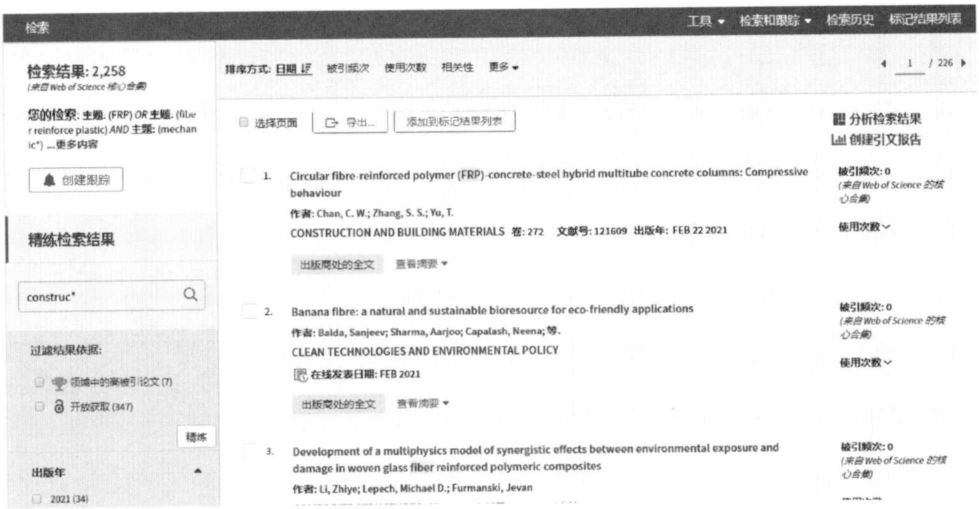

图 4-7　Web of Science 二次检索结果

在结果界面右侧单击“分析检索结果”选项，会出现分析检索结果的页面，可选择按不同的方式分析检索结果，如图 4-8 所示。

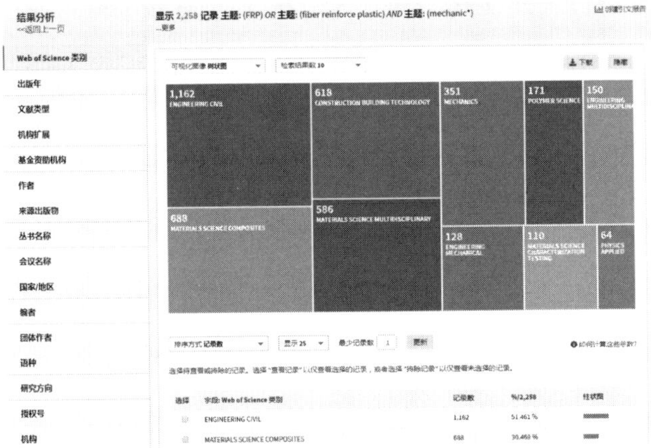

图 4-8　Web of Science 分析检索结果

分析字段共有 16 个。选择“作者”字段进行作者分析，在页面右侧的下拉列表中选择“可视化图像柱状图”“检索结果数 10”，显示分析结果，如图 4-9 所示。

勾选“BENMOKRANE B”复选框，单击“查看所选记录”按钮，检索出 BENMOKRANE B 的 62 篇文章，作者 BENMOKRANE B 的文章的题录如图 4-10 所示。

如果想阅读其中的某篇文章，单击该文章的标题即可跳转到其文摘信息页面，如图 4-11 所示。

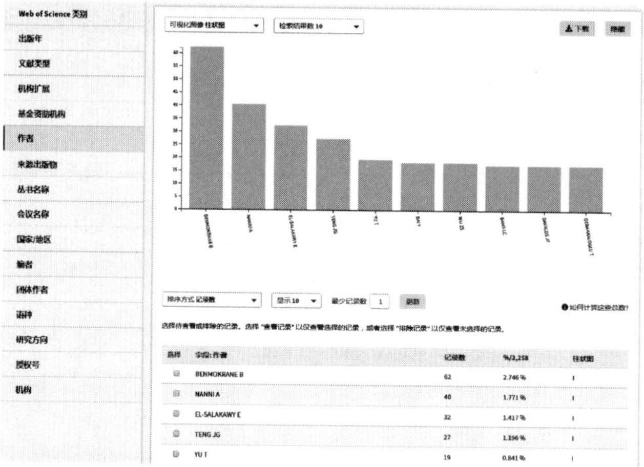

图 4-9　Web of Science 作者分析结果

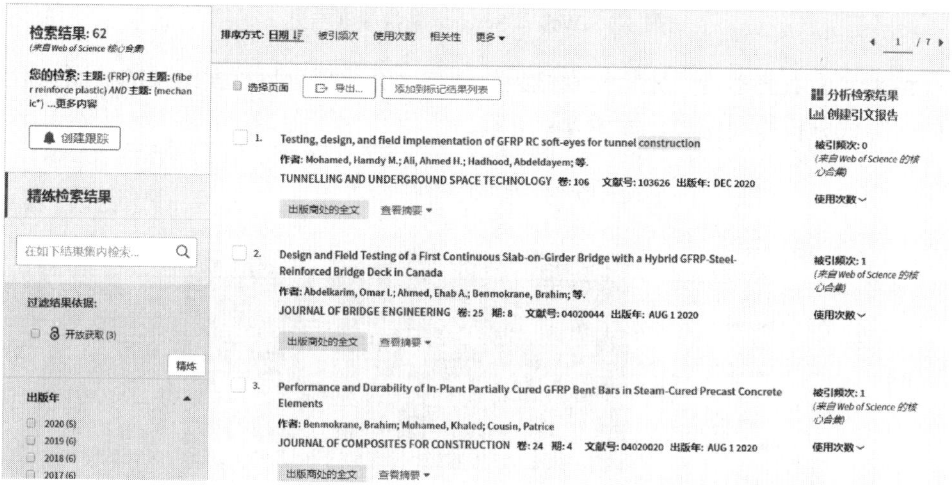

图 4-10　Web of Science 中作者 BENMOKRANE B 的文章的题录

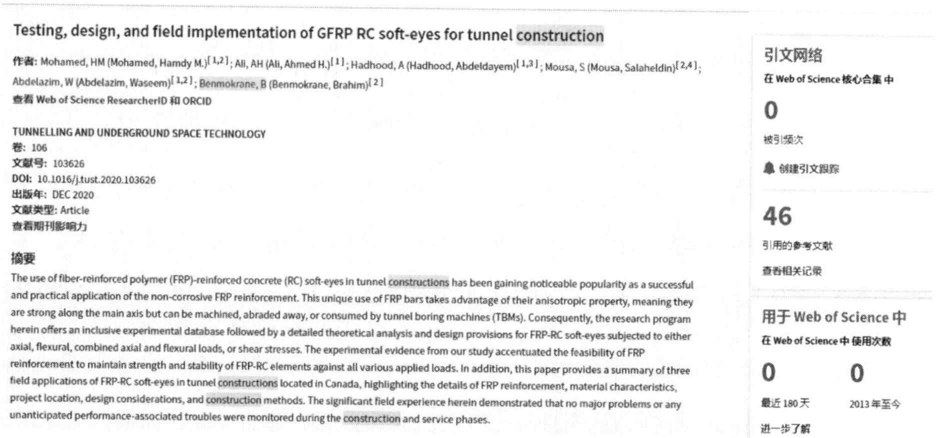

图 4-11　Web of Science 中作者 BENMOKRANE B 某篇文章的文摘信息

因为 Web of Science 本身为文摘型数据库，并不提供文章的全文信息，所以如果这篇文章被用户所在机构购买的其他全文数据库收录，则在文摘页面单击“出版商处的全文”，可跳转访问全文数据库中这篇文章的全文信息。可以借助免费的 Kopernio 插件，节省获取 PDF 全文的时间。在图 4-11 中，通过页面右侧的“引用的参考文献”可看到，该文章的参考文献有 46 篇。

4.3.2　Engineering Village

1．简介

1995 年美国工程信息公司推出了 Web 版集成信息服务系统，称为美国工程信息村（Engineering Village，EV）。这是一个综合的检索平台，包含多种信息资源，主要是 Ei Compendex 和 INSPEC 这两种文摘数据库。此外，EV 平台现也提供美国专利（US Patents）、欧洲专利（EP Patents）、世界知识产权组织专利（WO Patents）的全文检索。EV 为了方便广大用户，通过和 Elsevier、EBSCO、Springer 等电子出版商建立联系，提供文献全文的链接。

Ei Compendex（1884 年至今）：对应的印刷版检索刊为《工程索引》，是常用的文摘数据库之一，侧重于工程技术领域的文献报道，涉及核技术、生物工程、交通运输、化学和工艺工程、照明和光学技术、农业工程和食品技术、计算机和数据处理、应用物理、电子和通信、控制工程、土木工程、机械工程、材料工程、石油、宇航、汽车工程及这些领域的子学科。其数据来源于 5 000 种工程类期刊和 20 000 多种会议录，每周更新。

INSPEC（1898 年至今）：对应的印刷版检索刊为《科学文摘》，由英国机电工程师学会出版。文献内容覆盖物理、电子与电气工程、计算机与控制工程、信息技术、生产和制造工程等领域，还收录了材料科学、海洋学、核工程、天文地理、生物医学工程、生物物理学等领域的内容。

2．检索

（1）检索算符与检索规则

① 布尔逻辑算符。EV 使用三个布尔逻辑算符，分别是 AND、OR 和 NOT，运算优先顺序依次为 NOT、AND 和 OR。

可使用括号指定检索的顺序，括号内的术语和操作优先于括号外的术语和操作。也可使用多重括号。例如，(International Space Station OR Mir)AND gravitational effects AND（French wn LA or German wn LA or English wn LA），检索结果为含有“International Space Station”或“Mir”，且一定均含有“gravitational effects”的文献，文献语种为法语、德语或英语。

② 截词符与通配符。

- 截词符。星号（*）为右截词符，可检索到与截词符前面的字母相同的所有词。例如，输入“comput*”，检索出“computer”“computerized”“computation”“computational”“computability”等。
- 通配符（？）。通配符用于取代单个字符。例如，输入“wom?n”，检索出“woman”“women”。
- 自动取词根。此功能可以检索以所输入词的词根为基础的所有派生词。快速检索方式将自动取所输入词的词根（作者栏的检索词除外）。例如，输入“management”，检索出“managing”“managed”“manager”“manage”“managers”等。

③ 位置算符。

- NEAR。例如，输入“Bridge NEAR Piling *”，检索出的文献要同时含有这两个词，这两个词要彼此接近，前后顺序不限。如按相关度排序，两个词越接近，文献排列就越靠前。
- W/*n*。*n* 为自然数。例如，输入“Pig * W/2 pine *”，检索出的文献要同时含有这两个词，并且这两个词的间隔不能超过 2 个单词。
- ADJ。例如，输入“channel ADJ tunnel”，检索出的文献要同时含有这两个词，并且两个词相邻，位置固定。

④ 其他算符与规则。

- 采用 wn 算符连接检索词和字段代码。例如，“light weight steel autobody” wn AB 和（seatbelts OR seat belts）wn TI。
- 精确短语检索。如果输入的短语不带括号或引号，由于系统默认将检索结果按相关性排序，所以可以得到比较理想的检索结果。但是，如果需要做精确匹配检索，就应使用括号或引号。例如，“International Space Station”、（solar energy）。
- 连接词。如果检索的短语中包含连接词（and、or、not、near），则需将此短语放入括号或引号中。例如，{block and tackle}、“water craft parts and equipment”、{near earth objects}。
- 特殊字符。特殊字符是除 a～z、A～Z、0～9、?、*、#、( )和{ }之外的所有字符，检索时系统将忽略特殊字符。如果检索的短语中含有特殊字符，则需将此短语放入括号或引号中，如{M/G/I}。
- 大小写。不区分所输单词的大小写，所输入的单词可以是大写的，也可以是小写的。
- 排序方式。检索结果可以按相关性或出版时间进行排序。默认按相关性排序。
- 著者拼写顺序。在文摘中，著者姓名拼写顺序为姓前名后，中间用逗号隔开，如“Smith，A”“Smith，A.J”“Smith，Alan J.”。例如，输入“Gilbert，Barrie wn AU

AND Analog Devices wn AF”，则检索出由 Analog Devices（AF，作者单位）的 Barrie Gilbert（AU，作者）编写的文献。

（2）检索方式

常用的检索方式有快速检索、专家检索。

① 快速检索。进入 EV 数据库，显示快速检索页面，能够进行直接、快速的检索。用户可以通过检索框下方的“+Add search field”增加检索条件框，通过条件选项进行检索限制，如图 4-12 所示。

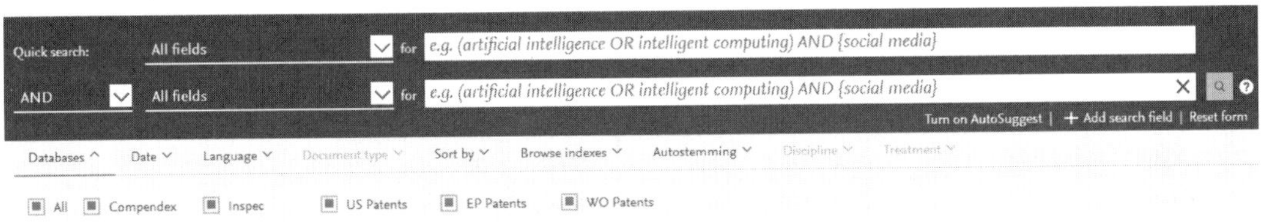

图 4-12　Engineering Village 的快速检索页面

具体检索过程说明如下。

a．选择数据库。可使用的数据库为用户所在单位购买或被批准可以访问的数据库。

b．输入检索词。可输入词、词组、人名、符号等。默认词根检索。

c．选择检索字段。在 Ei Compendex 中，可选择 14 个检索字段，如表 4-2 所示。“All fields”是默认检索字段。

表 4-2　Ei Compendex的检索字段名称

字段英文名称	字段中文名称	字段英文名称	字段中文名称
All fields	所有字段	Conference information	会议信息
Subject/Title/Abstract	主题词/篇名/摘要	ISSN	国际标准刊号
Abstract	摘要	Publisher	出版者
Author	著者	Source title	来源名称（刊名）
Author affiliation	著者单位	Un-controlled term	非受控词
Title	篇名	Country of origin	来源国家
CODEN	文献的分类代码	Controlled term	受控词

d．选择逻辑关系。用户可以选择 AND、OR 和 NOT 逻辑算符，对多个检索栏中的检索内容进行组配。在快速检索中，如果多个框中均有输入，则依次对检索框中的检索词进行逻辑检索。以三个检索框为例，检索顺序为：

- a AND b OR c　检索的顺序为(a AND b)OR c。
- a OR b AND c　检索的顺序为(a OR b)AND c。
- a OR b NOT c　检索的顺序为(a OR b)NOT c。

e. 限制检索选项，包括数据库（Databases）、文献年代（Date）、文献类型（Document Type）、语种（Language）、处理类型（Treatment）、Discipline、排序（Sort by）、自动截词根（Autostemming）、浏览索引（Browse indexes）。Ei Compendex 的文献类型和处理类型如表 4-3 所示。

表 4-3　Ei Compendex的文献类型和处理类型

文 献 类 型	对应的中文	处 理 类 型	对应的中文
All document types	所有文献类型	All treatments	所有处理类型
Book	书籍	Applications	应用
Book chapter	书籍章节	Economic	经济
Conference article	会议论文	Experimental	实验
Conference Proceeding	会议录	General review	综述
Dissertation	学位论文	Theoretical	理论
Journal article	期刊论文		
Report chapter	报告章节		
Report review	报告综述		

语种（Language）提供 All Languages、Chinese、English、French、German、Italian、Japanese、Russian、Spanish 选项。

f. 检索结果可以按相关性或出版时间进行排序。默认按相关性排序。

② 专家检索。专家检索方式提供一个独立的检索框，用户可以采用 wn 算符和字段代码，在限定的字段内进行检索。页面下方提供检索字段和代码表。Ei Compendex 专家检索页面如图 4-13 所示。

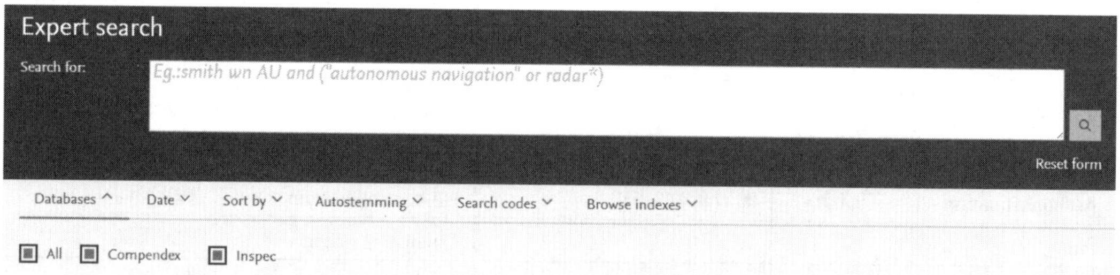

图 4-13　Ei Compendex 专家检索页面

与快速检索相比，专家检索方式提供更强大而灵活的功能，用户可使用更复杂的布尔逻辑算符、位置算符、截词符和词根符等，也可以在多个字段中进行检索。系统将严格按输入的检索式进行检索，不能进行自动截词根运算。同一个检索式在专家检索方式和快速检索方式下得到的检索结果有可能不同，因为在快速检索方式下，系统默认词根运算。

（3）检索结果

① 检索结果的格式。快速检索和专家检索的检索结果显示页面相同，检索结果默认以题录的格式列出。这种格式可提供足够的信息以确定文献的来源。如果用户想浏览文摘格式或详细格式的记录，则可单击题录下方的“Detailed”或“Show preview”。

② 结果管理。用户可以选择所需要的记录范围、浏览格式，进行发送电子邮件、保存、下载、排序等操作。

③ 精炼检索结果。在检索结果页面的左侧设置有“Refine Results”按钮，按检索结果的著者、著者单位、受控词、分类码、国家、文献类型、语种、出版年、来源名称、出版商进行分析，标明了文献记录数量，用户可查看图表和下载数据。用户通过勾选分析项目，单击“Limit to”或“Exclude”按钮来精练检索结果。

④ 检索历史。在检索结果页面的上方有“Search History”选项，单击后可以显示检索历史信息，可以对检索条件进行定制、保存、编辑、删除和合并等操作。合并功能可对已有检索历史进行 AND、OR、NOT 操作。

（4）个性化服务

用户可以创建一个电子邮件提醒服务（Create Alert）。用户设定好一个检索条件后，所选择的数据库在每次更新时将自动检索用户设定好的内容，并通过电子邮件将更新后的内容发送给用户。这项服务需要用户先注册，注册是免费的。注册后，用户可以定期获得电子邮件跟踪结果，保存记录，保存检索式，创建个人文件夹。

4.3.3　中文社会科学引文索引

中文社会科学引文索引（Chinese Social Sciences Citation Index，CSSCI），是由南京大学中国社会科学研究评价中心开发的文摘数据库，用来检索中文社会科学领域的论文收录和文献被引用情况。CSSCI 遵循文献计量学规律，采取定量与定性相结合的方法，从全国 2 700 余种中文人文社会科学学术期刊中精选出学术性强、编辑规范的期刊作为来源期刊。CSSCI 目前收录了包括法学、管理学、经济学、历史学、政治学等在内的 25 大类、500 多种学术期刊，来源文献 200 余万篇，引文文献 1 000 余万篇。利用 CSSCI，用户可以检索到所有 CSSCI 来源刊及 2015 年以来 CSSCI 扩展版来源刊文献的收录和被引用情况。

CSSCI 提供来源文献检索和被引文献检索功能。利用来源文献检索，用户可以检索到普通论文、综述、评论、传记资料、报告等类型的文章；利用被引文献检索，用户可以检索到论文（含学位论文）、专著、报纸等文献被他人引用的情况。CSSCI 提供篇名、作者、机构、刊名、关键词等多种检索途径进行检索。

4.4 全文型综合性学术信息源

4.4.1 中国知网

中国知网（China National Knowledge Infrastructrue，CNKI）工程由清华大学、清华同方发起，始建于 1999 年 6 月，是以实现中国知识资源传播共享与增值利用为目标的信息化建设项目。

1. 资源与服务

CNKI 提供的资源与服务主要包括资源总库、国际文献总库、行业知识服务平台、个人/机构数字图书馆、“全球学术快报”移动知识平台。用户可以免费使用题录和文摘。非团体订购的用户可付费阅读、下载全文。

- 个人数字图书馆可自动跟踪读者所研究主题的最新发文，为用户提供管理评价本人成果的平台，连通个人所在机构之后可免费下载文献，以及打造属于用户个人的个性化阅览室。机构数字图书馆可提供文献资源“一站式”整合发现平台，构建层级化的机构管理体系，提供详尽、准确的资源使用情况统计，以及为机构定制个性化信息门户。
- “全球学术快报”（CNKI Express）是由 CNKI 用资源和技术打造的移动知识服务平台，是“口袋图书馆”。该平台收录有 3 亿多篇中外文文献，内容涵盖期刊、硕博士论文、报纸、会议论文、年鉴等各种资源，内容实时更新。在实现检索、下载等基本功能的基础上，还提供个性化定制、提问分享、读者关注点追踪、内容智能推荐、全文跨平台云同步等功能。使用时须在手机应用商店下载“全球学术快报”App，注册并绑定机构账号。之后用户下载的文献、标注的信息、阅读记录等与云端同步，打破了移动端和桌面系统的界限。

2. 检索

（1）检索算符

① 布尔逻辑算符。布尔逻辑算符包括 AND、OR、NOT，也可用“*”“+”“-”来代替。三种布尔逻辑算符的优先级相同，如要改变组合的顺序，则使用英文半角圆括号“( )”将条件括起来。使用时，符号前后需空一个字节。

② 字符。所有符号和英文字母都必须使用英文半角字符。

③ 位置算符。使用“同句”“同段”“词频”时，需用一组西文单引号将多个检索词及其运算符括起来，如'流体 # 力学'。

④ 检索字段。CNKI 检索字段代码与检索字段对照表如表 4-4 所示。各子数据库的检索字段根据文献类型特点的不同而有所不同，具体参见各子数据库网站。

表 4-4 CNKI检索字段代码与检索字段对照表

代码	字段	代码	字段	代码	字段	代码	字段	代码	字段
SU	主题	TI	题名	KY	关键词	JN	中/英文刊名	CN	统一刊号
AU	作者	FI	第一责任人	AF	机构	SN	ISSN		
YE	年	CLC	中图分类号	FU	基金	FT	全文		
IB	ISBN	CF	被引频次	AB	摘要	RF	引文		

⑤ 可使用运算符。CNKI 运算符的使用如表 4-5 所示。

表 4-5 CNKI运算符的使用

运 算 符	功 能	检索含义	举 例	适用检索项
='str1'*'str2'	并包含	包含 str1 和 str2	TI='转基因'*'水稻'	所有检索项
='str1'+'str2'	或包含	包含 str1 或 str2	TI='转基因'+'水稻'	
='str1'-'str2'	不包含	包含 str1 但不包含 str2	TI='转基因'-'水稻'	
='str'	精确	精确匹配词串 str	AU='袁隆平'	作者、第一责任人、机构、中文刊名与英文刊名
='str /SUB N'	序位包含	第 *N* 位包含检索词 str	AU='刘强/SUB 1 '	
%'str'	包含	包含词 str 或 str 切分的词	TI%'转基因水稻'	全文、主题、题名、关键词、摘要、《中图法》分类号
='str'	包含	包含检索词 str	TI='转基因水稻'	
=' str1 /SEN N str2 '	同段，按次序出现，词间隔小于 *N* 句		FT='转基因/SEN 0 水稻'	
=' str1 /NEAR N str2 '	同句，间隔小于 *N* 个词		AB='转基因/NEAR 5 水稻'	主题、题名、关键词、摘要、《中图法》分类号
=' str1/PREV N str2 '	同句，按词序出现，词间隔小于 *N* 个词		AB='转基因/PREV 5 水稻'	
=' str1 /AFT N str2 '	同句，按词序出现，词间隔大于 *N* 个词		AB='转基因/AFT 5 水稻'	
=' str1 /PEG N str2 '	全文，词间隔小于 *N* 段		AB='转基因/PEG 5 水稻'	
=' str $ N '	检索词出现 *N* 次		TI='转基因 $ 2'	

（2）检索方式

① 浏览。各种文献类型均可使用导航方式，可按学科、字母顺序浏览。学位论文还提供地域导航、学科专业导航。报纸还提供报纸级别（中央级和地方级）、出版周期（日报、周报等）导航。

② 检索。检索有初级检索、高级检索、专业检索三种常见的检索方式。此外，依文献类型的不同，还有作者发文检索、句子检索等方式。

主页默认为初级检索，简单方便。高级检索及其他检索方式在页面左侧均提供文献分类目录，用户可选择学科领域。CNKI 高级检索、专业检索、作者发文检索、句子检索、一框式检索分别如图 4-14～图 4-18 所示，左栏可选择学科，各图中右栏可输入内容检索条件（选择检索字段，输入检索词，选择逻辑算符）和检索控制条件（发表时间、文献来源、作者等），可通过“+”“-”按钮增减检索条件框。专业检索则需要用户自己输入检索式，并确保所输入的检索式语法正确，这样才能检索到想要的结果。每个数据库的专业检索都有说明，详细语法可以单击页面右侧的“专业检索使用方法”进行查看。

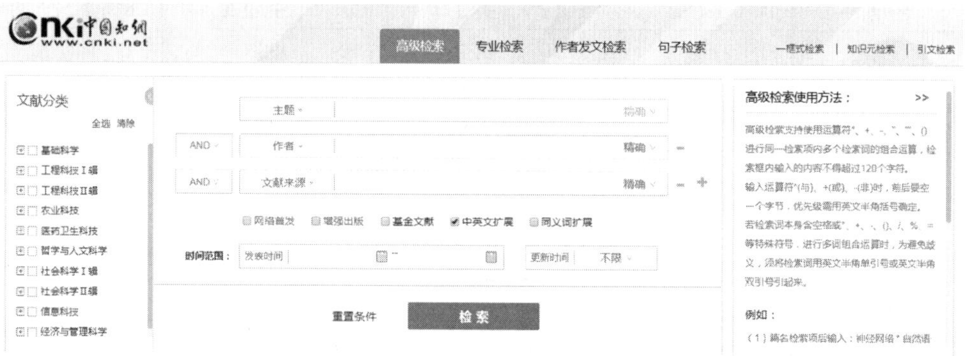

图 4-14　CNKI 高级检索

图 4-15　CNKI 专业检索

图 4-16　CNKI 作者发文检索

（3）检索结果

检索结果提供题录、文摘、全文。用户可获得免费题录和文摘，全文收费使用，校园网用户 IP 地址范围内免费下载全文。全文有 CAJ 和 PDF 两种格式，可通过网站免费下载浏览器。

图 4-17　CNKI 句子检索

图 4-18　CNKI 一框式检索

检索结果可按相关度、发表时间、被引次数和下载次数排序，并可按来源数据库、学科、发表年度、文献类型、作者、机构、基金等进行分组浏览，如图 4-19 所示，便于用户从多个角度对检索结果进行浏览分析。还可以选择记录并对所选记录进行清除、导出、分析、阅读、定制、生成检索报告等操作，导出格式多达十余种，如 CAJ-CD 格式引文、查新（引文格式）、查新（自定义引文格式）、GB/T 7714—2015 格式引文、Refworks、EndNote、NoteExpress、NoteFirst、自定义格式，方便用户学习和研究使用。具体文摘页面如图 4-20 所示。

3．CNKI 科研工具

（1）知网研学（原 E-Study）平台

知网研学平台通过科学、高效地研读和管理文献，以文献为出发点，厘清知识脉络，探索未知领域，管理学习过程，最终实现探究式的终身学习。该平台可为用户提供面向研究领域或课题的文献管理和知识管理功能，包括收集管理学术资料、深入研读文献、记录数字笔记等，实现在线写作、求证引用、格式排版、选刊投稿，还提供与 CNKI 数据库紧密结合的全新数字化学习体验。

（2）CNKI 翻译助手（https://dict.cnki.net）

CNKI 翻译助手以 CNKI 资源总库中的所有文献数据为依据，不仅可以为用户提供英汉词语、短语的翻译检索，还可提供句子的翻译检索，同时对翻译需求中的每个词给出准确的翻译和解释，还给出大量与翻译要求在结构上相似、内容上相关的例句，方便用户参考后得到最恰当的翻译结果。

图 4-19　检索结果排序与分组浏览

图 4-20　文摘页面（知识节点）

（3）CNKI 指数

CNKI 指数是依托 CNKI 资源总库中的海量文献和千万名用户的使用情况提供的学术趋势分析服务。通过了解关键词在过去一段时间内的“学术关注指数”，用户可以知道其所在的研究领域随着时间的推移被学术界关注的情况，又有哪些经典文章在影响着学术发展的潮流。通过了解关键词在过去一段时间内的“用户关注数”，用户可以知道在相关领域不同时间段内，哪些重要文献被同行研读得最多。

（4）CNKI 概念数据库

CNKI 概念数据库是一部不断更新完善的 CNKI 知识元数据库词典，力求为用户提供最权威、最准确的 CNKI 知识元概念。CNKI 概念数据库的内容全部来源于 CNKI 总库，涵盖文学、历史、哲学、经济、数理科学、航天、建筑、工业技术、计算机等所有学科和行业。

（5）CNKI 数据搜索

CNKI 数据搜索向用户提供数字知识和统计数据搜索服务，以数值知识元、统计图片、统计表格和统计文献作为基本的搜索单元。CNKI 数据搜索覆盖各学科领域，从科学知识到财经资讯，从大政方针到生活常识。数据来自 CNKI 全文数据库。此外，CNKI 数据搜索还实时采集中央与各地方统计网站和中央各部委网站的信息，且信息出处具有权威性。

（6）CNKI 图片搜索

CNKI 图片搜索为用户提供各个行业的图片数据。CNKI 图片搜索库中所有的图片数据都出自 CNKI 资源总库中收录的优秀期刊、论文、报纸等，涵盖文学、历史、哲学、经济、数理科学、航天、建筑、工业技术、计算机等学科和行业。

（7）CNKI 学术搜索

CNKI 学术搜索（scholar.cnki.net）基于海量资源，是跨学科、跨语种、跨文献类型的学术资源搜索平台，可以进行“一站式”搜索，如图 4-21 所示。

图 4-21　CNKI 学术搜索

4.4.2　万方数据知识服务平台

万方数据知识服务平台（以下简称万方）的网址为 http://www.wanfangdata.com.cn。

1．收录的信息资源

万方是大型科技、商务信息平台，内容涉及自然科学和社会科学的各个专业领域，相关数据来自学术期刊、学位论文、会议论文、外文文献、OA 论文、科技报告、专利技术、中外标准、科技成果、政策法规、新方志、机构、科技专家等。

2．检索

（1）检索算符

① 布尔逻辑算符。可以使用 AND、OR、NOT，空格默认为 AND 的关系。

② 精确检索。可使用引号或书名号将检索词括起来，表示精确匹配。例如，作者："张晓"，表示作者字段中含有且只含有"张晓"的结果。

③ 检索字段。检索字段的表达很灵活，可以使用中文，也可以使用英文，如"标题""title"均可使用。

④ 检索式的构成。万方将其检索式称为 PQ 表达式，平台首页和检索结果等页面的检索输入框均默认接受 PQ 表达式。PQ 表达式可由多个部分组成，每个部分由冒号分隔符分隔为左右两部分，冒号左侧为限定的检索字段，右侧为要检索的词或短语，即"检索字段：检索词"。例如，"标题：转基因""Title""转基因""作者：芮玉奎""Author：芮玉奎"。

PQ 表达式中的符号（空格、冒号、引号、横线）可任意使用全角、半角符号及任意组合形式，非常方便。

（2）检索方式

① 一框式检索。万方主页、检索结果页面均提供一框式检索功能，如图 4-22 所示。在该页面既可进行简单检索，也可进行专家检索，简单、自然，可直接输入单个检索词，也可输入多个检索词，还可输入检索式。

图 4-22　万方的一框式检索功能

此外，万方可自动推荐关键词，帮助用户进行检索词的选用，如图 4-23 所示。

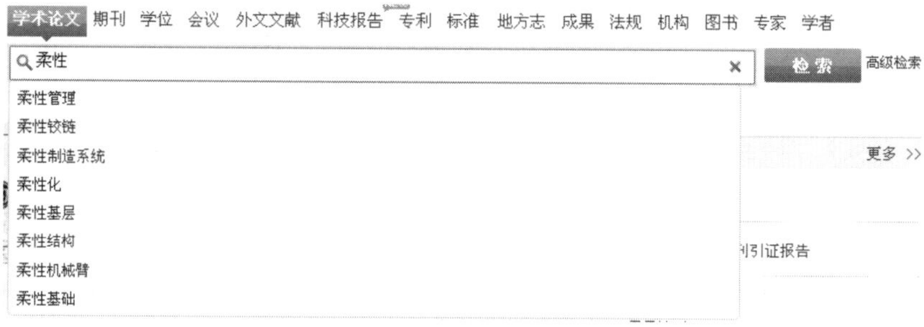

图 4-23　万方自动推荐关键词

② 高级检索和专业检索，分别如图 4-24 和图 4-25 所示。高级检索是在指定的范围内，通过增加检索条件，满足用户更加复杂的要求，检索到满意的信息。专业检索由用户填写检索式，可完成复杂条件的组合检索。

（3）检索结果

检索结果页面提供记录列表，如图 4-26 所示。每条记录都包括题名、出处、作者、简短摘要、文献类型、下载次数、关键词，并提供期刊、作者等项的链接。页面左栏按学科、论文类型、年份、作者、机构等检索结果进行分类，可快速了解检索结果的全貌和相关信息。

图 4-24　万方的高级检索

图 4-25　万方的专业检索

图 4-26　万方的检索结果页面

用户可查看详细文摘，查看和下载文献全文（PDF 格式），导出记录。导出文献提供导出文献列表、参考文献格式、NoteExpress、RefWorks、NoteFirst、EndNote、Bibtex、自定义格式、查新格式，其中参考文献格式如图 4-27 所示，用户可进行复制和导出操作。

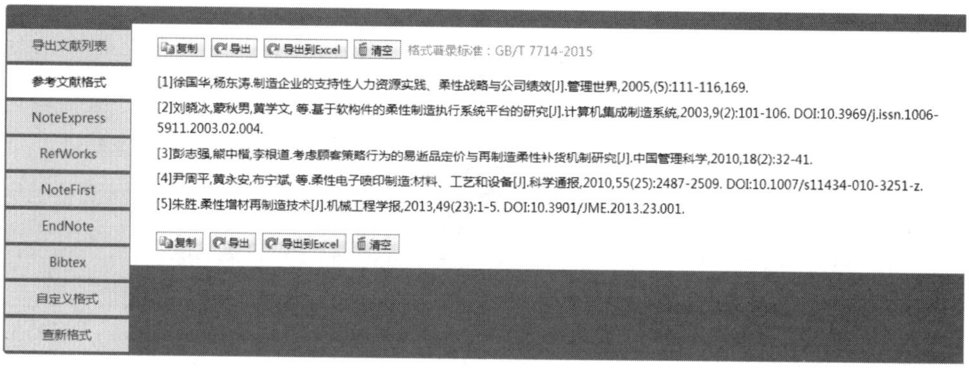

图 4-27　万方的参考文献格式

4.4.3　维普资讯中文期刊服务平台

1．简介

维普资讯中文期刊服务平台（以下简称维普）由重庆维普资讯公司制作并提供服务。该公司隶属于中国科学技术信息研究所西南信息中心，是我国最早进行数据库加工和出版的单位之一。维普的网址为 http://qikan.cqvip.com，网站首页如图 4-28 所示。

图 4-28　维普网站首页

2．检索

目前维普包含 15 300 余种期刊刊载的 6 900 余万篇文献，数据涵盖医药卫生、农业科学、机械工程、自动化与计算机技术、化学工程、经济管理、政治法律、哲学宗教、文学艺术等 35 个学科大类、457 个学科小类。主要功能介绍如下。

（1）检索方式

维普提供的检索方式有基本检索、高级检索、检索式检索、期刊导航等。高级检索和检索式检索分别如图 4-29 和图 4-30 所示。

图 4-29　维普的高级检索

图 4-30　维普的检索式检索

（2）检索功能

维普可实现二次检索、逻辑组配检索、中英文混合检索、繁简体混合检索、精确检索、模糊检索，可限制检索年限、期刊范围等。

（3）检索字段

维普可实现对题名、关键词、题名或关键词、文摘、刊名、作者、第一作者、参考文献、分类号、机构和任意字段 11 个字段进行检索，并可实现各个字段之间的组配检索。维普还提供细致到作者简介、基金赞助等 20 余个题录文摘的输出内容。

（4）复合检索表达式

例如，要检索作者“张三”关于“互联网”主题的文献，只需利用“a=张三*k=互联网”这样一个简单的检索式即可实现检索。

（5）参考文献检索入口

维普可实现与引文数据库的无缝连接操作，在全文库中实现对参考文献的检索。可通过检索参考文献获得源文献，并可查看相应的被引用情况、耦合文献等。可查看参考文献的参考文献，查看引用文献的引用文献，以提高用户获取知识的效率，并提供有共同引用的耦合文献功能，方便用户对知识求根溯源。

4.4.4 ScienceDirect 数据库

爱思唯尔（Elsevier）是一家世界知名的荷兰学术出版商，至今已有 180 多年的历史。其出版的期刊是世界公认的高质量学术期刊，且大多数为核心期刊，被世界上许多著名的二次文献数据库收录。ScienceDirect 数据库是 Elsevier 公司出版的电子期刊全文数据库，非订购用户可以查看文献题录、摘要，订购用户可以查看、打印及下载论文全文。其网址为 http://www.sciencedirect.com。

目前，ScienceDirect 数据库共收录了 4 300 多种同行评议期刊和 31 000 多种系列丛书、手册及参考书等，涵盖食品、数学、物理、化学、生命科学、商业及经济管理、计算机科学、工程技术、能源科学、环境科学、材料科学和社会科学等众多学科，收录全文文章总数已超过 1 300 万篇。

爱思唯尔双语智读（Scholarly e-Reading）平台由爱思唯尔公司与中国图书进出口（集团）总公司合作打造，致力于为国内学术机构读者提供优质的中英双语电子书阅读服务。该平台目前收录了 780 本爱思唯尔优质学术图书及对应的中文译本，以章节对照的形式实现中英文之间的简便切换，方便国内大专院校师生与科研人员快速浏览、查找所需参考资料，也为读者学习掌握科技英语、提高论文写作能力提供帮助。文献内容涉及工程、计算机、自然科学、生命科学及经济管理等学科。

相关检索算符、检索语法、检索技巧、检索方式等详细信息可参考 ScienceDirect 网站。

4.4.5 EBSCOhost 检索平台

EBSCO 出版公司是世界上最大的全文期刊数据集成出版商，也是全球最早推出全文在线数据库检索系统的公司之一，提供 100 多种全文数据库和二次文献数据库。数据库涵盖范围包罗万象，包括针对公共、学术、医学和商业性图书馆而设计的各种数据库，涉及自然科学、社会科学、人文和艺术等多种学术领域。其所使用的检索系统为 EBSCOhost。

我国高校集团采购的 EBSCOhost 数据库主要是学术期刊全文数据库（Academic Search Complete）、商业资源数据库（Business Source Premier）。此外，EBSCOhost 还提供 9 000 多种跨学科电子书，与期刊同步检索。

1．学术期刊全文数据库

学术期刊全文数据库收录了 17 000 多种期刊，包括 4 600 多种全文期刊（其中 3 800 种为专家评审期刊）和 800 多种非期刊类全文出版物（如图书、报告及会议论文等）。收录文献的主题范畴为社会科学、教育、法律、医学、语言学、人文、工程技术、工商经济、信息科技、通信传播、生物科学、公共管理、历史学、计算机、科学、传播学、军事、文化、健康卫生医疗、宗教与神学、艺术、视觉传达、表演艺术、心理学、哲学、妇女研究、各国文学等。收录年限为 1887 年至今。

2．商业资源数据库

商业资源数据库收录了 6 700 种期刊索引及摘要，其中近 2 200 种为全文期刊（包括 1 100 多种同行评审全文期刊），24 000 多种为非刊全文出版物（如案例分析、专著、国家及产业报告等）。收录文献的主题范畴为金融、银行、国际贸易、商业管理、市场营销、投资报告、房地产、产业报告、经济评论、经济学、企业经营、财务金融、能源管理、信息管理、知识管理、工业工程管理、保险、法律、税收、电信通信等。收录年限为 1886 年至今。

3．EBSCOhost 提供的免费资源

（1）美国博士论文

最初，这个免费的研究数据库提供访问美国大学 1933—1955 年接收的印刷博士论文的唯一综合记录，现在更广泛地覆盖到 20 世纪的研究和全文阅读。最新增加的美国博士论文是领先论文的重要指标，共收录了 172 000 多篇论文，其中包括从 1902 年到现在的论文，以及论文的 8 万次新引用。新引用通过研究论文或论文所在的机构存储库（如俄亥俄州立大学、罗切斯特理工学院和北卡罗来纳州立大学）获取全文的链接。

（2）图书馆与信息科技文摘资源

这个免费的研究数据库为重要的图书馆和信息科学期刊、书籍、研究报告等提供索引和文摘，覆盖 600 多个核心期刊和 120 多个选择性和优先期刊，数据可以追溯到 1960 年。该数据库还包括作者简介和强大的词典。用户可以查看图书馆与信息科技文摘最常被索引的作者的信息，包括哪些主题条款最常用于他们的文章，以及作者发表的出版物。

（3）绿色文档

这个免费的研究数据库涵盖人类对环境影响的各方面。文献内容包括有关全球变暖、绿色建筑、污染、可持续农业、可再生能源、回收利用等方面。

（4）EBSCO 教师教育数据库

研究人员和教师可以访问 www.teacherreference.com 上的免费数据库，EBSCO 客户可以通过访问 EBSCO，将数据库添加到他们的个人资料中。教师参考中心为教师提供了一个补充研究数据库，为 220 多个同行评议的期刊提供索引和摘要，涵盖教师感兴趣的各种主题，包括评定、最佳做法、继续教育、现行教学研究、课程发展、小学教育、高等教育、教学媒体、语言艺术、扫盲标准、学校管理、科学与数学、教师教育等。

EBSCO 教师教育数据库在线课程网址为 https://ebsco-chinese.webex.com。

4.4.6 PQDT 学位论文全文库

ProQuest 公司开发的全球博士论文文摘数据库（ProQuest Dissertations & Theses，PQDT）是世界著名的学位论文数据库，是目前国内唯一提供国外高质量学位论文全文的数据库。该数据库主要收录了来自欧美国家 2 000 余所知名大学的优秀博、硕士学位论文，涉及文、理、工、农、医等多个领域，是学术研究中十分重要的信息资源。总上线论文 888 832 篇（数据截至 2021 年 3 月 8 日）。PQDT 中涉及的学科包括应用科学，语言、文学和语言学，生物科学，哲学、宗教和神学，通信与通信艺术，心理学，地球与环境科学，纯科学，教育学，社会科学，健康科学。

国内若干图书馆、文献收藏单位每年都会联合购买一定数量的 PQDT 的学位论文全文，提供网络共享，即凡参加联合订购的成员馆均可共享整个集团订购的全部学位论文资源。

4.4.7 Wiley Online Library

John Wiley & Sons 出版公司于 1807 年在美国创建，是一家拥有 200 多年历史的专业出版机构，在化学、生命科学、医学、材料学及工程技术等领域学术文献的出版方面具有权威性。Blackwell 出版公司是全球最大的学协会出版商，与世界上 550 多个学术和专业学会合作，出版国际学术期刊，其中包含很多非英美地区出版的英文期刊。2007 年 2 月，John Wiley & Sons 与 Blackwell 出版社合并，两个出版社的出版物被整合到同一平台，即 Wiley Online Library。

Wiley Online Library 是一个综合性的网络出版及服务平台，提供全文电子期刊、在线图书、在线参考工具书及实验指南等服务。该平台涉及的学科包括化学、物理、工程、农业、兽医学、食品科学、医学、护理、口腔、生命科学、心理、商业、经济、社会科学、艺术、人类学等，并提供很多其他重要的跨学科领域出版的期刊。

4.4.8 SpringerLink 电子期刊及电子图书数据库

施普林格·自然（Springer Nature）集团成立于 2015 年，由自然出版集团、帕尔格雷夫·麦克米伦、麦克米伦教育、施普林格科学与商业媒体合并而成，是目前全球最大的学术书籍出版公司，同时出版具有全球广泛影响力的期刊，也是开放研究领域的先行者。SpringerLink 平台整合了原 Springer 的出版资源、原 Palgrave 的电子书，收录文献超过 1 000 万篇，包括图书、期刊、参考工具书、实验指南和数据库。该平台收录电子图书超过 22 万种，最早可回溯至 1840 年。涵盖学科包括行为科学、工程学、生物医学和生命科学、人文、社科和法律、商业和经济、数学和统计学、化学和材料科学、医学、计算机科学、物理和天文学、地球和环境科学、计算机职业技术与专业计算机应用、能源。Springer 出版的期刊 50%以上被 SCI 和 SSCI 收录，一些期刊在相关学科领域拥有较高的排名。

4.4.9 Taylor & Francis Online 期刊数据库

Taylor & Francis 集团拥有 200 多年丰富的出版经验，已成为世界领先的国际学术期刊出版集团。每年出版超过 2 350 种期刊，享有高质量的美誉。Taylor & Francis Online 作为 Taylor &Francis 的电子期刊平台，为研究人员提供超过 2 400 种覆盖人文社科、科学技术和医学等领域的高质量同行评审期刊。

1. Taylor & Francis 科技期刊数据库

Taylor & Francis 科技期刊数据库提供超过 523 种经专家评审的高质量科学与技术类期刊，其中超过 80%的期刊被 SCI 收录，内容最早可回溯至 1997 年。该科技期刊数据库包含 5 个学科：环境与农业科学，化学，工程、计算及技术，物理学，数学与统计学。

2. Taylor & Francis 商业管理学与经济学期刊库

Taylor & Francis 商业管理学与经济学期刊库提供 123 种期刊，其中 96 种期刊被 SCI 收录，并与众多学协会合作出版。其涵盖的特色学科包括：会计与金融，包含的期刊详尽且多样；商务与管理，覆盖人力资源、市场、公共管理与商务历史等范畴；经济学，反映了经济学范畴内方法的多样性及多种学派思想。

3. Taylor & Francis 地理、规划、城市与环境期刊库

Taylor & Francis 地理、规划、城市与环境期刊库包含 95 种期刊，其中 70 余种期刊被 SCI 收录。该数据库涵盖 6 个主题领域：人口统计学、环境研究、地理学、水文学、规划研究、城市研究。

4.4.10 WorldSciNet 电子期刊

WorldSciNet 是世界科技出版公司专门为科研人员提供的期刊在线服务。科学家和研究人员可以通过登录网站浏览 120 余种高质量科技期刊的电子全文，涵盖数学、物理、化学、生物、医学、材料、环境、计算机、工程、经济、社会科学等领域。

4.4.11 《自然》周刊

《自然》（*Nature*）周刊是英国著名杂志，由自然出版集团（Nature Publishing Group，NPG）出版发行。《自然》周刊是 NPG 的品牌期刊，是世界上最早的国际性科技期刊，自从 1869 年创刊以来，始终如一地报道和评论全球科技领域最重要的突破，其办刊宗旨是“将科学发现的重要结果介绍给公众……让公众尽早知道全世界自然知识的每一分支中取得的所有进展”。《自然》周刊兼顾学术期刊和科学杂志的性质，刊载的科学论文具有较高的新闻性和广泛的读者群，2010 年的影响因子为 36.101。

《自然》周刊所刊载的内容涵盖自然科学的各个研究领域，包括生物工程、数学、物理学、化学化工、建筑工程、环境科学与工程、能源科学与技术，尤其在生物学、医学、物理学等领域卓有成就。许多新的发现、创新性的文献大多首发于《自然》周刊。我国每年公布的世界十大科技新闻也大多来源于《自然》周刊。

另外，《自然》周刊还有 8 种姐妹期刊和 7 种综述性期刊，也是科学研究成果报道的前沿阵地。其中，8 种姐妹期刊为 *Nature Genetics*（1992 年创刊）、*Nature Materials*（2002 年创刊）、*Nature Structural & Molecular Biology*（1994 年创刊）、*Nature Medicine*（1995 年创刊）、*Nature Biotechnology*（1983 年创刊）、*Nature Neuroscience*（1998 年创刊）、*Nature Cell Biology*（1999 年创刊）、*Nature Immunology*（2000 年创刊）。它们的影响因子在各自领域都高于其他杂志。

4.4.12 Science Online

美国《科学》（*Science*）周刊由爱迪生于 1880 年创建，1900 年开始由美国科学促进会（American Association for the Advancement of Science，AAAS）负责出版，是在国际学术界享有盛誉的综合性科学期刊。Science Online 是《科学》周刊的网络数据库，涉及生命科学及医学、各基础自然科学、工程学，以及部分人文社会科学。其提供《科学》周刊、*Science Signaling* 等在线电子期刊，以及相关科学新闻，如 *Science Now* 等内容。

4.5　全文型学科专业性信息源

4.5.1　RESSET 数据库

1. 简介

RESSET 数据库（锐思数据）是为实证研究、模型检验等提供支持的数据平台，内容涵盖股票、固定收益、基金、宏观、行业、经济与法律信息、港股、外汇、期货、黄金等系列。RESSET 数据库提供有宏观数据库、行业数据库、企业大数据平台、道琼斯全球财经资讯平台。

2. 检索

可在 RESSET 数据库中选择子数据库，按栏目查询数据。例如，选择“RESSET 股票”子数据库，查询最新股票信息，检索页面如图 4-31 所示，依如下顺序进行检索。

图 4-31　RESSET 数据库中股票信息的检索页面

① 设定日期范围。

② 选择查询条件。代码查询是模糊查询，可手工输入多个查询字段值，用单一空格分开，如输入代码值：000001 00002 600036 600050。也可以上传一个包括要查询的字段值的文本文件，每行只能写一个查询字段值。

附加查询条件可选择下拉菜单中的选项，或手动输入。条件语句的使用方法为：选择单个字段进行单字段值范围查询；选择两个字段进行组合查询；查询缺失值时，输入 null。

③ 选择输出字段。“RESSET 股票”子数据库的字段列表如图 4-32 所示，可全选和清除。详细定义参见数据词典。

④ 输出设置。输出格式有近 20 种，包括 TXT 创建 Sas 数据集（*.sas7bdat)、Excel 表格创建 Sas 数据集（*.sas7bdat)、Excel 2007 表格创建 Sas 数据集（*.sas7bdat)、逗号分隔文本（*.csv)、空格分隔文本（*.txt)、Tab 键分隔文本（*.txt)、Excel 电子表格（*.xls)、字符型 Excel 电子表格（*.xls)、Excel 2007 电子表格（*.xlsx)、HTML 表格（*.html)、XML 文件（*.xml)、SPSS 文件（*.sav)、dBASE 文件（*.dbf)、TXT 创建 Stata 数据集（*.dta)、CSV 创建 Stata 数据集（*.dta)、TXT 创建 MATLAB 数据集（*.mat)、TXT 创建 R 数据集（*.R)、Excel 创建 R 数据集（*.R)。

图 4-32 “RESSET 股票”子数据库的字段列表

压缩格式可选择无压缩、zip（*.zip 压缩)、G zip（*.gz 压缩)。对于大数据量的结果文件，建议选择一种压缩格式进行下载。可设置下载的最大条数（根据授权情况)。

4.5.2 北大法宝

1. 简介

北大法宝（http://www.pkulaw.cn）是由北京大学法制信息中心与北大英华科技有限

公司联合推出的智能型法律信息“一站式”检索平台，致力于对法律信息数据的挖掘和知识发现，数据收录及时，收录渠道可靠，内容经过编辑和校对，录入后经过整理和修改。

目前北大法宝包括法律法规、司法案例、法学期刊、律所实务、专题参考、英文译本及法宝视频七大数据库，涵盖法律信息的各种类型。

2．检索

使用*、+、-作为逻辑运算符。在使用标题和全文关键词查询时，可以合理运用逻辑运算符，精确检索结果。同时，这三种符号还可以用英文输入状态下的“( )”进行组合。例如，(A+B)*C 表示包含 A 或 B，并且包含 C 的文件。

可进行浏览和检索。以法律法规数据库为例，可按效力级别、发布部门、时效性、法规类别等进行浏览，也可以输入关键词进行检索。

简单检索的检索字段默认为标题和发文字号，关键词之间的关系可以选择同篇、同条、同段、同句，匹配方式可以选择精确、模糊，如图 4-33 所示。

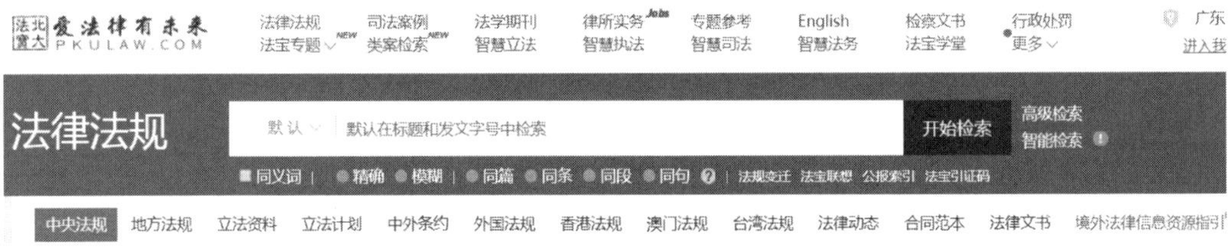

图 4-33　法律法规数据库的简单检索

高级检索如图 4-34 所示。高级检索是为了缩小检索范围，提高查准率，适用于对所查找内容了解比较多的情况。页面分类详尽，可快速定位检索系统。高级检索的具体项目字段根据每个子数据库的性质不同而略有不同，将所掌握的线索关键词输入对应文本框中（项目不必完全填满），单击“检索”按钮即可得到结果列表。

图 4-34　法律法规数据库的高级检索

在检索过程中，系统可以主动引导用户通过不断选择案由、法院、审级、情节等条件，进行案例筛选，方便命中有价值的案例；可以边检索边展现，根据资源分布逐层选择检索条件，从而避免一次性限定多项检索条件的复杂操作。

4.5.3 IEEE/IET Electronic Library

IEEE/IET Electronic Library 是美国电气电子工程师学会（Institute of Electrical and Electronics Engineers，IEEE）和英国工程技术学会（Institution of Engineering and Technology，IET）出版物的电子版全文数据库，IEEE 出版世界电气电子工程和计算机领域 1/3 的文献。该数据库提供 IEEE 170 余种和 IET 20 余种期刊与杂志；每年收录 1 800 多种 IEEE 和 IET 会议录，20 多种 VDE 会议录；4 400 多种 IEEE 标准（包括现行标准和存档标准，标准草案需额外订购）。该数据库提供 1988 年以后的全文文献，部分历史文献可回溯至 1872 年，内容覆盖电气电子、航空航天、计算机、通信工程、生物医学工程、机器人自动化、半导体、纳米技术、电力等各种技术领域。

4.5.4 SciFinder

SciFinder 是美国化学学会旗下的化学文摘服务社（Chemical Abstract Service，CAS）出版的化学资料电子数据库。它是全世界最大、最全面的化学和科学信息数据库。SciFinder 涵盖《化学文摘》（*Chemical Abstracts*）自 1907 年创刊以来的所有内容，并整合了 MEDLINE 医学数据库、欧洲和美国等近 63 家专利机构的全文专利资料等。它涵盖的学科包括应用化学、化学工程、普通化学、物理、生物学、生命科学、医学、聚合体学、材料学、地质学、食品科学和农学等。

4.5.5 ACS Publications

ACS Publications 是美国化学学会（American Chemical Society，ACS）旗下的全文期刊数据库。ACS 成立于 1876 年，现已成为世界上较大的科技协会之一，会员数超过 16.3 万名。ACS 致力于为全球化学研究机构、企业及个人提供高品质的文献资讯及服务，成为享誉全球的科技出版机构。

ACS 的期刊被 ISI 的 JCR 评为化学领域被引用次数最多的化学期刊。ACS 出版有 35 种期刊，内容涵盖以下领域：生化研究方法、药物化学、有机化学、普通化学、环境科学、材料学、植物学、毒物学、食品科学、物理化学、环境工程学、工程化学、应用化学、分子生物化学、分析化学、无机与原子能化学、资料系统计算机科学、学科应用、科学训练、燃料与能源、药理与制药学、微生物应用生物科技、聚合物、农业学。

4.5.6 RSC 期刊

英国皇家化学学会（Royal Society of Chemistry，RSC）成立于 1841 年，是以促进全球化学领域研究发展与传播为宗旨的国际权威学术机构，是化学信息的一个重要宣传机构和出版商。RSC 出版的期刊是化学领域的核心期刊，大部分被 SCI 和 MEDLINE 收录，如 *Analyst*、*Chemical Society Reviews*、*Chemical Communications*、*Green Chemistry* 等，都是相关领域非常著名的期刊。

4.5.7 ACM 数据库

美国计算机学会（Association for Computing Machinery，ACM）创立于 1947 年，是计算机教育和科研机构。它致力于发展信息技术教育、科研和应用，出版专业期刊、会议录和新闻报道等，并于 1999 年开始提供电子数据库服务，包括 ACM Digital Library 全文数据库和全面集成在线计算机文献指南（Guide to Computing Literature）。后者是一个书目资料和文摘数据库，集合了 ACM 和其他 3 000 多家出版社的出版物，旨在为专业和非专业人士提供了解计算机和信息技术领域资源的窗口。ACM 目前提供的服务遍及全球 100 多个国家，会员数超过 9 万名，涵盖工商业、学术界及政府单位。

4.5.8 AMS 数字资源

美国数学学会（American Mathematics Society，AMS）成立于 1888 年，宗旨是通过专业出版、会议等不同方式的交流，促进数学及其相关科学领域的专业研究及学术水平的国际之间的相互提升。

AMS 数字资源主要由 MathSciNet 数据库和 AMS 电子刊两部分组成。MathSciNet 数据库是 AMS 出版的 *Mathematical Reviews* 和 *Current Mathematical Publications* 的网络版，包含 *Mathematical Reviews* 自 1940 年以来出版的所有评论文章，包括期刊、图书、会议录、文集和预印本。AMS 电子刊包含 AMS 精选的 8 种质量最高、订阅用户数最多的电子刊全文。

4.5.9 APS 全文电子期刊数据库

美国物理学会（American Physical Society，APS）成立于 1899 年，宗旨是增进物理学知识的发展与传播。APS 出版的物理评论系列期刊 *Physical Review*、*Physical Review Letters*、*Reviews of Modern Physics*，分别是各专业领域最受尊重、被引用次数最多的科技期刊。APS 全文电子期刊数据库收录了 9 种物理领域的核心期刊，还有 4 种免费出版物，全部可回溯至 1893 年的创刊内容，全文文献量超过 55 万篇。

4.5.10 IOP 平台

英国物理学会（Institute of Physics，IOP）平台提供电子期刊和电子图书的访问。出版学科包括应用物理、计算机科学、凝聚态和材料科学、物理总论、高能和核能物理、数学和应用数学、数学物理、测量科学和传感器、医学和生物学、光学、原子与分子物理、物理教育学、等离子体物理学等。

4.5.11 ASCE 数据库

美国土木工程师学会（American Society of Civil Engineers，ASCE）成立于 1852 年，是历史最久的国家专业工程师学会，同时也是全球最大的土木工程信息知识的出版机构，目前已出版 5 万多页的期刊、会议录及各种图书和标准，并以每年 8 000 篇的数量增长。这些文献都被收录在 ASCE 数据库中。2017 年，ASCE 数据库中的 36 种专业期刊、近 450 卷会议录和 1 种新闻杂志都由 iGroup 代理，文献总数超过 11 万篇。

4.5.12 Emerald 数据库

Emerald 由来自世界著名百强商学院之一的布拉德福商学院（Bradford University Management Center）的学者于 1967 年建立，如今是世界管理学期刊较大的出版社之一。Emerald 一直致力于出版管理学、图书馆学、工程学专家评审期刊，以及人文社会科学图书。Emerald 与英国大不列颠图书馆合作，将 Emerald 出版的所有期刊都进行了电子化。

1．Emerald 管理学全文期刊库（2000 年至今）

Emerald 管理学全文期刊库包含 276 种专家评审的管理学术期刊，提供最新的管理学研究和学术思想。涉及学科包括会计金融与经济学、商业管理与战略、公共政策与环境管理、市场营销、信息与知识管理、教育管理、人力资源与组织研究、图书馆研究、旅游管理、运营物流与质量管理、房地产管理与建筑环境、健康与社会关怀。

2．Emerald 全文期刊回溯库（截至 2000 年）

Emerald 全文期刊回溯库包含 178 种全文期刊，超过 11 万篇全文内容，涉及会计、金融与法律、人力资源、管理科学与政策、图书馆情报学、工程学等领域。

3．平台辅助资源

平台辅助资源包括：学习案例集，包含 2 000 多个精选案例研究，来自 Coca-Cola、IBM、Toyota、Glaxo Smith Kline、Hilton Group 等知名企业；学术评论集，包含 700 多篇学术评论文章，来自领域内的权威学术出版物；访谈集，500 多个全球商业和管理大师的思想库，提供商界风云人物的访谈记录；管理学书评，包含 2 600 多篇特别为学生、教师和研究学者撰写的深度书评。

4.6　其他各类学术信息源

4.6.1　EPS 数据平台

1．简介

EPS 全球统计数据/分析平台（简称 EPS 数据平台）是集数值型数据资源和分析预测系统为一体的，覆盖多学科、面向多领域的综合性信息服务平台与数据分析平台。该平台通过对各类统计数据的整理和归纳，形成了一系列以国际类、区域类、财经类及行业类数据为主的专业数据库集群。该平台目前有 46 个数据库，涉及经济、贸易、教育、卫生、能源、工业、农业、第三产业、金融、科技、房地产、区域经济、财政、税收等众多领域，数据量超过 40 亿条。EPS 数据平台可以为教育系统、科研机构、政府部门、金融系统的教学科研、实证投资提供强有力的数据支持。

2．检索

EPS 数据平台将统计数据与数据分析预测软件整合到了一个开放的系统平台中，形成了面向用户不同需求的一系列专业数据库，并且将这些数据库进行整理、归纳，配合 EPS 数据平台高效、直观的使用功能，运用实用、强大的预测分析模块，为各类读者、研究者，以及各类研究机构、行业机构、投资机构提供完整、及时、准确的数据及各种数据分析与预测结果。为了让用户更好地掌握 EPS 数据平台的功能和使用方法，EPS 制定了《基础使用篇》《特色功能篇》和《分析预测篇》一系列使用指南，单击页面右上方的“使用帮助”即可看到。

4.6.2　全球产品样本数据库

全球产品样本数据库（Global Product Database，GPD）由科技部西南信息中心 • 重庆尚唯信息技术有限公司研制开发，是我国第一个上规模的、深度建设的产品样本数据库。GPD 收录了丰富的产品样本数据，包括企业信息、企业产品目录、产品一般性说明书、产品标准图片、产品技术资料、产品 CAD 设计图、产品视频/音频资料等。GPD 已收录 2 万余家企业 450 余万件产品样本。

GPD 覆盖的产品范围包括：通用设备，专用设备，交通运输设备，电气机械和器材，通信设备、计算机及其他电子设备，仪器仪表及文化、办公用机械，材料与物资等十大类。

GPD 提供快速检索、高级检索、分类导航、学科导航、企业导航等检索方式，提供产品比较、中英文双语对照参考功能，同时提供信息聚类检索，实现同类产品、同一企业、同一地区的样本聚类，深刻揭示样本之间的关系。

4.6.3 Encyclopedia Britannica Online

《不列颠百科全书》（*Encyclopedia Britannica*，EB），又称《大英百科全书》，现由美国不列颠百科全书公司（Encyclopedia Britannica Inc.）出版。《不列颠百科全书》在西方百科全书中享有盛誉，它与《美国百科全书》（*Encyclopedia Americana*，EA）、《科利尔百科全书》（*Colliers Encyc lopedia*，EC）并称为三大著名的英语百科全书（百科全书 ABC）。其中，又以 EB 最具权威性，是世界上公认的权威参考工具书。

《不列颠百科全书》网络版（*Encyclopedia Britannica Online*，EB Online）作为第一部互联网上的百科全书，于 1994 年正式发布。除提供印本内容外，EB Online 还提供 Britannica 的最新文章及大量印本百科全书中没有的文章，可检索词条达到 200 000 个。

4.6.4 考试学习类数据库

1. VIPExam 考试学习资源库

VIPExam 是一个收录海量学习资源（以试卷为主要载体）的数据库。VIPExam 数据库目前涵盖外语、计算机、考研（含在职考研）类、公务员、职业资格、财经、工程、司法、医学、专升本、自考、实用 12 大专辑、1 523 小类热门考试科目，总题量超过 12.4 万套，是目前国内试卷量最大的考试学习类数据库。另外，有手机版 VIPExam 考试库。

2. 新东方多媒体学习库

新东方多媒体学习库是由新东方教育集团主办、新东方迅程网络科技有限公司制作的适合高校师生使用的系列在线教育产品，包含国内考试类、出国考试类、应用外语类、实用技能类、职业资格类五大系列、600 多门新东方精品课程，满足在校大学生考试升学、外语学习、出国、求职等多种实际需求。

3. 环球英语多媒体资源库

环球英语多媒体资源库由出国留学类、学历考试类、英语应用类、职业英语类、小语种类五大系列、几百门环球雅思精品网络课程组成，不仅涵盖 CET4、CET6、IELTS、TOEFL、GRE、GMAT 和研究生入学考试，以及德语、法语、日语、韩语、西班牙语的相关课程，还提供 BEC 商务英语、国际会计 LCCI、托业 TOEIC、博思等课程，满足在校大学生考试、外语学习、出国、求职等多种实际需求，是一个实用、高效、个性化的学习平台。

4.7 专利信息源

谈口罩不得不说的 3M 公司及其专利布局

2020 年年初，一场突如其来的疫情在全球暴发，新冠肺炎疫情成为 2020 年开年我国面临的最大挑战。在抗疫过程中，口罩成了人们的生活必需品，甚至一度成为稀缺物资。你知道吗？在众多口罩品牌中，3M 口罩的地位就如同手机中的 iPhone。

作为 3M 公司口罩产品的爆款，带呼吸阀的 N95 颗粒物防护口罩是该公司的核心产品，该产品使用了 3M 公司的发明专利"呼吸阀"，该专利有 23 个同族专利，分布在美国、英国、日本等世界主要国家。这么简单的一个产品，却在全世界 23 个国家或地区进行了专利布局，在一般人看来，这是一件令人匪夷所思的事情。不仅如此，3M 公司围绕这种口罩进行的专利布局还包括：核心部件呼吸阀发明专利，口罩外观、带呼吸阀的口罩实用新型专利，甚至为可调节松紧带、鼻夹、可折叠结构、与脸部贴合紧密结构等所有部件或结构单独提出了 7 项专利申请，这还不包括材料或工艺的专利布局。同时我们检索到 3M 公司及其关联公司在世界主要国家专利布局有 158 366 件专利申请，目前有效 48 236 件，其中在中国专利布局合计 15 721 件。

3M 公司依靠"捕捉新创意的火花，将其转化为成千上万种极富创意的新产品"的创新文化，把员工的创意变成几十万个专利，用这几十万个专利在世界各地编织出层层防护网来开拓市场，从而使自己跻身于世界 500 强企业之列。

读了这个故事，你或许会产生很多疑问，比如到底什么是专利？专利有哪些类型？什么是同族专利？专利真的能创造那么大的经济效益吗？一项发明被授予专利权要满足哪些条件？什么是专利文献？等等。在这一节，就让我们走近专利，了解与专利相关的基础知识，学习专利文献检索的各种方法。

4.7.1 专利基础知识

专利是一种十分重要的文献类型，用途广泛，直接影响生产、生活和经济发展。当前，专利得了各国政府和学术机构的重视，对企业、商业组织来说更加重要。专利作为技术创新的重要标志，代表着一个国家或企业的技术水平和潜在的技术竞争力。专利竞争将成为全球企业竞争的一个制胜点。参与专利竞争必须充分地利用好专利文献。专利检索可以使企业了解世界专利的动态，避免出现重复开发和资金浪费现象，对企业成长和竞争、国家资源节约意义重大。

1. 专利制度

专利制度是随着人类科技的进步和商品经济的发展而逐步形成和发展起来的，专利制度的发展，经历了一个漫长的过程，迄今已有几百年的历史。

英国在 1624 年颁布了一部《垄断法》（*Stature of Monopoly*），这部《垄断法》是公认的世界上第一部正式而完善的专利法，被视为专利法的始祖。它所建立的一些原则，包括不少条文，至今仍为大多数国家的专利法所采用。我国《专利法》于 1984 年 3 月 12 日诞生，1985 年 4 月 1 日正式实施生效，之后历经四次修订，自 2021 年 6 月 1 日开始实施 2020 年第四次修正版。

专利制度最重要、最本质的特征是法律保护和公开通报。专利制度用法律的形式肯定了技术发明成果的财产属性和商品属性，用专利法来保护创造者对其发明创造成果的所有权，鼓励创造者以商品交换为目的，向社会公开其成果的实质内容。其社会功能体现在：鼓励人们从事发明创造，促进更多的新技术涌现；有利于国际间的技术贸易和技术交流活动；有利于发明创造的推广和应用，促进技术的无偿转移。

2. 专利和专利权

（1）专利的含义

“专利”一词通常具有三种含义：专利权、专利技术（取得专利权的发明创造）、专利文献（主要指专利说明书）。这三种含义的核心是受专利法保护的发明创造，即专利技术，而专利权、专利文献是专利的具体体现。

（2）专利权及其特征

专利权从属于工业产权，工业产权又从属于知识产权。专利权是指国家专利机关按照专利法的规定，赋予专利权人对其发明创造所享有的专有权。它是无形财产权的一种，与有形财产相比，具有以下主要特征。

① 独占性。所谓独占性也称垄断性或专有性。专利权是由政府主管部门根据发明人或申请人的申请，认为其发明创造符合专利法规定的条件，而授予申请人或其合法受让人的一种专有权。它专属于权利人所有，专利权人对其权利的客体（发明创造）享有占有、使用、收益和处分的权利。

② 时间性。所谓专利权的时间性，是指专利权具有一定的时间限制，也就是法律规定的保护期限。各国的专利法对专利权的有效保护期均有各自的规定，而且计算保护期限的起始时间也各不相同。我国《专利法》第四十二条规定：“发明专利权的期限为二十年，实用新型专利权的期限为十年，外观设计专利权的期限为十五年，均自申请日起计算。”

③ 地域性。所谓地域性，就是对专利权的空间限制。它是指一个国家或一个地区所授予和保护的专利权仅在该国或该地区的范围内有效，对其他国家和地区不发生法律效力，其专利权是不被确认与保护的。如果专利权人希望在其他国家享有专利权，那就必须依照其他国家的法律另行提出专利申请。除非加入国际条约及双边协定另有规定，否则任何国家都不承认其他国家或国际性知识产权机构所授予的专利权。

（3）授予专利权的条件

一项发明被授予专利权的条件是具备新颖性、创造性和实用性。我国《专利法》规定，授予专利权的发明和实用新型，应当具备新颖性、创造性和实用性。授予专利权的外观设计，应当同申请日以前在国内外出版物上公开发表过或国内公开使用过的外观设计不相同和不相近似，并不得与他人在先取得的合法权利相冲突。

① 新颖性。新颖性是指在申请日以前没有同样的发明或实用新型在国内外出版物上公开发表过、在国内公开使用过或以其他方式为公众所知，也没有同样的发明或实用新型由他人向专利行政部门提出过申请并且记载在申请日以后公布的专利申请文件中。

判断新颖性的条件一般有三种：一是国际新颖性，即在国际范围内未公知、公用；二是国家新颖性，即在本国范围内未公知、公用；三是相对国际新颖性，即在国际范围内未公知，本国范围内未公用。目前世界上大多数国家都采用第三种，即相对国际新颖性。

② 创造性。创造性也称先进性，是指同申请日以前已有的技术相比，该发明有突出的实质性特点和显著的进步，该实用新型有实质性特点和进步。

③ 实用性。实用性是指该发明或实用新型能够被制造或使用，并且能够产生积极效果。

（4）不授予专利权的主题

因为发明的习惯概念大于专利法所定义的发明概念，所以绝大多数国家都在专利法中明确指出不授予专利权的范围。我国《专利法》第五条和第二十五条就明确规定了不授予专利权的主题，主要包括：对违反国家法律、社会公德或妨害公共利益的发明创造，不授予专利权；对科学发现、智力活动的规则和方法、疾病的诊断和治疗方法、动物和植物品种、用原子核变换方法获得的物质等，不授予专利权。

3. 我国专利的类型

我国《专利法》规定，可以获得专利保护的发明创造有发明专利、实用新型专利和外观设计专利三种，其中发明专利是最主要的一种。

（1）发明专利

发明专利是指对产品、方法或其改进所提出的新的技术方案。发明专利可分为产品发明（具体的产品）和方法发明（如制造方法、测量方法等）。发明专利是三种专利中最重要、最高级的一种，受保护年限为 20 年。

（2）实用新型专利

实用新型专利是指对产品的形状、构造或其结合所提出的适于实用的新的技术方案。与发明专利相比，实用新型专利属于“小发明”或“小专利”，受保护年限为 10 年。

实用新型专利的保护范围要比发明专利窄得多。发明专利对所有新的产品和方法都给予保护，而实用新型专利只保护有一定形状和结构的产品。如果是无确定形状的产品，如气态、液态、粉末状颗粒状物质或材料，以及工艺、方法等技术发明，则不属于实用新型专利的保护范围。

（3）外观设计专利

外观设计专利是指对产品的形状、图案、色彩或其结合所做出的富有美感并适于工业应用的新设计。这种设计可以是平面图案，也可以是立体造型，或者是两者的结合，其保护期限为 10 年。

与发明和实用新型以技术方案本身为保护对象不同，外观设计注重的是产品的形状、图案、色彩或其结合，它是对产品的装饰性或艺术性的外表设计。一件外观设计专利只用于一类产品，若某人将其用于另一类产品上，不视为侵犯外观设计专利权。

4.7.2 专利文献

1．专利文献的含义

广义的专利文献是指实行专利制度的国家及国际专利组织在审批专利过程中产生的官方文件及其出版物的总称。专利文献中的公开出版物包括：各种专利说明书；专利公报、文摘、索引；上述文献的电子出版物。狭义的专利文献仅指专利说明书。

专利说明书是专利文献的主体，其主要作用一方面是公开技术信息，另一方面是限定专利权的范围。用户在检索专利文献时，最终要得到的就是专利说明书全文。

2．专利说明书的特点

专利说明书作为专利授予的重要文献组成部分，具有以下特点。

（1）技术新颖，报道迅速

专利制度的优先权原则，使发明人往往在发明完成的第一时间提出专利申请。因此，90%以上的发明会很快地首先出现在专利文献中。所以，专利文献是跟踪技术创新领域最新进展的一个重要媒介。根据对多个专利权威机构的调查，一般 80%以上的专利不会再以其他形式（如论文、会议等）发表。

（2）数量巨大，内容广博

据世界知识产权组织（World Intellectual Property Organization，WIPO）统计，目前世界上约有 90 个国家、地区、国际性专利组织用大约 30 种官方语言出版专利文献，每年全世界公布的专利文献约为 150 万件，至今累计 6 300 多万件，排除同族专利，记载的发明创造约 1 600 万项，其内容几乎涵盖人类生产活动的全部技术领域。

（3）集技术、法律和经济信息于一体

专利文献不仅记载着发明的技术内容，而且记载着权利归属等法律状况。同时，根据专利保护的国家、地区的地理分布，可以分析产品和技术的销售规模及潜在市场等情况。因此，专利文献是将技术、法律、经济信息融为一体的重要信息源。

（4）格式统一，形式规范

各国出版的专利说明书文件结构一致，均包括扉页、权利要求、说明书、附图等几部分内容，并大多采用国际专利分类表划分发明所属技术领域，从而使各国的专利信息资源便于检索和共享。

3. 专利说明书的结构组成

各国对专利说明书的格式、内容和要求都有统一的规定，基本大同小异。我国的专利说明书采用国际上通用的专利文献编排方式（INID 代码），说明书单行本依次由说明书扉页（标头）、权利要求书、说明书正文和附图组成。

（1）说明书扉页

专利说明书的扉页是用来揭示专利文献基本信息的部分，包含文献号、申请号、申请日期、国际专利分类号、国别或机构、申请人、发明人、发明项目、文摘等。可以说，说明书扉页是专利文献中著录信息最集中的部分。说明书扉页上采用国际统一的识别代码 INID，其含义如表 4-6 所示。

表 4-6　INID代码及含义

INID	含　义	INID	含　义
11	专利号	54	发明名称
12	文件所属类别	55	关键词
19	公布专利的国家	57	摘要或权利要求
21	专利申请号	71	申请人
22	专利申请日期	72	发明人
30	国际优先权项	73	专利权人
31	优先申请号	74	专利代理人或代表人姓名
32	优先申请日期	75	发明人兼申请人
33	优先申请国家或组织代码	80	国际组织项
43	未经审查或尚未授权的专利文献的公开日	81	PCT 申请制定国
44	审定公告日期	82	专利选择国
45	授权公告日	84	地区专利公约制定国
51	国际专利分类号（IPC）	85	PCT 申请进入国家阶段日期
52	本国专利分类号	86	PCT 国际申请的申请数据
53	国际十进制分类号	87	PCT 国际申请公布数据

（2）权利要求书

专利说明书中最重要的部门是权利要求书，因为权利要求书是专利文献中限定专利保护的技术范围及判定侵权依据的文件部分。权利要求书提供专利申请及请求保护的技术特征范围，一般是将发明创造的关键内容概括成条，至少有一项独立权利要求，还可以有从属权利要求，如图 4-35 所示。

CN 104896002 A　　　　权 利 要 求 书　　　　1/1页

1. 频率可调复合减振器，包括设置在基础承载平台上的运动主机支脚和减振装置，其特征在于：所述减振装置分为上部减振装置和下部减振装置，所述减振装置设于具有内部腔体的基座，用于抑制低频振动的所述上部减振装置与用于吸收额外高频振动的所述下部减振装置串接。

所述上部减振装置包括柔性铰链组和预应力调节装置，所述柔性铰链组设置在所述基座的内部腔体，用于调节所述柔性铰链组固有频率的所述预应力调节装置与所述柔性铰链组连接，所述运动主机支脚固定在所述柔性铰链组的承重部。

2. 根据权利要求1所述的频率可调复合减振器，其特征在于：所述柔性铰链组包括纵向设置的连接侧板和横向设置在所述基座内的弹性钢片，所述连接侧板分别固定在所述弹性钢片的两端，所述预应力调节装置通过调节所述连接侧板与所述基座的内侧壁之间的距离，在弹性钢片上产生应力而改变所述柔性铰链组的刚度和固有频率。

3. 根据权利要求2所述的频率可调复合减振器，其特征在于：所述预应力调节装置包括调节螺栓，所述调节螺栓依次穿过所述基座的侧壁和所述连接侧板。

图 4-35　权利要求书

（3）说明书正文

说明书正文是清楚、完整地描述发明创造的技术内容的文件部分。发明专利的说明书正文的内容包括发明背景、发明所属技术领域和技术特征等详细描述；实用新型专利的说明书正文的内容主要是权利要求部分；外观设计专利的说明书正文的内容提供该设计不同角度的视图或照片。说明书正文如图 4-36 所示。

CN 104896002 A　　　　说 明 书　　　　1/5页

频率可调复合减振器

技术领域

[0001]　本发明涉及减振装置领域，特别是一种频率可调复合减振器。

背景技术

[0002]　减振器主要用于减小振动源的振动输出，从而减低噪音以及对其他部件的冲击。常见的减振器多为刚度不可调节型，即减振器的固有频率固定，不可调节。在实际的工程应用中，上述刚度频率等动态特性不可调的减振器往往存在诸多不便。例如，大型设备的振动特性与其所安放的平台有很大关系，采用刚度不可调节型减振器可能导致设备在实际使用场合无法达到原有的设计指标。采用多组不同刚度规格的减振器来现场匹配的方式又会给实际设备的安装调试带来诸多困难。由此，刚度频率等动态特性可调的减振器有助于规避上述问题。

图 4-36　说明书正文

（4）附图

说明书附图是对说明书文字部分的补充，如图 4-37 所示。

专利文献中所记载的专利信息的内涵简而言之就是 5W，即谁（Who）在什么时候（When）在哪里（Where）就什么技术（What）提出了哪些权利要求（Which）。

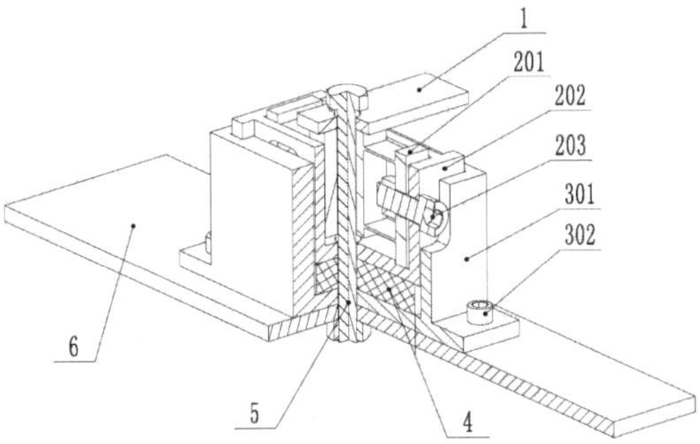

图 4-37　专利说明书附图

4. 专利文献的分类

目前，全球专利文献量已超过 1 亿多件，每年还新增 200 万件。海量的、杂乱无章的专利文献不便于研发人员检索与利用，在这种情况下，专利文献分类应运而生，成为高质量专利文献检索的起点。熟练掌握专利分类号的用途，可以让专利文献检索事半功倍。

目前，全球由官方发布并采用的专利分类体系包括国际专利分类体系（IPC）、欧洲专利分类体系（ECLA、ICO）、日本专利分类体系（FI、F-Term）、美国专利分类体系（USPC）、联合专利分类体系（CPC）五大体系。其中最重要的分类体系是 IPC 和 CPC，以下将介绍这两大分类体系。

（1）IPC

① IPC 简介。国际专利分类体系（International Patent Classification，IPC）是根据 1971 年签订的《国际专利分类拉斯特拉堡协定》编制的，是对发明专利和实用新型专利分类的工具。该协定确定 IPC 为《巴黎公约》成员国统一的专利分类体系。目前世界上有超过 100 个国家和地区，以及 PCT 条约的 WIPO 国际局使用 IPC，覆盖全世界 95%以上的专利文献，是覆盖范围最广的分类体系。我国从 1985 年实施《专利法》以来，一直采用 IPC 对发明专利和实用新型专利的技术主题进行分类。同时，IPC 是其他专利分类体系细分的基础，原来的欧洲专利局的 ECLA 分类、现在的联合 CPC 分类、日本专利局的 FI 分类都是在 IPC 的基础上发展起来的。

随着新技术的不断涌现，IPC 基础主题的分类位置必须适应新技术的发展要求，因此需要不断更新。WIPO 在 1999—2005 年对 IPC 进行了改革，将第 8 版 IPC 分成了基本版和高级版两级结构，基本版条目约 20 000 条，高级版条目约 70 000 条，高级版条目包括基本版条目及对基本版进一步细分的条目。高级版供属于 PCT 最低文献量的工业产权局和大的工业产权局使用，用来对大量专利文献进行分类。2010 年以后，国际专利分类表每年修订一次，并且每年 1 月 1 日执行新的分类表。随着时间的推移，IPC 分类表会有多个版本，不同时期的专利文献采用的 IPC 版本会有不同。

② IPC 的查询方式。WIPO 的 IPC 网站（www.wipo.int/classifications/ipc）上公布了最新的 IPC 分类表的网络版，包括英文和法文分类表，同时包括电子层的数据，即便于分类表使用的辅助信息。例如，分类定义、信息性参见、化学结构式和图解说明，IPC 说明性资料，英文和法文的 IPC《关键词索引》、《修订对照表》和最新版的《使用指南》电子版本。以前各版本的 IPC 分类表及 IPC 分类表的相关资料，也可从 IPC 网站上获得。

WIPO 负责 IPC 的修订，IPC 改革后只通过 IPC 网站公布最新版本的分类表。我国国家知识产权局也会及时将修订内容翻译成中文，并通过官方网站（www.cnipa.gov.cn）公布最新版本的 IPC 分类表的中文版。

③ IPC 分类表的编排和等级结构。IPC 分类体系的内容设置包括与发明创造有关的全部技术领域，将不同的技术领域概括地分为 8 个部，每个部定为一个分册，用英文大写字母 A～H 来表示。

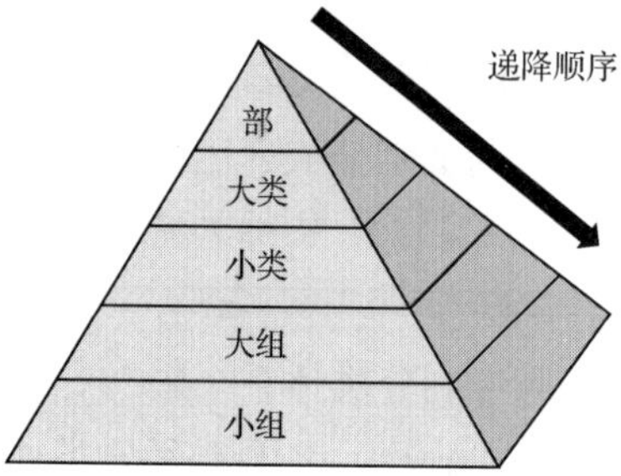

图 4-38　IPC 分类体系的等级式结构

IPC 分类体系是由高至低依次排列的等级式结构，是把发明创造有关的全部技术领域按不同的技术范围设置成部、大类、小类、大组/小组，按照由大到小的递降顺序排列，如图 4-38 所示。如表 4-7 所示揭示了 IPC 的 8 个部及对应的内容。

表 4-7　IPC的 8 个部及对应的内容

部	内　容
A 人类生活必需	有关农、林、牧、渔、食品、烟草、个人与家用物品或设备、医疗保健、文娱体育用品、消防、救生等技术领域的分类号
B 作业；运输	有关分离与混合、成型加工、印刷、办公用品、装饰艺术、交通运输、输送、包装、储存、卷扬、提升、鞍具、室内装潢、微观结构等技术领域的分类号
C 化学；冶金	有关化学、冶金等技术领域的分类号
D 纺织；造纸	有关纺织、绳缆、造纸等技术领域的分类号
E 固定建筑物	有关建筑、水利工程、锁、保险柜、采矿等技术领域的分类号
F 机械工程；照明；加热；武器；爆破	有关发动机、泵、一般工程、工程元部件、照明、加热、武器、爆破等技术领域的分类号
G 物理	有关仪器、光学、控制与调节、计算与计算机、信号装置、乐器、核子学等技术领域的分类号
H 电学	有关电器元件、发电与输变电、基本电子电路、电通信等技术领域的分类号

④ IPC 分类号的组成。IPC 分类号采用字母、数字混合编排的方式，形式为：部（1 个字母）、大类（2 个数字）、小类（1 个字母）、大组（1～3 个数字）/小组（2～4 个数字）。一个完整的分类号由代表部、大类、小类、大组或小组的符号结合构成，如 H04L9/14。其中，

H　　　　H 部（电学）
H04　　　大类（电通信技术）
H04L　　　小类（数字信息的传输，如电报通信）
H04L9/00　大组［保密或安全通信装置（扩频技术一般入 H04B1/69）］
H04L9/14　小组（使用特殊的密钥或算法[5]）（说明：[5]表示该类号是国际专利分类表第 5 版修订）

我国的发明专利和实用新型专利采用 IPC，外观设计专利采用国际外观设计分类法。

（2）CPC

① CPC 简介。由于现有的这些分类体系各自都存在一定的局限性，没有一个全球性的专利分类体系能满足世界范围内对专利文献检索的各种需求，因此，欧洲专利局和美国专利与商标局于 2010 年开始共同着手创建联合专利分类体系（Cooperative Patent Classification，CPC），并于 2013 年 1 月 1 日正式启用。目前，世界上已有 45 个国家和地区使用该分类体系，2.5 万名审查员使用其进行检索。我国国家知识产权局于 2013 年 6 月同欧洲专利局签署了首份有效期为 3 年的分类合作谅解备忘录，确定逐步引入 CPC 对中国专利文献进行分类。2016 年 1 月 1 日起，所有中国发明专利的新申请同时采用 IPC 和 CPC。

② CPC 的查询方式。如果需要完整的 CPC 分类表，可以通过以下方式获得。

- 欧洲专利局的官网。进入欧洲专利局专利查询网站（http://worldwide.espacenet.com），点击左上角列表栏的“Classification search”链接，即可查询 CPC 分类表。
- 美国专利与商标局的官网。在美国专利与商标局官网（http://www.uspto.gov）的菜单中选择“PATENTS”链接，并在下拉菜单中选择 “Patent Classifacation”，即可进入与 CPC 查询相关的页面。在页面中部单击“browsing the CPC scheme”，可对 CPC 分类号进行浏览。
- 欧美联合分类网站，网址：http://www.cooperativepatentclassification.org/index.html。在该网站上不仅可以获取 CPC 分类表、分类定义等相关信息，还可以获取在线培训课程和下载出版物。

③ CPC 分类号的组成。CPC 按照 IPC 的标准和结构进行开发，以 ECLA 作为整个分类体系的基础，并结合 USPC 的成功实践经验，融合了三种分类体系的优势。CPC 主体部分采用了与 IPC 相同的分层结构，包括 5 个主要层级，从高到低分别是部、大类、小类、大组/小组。分类号命名规则是，部采用 A～H 和 Y 这 9 个字母表示，其中 A～H 部分别对应于目前 IPC 的 A～H 部，Y 部是 CPC 新增的一个部，用于容纳新技术和跨领域技术等，具体如表 4-8 所示。大类采用两位十进制数表示，小类采用 A～Z 中的任意一个字母表示。每个大组号由小类号加上一个 1～4 位的数字、斜线“/”及数字“00”组成，如 H01S3/00。每个小组的分类号由小类号加上一个其所属大组的 1～4 位的数字、

斜线“/”及除数字“00”以外的 2～6 位数字组成。此外，小组之间也分等级，由其分类号和分类名之间的圆点数来决定，点数越大，层级越低。CPC 使用大括弧{文本}来标识与 IPC 相比新增加的内容。

如表 4-9 所示显示了 CPC 分类表中 H01F1/00 分类的具体例子：H01F1/00 为大组，级别最高；H01F1/01 为一个圆点的小组，直接从属于其所在的大组 H01F1/00；H01F1/012 和 H01F1/03 为两个圆点的小组，从属于前面少一个圆点的小组 H01F1/01；H01F1/015 和 H01F1/017 为三个圆点的小组，从属于前面少一个圆点的小组 H01F1/012。

表 4-8　CPC的 9 个部及对应的内容

部	类　名
A	人类生活必需
B	作业；运输
C	化学；冶金
D	纺织；造纸
E	固定建筑物
F	机械工程；照明；加热；武器；爆破
G	物理
H	电学
Y	新技术；IPC 跨部交叉技术；来自 USPC 交叉引用技术集和摘要的技术

表 4-9　H01F1/00 大组及其所属小组举例

组 的 类 号	组 的 类 名
H01F1/00	按所用磁性材料区分的磁体或磁性物体；磁性材料的选择
H01F1/01	• 无机材料（H01F1/44 优先）
H01F1/012	•• {适用于磁热效应引起的磁熵变，如作为磁致冷材料}
H01F1/015	••• {金属或合金}
H01F1/017	••• {化合物}

其实，CPC 分类号的形式类似于 IPC，但比 IPC 分类得更细。IPC 分类条目数大约有 7 万条，而 CPC 分类条目数约为 25 万条。CPC 将 ECLA 分类表中“/”后的字母转换成了纯数字。IPC 分类号与 CPC 分类号一一对应，如果遇到 IPC 不存在的分类号，则 CPC 另外添加数字，来代替 ELCA 的字母和数字部分。如表 4-10 所示呈现了三种分类号的对照实例。

表 4-10　IPC、ELCA和CPC分类号的对照实例

IPC	ECLA	CPC
A01B1/22	A01B1/22	A01B1/22

续表

IPC	ECLA	CPC
	A01B1/22A	A01B1/222
	A01B1/22A2	A01B1/225

CPC 的分类原则是本着利于检索而设立的，CPC 分类细致，更加精准地表达了发明构思，因此，使用 CPC 有助于我们更加快速、准确地获得所需专利文献。

与现有 IPC 一样，CPC 同样包含“分类定义”。CPC 发行版共有 626 条 CPC 定义，以超过 5 万页的篇幅来提供有关如何使用 CPC 进行分类和检索的信息，使该体系完全清晰明了。该定义包含由 EPO 分类专家为每个技术领域所准备的附加信息，其中包含相关技术领域编辑有关分类实践的解释，这些定义会用于 CPC 的培训。

（3）外观设计的分类

不同的国家或地区采用不同的外观设计分类体系，主要包括国际外观设计分类、美国的外观设计分类和日本的外观设计分类。我国采用国际外观设计分类，以下对该分类体系做简要说明。

国际外观设计分类，又称洛迦诺分类（Locarno Classification，LOC），是由 WIPO 公布的国际通用的外观设计分类体系。最新的第 13 版洛迦诺分类表从 2021 年 1 月 1 日开始使用，共有 32 个大类，网址为：https://www.wipo.int/classifications/locarno/zh/。

一个完整的国际外观设计专利由大类号和小类号组成。例如：

17-03

17　　乐器（大类号：17；大类类名：乐器）

17-03 弦乐器（小类号：17-03；小类类名：弦乐器）

大类号和小类号前加“LOC（n）Cl.”表示。n 为所使用的洛迦诺分类表的版本号，如 LOC(9)Cl. 17-03。

5．几种“人”、几种“号”、几种“日”

在专利文献检索的过程中，要搞清楚几种“人”、几种“号”、几种“日”的概念。

（1）几种“人”

① 申请人：就一项发明创造向专利审批机构申请专利保护的人，可以是法人和自然人。

② 发明人：对发明创造的实质性特点做出了创造性贡献的人，一般为自然人。

③ 专利权人：依法对专利享有占有、使用、收益和处分权的人，可随着专利权的转让而变更，一般为申请人。

需要注意的是，利用职务之便取得的专利，其专利权归属于发明人所在的单位，这种发明称为职务发明。

（2）几种“号”

① 专利申请号：国家知识产权局在受理专利申请时给出的编号。自 2003 年 10 月 1 日起，我国的专利申请号采用 13 位数字组成，即“申请年+专利类型+流水号+小数点+校验位”。按照由左向右的次序，专利申请号中的第 1～4 位数字表示受理专利申请的公元年号；第 5 位数字表示专利申请的种类，其中，1 表示发明专利，2 表示实用新型专利，3 表示外观设计，8 表示进入中国国家阶段的发明专利的国际申请，9 表示进入中国国家阶段的实用新型专利的国际申请；第 6～12 位数字（共 7 位）为申请流水号，表示受理专利申请的相对顺序；后面加小数点及一位计算机校验码。专利申请号及其编码规则如图 4-39 所示。

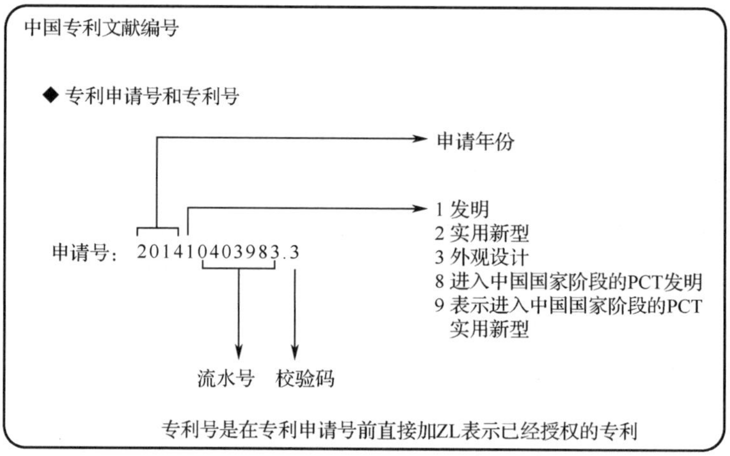

图 4-39　专利申请号及其编码规则

② 专利号：在授予专利权时给出的编号，由 ZL+申请号组成，如 ZL200310100002。

③ 专利公开（公告）号。专利公开号和公告号是有区别的。我国的专利有三种类型，其中发明专利经过初步审查后先公布而不进行实质审查，只有经实质审查通过并授权后才能取得专利权。而实用新型和外观设计专利不需要经过实质审查，只经过初步审查后即可授予专利权并予以公告，因此这两种专利没有公开日的概念。也就是说，只有发明专利申请才有公开号，而公告号是三种类型专利授权后的号码。

专利公开（公告）号由“国别号+专利类型+流水号+法律状态码”组成。依照从左到右的顺序，国别代码用两个英文字母表示，如 CN（中国）、US（美国）、JP（日本）、DE（德国）、GB（英国）、WO（WIPO）等；用一位数字代表专利类型，1 表示发明专利，2 表示实用新型专利，3 表示外观设计；流水号是 6 位数字；末位用大写字母表示法律状态，A 表示发明专利公开号，C 表示发明专利授权公告号，Y 表示实用新型专利授权公告号，D 表示外观设计专利授权公告号。例如，CN1084635A 表示一项发明专利的申请公开号，CN2302476Y 表示一项实用新型专利的授权公告号。

（3）几种“日”

① 申请日：专利申请受理机构收到专利申请文件之日。

② 公开日：发明专利申请公开之日。

③ 公告日：发明、实用新型、外观设计三种专利授权公告之日。

④ 优先权日：专利申请人就同一项发明在一个缔约国提出申请之后，在规定的期限内又向其他缔约国提出申请，申请人有权要求以第一次申请日作为后来提出申请的日期，这一申请日就是优先权日。

6. 专利族与同族专利

在检索专利文献时，理解专利族、同族专利与基本专利的概念有利于解决语种转换的问题。

① 专利族

由至少一个共同优先权联系的一组专利文献称为一个专利族。

② 同族专利

在同一专利族中每件专利文献被称为专利族成员，同一专利族中的每件专利互为同族专利。

③ 基本专利

同一专利族中拥有最早优先权日的专利文献称基本专利。

下面举例说明。如图 4-40 所示为一项名为“导线连接装置”的发明专利，这项发明于 1985 年 1 月 14 日首先在美国申请专利，随后又分别在日本、英国和法国申请了专利，这些专利就构成了一个专利族。1985 年 1 月 14 日就是这些专利的优先权日，在美国申请的专利是这个专利族的基本专利，该专利与在其他国家申请的专利互为同族专利。假如一位科研人员要参考其中的法国专利，但是他不懂法文，可以通过检索同族专利，找到美国的相同专利，由此解决因为语言不通带来的阅读困难问题。

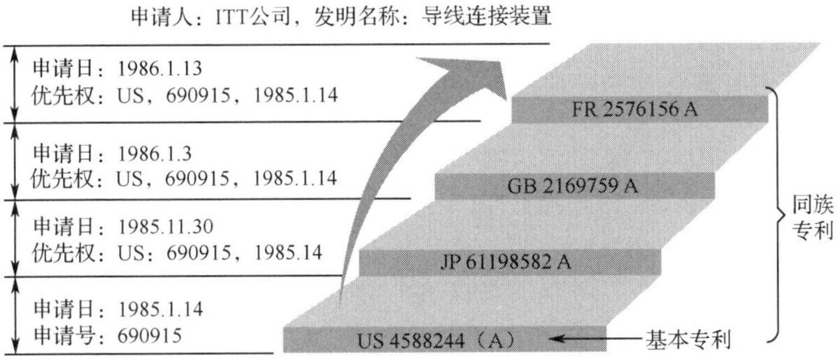

图 4-40　专利族与同族专利举例

7．专利的法律状态

有时需要对专利的法律状态进行检索，目的是了解该项专利是否有效。一般说来，一项专利会有如下几种状态：专利权有效、专利权有效期届满、专利申请尚未授权、专利申请撤回、专利申请被驳回、专利权终止、专利权无效、专利权转移。企业在引进专利技术前查清楚专利的法律状态非常必要，以免花冤枉钱购买失效的专利。

4.7.3　专利文献的检索

1．检索途径

专利文献检索系统一般会根据专利信息的特征提供多种检索途径和多个检索字段，如表 4-11 所示。用户可根据已知条件选择进行单字段检索或多字段组合限定检索。

表 4-11　专利检索途径和检索字段

检索途径	检索字段	用途
主题检索	名称、摘要、关键词等	最常用的检索途径。主题与名称检索可进行组合
分类检索	分类号、主分类号	利用 IPC，检索相同技术主题的专利文献，提高查全率，适合专利查新检索
名称检索	发明人、申请人等相关自然人或法人、代理机构	定期检索某发明人，跟踪其技术开发动态，根据检索结果，寻找企业需求的专家或可能的技术转让者
号码检索	申请号、公开公告号等	可参考各国法律和各专利组织规范
日期途径	申请日、公开日、公告日	可用作技术发展时间的推算
地址途径	国籍、地址	可检索申请人和/或发明人的国籍、地址

2．专利文献检索工具

进行专利文献检索离不开检索数据库和检索工具，下面为大家整理了一些世界主要国家、地区、组织的知识产权和专利检索系统。

（1）商业性专利数据库

① CNKI 的专利数据库（http://www.cnki.net）。

- CNKI 中国专利全文数据库收录了 1985 年至今的所有中国专利，包含发明专利、实用新型专利、外观设计专利三个子库，准确地反映了中国最新的专利发明。专利相关的文献、成果等信息来源于 CNKI 各大数据库。授权用户可以下载专利说明书全文。
- CNKI 海外专利摘要数据库主要收录了 1970 年至今的国外专利的摘要信息，少量回溯。具体包含美国、日本、英国、德国、法国、瑞士、WIPO、欧洲专利局、俄罗斯、韩国、加拿大、澳大利亚、中国香港及中国台湾地区“十国两组织两地区”的专利，专利说明书全文链接可登录欧洲专利局网站查看。

② 万方的中外专利数据（http://c.wanfangdata.com.cn/PatentIndex.aspx）。中外专利数据

库（Wanfang Patent Database，WFPD）收录了 1985 年以来中国、美国、澳大利亚、加拿大、瑞士、德国、法国、英国、日本、韩国、俄罗斯这 11 个国家，以及世界专利组织、欧洲专利局这两个国际组织的 4 500 余万项专利，年增 25 万条。授权用户可以下载专利说明书全文。

③ DII（http://info.thomsoninnovation.com）。DII 是世界上最全面的国际专利信息数据库，包含 1 400 多万项基础发明和 2 000 多万项专利，并提供部分专利全文的链接。DII 每周增加 1.5 万条专利文献记录，包括 Chemical、Electrical & Electronic、Engineering 三个子数据库。

④ Innography（https://app.innography.com）。Innography 是当前国际高端专利信息检索和分析工具，也是目前国际上经常用来客观评价专利价值的基本工具，由美国 Innography 公司于 2007 年推出。

Innography 的数据源非常丰富，可以查询和获取 100 多个国家 1 亿多篇高质量的专利文献，同时还收录了法律状态、同族专利、引证、专利强度等信息，包含 40 个国家的专利全文数据，还包含来自美国联邦法院电子备案系统的全部专利诉讼数据和国际贸易委员会关于 337 调查[①]的法律案件，还有来自邓白氏及美国证券交易委员会的专利权人、财、物数据。Innography 可以将专利、商业、法律等各方面的信息结合在一起形成结构化分析方案和可视化图表予以直观呈现，并使用了先进的分析方法，如专利强度分析、相似专利分析、语义检索和聚类分析等。通过这些商业数据，用户可以有效地评估公司的市值和规模，分析和对比专利权人的综合实力，了解市场竞争现状和趋势。

⑤ Patentics 专利检索与分析平台（http://www.patentics.com）。Patentics 专利检索与分析平台共收录了全球 112 个国家、地区和组织的专利数据，同时还收录了引文、同族、法律状态等数据信息，迄今收录总量已超过 1.4 亿条，其中包括“七国两组织”的专利全文数据，并持续扩充更新。除专利数据外，该平台还收录了专利诉讼全文数据、中国硕博论文和期刊摘要数据，以及全球通信标准全文数据（3GPP、IEEE802.11）。

⑥ 壹专利检索分析数据库（http://www.patyee.com）。壹专利检索分析数据库是由奥凯公司研发的具有独立自主知识产权的检索分析平台，该平台收录了包括“九国两组织”在内的 32 个国家和地区的专利全文数据及 100 多个国家和地区的专利题录数据，专利收录量达到 1.2 亿条，数据最早可以追溯到 1782 年，是一款服务科研人员，为用户提供简单、方便、高效的专利文献检索、阅读和分析的工具。

（2）免费专利全文数据库

① 各国专利局及专利审批机构官方网站。

a．中国国家知识产权局（http://www.cnipa.gov.cn）。中国国家知识产权局专利数据

---

① 337 调查是指美国国际贸易委员会根据美国《1930 年关税法》第 337 节（简称“337 条款”）及相关修正案进行的调查。

库主要包括以下几个免费查询系统。

- 专利检索与分析系统。这是一个集专利检索与专利分析于一身的综合性专利服务系统，收录了 103 个国家、地区和组织的专利数据，以及引文、同族、法律状态等数据信息，涵盖中国、美国、日本、韩国、英国、法国、德国、瑞士、俄罗斯、欧洲专利局和 WIPO 等的专利数据。其中包括我国从 1985 年 9 月 10 日至今受理的发明、实用新型和外观设计三种专利的著录项目及摘要，并可浏览各种说明书全文及外观设计图形。
- 中国及多国专利审查信息查询系统。
  - 中国专利审查信息查询系统是为满足申请人、专利权人、代理机构、社会公众对专利申请的查询需求而建设的网络查询系统。用户分为注册用户和普通用户。注册用户可以查询其名下所有专利申请的相关信息（基本信息、费用信息、审查信息、公布公告信息、专利授权证书信息）；普通用户指社会公众，可以通过输入申请号、发明创造名称、申请人/专利权人名称等内容，查询已经公布的发明专利申请，或者已经公告的发明、实用新型及外观设计专利申请的相关内容（基本信息、审查信息、公布公告信息）。
  - 多国发明专利审查信息查询系统可以查询中国国家知识产权局、欧洲专利局、日本特许厅、韩国特许厅、美国专利与商标局受理的发明专利审查信息。用户登录该系统并进入多国发明专利审查信息查询界面，可以通过输入申请号、公开号、优先权号查询该申请的同族（由欧洲专利局提供）相关信息，并可以查询中国、欧洲、日本、韩国、美国的专利申请及审查信息。
- 中国专利公布公告查询。可查询自 1985 年 9 月 10 日以来公布公告的全部中国专利信息，以及实质审查生效、专利权终止、专利权转移、著录事项变更等事务的数据信息。可以按照发明公布、发明授权、实用新型和外观设计 4 种公布公告数据进行查询。

b．美国专利与商标局（http://www.uspto.gov）。该数据库由美国专利与商标局提供，分为授权专利数据库和申请专利数据库两部分。授权专利数据库提供 1790 年至今各类授权的美国专利，其中有 1790 年至今的图像说明书、1976 年至今的全文文本说明书（附图像链接）；申请专利数据库只提供 2001 年 3 月 15 日以来的申请说明书的文本和图像。

除了专利检索服务，美国专利与商标局还提供丰富的其他相关信息，如专利概述、专利申请、文献公布程序、US 专利分类体系等。

c．加拿大知识产权局（http://www.cipo.ic.gc.ca）。加拿大知识产权局负责加拿大多项知识产权的管理和实施事务，其负责范围包括专利、商标、版权、工业设计和集成电路布图设计。该数据库收录了自 1869 年以来的专利文件，其中公众可以检索到 1869 年以来的发明名称、申请人和分类号等著录项目信息。此外，该数据库提供 1920 年 1 月 1

日以来的专利图形文件，并且 1975 年以后的图形文件还包括专利文件首页和摘要。

d．日本专利局（http://www.jpo.go.jp）。日本专利局已将 1885 年以来公布的所有日本专利、实用新型和外观设计电子文献及检索系统通过其网站上的工业产权数字图书馆在因特网上免费提供给全世界的用户。该工业产权数字图书馆被设计成英文版和日文版两种。英文版收录了 1993 年至今公开的日本专利题录和摘要，日本版收录了 1971 年至今的公开特许公报、1885 年至今的特许发明说明书、1979 年至今的公表特许公报等专利文献。

作为工业产权数字图书馆的工业产权信息数据，英文版网站上只有日本专利、实用新型和商标数据，日本版网站上还包括外观设计数据。

e．韩国知识产权局（http://eng.kipris.or.kr）。韩国知识产权局于 1996 年成立了韩国工业产权信息服务中心，并于 1998 年开始对外提供互联网专利信息检索服务，1999 年开始提供韩国专利、实用新型的英文专利文摘（KPA）对外检索服务。目前韩国工业产权信息服务中心可以对外提供专利（包括发明、实用新型和外观设计）检索、商标检索、英文专利文摘检索及韩英机器翻译（该功能收费）等服务。

韩国工业产权信息服务中心收录了韩国自 1948 年以来公告的发明和实用新型数据，以及自 1983 年以来公开的发明和实用新型数据。

f．英国知识产权局（http://www.ipo.gov.uk）。英国是世界公认的最早实行现代专利制度的国家。1852 年，英国政府设了英国专利局。2007 年，英国专利局正式更名为英国知识产权局。英国知识产权局提供多种检索途径，不同的检索途径有不同的收录范围。

g．澳大利亚知识产权局（http://www.ipaustralia.gov.au）。澳大利亚知识产权局官方网站向公众提供发明专利、外观设计专利和商标信息的检索服务。其网站检索系统主要有澳大利亚专利数据检索系统和澳大利亚外观设计数据检索系统。

h．俄罗斯联邦知识产权专利商标局（http://www.rupto.ru）。俄罗斯联邦知识产权专利商标局提供在线知识产权服务，公众可以通过网络对俄罗斯的专利进行付费和免费两种形式的专利检索。

在付费方式下，可以访问的数据库有：1924 年至今的俄罗斯发明专利全文数据库、俄罗斯实用新型全文专利数据库、俄罗斯工业设计数据库和俄罗斯商标数据库。在免费方式下，可以访问俄罗斯发明专利文摘数据库、俄罗斯实用新型文摘数据库、俄罗斯集成电路数据库。

i．欧洲专利局数据库（http://worldwide.espacenet.com）。欧洲专利局是根据《欧洲专利公约》于 1977 年正式成立的一个政府间组织，其主要职能是负责欧洲地区的专利受理和审批工作。欧洲专利局是世界上实力最强、最现代化的专利局之一。从 1988 年开始，欧洲专利局在互联网上建立了免费专利检索系统，用户可以便捷、有效地获取免费专利信息。

欧洲专利局检索系统提供了 3 个数据库，分别是：欧洲专利数据库，可检索在过去

24 个月内欧洲专利局公布的专利申请；WIPO 数据库，能检索由 WIPO 在过去 24 个月内公布的专利申请；全球数据库，该数据库收录了 1826 年以来全球范围内 92 个国家的超过 8 000 万件专利文献，包括题录数据、文摘、文本式的说明书及权利要求书，并扫描图像储存的专利说明书的首页、附图、权利要求书及全文。

j．WIPO 网站数据库（http://www.wipo.int）。WIPO 成立于 1967 年，是联合国下属自筹资金的组织。该网站上的 PATENTSCOPE 数据库可以检索千万篇专利文献，其中包括几百万件已公开的国际专利申请。

k．欧亚专利组织（http://www.eapo.org）。欧亚专利组织成立于 1996 年 1 月 1 日，总部设在俄罗斯的莫斯科，包括行政理事会和欧亚专利局。该网站为欧亚专利系统服务。欧亚专利组织提供的资源包括该组织的发展历史、新闻、年度报告、专利检索等内容。

② 国内其他专利网站。

- 中国专利信息中心——专利之星（http://search.patentstar.cn）。该网站可以检索全球 98 个重要国家和地区的专利文献和相关信息。用户需注册后才能使用部分功能，分析功能需要付费，可以下载全文。
- CNIPR 专利信息服务平台（http://search.cnipr.com/）。该平台由国家知识产权局出版社主办。该平台主要提供对中国专利和国外（美国、日本、英国、德国、法国、加拿大、欧洲专利局、WIPO、瑞士等 98 个国家和组织）专利的检索，提供多种检索功能。
- 专利云数据库（http://www.patentcloud.com）。专利云数据库包含中国、美国、韩国、日本、WIPO、欧洲等专利信息。用户免费注册后，可对检索结果进行分析。
- 国家重点产业专利信息服务平台（http://www.chinaip.com.cn）。国家重点产业专利信息服务平台主要提供对中国专利和国外（美国、日本、英国、德国、法国、欧洲专利局、WIPO、瑞士、俄罗斯等）专利的检索。可对十大产业专利进行分类导航，包括石油化工产业的中外专利。
- 广东省知识产权公共信息综合服务平台（https://www.gpic.gd.cn/）。该平台中的专利检索及分析系统共收集了 103 个国家、地区和组织的专利数据，同时还收录了引文、同族、法律状态等数据信息，其中中国专利数据每周二、周五更新，滞后公开日 7 天；国外专利数据每周三更新；引文数据每月更新；同族数据每周二更新；法律状态数据每周二更新。
- 上海知识产权信息平台（http://www.shanghaiip.cn）。上海知识产权信息平台包含 70 多个国家、国际组织和地区的专利文摘数据，总计 4 000 多万条专利文献数据，是现有国内开放最为齐全的专利数据库系统。该平台提供知识产权案例数据库、集成电路布图设计数据库、专利交易数据库及深加工和初加工的专利数据库等知识产权信息资源。

（3）利用通用搜索引擎检索

例如，利用百度、Google 等进行专利搜索。

（4）利用专利搜索引擎检索

SooPAT（http://www.soopat.com）提供中国专利和世界专利的搜索，其中世界专利包含 99 个国家和地区的超过 9 500 万件专利文献，时间跨度超过 350 年。SooPAT 曾经免费，目前部分免费。普通用户仍然可以免费检索国内专利，但当检索新的国际专利时，很多功能会被限制，另外每天浏览专利的数量有上限（50 个）。

3. 专利文献检索实例

下面通过一个具体的案例带领大家学习准确而全面地查找专利文献的巧妙方法。

检索内容：检索“榨汁机”相关专利技术。

第一步，在国家知识产权局专利检索及分析系统提供的常规检索方式中，利用“榨汁机”一词进行初步检索，如图 4-41 所示。（说明：选择检索要素字段，系统将自动在标题、摘要、权利要求和分类号中进行检索。）

图 4-41　常规检索

第二步，阅读部分检索结果后发现，“榨汁”还可以表达为“压汁”“挤汁”“压榨”“制浆”“提汁”“取汁”等，因此考虑将检索策略调整为“发明名称=(榨汁 OR 压汁 OR 挤汁 OR 压榨 OR 提汁 OR 取汁)AND 发明名称=(机 OR 器 OR 装置 OR 设备)”，将其输入高级检索表单之下的检索式编辑区，如图 4-42 所示。

同时，在检索结果中还发现如图 4-43 所示的名称的专利。为了提高查全率，先找出榨汁机相对应的分类号再来检索。

第三步，在图 4-42 中，单击左侧的“技术领域统计”选项，会看到如图 4-44 所示的按发明数量降序排练的分类号。把排名领先的 IPC 分类号取大组号表示，主要有 A47J19/00、A23N1/00，对应的含义分别是：A47J19/00——过滤食品的家用机械、捣碎或过滤食品的家用机械（大量食品用的归入 A23N）；A23N1/00——汁液提取机械或装置

（非酒精饮料的制备，如向水果或蔬菜汁中加入配料，归入 A23L2/00），制取饮料的设备归入 A47J。据此，可考虑将分类号 A47J19/00 和 A23N1/00 纳入提高查全率的检索。

图 4-42　检索式及检索结果

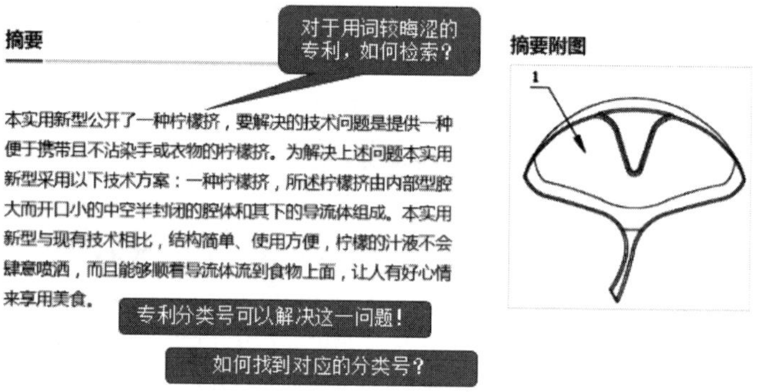

图 4-43　如何找到对应的分类号

图 4-44　查看 IPC 分类号

第四步，为了进一步提高查全率，可把第二步的检索式继续调整为(发明名称=(榨汁 OR 压汁 OR 挤汁 OR 压榨 OR 提汁 OR 取汁)AND 发明名称=(机 OR 器 OR 装置 OR 设备))OR IPC 分类号=("A47J19/00"OR"A23N1/00")，如图 4-45 所示。

图 4-45　关键词与分类号相结合，构建更全面的检索式

检索策略小结：进行专利检索之前，需首先针对欲检索的主题进行分析，制定初步的检索策略；其次通过阅读初步的检索结果，找出初始检索词的同义词、近义词，必要时可找出其对应的专利分类号，专利分类号是检索各国专利的一把通用钥匙；最后结合所有的关键词和专利分类号再次构建检索式，就可以找到又全又准确的相关专利。

4.8　标准信息源

无处不在的“标准”

新冠肺炎疫情防控期间，口罩成为人们生活中的必需品，但儿童口罩一直存在标准不一致的情况。不管是成人版还是改装版儿童口罩，儿童佩戴时都会出现密封性差、防护效果不理想等情况。2020 年 5 月 6 日，国家标准《儿童口罩技术规范》（GB/T 38880—2020）出炉。该标准适用于 6～14 岁儿童，这是我国乃至全世界公开发布的第一个儿童口罩标准，综合考量了儿童生理发育及行为特点、皮肤特性、呼吸要求、防护和耐受能力等。业内人士表示，这一国家标准公布得非常及时。一方面，有了国家标准，口罩生产商就可以“对标”生产，杜绝盲目、无序、无标生产；另一方面，家长也能“对标”购买，让孩子佩戴标准口罩，使安全更有保障。

人们曾把标准与人的关系比喻为空气与人的关系。采用一套标准化体系可以确保在经济、技术、科学和管理等社会实践中，获得最佳的运转秩序和最大的社会效益。在标准的良性循环下，人们各司其职、有条不紊，社会分工日渐明确，工作效率逐步提高，节约了巨大的时间、物力和人力成本。全世界总共有 200 多个组织负责制定国际间的标准。其中，超过 96%已经发布的标准都来自 3 个设在日内瓦的机构，它们分别是 ISO、国际电气标准会议和国际电信联盟。今天，人们生活在一个标准的世界里。

4.8.1 标准和标准文献

1．标准和标准化的定义

（1）标准的定义

标准应该是一个有规范定义的概念，但是由于标准本身发展非常迅速，所以到目前为止还没有一个规范的定义。以下是一些相对权威的定义。

ISO 认为，标准是由有关各方根据科学技术成就与经验共同合作起草，且达成一致，并由标准化团体批准的技术规范或其他公开文件，旨在促进最佳的公众利益。我国对标准的定义是：为在一定的范围内获得最佳秩序，对活动或其结果规定共同的和重复使用的规则、导则或特性的文件，该文件经协商一致制定并经一个公认的机构批准（注：标准应以科学、技术和实践经验的综合成果为基础，以促进最佳社会效益为目的）。可以看出，我国对标准的定义与 ISO 基本保持一致，并稍微有所发展。

（2）标准化的定义

国家标准《标准化工作指南　第 1 部分：标准化和相关活动的通用术语》（GB/T 20000.1—2014）对标准化的定义是："为了在既定范围内获得最佳秩序，促进共同效益，对现实问题或潜在问题确立共同使用和重复使用的条款以及编制、发布和应用文件的活动。"

标准化可以有一个或多个特定的目的，以使产品、过程或服务适合其用途。这些目的可能包括但不限于品种控制、可用性、兼容性、互换性、健康、安全、环境保护、产品防护、互相理解、经济效益、贸易。这些目的可能互相重叠。

2．标准的类型

标准一般可以从使用范围、约束力和成熟度、标准化对象等几个角度进行划分。

（1）按使用范围划分

按使用范围不同，可将标准划分为国际标准、区域标准、国家标准、行业标准、地方标准、企业标准和基础标准。

① 国际标准，是指由国际标准化或标准组织制定并公开发布的标准。ISO 和国际电工委员会（International Electromechanical Commission，IEC）是国际上最大的权威性标准化组织，它们组织制定的标准为国际标准。另外由 ISO 认可的其他 27 个国际组织所

制定的标准也是国际标准。

② 区域标准，是指由区域标准化组织或区域标准组织制定并公开发布的标准。区域标准也称地区标准，是为了满足同一地区内国家的共同需要而制定的标准。通常提到的区域标准，主要是指欧洲标准化委员会和欧洲电工技术标准化委员会制定的标准。

③ 国家标准，是指由国家标准化机构批准颁布、适用于全国范围的标准，常用的国家标准代码如下：GB——中国；ANCI——美国；BS——英国；JIS——日本；NF——法国；OCT——俄罗斯；DIN——德国；CAN——加拿大。

④ 行业标准，是指由行业标准化团体或机构制定、在某行业范围内统一实施的标准，如美国机械工程师协会制定的 ASME 标准、德国电气工程师协会制定的 VDE 标准。我国的行业标准是对没有国家标准又需要在全国某个行业范围内统一的技术要求所制定的标准。同一内容的国家标准制定并颁布后，该行业标准即行废止。我国的行业标准也称“部颁标准”或“部标准”。

⑤ 地方标准，是指由一个国家地方部门制定并公开发布的标准，一般是指对没有国家标准和行业标准而又需要在省、自治区、直辖市范围内统一的工业产品安全、卫生要求所制定的标准，由省、自治区、直辖市标准化行政主管部门颁布。

⑥ 企业标准，又称公司标准，是指由企事业单位和部门或上级批准发布的适用于企事业单位和部门内的标准。一般来说，企业标准是企事业单位自行制定、发布的标准，也是对企业范围内需要协调、统一的技术要求、管理要求和工作要求所制定的标准，如美国波音飞机公司标准。

⑦ 基础标准，是对标准化活动中存在的普遍、共性问题所制定的标准，也称“标准的标准”。基础标准一般包括对术语、词汇、符号、代号、缩写、定义、绘图、标志、公差与配合等方面所做的规定。

《中华人民共和国标准化法》将我国标准分为国家标准、行业标准、地方标准和团体标准、企业标准四级。团体标准是依法成立的社会团体为满足市场和创新需要，协调相关市场主体共同制定的标准。

（2）按约束力和成熟程度划分

按约束力和成熟程度不同，可将标准划分为强制性标准（法定标准）、推荐标准、试行标准和标准草案等。

① 强制性标准，也称正式标准，是指完成标准全部审批过程，公开颁布执行的标准。这种标准具有法律约束力，即法规性，有关部门必须遵照执行。

② 推荐标准，也是正式审定、公开发布执行的标准，但它一般不具备强制性，只建议参照执行。企业有权制定和执行自己的标准。

③ 试行标准，是指内容不够成熟，有待在使用实践中进一步修订、完善的标准，修订后可成为推荐标准或强制性标准。

④ 标准草案，也称草案标准，它是指审批前由草案提出机构或草拟者拟订的供讨论并征求有关方面修改意见的标准。

（3）按标准化对象划分

按照标准划对象不同，可将标准划分为技术标准、管理标准和工作标准三大类。

① 技术标准，指对标准化领域中需要协调统一的技术事项所制定的标准。技术标准包括基础技术标准、产品标准、工艺标准、检测试验方法标准、安全标准、卫生标准、环保标准等。

② 管理标准，指对标准化领域中需要协调统一的管理事项所制定的标准。管理标准包括管理基础标准、技术管理标准、经济管理标准、行政管理标准、生产经营管理标准等。

③ 工作标准，指对工作的责任、权利、范围、质量要求、程序、效果、检查方法、考核办法所制定的标准。工作标准一般包括部门工作标准和岗位（个人）工作标准。

3. 标准文献的定义

标准文献的定义有狭义和广义之分。狭义的标准文献是指按规定程序制定，经公认机构批准，在一定范围内必须执行的规范性文件，具体包括标准、规范和技术要求。广义的标准文献是指与标准化工作有关的一切文献，包括标准形成过程中的各种档案，宣传推广标准的手册及其他出版物，揭示报道标准文献信息的目录、索引等。标准文献的制定要经过起草、提出、批准、发布等步骤，并规定实施时间与范围。标准文献是准确了解一国社会经济领域各方面技术信息的重要信息源。

4. 标准文献的特征

（1）权威性

标准文献以科学技术和实践经验为基础，一般由国际组织、国家机关、行业组织等制定和发布，因而具有权威性。

（2）编号统一、格式一致

每个国家对标准的制定和审批程序都有专门的规定，并有固定的代号，标准格式整齐划一。

（3）约束性

标准文献是从事科学研究、科学试验、工程设计、生产建设、商品流通、技术转让和组织管理的共同依据，在一定条件下具有某种法律效力。

（4）时效性

标准文献只以某时间阶段的科学、技术和经验的综合成果为基础，需要适应科技的发展，不断地修订、补充、替代或废止。各国的标准化机构都对标准使用周期和标准复审周期做了严格规定，通常标准使用周期为 5 年，标准复审周期为 3～5 年。

5. 标准文献的作用

标准文献有利于企业或生产实现经营管理统一化、制度化、科学化。标准文献反映的是当前的技术水平，国外先进的标准可以为国内提高工艺技术水平、开发新产品提供参照。另外，标准文献还可以为进口设备的检验、装配、维修和配置零部件提供参考。因此，标准文献可以说是世界重要的情报资源，为整个社会提供了协调、统一的标准规范，起到了解决混乱和矛盾的整序作用。具体来说，标准文献的作用如下。

① 通过产品标准，统一了产品的形式、尺寸、化学成分、物理性能、功能等，使产品品种得到合理的发展。

② 通过生产技术、试验方法、检验规则、操作程序、工作方法、工艺规程等各类标准，统一了生产和工作的程序和要求，保证了各项工作的质量，使有关生产、经营管理正规化。

③ 通过安全、卫生、环境保护等标准，减少了各类疾病的发生和传播，有效地保证了人们的身心健康和财产安全。

④ 通过数学符号、代号、制图文件格式等标准，消除了技术、语言障碍，加速了科学技术的合作与交流。

⑤ 通过标准传播技术信息，介绍新的科研成果，加速了新技术、新成果的应用和推广。

⑥ 促使企业实施标准，依据标准建立全面的质量管理制度，健全企业管理制度，提高企业科学管理水平。

6. 我国标准文献的编号方法

无论是国际标准还是国家标准，在编号方式上均遵循一种固定格式，通常为“标准代号+流水号+年代号”。例如，GB/T 18666—2002 表示 2002 年颁布的第 18666 号国家推荐标准。

（1）国家标准编号

我国国家标准和行业标准的代号一律用两个大写汉语拼音字母表示，编号由标准代号、顺序号和批准年代组合而成，如 GB 50157—2003 是《地铁设计规范》的国家标准号。

国家标准代号有强制性国家标准 GB、推荐性国家标准 GB/T、降为行业标准而尚未转化的国家标准 GB/*、国家指导性技术文件 GB/Z。这 4 种国家标准的编号形式结构分别为 GB ××××—××××、GB/T ××××—××××、GB/* ××××—××××、GB/Z ××××—××××。

（2）行业标准编号

根据我国《行业标准管理办法》规定，行业标准的代号用该行业主管部门名称的汉语拼音首字母表示，如机械行业标准代号为 JB，化工行业标准代号为 HG，轻工行业标准代号为 QB，教育行业标准代号为 JY，农业行业标准代号为 NY 等。

强制性行业标准由“行业主管部门名称的汉语拼音首字母+顺序号+批准年代”组成，

如 QB ××××—××。推荐性行业标准由“行业主管部门名称的汉语拼音首字母+T+顺序号+批准年代”表示，如 QB/T ××××—××。

例如，我国的轻工业标准 QB/T 274l—2005《学生公寓多功能家具》，规定了学生公寓多功能家具的术语、定义和符号、分类、要求、试验方法、检验规则和使用说明、包装、储存、运输。

（3）地方标准编号

地方标准在本行政区域内适用，不得与国家标准和行业标准相抵触。强制性地方标准的编号由“DB（地方标准代号）+省市代码+顺序号+标准颁布年代”组成，如 DB 42××—××为湖北地方标准。推荐性地方标准由“DB（地方标准代号）+省市代码+T+顺序号+标准颁布年代”表示，如 DB42/T ××××—××。

（4）企业标准编号

企业标准编号由“代号 Q+企业名称代码+顺序号+年份”组成。例如，企业代号为 LAB 的某厂，于 2021 年发布了《土壤调理剂》标准，为该厂历年来发布的第三个标准，则该企业产品标准编号为：Q/LAB 003—2021。

7. 标准文献的分类

标准文献的分类主要采用《中国标准文献分类法》和《国际标准分类法》。

（1）《中国标准文献分类法》

《中国标准文献分类法》（*Chinese Classification for Standards*，CCS）由国家标准局于 1984 年编制，是目前国内用于标准文献管理的主要工具。该分类法由 24 个一级大类目组成，用英文字母表示，每个一级类目下分 100 个二级类目，二级类目用两位数字表示。CCS 一级类目如表 4-12 所示。

表 4-12 CCS一级类目

代码	名 称	代码	名 称
A	综合	N	仪器、仪表
B	农业、林业	P	工程建设
C	医药、卫生、劳动保护	Q	建材
D	矿业	R	公路、水路运输
E	石油	S	铁路
F	能源、核技术	T	车辆
G	化工	U	船舶
H	冶金	V	航空、航天
J	机械	W	纺织
K	电工	X	食品
L	电子元器件与信息技术	Y	轻工、文化与生活用品
M	通信、广播	Z	环境保护

（2）《国际标准分类法》

《国际标准分类法》（*International Classification for Standards*，ICS）主要用作国际标准、区域性标准、国家标准及其他标准文献的分类，是由 ISO 编制的标准文献分类法。ISO 发布的标准 1994 年以前使用《国际十进分类法》，1994 年以后改用 ICS 分类。我国自 1997 年 1 月 1 日起在国家标准、行业标准、地方标准上标注新的 ICS 分类号。

ICS 是一部等级分类法，由三级类目构成。一级类包含 40 个标准化专业领域，各个专业又细分为 407 个组（二级类），407 个二级类中的 134 个又被进一步细分为 896 个分组（三级类）。ICS 采用数字编号，一级和三级采用双位数表示，第二级采用三位数表示，各级分类号之间以实圆点相隔。ICS 一些二级和三级类的类名下设有范畴注释和/或指引注释。ICS 的一级类如表 4-13 所示。

表 4-13　ICS的一级类

代码	名　称	代码	名　称
01	综合、术语学、标准化、文献	49	航空器和航天器工程
03	社会学、服务、公司（企业）的组织和管理、行政、运输	53	材料储运设备
07	数学、自然科学	55	货物的包装和调运
11	医药卫生技术	59	纺织和皮革技术
13	环保、保健和安全	61	服装工业
17	计量学和测量、物理现象	65	农业
19	试验	67	食品技术
21	机械系统和通用件	71	化工技术
23	流体系统和通用件	73	采矿和矿产品
25	机械制造	75	石油及相关技术
27	能源和热传导工程	77	冶金
29	电气工程	79	木材技术
31	电子学	81	玻璃和陶瓷工业
33	电信、音频和视频工程	83	橡胶和塑料工业
35	信息技术、办公机械	85	造纸技术
37	成像技术	87	涂料和颜料工业
39	精密机械、珠宝	91	建筑材料和建筑物
43	道路车辆工程	93	土木工程
45	铁路工程	95	军事工程
47	造船和海上构筑物	97	家用和商用设备、文娱、体育

4.8.2 标准文献的检索

1．标准文献的检索途径

一般来说，标准文献主要使用标准编号、标准名称（关键词）和标准分类号三种检索途径，其中使用标准编号检索是最常用的检索途径，但需要预先知道标准号。而我们在检索标准文献时一般并不知道明确的标准号，只知道一个名称，这就需要使用其他方法，如使用标准名称（关键词）进行检索。标准名称（关键词）检索有一个明显的优势，即只要输入标准名称中的任意有关词，就可以找到所需的标准，但前提是检索词要规范，否则就要使用标准分类号进行检索。

2．标准文献的检索工具

随着因特网的迅猛发展，提供标准文献检索的数据库和搜索引擎越来越多，标准化机构纷纷在网上建立 Web 站点。

（1）国内网站

① CNKI 标准数据总库。CNKI 标准数据总库包括中国标准数据库、国外标准数据库、国家标准全文数据库和中国行业标准全文数据库。

② 万方的标准（http://c.g.wanfangdata.com.cn/Standard.aspx）。该平台中包括中国标准、国际标准及各国标准等 26 万多条记录。数据库每月更新，保证了资源的实用性和实效性。

③ 国家标准化管理委员会（http://www.sac.gov.cn）。国家标准化管理委员会是国务院授权的履行行政管理职能、统一管理全国标准化工作的主管机构，提供强制性国家标准全文（PDF 格式）的免费检索阅读。

④ 中国标准服务网（http://www.cssnnet.cn）。中国标准服务网是国家级标准信息服务门户，是由中国技术监督情报研究所和国家信息中心合作开发的标准信息资源网络，是世界标准服务网在中国的网站。其标准信息主要来自国家标准化管理委员会、中国标准化研究院标准馆及科研部门、地方标准化研究院（所）和国内外相关标准化机构。该网站采用会员制服务方式，非会员和免费注册会员只能查到相关的题录信息，只有注册交费后才能浏览全文。该网站拥有丰富的标准信息资源，包括中国国家标准、地方标准、行业标准，美国、英国、德国、法国、日本等国家标准，以及 ISO、IEC 工委员会等国际标准数据。数据具有完整性和权威性。大量国外标准都著录了中文题名，提供根据中文题名检索国外标准的途径。该网站面向社会开放，提供强制性国家标准的检索/阅读、标准检索、期刊检索、专著检索、技术法规检索、标准内容指标检索等检索服务，有简单检索、高级检索、专业检索和分类检索 4 种检索方式。

⑤ 中国标准化研究院（http://www.cnis.ac.cn）。中国标准化研究院国家标准馆是中

国标准文献中心，其标准文献收藏量为全国之最，藏有 60 多个国家、70 多个国际和区域性标准化组织、450 多个专业学（协）会的成套标准及全部中国国家标准和行业标准，共计 60 多万件，还收集了 160 多种国内外标准化期刊和 7 000 多册标准化专著，与 30 多个国家及国际标准化机构建立了长期、稳固的标准资料交换关系。检索结果显示简要记录，可查看详细记录，单击订购车可付费索取标准文献。

⑥ 标准网（http://www.standardcn.com）。标准网是由机械科学研究院中机生产力促进中心建设并维护的我国工业行业的标准化门户网站。该网站提供国家发展和改革委员会负责管理的轻工、纺织、黑色冶金、有色金属、石油、石化、化工、建材、机械、汽车、锅炉压力容器、电力、煤炭、包装、制药装备、黄金、商业、物流和稀土 19 个行业的行业标准管理与服务信息。收录行业标准约 2.2 万项，占全国行业标准总数的 65%；收录国家标准数量约 1.2 万项，占国家标准总数的 60%。该网站可免费检索。

⑦ 食品伙伴网（http://down.foodmate.net/standard/）。食品伙伴网创建于 2001 年，是国内食品行业专业的门户网站。该网站的“食品标准”板块提供了国内标准和国外标准的免费检索及下载全文服务，可使用模糊检索和高级检索两种检索方式，对于食品标准的获取可谓是一件利器。

⑧ 中国标准在线服务网（http://www.spc.org.cn）。该网站可免费检索标准目录，向国内外用户提供及时、准确、权威的各类标准信息查询和全文服务。

⑨ 中华人民共和国生态环境部（http://www.mee.gov.cn/ywgz/fgbz/bz/）。该网站可免费查询、下载国家环境保护标准的全文，包括水环境保护标准、大气环境保护标准、环境噪声与振动标准、土壤环境保护标准、固体废物与化学品环境污染控制标准、核辐射与电磁辐射环境保护标准、生态环境保护标准、环境影响评价标准。

⑩ 国家军用标准化信息网（http://www.hkrspntn.com）。该网站可免费查询中国军用标准、美国军用标准、法国宇航标准、北约标准目录及北约出版物等的标准题录信息。

除了上述专门的标准检索网站，用户还可以登录与标准、质量相关的网站，利用标准化期刊等，了解标准的修订、补充、勘误等信息。常用网站有国家质量监督检验检疫总局、中国质量信息服务网、石油工业标准化信息网、中国环境标准网、中国电子工业标准化技术协会、通信标准与质量信息网、中国通信标准化协会、食品法典委员会、吉林省质量信息网、湖南省质量技术监督信息网等。

（2）国外网站

① ISO 网站（http://www.iso.org）。ISO 是世界上最大的国际标准化机构，负责制定和批准除电工与电子技术领域以外的各种国际技术标准。ISO 下设 146 个技术委员会（简称 TC），分别负责研究制定某一类标准。ISO 目录现采用国际标准分类表编排，包括 5 个部分：主题分类目录、字顺索引、标准号索引、技术委员会序号（TC 号）索引和废弃目录。中文版《国际标准目录》按 TC 号编排。

ISO 通过网站提供其所有已颁布的标准。登录 ISO 网站主页，选择“ISO Store”，在“检索 ISO 目录”（Search the ISO Catalogue）输入框中输入标准号或关键词，检索所需标准。也可单击“浏览 ICS”（Browse by ICS）链接，在 ICS 分类列表中选择所需标准分类，浏览标准顺序号，查找所需标准。标准内容包括标准号、英文题名、版本、页码、TC 编号、文摘、价格等信息，可在线订购全文。

② IEC 网站（http://www.iec.org）。IEC 是世界上成立最早的国际电工标准化机构，主要负责制定、批准电工和电子技术方面的标准。目前 IEC 成员国包括绝大多数的工业发达国家及部分发展中国家，已经颁布了 4 600 多个国际标准。在 IEC 网站主页检索框中直接输入关键词或短语，即可查询 IEC 制定或颁布的国际电工标准。

③ 国际电信联盟（http://www.itu.int）。ITU（International Telecommunication Union）是世界各国政府的电信主管部门之间协调电信事务的一个国际组织，也是联合国机构中历史最长的一个国际组织，于 1865 年成立。ITU 的实质性工作由国际电信联盟标准化部门（ITU-T）、国际电信联盟无线电通信部门（ITU-R）和国际电信联盟电信发展部门（ITU-D）三大部门承担。其中，ITU 标准化部门的主要职责是开发、制定电信技术的全球标准。目前 ITU 已经制定国际标准 2 800 多个，提供简单检索和高级检索两种检索方式。

④ 美国国家标准与技术研究院（http://www.nist.gov）。美国国家标准与技术研究院直属美国商务部，成立于 1901 年，原名美国国家标准局，1988 年 8 月改为美国国家标准与技术研究院。

美国国家标准与技术研究院下设 4 个研究所：国家计量研究所、国家工程研究所、材料科学和工程研究所、计算机科学技术研究所，从事物理、生物和工程方面的基础和应用研究，以及测量技术和测试方法方面的研究，提供标准、标准参考数据及有关服务，在国际上享有很高的声誉。

⑤ 美国国家标准学会（https://www.ansi.org/）。美国国家标准学会成立于 1918 年，是非营利性民间标准化团体。美国国家标准学会协调并指导美国全国的标准化活动，同时又起着美国标准化行政管理机关的作用。在其网站主页选择“eStandards Store”，可通过输入关键词和标准号进行检索，可在线订购全文。该网站还提供 ISO 和 IEC 标准数据库浏览。

⑥ IEEE/IET Electronic Library（http://ieeexplore.ieee.org）。该网站提供美国电气电子工程师学会和英国电气工程师学会出版的标准信息检索，提供标准浏览，可以查看标准的版本信息、详细信息、全文。

要查询其他国家和标准组织的标准文献，也可以直接登录相关网站，主要有英国标准化组织、德国标准化组织、法国标准化组织、日本工业标准委员会、加拿大标准委员会、加拿大标准协会、俄罗斯标准化协会、瑞士标准化协会、意大利标准化协会等。

学习分享

问：你学会中英文数据库的检索操作了吗？

王长庚同学的分享（2020 年 4 月，大三）：

检索课题：金刚石涂层刀具的制备

1. 分析检索课题

1.1　概念解析

在机械加工中，刀具对加工零件的力学性能及表面工艺来说是一个重要因素，刀具的好坏也是决定加工效益的关键条件。人类对金属材料的需求日益增多，随着机械工业的发展，金属切削加工越来越重要，全世界钢材产量的 15%~30%都要经过切削加工，传统刀具已无法满足人们的需求，涂层刀具应运而生。其中，由于金刚石具有高硬度、高耐磨性、低摩擦、热硬性、高温抗氧化性等优点，成为刀具领域炙手可热的新星。金刚石涂层刀具由于其突出的性质，也备受制造业、医学等领域的青睐。而如何制备高精度、优品质的金刚石涂层刀具，是需要攻克的难关之一。

1.2　调研主要内容及意义

本次检索的几项主要内容有：①检索出金刚石涂层刀具的制备工艺；②物理气相沉积及化学气相沉积两种主要工艺得到的涂层刀具各自所具有的性能对比；③对比国内外涂层刀具的研究进展。

最终给出金刚石涂层刀具的概述，总结和了解较新科研成果。

1.3　所属学科

使用万方平台，使用学科分类、学科分布功能，确定本课题所属学科，结果显示工业技术占比 92.53%，数理科学和化学占比 6.9%，医药、卫生占比 0.57%。确定本课题所属学科为：工业技术；数理科学和化学；医药、卫生。

1.4　文献类型

使用万方数据库进行初检，使用学科分类、学科分布功能，确定本课题主要学科分布，结果显示专利占比 32.59%，学位论文占比 28.15%，期刊论文占比 27.04%，科技成果占比 9.26%，会议论文占比 2.59%，科技报告占比 0.37%。确定本课题所需文献类型为专利、学位论文、期刊论文、会议论文、科技成果。

2. 确定检索词

为了提高查全率，对研究题目中的检索词进行拓展。

经过研究，得出以下结果。本课题的主要检索词为："金刚石""涂层""刀具""制备"；"金刚石涂层刀具"的上位词为"涂层刀具""切削工具"；金刚石涂层工艺可分为物理气相沉积法（PVD）和化学气相沉积法（CVD），故"金刚石涂层刀具"的下位词有"PVD 类金刚石涂层刀具""CVD 类金刚石涂层刀具"；刀具的下位词有"铣刀”“钻头”“车刀”等；“金刚石”的同义词为“金刚钻”；“金刚石涂层刀具”的近义词有“类金刚石涂层刀具”；“涂层”的近义词有“薄膜”；“制备”的近义词有“制造”“制作”“工艺”。

相应地，对于英文检索词，“金刚石”等词可用“Diamond”表示，“涂层”可用“coating (film)”表示，“刀具”可用“cutter (milling cutter; drill bit; turning tool)”表示，“PVD 类金刚石涂层刀具”“CVD 类金刚石涂层刀具”可分别用“PVD diamond-coated cutter”“CVD diamond-coated cutter”表示，“制备”可用“preparation (manufacturing; production; Craftsmanship)”表示。

检索词总结：

中文检索词	英文检索词
金刚石/金刚钻	Diamond
涂层/薄膜	coating /film
金刚石涂层/类金刚石薄膜	Diamond coating / Diamond-like film
物理气相沉积法/化学气相沉积法	PVD/CVD
刀具/铣刀/钻头/车刀	Cutting tools / milling cutters, drill bits, turning tools
制备/制造/工艺/研发	Preparation / Manufacturing / Process /Research and development

3. 编写基础检索式

S1: SU=('金刚石' + '金刚钻'+'物理气相沉积' + '化学气相沉积') * SU=('涂层'+'薄膜')* SU= ('刀具'+'铣刀'+'车刀'+'钻头')* SU=('涂层'+'薄膜')* SU=('制备'+'制造'+'制作'+'工艺')

S2: TITLE-ABSTR-KEY(("diamond" OR "PVD" OR "CVD") AND ("cutter" OR "drill bit" OR "turning tool") AND ("coating" OR "film") AND ("preparation" OR "manufacturing" OR "production" OR "craftsmanship"))

4. 检索

（编者说明：以下仅以万方为例，展示王长庚同学检索和检索调整的过程，能根据检索结果和目标，进行检索式的调整和优化，逐步接近自己的检索需求。至于每个课题的检索效果是否理想，由课题特点、检索技能、专业知识、检索者需求等多种因素决定，检索式并不唯一，也没有标准答案。）

为获得较新技术，确保内容新颖性，时间限定于 2015.1—2020.4。

初始检索：为了解较全面的信息，采用上位词进行检索：题名:(("涂层刀具" + "切削工具") *("制备"+"制造"+"制作"+"工艺"))，得到了一个较为全面的结果，但查准率较低。

为获取较准确的结果，添加了具体材料限制，删除不必要的近义词，检索式为：题名:("金刚石"*"涂层刀具" *("制备"+"制造"+"制作"+"工艺"))。

检索结果较少，在搜索结果中发现，上一步搜索结果中的“金刚石薄膜涂层刀具”文章消失了，故拆分检索词，修改检索式为：题名:("金刚石")*("涂层"+"薄膜")*"刀具"* ("制备"+"制造"+"制作"+"工艺")。

这次检索结果过多，并且注意到检索结果中存在“抛光”等无关工艺，故删除不必要的检索词，修改检索式为：题名:("金刚石")*("涂层"+"薄膜")*"刀具"*("制备"+"制造"+"制作")。

检索结果又较少，故在检索词中增加“刀具”的下位词，修改检索式为：题名:("金刚石")*("涂层"+"薄膜")*("刀具"+"铣刀"+"车刀"+"钻头")*("制备"+"制造"+"制作")，这次检索结果较为准确、理想，符合需求。

想了解物理气相沉积和化学气相沉积两种主要制备工艺，改进检索式为：题名:(("物理气相沉积"+"化学气相沉积")*("涂层"+"薄膜")*("刀具")*("制备"+"制造"+"制作"))，得到了对两种制备方法较准确的检索，但结果太少。

再改进检索式为：题名:(("PVD" + "CVD"+"物理气相沉积"+"化学气相沉积")*("涂层"+"薄膜")* ("刀具")*("制备"+"制造"+"制作"))，得到的检索结果较为理想。

具体检索结果为：

序　号	检　索　式	结　果　数	检索效果自评
1	题名:(("涂层刀具"+"切削工具")*("制备"+"制造"+"制作"+"工艺"))	437	检索结果过多，查准率低
2	题名:("金刚石"*"涂层刀具"*("制备"+"制造"+"制作"+"工艺"))	18	检索结果太少
3	题名:("金刚石")*("涂层"+"薄膜")*"刀具"*("制备"+"制造"+"制作"+"工艺")	105	检索结果较多，查准率低
4	题名:("金刚石)"*("涂层"+"薄膜")*"刀具"*("制备"+"制造"+"制作")	36	检索结果较少
5	题名:("金刚石")*("刀具"+"铣刀"+"车刀"+"钻头")*("涂层"+"薄膜")*("制备"+"制造"+"制作")	40	检索结果准确、理想
6	题名:(("物理气相沉积"+"化学气相沉积")*("涂层"+"薄膜")*("刀具")*("制备"+"制造"+"制作"))	1	检索结果准确，但结果过少
7	题名:(("PVD"+"CVD"+"物理气相沉积"+"化学气相沉积")*("涂层"+"薄膜")*("刀具")*("制备"+"制造"+"制作"))	17	符合需求，检索结果较理想

练习、讨论与思考

1. 学习使用 CNKI、万方、维普的专业检索方式，练习检索式的编写，查找具体课题。

2. 利用读秀检索自己感兴趣的图书并阅读。

3. 查找经济、金融相关数据信息，可以使用哪些资源进行查找？查找法律法规信息，可以使用哪些资源进行查找？

4. 要了解我国人工智能领域的现状和发展趋势，你打算怎样完成这项任务？

5. 熟悉使用 Web of Science，思考如何利用该数据库发现并跟踪本学科热点研究。

6. 使用 EBSCO 查找新能源行业方面的研究报告。

7. 我国专利有哪三种类型？专利申请需要具备哪三个条件？

8. 什么是同族专利？为什么要申请同族专利？

9. 在国家知识产权局网站查找华为技术有限公司申请的 5G 相关专利，记录检索策略和结果数。

10. 请查找关于医用外科口罩或医用一次性防护服的国家标准，并记录检索策略和检索结果。

11. 学习完专利相关内容后，请阅读人民网《武汉病毒所申请瑞德西韦用途专利惹争议 专家详解》这篇文章，思考作者的观点，谈谈你的感想。

第 5 章

开放与免费资源，公平获取信息

信息公平是人们面对信息资源的获取和分配过程所产生的期望价值。人类社会发展至信息社会，信息公平自然成为人们所关注的核心目标之一。可以把信息公平区分为信息（资源）获取的公平和信息（资源）分配的公平。前者强调信息获取机会的公平，所有的人在法律允许的范围内都有获取相关信息的自由和权利；后者强调信息资源配置的公平，将人为因素的干扰降低到最低程度，使不同的信息主体可以对所需的信息资源各取所需。也就是说，要求信息主体通过自身的努力提高信息获取水平的能力，也要求社会为信息主体提高信息获取能力提供相关保障和救济。本章旨在让读者了解多种开放与免费获取信息的方式和途径。

本章思维导图

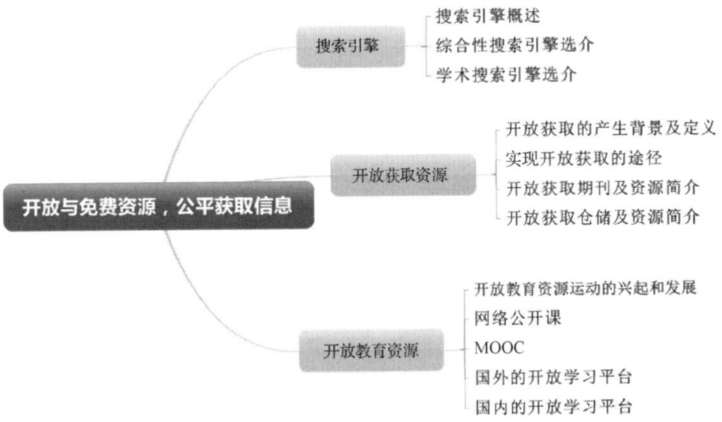

5.1 搜索引擎

互联网是一个广阔的信息海洋，包含大量零散的、无序的信息资源，就像一个大型的信息宝库、一个超大规模的图书馆。搜索引擎是一种互联网信息检索工具，在浩瀚的网络资源中，它能帮助用户漫游其间而不迷失方向，迅速而全面地找到所需要的信息。正确地使用搜索引擎，可以让我们“大海捞针”不再难。

5.1.1 搜索引擎概述

1. 搜索引擎的定义

搜索引擎是指根据一定的策略、运用特定的计算机程序搜索互联网上的信息，在对信息进行组织和处理后，为用户提供检索服务的系统。从使用者的角度看，搜索引擎提供一个包含搜索框的页面，在搜索框中输入词语，通过浏览器提交给搜索引擎后，搜索引擎就会返回与用户输入的内容相关的信息列表。这个列表中的每个条目代表一个网页，每个网页包含的元素有标题、网址、关键词、摘要。有的搜索引擎提供的信息更加丰富，如时间、文件类型、文件大小、网页快照等。

2. 搜索引擎的工作原理

现代大规模、高质量的搜索引擎一般采用三段式工作流程，分别是网页收集阶段、预处理阶段和查询服务阶段，在实践中这三个阶段是相对独立的。

（1）网页收集

网站拥有者主动向搜索引擎提交网址。系统在一定时间内定向向网站派出“蜘蛛”程序，扫描网站的所有网页，并将相关信息存入数据库。大型商业搜索引擎一般都提供该功能。

（2）预处理

预处理主要包括 4 个方面：关键词的提取；重复网页（或称镜像网页，即内容相同、未进行任何修改的网页）或转载网页（Near-replicas，又称为近似复本网页，即主题内容基本相同，但有一些额外的编辑信息的网页）的消除；链接分析和网页重要程度的计算；通过预处理建立索引数据库，保存收集的信息，将它们按照一定的规则进行编排。

（3）查询服务

搜索引擎接受用户提交的查询请求后，按照用户的要求检索索引数据库，找到用户所需要的资源，并返回给用户，列表显示摘要结果。目前，搜索引擎返回主要是以网页链接的形式提供的，通过这些链接指向用户所需网页。

3. 搜索引擎的类型

（1）按收录资源的范围划分

按照收录资源范围不同，可将搜索引擎划分为综合性搜索引擎和专业性搜索引擎。

① 综合性搜索引擎，资源涵盖各个学科、各种类型、各种语言和生产生活的各个领域，适用对象广泛，如 Google、百度、必应（Bing）、搜狗等。

② 专业性搜索引擎，是针对某一特定领域、特定人群或特定需求提供的有一定价值的信息和相关服务，也称专题搜索引擎、垂直搜索引擎或行业搜索引擎。其特点是“专、精、深”，且具有行业色彩，包括：收录某一地域范围资源的搜索引擎；收录某一个或几个特定学科领域资源的搜索引擎，如法律专业搜索引擎 Lawcrawler、临床医学英文资源的搜索引擎 Medical matrix、化学资源搜索引擎 ChemGuide 等；具有特定搜索功能的搜索引擎，如专门检索专利信息的搜索引擎 SooPAT、专门的视频搜索引擎 Blinkx；面向特定用户的搜索引擎，如 Google 推出的儿童专用搜索引擎 Kiddle。

（2）按检索功能划分

按照检索功能不同，可将搜索引擎划分为独立搜索引擎和元搜索引擎。

① 独立搜索引擎，又称单一搜索引擎或常规搜索引擎，它有自己的数据库，搜索时通常只检索自己的数据库，并返回查询结果。百度、Google、必应、搜狗等均属此类。

② 元搜索引擎，又称多元搜索引擎或集成式搜索引擎，是多个独立搜索引擎的集合，通过一个统一的用户界面，可同时对多个搜索引擎进行检索操作，即用户只需一次输入检索式，便可检索一个或多个独立搜索引擎。部分元搜索引擎支持检索结果去重功能。元搜索引擎具有扩大检索范围、避免多次访问不同搜索引擎、提高检索效率等优点。

独立搜索引擎与元搜索引擎的主要区别在于：前者拥有独立的网络资源采集标引机制和相应的数据库；后者一般没有独立的数据库，大多提供统一个链接界面（或进一步提供统一检索方式和结果整理功能），形成一个由多个具备独立功能的分布式搜索引擎构成的虚拟平台。用户通过元搜索引擎实现对多个独立搜索引擎的数据查询、结果显示等操作。

此外，还可以按信息采集的方式，将搜索引擎划分为机器人搜索引擎和人工采集搜索引擎；按内容的组织方式，将搜索引擎划分为关键词搜索引擎和目录式搜索引擎。

5.1.2　综合性搜索引擎选介

中国互联网络信息中心发布的第 46 次《中国互联网络发展状况统计报告》显示，截至 2020 年 6 月，中国网民规模达 9.40 亿人，较 2020 年 3 月增长了 3 625 万人；互联网普及率达 67.0%，较 2020 年 3 月提升了 2.5%。其中，约有 7.66 亿名（占 81.5%）网民使用过搜索引擎，较 2020 年 3 月增长 1 542 万人。中国互联网络信息中心发布的《2019

年中国网民搜索引擎使用情况研究报告》显示，中国 PC 端网民首选的搜索引擎依次是百度（57.2%）、360 搜索（28.1%）、搜狗搜索（5.0%）、必应（0.7%）。在全球范围内，根据全球知名流量统计平台Statcounter的调查，全球2020年搜索引擎市场份额排行如下：Google（91.38%）、必应（2.69%）、Yahoo!（1.46%）、百度（1.36%）、YANDEX（1%）、DuckDuckGo（0.6%）。下面重点介绍百度、Google、必应、360 搜索、搜狗搜索这几个综合性搜索引擎。

1．百度

（1）简介

百度是目前全球最优秀、最大的中文信息检索与传递技术供应商之一。百度的起名，源于辛弃疾《青玉案·元夕》中的“众里寻她千百度”，象征着百度对中文信息检索技术的执着追求。百度公司（Baidu.com，Inc）由资深信息检索技术专家、超链分析专利的唯一持有人李彦宏及其好友徐勇博士于 2000 年 1 月在北京中关村正式创立。百度收藏了超过百亿份中文网页资源，成为世界上最大的中文信息库，提供网页、图片、视频、音乐、地图、新闻、词典等 18 种搜索服务，现为我国网民最常用的搜索引擎之一。

（2）检索方式和常用语法

百度提供基本检索和高级检索两种检索方式。基本检索简单方便，只需要在检索框中输入检索词，单击“百度一下”或按回车键，符合要求的结果就会显示出来。同时，用户可根据需要在不同的功能模块（新闻、网页、贴吧、知道、音乐、图片、视频、地图等）之间进行切换。高级检索是一个多条件的组合搜索，通过各种条件限制（包括搜索结果、时间、文档格式、关键词位置、站内搜索等）可以满足用户的一些特殊需要，从而提高检索的查准率。百度同时支持布尔逻辑检索、字段限制检索、短语检索、相关搜索等。百度常用语法如表 5-1 所示。

表 5-1　百度常用语法

名　　称	符　　号	说　　明
逻辑运算符	空格	逻辑“与”，各词之间用空格分开
	分隔符“|”	逻辑“或”
	英文状态下的“-”	逻辑“非”
词组检索	双引号（“”）	双引号不出现在检索结果中，双引号中的内容在结果中完整出现，不被拆分
	书名号（《》）	书名号会出现在检索结果中，同时书名号中的内容在结果中不拆分
限制检索范围	site:	限定在特定的站点内检索
	inurl:	限定在网页的统一资源定位器中检索
	title:	限定在网页标题中检索
	filetype:	限定检索文件类型，包括 DOC、XLS、PPT、PDF、RTF、ALL
备注	系统不区分大小写，所有字母和符号均为英文半角字符	

（3）检索结果

检索结果依据相关度进行排序，通过超链接分析技术、词频统计和竞价排名相结合的方式对网页进行相关度评价。每条检索结果都显示标题、摘要、网址、百度快照等。在标题或摘要中会显示检索词出现的上下文，并以红色字体着重显示检索词。在结果页的底端还提供相关搜索词的提示。

需要注意的是，如果百度搜索的结果是广告，会在结果右下角标注“广告”两字，在“广告”两字的旁边还会有“保障”两字，这个标识是百度的“网民权益保障”计划入口，该计划是百度与中华全国人民调解员协会联合发起的，作用是网民登录百度账户后点击带有“保障”标识的搜索广告结果，如因假冒官网、资质或钓鱼欺诈而蒙受经济损失，网友可向百度申请保障，保障时效 30 天。

2．Google

（1）简介

Google 于 1998 年 9 月由斯坦福大学博士生拉里·佩奇（Larry Page）和谢尔盖·布林（Sergey Brin）创立，目前被公认为全球规模最大的搜索引擎，能提供数百亿网页的搜索服务。其中文名为“谷歌”，2010 年年初退出中国内地市场。Google 一词来自“Googol”，是一个数学名词，表示一个“1”后面跟着 100 个“0”。Google 公司对这个词做了细微的改变，借以反映公司的使命，意在组织网上无边无际的信息资源。Google 拥有 100 多种语言界面和 35 种语言搜索结果，提供网页、图片、学术文献、图书、专利等 27 种搜索服务。

（2）检索方式和常用语法

Google 提供关键词检索方式，除了支持简单检索，还提供性能优良的高级检索。在高级检索菜单中，用户通过检索文本框和下拉列表来确定检索条件，可从搜索结果、语言、文件格式、日期、字词位置、网域等几个方面限定检索范围。这些高级检索的功能也可以利用命令来实现。Google 常用语法如表 5-2 所示。

表 5-2　Google常用语法

名称	符　号	说　明	示　例
逻辑运算符	空格	逻辑“与”，各词之间用空格分开	“计算机 网络”（搜索所有关于“计算机”和“网络”的网页）
	OR	逻辑“或”	“广东 OR 中山”（搜索有关“广东”或“中山”的信息）
	-	逻辑“非”	“恒大-足球”（搜索所有包含“恒大”但不包含“足球”的网页）
词组检索	双引号（“”）	严格按照双引号中内容检索	“申请书范文”

续表

名称	符　号	说　　明	示　　例
限定检索范围	site:	限定在特定的站点内检索 句式：关键词[空格]site:网址	“专升本 site:gdut.edu.cn”（表示在广东工业大学网站内搜索包含“专升本”一词的网页信息）
	inanchor:	限定在网页的锚（超链接标记）中检索	“inanchor：人工智能”（返回的结果是导入链接锚文字中包含“人工智能”的网页）
	inurl:	限定在网页的统一资源定位器中检索	“inurl:midi 沧海一声笑”（返回结果的网页链接中含有 midi，“沧海一声笑”出现在链接中或网页文档中）
	intitle:	限定在网页标题中检索	intitle:智慧城市
	filetype:	限定检索文件类型，支持的文件格式有 XLS、PPT、DOC、RTF、WPS、WKS、WDB、WRI、PDF、PS、SWF 等 句式：关键词[空格]filetype:文件扩展名	“网页制作 filetype:ppt”（搜索关于网页制作方面的幻灯片文件）
	link:	检索指向某网页的网页（在 Google 的网页库中检索）	“link:www.gdut.edu.cn”（搜索所有含指向广东工业大学 www.gdut.edu.cn 链接的网页）
备注	系统不区分大小写，所有字母和符号均为英文半角字符		

（3）检索结果

Google 的检索结果按相关性排序，相关性的评判以网页评级为基础，在全面考察检索词的频率、位置、网页内容（及该网页所链接的内容）的基础上，评定该网页与用户需求的匹配程度，并确定排序优先级。Google 将其独创的网页评级系统（PageRank）作为网络搜索的基础。每条检索结果都显示标题、网址、内容片段，有的还提供网页快照和网页翻译等链接。同时，系统自动对关键词的相关词进行分析并给出相关链接，便于用户查看相关词语的搜索结果。此外，搜索工具还提供将检索结果按语言、时间、检索词匹配程度进行筛选的功能。

3．必应

必应是微软公司推出的一款用以取代 Live Search 的搜索引擎，于 2009 年 6 月 3 日正式在世界范围内发布。必应的一大特色是每日提供首页美图，将来自世界各地的高质量图片设置为首页背景，并加上与图片紧密相关的热点搜索提示，使用户在访问必应搜索的同时获得愉悦的体验和丰富的资讯。必应目前提供网页、图片、资讯、视频、地图、词典、在线翻译、网典等 10 种搜索服务。

4．360 搜索

360 搜索是由奇虎 360 开发的，原名“好搜搜索”，2012 年 8 月上线，2016 年 2 月 1 日更名为 360 搜索，域名也从“haosou.com”切换为更易记忆、更易输入的“so.com”。

360 搜索包括新闻、网页、问答、视频、图片、音乐、地图、百科、良医、购物、软件、手机等应用。360 搜索推出了摸字搜、照妖镜、安心购、良心医、周边号、万花筒及随心谈“七种武器”，从便利性、安全性、可信赖性、实时性、本地化服务、社交功能等多个方面，满足用户在移动环境下使用搜索的习惯和需求。

5．搜狗搜索

搜狗搜索于 2004 年推出，多年来坚持创新，2013 年腾讯 SOSO 并入搜狗搜索，搜狗搜索结合腾讯独家资源，打造了微信搜索，上线本地生活、扫码比价、微信头条等独有服务，第一次实现了真正的差异化竞争。2015 年 11 月，搜狗搜索对问答社区知乎进行战略投资并成为知乎在搜索领域的独家合作伙伴，搜狗搜索的用户可获得知乎独家实时推送的问答类内容。2016 年搜狗相继推出了明医搜索、英文搜索和学术搜索等垂直搜索频道，内容差异化不断升级。2016 年第四季度，搜狗英文搜索全面升级，这是全球首个跨语言搜索引擎，旨在帮助不精通英文的中国人搜索和阅读全世界的医疗、科技、人文信息。

5.1.3 学术搜索引擎选介

学术搜索引擎是搜索引擎运营商针对学术资源检索而推出的特色搜索引擎，其目的是将互联网上的各种免费资源与可获得的学术资源结合起来，更好地为学术研究者提供服务。为什么要单独推出学术搜索引擎？引用前 Google 全球副总裁兼中国区总裁李开复的话，这是因为“过去，在互联网上搜索学术资料是比较困难的一件事情，即使找到了，排序也不尽如人意”，以及“我们认为学术搜索是搜索中很特别的一部分，应当分开来单独处理”。目前推出学术搜索引擎的运营商较多，影响较大的有 Google Scholar、百度学术搜索、微软学术等。

1．Google Scholar

2004 年，Google 推出学术搜索引擎，旨在“站在巨人的肩膀上”，为全球用户提供可广泛获取学术文献的简便方法。Google Scholar 收录期刊论文、学位论文、专业图书、预印本、文摘和技术报告等学术文献，搜索范围涉及医药、物理、经济及计算机科学等诸多学科领域，覆盖面广、权威性强，已成为科技人员和教师、学生查找专业文献资料的重要工具。Google Scholar 的信息主要来源于机构网站（特别是大学网站）、开放存取的期刊网站、电子资源提供商（如 Google、ACM、Nature、IEEE、OCLC、万方、维普等）。此外，Google Scholar 还可与图书馆进行资源的链接和查询。

Google Scholar 的特色有：可显示被引用信息，揭示文献之间的引用与被引用关系；显示图书馆链接，用户可以搜索参加这一计划的图书馆馆藏资源目录，查看可供访问的资源链接，国家图书馆等多家图书馆参与了该项计划；使用偏好设置，用户可以对界面语言、搜索语言、图书馆链接、结果显示数量和方式、文献管理软件等项目进行个性化定制。Google Scholar 的高级检索支持按主题、作者、出版物、日期等进行搜索。检索规则同 Google。

检索结果按照相关度排序，最有价值的信息优先显示。相关度排序综合考虑每篇文章的内容、作者、出版物及被引用情况等因素。检索结果页面提供“最新文章”和热点作者的链接等。每条期刊论文记录都显示标题、作者、期刊名、出版社、出版年份、来源数据库商、简要文摘信息，以及被引次数、相关文章、网页搜索、图书馆链接等。

2．百度学术搜索

2014 年 6 月 13 日，百度学术搜索上线，是百度旗下的免费学术资源搜索平台，收录了包括知网、维普、万方、Elsevier、Springer、Wiley、NCBI 等在内的 120 多万个国内外学术站点，索引了超过 12 亿学术资源页面，建设了包括学术期刊、会议论文、学位论文、专利、图书等类型在内的 6 亿多篇中外文学术文献。百度学术搜索可以检索到收费和免费的学术论文，并可通过时间筛选、标题、关键字、摘要、作者、出版物、文献类型、被引用次数等细化指标提高检索的准确性。

百度学术目前提供以下两大类服务：学术搜索，支持用户进行文献、期刊、学者三类内容的检索，并支持高校、科研机构及图书馆定制版学术搜索；学术服务，用户免费注册登录后，支持用户“订阅”感兴趣的关键词、“收藏”有价值的文献。此外还有一些需要付费的收费项目，如对所研究的方向做“开题分析”、进行毕业论文“查重”、通过“单篇购买”方式获取所需要的文献等。

百度学术搜索提供基本检索和高级检索两种检索方式，与百度搜索的检索方式基本一致，可查找指定作者、出版物、时间、语种的文献。

百度学术搜索对检索结果进行了结构化提取处理，用户在结果页中间可以查看到题名、作者、文献来源、发表时间、文献摘要、关键词等信息，并提供文献下载、引用、收藏功能；结果页左侧对检索结果进行筛选/组织，可以按论文发表时间、领域、核心期刊、文献类型、关键词、作者、机构等聚类显示；单击进入某条结果页后，右侧会给出文献来源、引用走势和研究点分析，单击“研究点分析”，可看到关键词的核心研究点分析，从研究走势、关联研究、学科渗透、相关学者、相关机构等方面，满足论文写作过程中对学术文献的需求。百度学术搜索目前对结果可按相关度、被引量、时间降序进行排序。

3．微软学术

微软学术是微软研究院开发的一款免费学术搜索引擎，提供来自全球的多语种文献信息检索服务，可帮助用户全面、准确地查找学术论文、国际会议、权威期刊、研究专家及领域的专业学术资源，在查找英文文献特别是会议文献方面优势明显。微软学术与包括 Elsevier、Springer Nature、Wiley 在内的主流出版商合作，以确保检索结果覆盖自然科学、科技及医学各领域的 19 个大类、超过 200 个子类的最优内容。为了方便用户使用，微软学术已嵌入必应搜索引擎，在必应首页就能找到。

在搜索框中输入检索词后，在结果页右侧可看到该检索词的学术解释和它的母学科、自学科、相关学科推荐；结果页左侧提供按时间筛选检索结果的功能，能看出该检索词所在文献的起始时间，同时给出与检索词相关的学科、作者、机构、出版物、会议论文等的聚类浏览。结果页中间是检索出的文章列表，给出了每篇文章的基本信息、来源信息、引用情况、研究领域。单击某篇文章进入页面后，可以查看到这篇文章的参考文献及引证文献的链接，单击“Field of Study”后的条目，可看到关于该条目的相关知识介绍及该领域有影响力的文章。

4．智能学术搜索引擎 Semantic Scholar

Semantic Scholar 是 Allen Institute for Artificial Intelligence 开发的一个项目，于 2015 年 11 月公开发布，旨在成为由 AI 支持的科学期刊文章搜索引擎。该项目结合了机器学习、自然语言处理和机器视觉的功能，为传统的引文分析方法增加了一层语义分析，并从论文中提取了相关的图形、实体和场所。与 Google Scholar 和 PubMed 相比，Semantic Scholar 旨在突出最重要和最有影响力的论文，并确定它们之间的联系。

Semantic Scholar 与包括 Science、Springer Nature、IEEE、PubMed、MIT Press、Highwire、arXiv、bioRxiv、medRxiv、Microsoft Academic 等在内的全球 500 多家学术出版商、大学出版社和学术团体合作，至 2020 年，该平台已覆盖几乎所有的学科领域，共计 1.9 亿篇学术文献（每天都有新增文献），目前主要是英语文献，将来可能支持其他语言。

Semantic Scholar 的检索结果默认按相关性排序，还可选择按被引用次数、最具影响力论文、时间排序，可从 All Fields、Date Range、Has PDF、Publication Type、Author、Journals & Conferences 等不同方面对搜索结果进行筛选。部分搜索结果有免费全文可供下载，点击“Has PDF”，则结果都是有免费 PDF 的文献；或者查看有“Open Access”标记的，即有免费 PDF 的文献。

Semantic Scholar 的 AI 功能优势明显。例如，用关键词搜索的结果页不仅有大量相关文献，还会推荐相关的研究主题，以及名词解释（不是每个搜索词都有名词解释），甚至有的搜索词的搜索结果中还有相关的 PPT。单击名词解释或某个相关研究主题，Semantic Scholar 用 AI 技术提取该主题的重要论文。单击作者名字，可进入作者主页，在作者主页的左侧可查看 Publications、h-index、Citations、Highly Influential Citations，及推荐相关作者。在作者主页的右侧不仅可查看作者发表的论文，还可单击“Influence”查看作者的影响力，即显示作者影响力示图，左侧可查看到对其学术影响最大的作者，右侧可查看到受其启发最大的作者。

5. 比菲尔德学术搜索

比菲尔德学术搜索是世界级海量内容的搜索引擎之一，专注于学术开放获取网络资源。比菲尔德大学图书馆负责比菲尔德学术搜索的营运。比菲尔德学术搜索提供超过 4 000 个信息源的 8 000 万份文献，读者能获取 70%经过索引后的文件全文。

比菲尔德学术搜索与其他学术搜索引擎的不同之处在于，它可以智能化地选取资源，而且只有符合学术质量和相关性等特殊要求的文件服务才被收录，这就意味着它收录的论文质量都很高。比菲尔德学术搜索还能够以杜威十进分类法和文件类型进行浏览。

6. Scirus

Scirus 由爱思唯尔公司于 2001 年 4 月推出，专为搜索科学信息而设计。其信息源广泛，除包括大学网站、科学工作者的个人站点、学术会议等学术性网页外，还包括最新研究报告、同行评审期刊论文、专利文献、预印本等，覆盖农业、天文、生物、化学、计算机、经济、工程、数学、医学、社会学等各学科领域。

Scirus 支持布尔逻辑检索、精确检索和字段限制检索，检索途径有篇名、作者、期刊名称。其高级检索部分可设置信息发布时间、信息类型、文件格式、信息来源、学科领域等多个选项。Scirus 与图书馆、科研院所等机构合作，推出了图书馆链接服务。

检索结果依据相关度排序，相关度主要与关键词和链接这两个基本因素相关，前者主要考虑检索词的位置和出现频率；而一个网页被其他网页参考或链接得越频繁，其排序就越靠前。Scirus 在综合考虑这两个因素的基础上对结果的相关度进行评价。每条检索结果都显示题名、文件大小、发布时间、文摘、网址、相关结果及图书馆链接等。

5.2 开放获取资源

现代信息技术的发展为人们提供了一种先进的信息传播手段和信息交流平台，并广泛涉及人类社会的方方面面。互联网使人们可以方便快捷地接收和传送信息，对 20 世纪的历史发展产生了重大影响，促进了人类社会生活方式、交流方式、工作方式和发展状态的改变。

任何一项科学技术的研究与发明，都是社会成员的个体劳动或局部承担的科研活动的结晶。对全人类来说，很有必要将少数人的成果变成全人类的共同财富，这就需要相互交流。学术交流正是传播科研信息的重要方式，传统的基于学术出版模式的付费学术交流体系已经不能完全适应科研活动的要求，在一定程度上阻碍了知识的交流与共享，因此，一种基于资源免费共享的开放理念的学术交流途径——开放获取应运而生。开放获取究竟为何物？又有什么魅力让《自然》《科学》这样的世界学术期刊出版领域的“大腕”趋之若鹜？

5.2.1　开放获取的产生背景及定义

开放获取的英文为 Open Access（OA），原意为“图书馆的开架阅览”，国内学者多翻译为“开放获取”“开放存取”“公开获取”“开放使用”“开放式出版”，也有中国台湾学者译为“公开取用”。OA 的实质强调的是信息资源的获取，而不是拥有，从这一角度，本书采用“开放获取”的译法。

1. 开放获取的产生背景

开放获取是国际科技界、学术界、出版界、信息传播界为推动科研成果和学术作品通过开放的互联网络自由传播，并为公众无法律和技术障碍地免费获取及再利用，而发起的一场学术文献信息自由获取运动。20 世纪 90 年代，商业出版商逐渐垄断期刊市场，学术期刊的平均价格涨速比通货膨胀的增长速度快 4 倍，造成了科学信息的获取危机，即便是顶级学术研究机构也不能买得起所有的期刊，图书馆和科研机构不得不减少对学术期刊的订阅量，这种情况严重影响了学术信息的交流与传播。不仅如此，出版商还对期刊文献的利用设置了各种限制。数字版权扩张体现在新的国际条约和各国的版权法中，进一步影响了学术信息的交流，阻碍了人们对科学研究成果的获取。期刊危机和获取危机的出现给学术信息的高效交流与共享造成了极大的障碍，导致学术生态环境的失衡，严重阻碍了知识的创新与社会的进步，学术界迫切需要一种新型的学术出版与交流体制。20 世纪 90 年代，计算机的普及和网络环境的日益发达为这一难题的解决带来了新的可能，在更广的传播范围、更快的传播效率、更加低廉的传播成本下，一种全新的学术与科研信息交流模式——开放获取应运而生。

2. 开放获取的定义

有关开放获取定义的表述多种多样，其中《布达佩斯开放存取先导计划》《百斯达开放存取式出版宣言》《关于自然科学和人文科学知识开放存取的柏林宣言》对开放获取概念的发展产生了最为深远的影响。三大宣言中对开放获取定义的公共部分称为 3B 定义，这也是目前较为普遍认可的开放获取的定义。

在 3B 定义中，开放获取意味着用户通过公共网络可以免费阅读、下载、复制、传播、打印、检索和超链接作品的全文，为作品建立本地索引，将作品作为数据编入相应的软件，或者用于任何法律许可的用途，不受经济、法律和技术的限制，除非是网络本身造成的物理障碍，唯一的限制就是保证作者拥有保护作品完整性的权利，在使用作品时注明相应的引用信息。

5.2.2 实现开放获取的途径

对于实现开放获取的途径，目前学术界有不同的看法，包括金色开放获取、绿色开放获取、钻石开放获取和黑色开放获取，其中金色开放获取和绿色开放获取是最主要的两种途径，这两种途径在同行评审、经费支持、版权来源、流程操作等方面存在不同之处。

1．金色开放获取（Gold OA）

金色开放获取是指开放获取期刊，即由作者付费发表，出版社建立免费获取的论文在线版本，读者可即时免费阅读经同行评议的论文的方式。这是目前学术界大力倡导的开放获取的主要实现形式。金色开放获取主要由出版商主导，Nature、Springer、Wiley、Elsevier 和 Taylor Francis 等传统学术出版巨头都是金色开放获取的主导力量。通常，顶级学术期刊对开放获取的态度相对较为谨慎，一方面保持付费内容占据主导地位，另一方面允许部分文章通过作者付费实现开放获取。这种特殊的开放获取也称作混合式开放获取或支付型开放获取。

2．绿色开放获取（Green OA）

绿色开放获取也称自存档，是指由作者自己或第三方将学术信息存储在作者个人网站、学科知识库或机构知识库中，供公众免费获取所需的学术信息的模式，允许作者在论文正式出版的一段时间（一般在半年至一年）后自行发布。

3．钻石开放获取（Diamond OA）

钻石开放获取是指作者或其所属机构不为开放获取支付费用，而是由出版社支付。这种出版社通常隶属大学机构或基金，将“科研成果的自由传播”作为其使命。

4．黑色开放获取（Black OA）

黑色开放获取是较新的说法，指的是从学术社交网（如 Mendeley、Research Gate、Acdemia.edu 等）或非法提供学术论文全文的网站（典型的如俄罗斯的 Sci-Hub）上可以免费下载大量本应付费浏览的学术文章。

5.2.3 开放获取期刊及资源简介

开放获取期刊是一种经同行评审、免费获取的网络型电子期刊。它与传统期刊的区别不在于期刊的载体是纸张还是数字媒体，而在于对期刊的访问方式和访问权限。开放获取期刊提倡的是用户利用互联网就可以不受限制地访问期刊论文全文。从读者访问权限的角度来看，开放获取期刊可以分为完全开放获取期刊、部分开放获取期刊和延时开放获取期刊。如果期刊论文一发表，就为读者提供免费访问全文服务，那么这种类型的期刊就是完全开放获取期刊。严格意义上的开放获取期刊就是指这种完全开放获取期刊，而部分开放获取期刊和延时开放获取期刊被视为开放获取期刊与传统期刊的折中形式或过渡形式。

开放获取期刊的出版模式较其他类型的期刊有很大不同，编辑评审出版及资源维护的费用不是由读者而是由作者本人或主办机构承担的。开放获取期刊有两种形式：一种是传统期刊的开放存取法；另一种是新创办的电子版期刊。近年来开放获取期刊的数量不断增加，规模日益扩大，学术质量不断提高，影响力日益增强，尽管在学科、地区和语种上分布不均，但学术界对开放获取期刊的认同度逐渐提高。据 ISI 发布的相关报告显示，开放获取期刊的种类按学科领域排序，最多的为医学、生命科学，其次是物理、工程技术与数学、化学，而社会科学和人文科学较少，增长也比较缓慢。可通过开放存取期刊目录来检索和发现国内外的开放获取期刊，具体如下。

1．DOAJ

DOAJ 是由瑞典隆德大学图书馆主办、OSI 和 SPARC 协办的一个开放获取期刊目录检索系统。DOAJ 目前一共收录了 124 个国家和地区的 16 064 种期刊，是开放获取资源中很有影响的热点网站之一。DOAJ 资源覆盖 17 个一级学科，包括农业与食品科学、生物与生命科学、商业与经济学、化学、健康科学、语言与文学、数学与统计学、物理与天文学、技术与工程学、一般工程、艺术与建筑学、地球与环境科学、历史与考古学、法律与政治学、综合类目、哲学与宗教学、社会科学，语种不限。DOAJ 提供刊名浏览和主题浏览两种浏览方式，以及期刊名检索和论文检索两种检索方式。

2．HighWire Press

HighWire Press 是全球较大的学术文献出版商之一，于 1995 年由美国斯坦福大学图书馆创立，自称拥有全球最大的免费全文学术文献库。该数据库目前已收录电子期刊超过 2 089 种，以收录生物医学专业的重要核心期刊为主，学科范围覆盖生命科学、医学、物理学、社会科学等，用户免费注册后即可使用。

3．BioMed Central

BioMed Central 是英国伦敦生物医学中心很重要的开放获取杂志出版商之一，目前出版有 279 种生物学和医学方面的开放获取期刊，范围涵盖生物学和医学的所有主要领域的 57 个分支学科。BioMed Central 大多数期刊发表的研究文章都即时在 PubMed Central 存档并进入 PubMed 的书目数据库，方便读者检索与浏览全文。BioMed Central 提供简单检索和高级检索两种检索方式，简单检索提供主题词、作者、期刊名称等检索字段。

4．Open J-Gate

Open J-Gate 是 2006 年印度 Informatics 公司资助的开放获取领域的电子门户网站，已经收集了 6 000 余种学术、研究和工业期刊，其中 3 800 余种是同行评审期刊。Open J-Gate 提供基于开放获取期刊的免费检索和全文链接。Open J-Gate 系统地收集了全球约 3 000 多种学术期刊，包含学校、研究机构和行业期刊，这些期刊是综合类的，也包含生物医学类期刊。其中超过 1 500 种学术期刊经过同行评议。

5．PLoS

美国科学公共图书馆（Public Library of Science，PLoS）创立于 2000 年 10 月，是一个由众多诺贝尔奖得主和慈善机构支持的非营利性学术组织，旨在为世界各地的科学和医学领域的研究人员提供可免费获取的公共资源。PLoS 目前出版了 8 种生命科学与医学领域的开放获取期刊，均被 SCI 收录，具有较高的影响力，用户可以免费获取全文。

6．J-STAGE

日本电子科技信息服务（Japan Science and Technology Information Aggregator，Electronic，J-STAGE）由日本科学技术振兴机构开发，于 1999 年 10 月开始运作。该系统收录了日本各科技学会出版的文献，包括电子期刊、会议录和研究报告等。所收录的文献以学术研究为主，涉及科学技术的各个领域。大部分期刊、会议录和研究报告可以免费浏览全文。学科范围包括数学、通信与信息科学、物理、自动化、化学与化工、地质、农业、地理、环境科学、电子、生物等。

7．SciELO

SciELO 提供了 230 多种巴西网络版科技期刊，可通过刊名字顺、学科主题和期刊名称查找期刊，可按作者或主题浏览论文，也支持高级检索功能。论文全文为葡萄牙语或英语。

8．COAJ

中国科技期刊开放获取平台（China Open Access Journals，COAJ）由中国科学院主管，中国科技出版传媒股份有限公司主办，北京中科期刊出版有限公司承办。作为一站式的中国科技期刊开放获取集成平台和门户，COAJ 集中展示、导航中国开放获取科技期刊，强化科技期刊的学术交流功能，提升中国科技期刊的学术影响力，引领中国科技信息的开放获取。目前 COAJ 收录了 654 种期刊，可检索 339 种。

9．OALib

开放获取图书馆（Open Access Library，OALib）致力于为学术研究者提供全面、及时、优质的免费科技论文。论文领域涵盖数学、物理、化学、人文、工程、生物、材料、医学和人文科学等领域。目前 OALib 已经存有 200 多万篇免注册、免费下载使用的英文期刊论文，这些论文大部分来自国际知名出版机构，如 Hindawi、PLoS One、MDPI、Scientific Research Publishing 和 Biomed。

10．开放阅读期刊联盟

开放阅读期刊联盟由中国高校自然科学学报研究会发起，加入该联盟的中国高校自然科学学报会员承诺，期刊出版后，在网站上提供全文并供读者免费阅读，或者应读者要求，在 3 个工作日之内免费提供各自期刊发表过的论文全文（一般为 PDF 格式）。读者可以登录各会员期刊的网站，免费阅读或索取论文全文。

11．SPARC

学术出版和学术资源联盟（Scholarly Publishing and Academic Resources Coalition，SPARC）创建于 1998 年 6 月，是由北美大学图书馆和相关教学、研究机构组成的一个国际联盟，本身不是出版机构。目前 SPARC 的成员已经超过 300 多家，致力于推动和创建一种基于网络环境的真正为科学研究服务的学术交流体系。

12．cnpLINKer

cnpLINKer（中图链接服务）是由中国图书进出口（集团）总公司开发并提供的国外期刊网络检索系统。目前 cnpLINKer 共收录了国外 50 多家出版社的 12 000 余种商业期刊、14 000 多种开放获取期刊、900 万篇目次文摘数据和全文链接服务、400 家国内馆藏 OPAC 信息，并保持实时更新。

5.2.4　开放获取仓储及资源简介

开放获取仓储主要包括学科知识库和机构知识库两种类型。学科知识库，顾名思义，是按照学科领域或主题组织的开放获取仓储，集中了相关学科大量的开放获取资源。根据收录学科和主题的多少，学科知识库又可细分为综合性学科知识库和专题性学科知识库，最典型的例子当属 arXiv. org。机构知识库是由研究机构或学术组织建立和管理的网上文档库，用来保存机构人员的学术成果。目前中国科学院、北京大学、清华大学、西安交通大学、厦门大学等机构和高校都已建立了自己的机构知识库。这些机构知识库收录了所属机构大量的学术信息资源，服务于所属机构和相关领域的研究人员。

相比开放获取期刊，开放获取仓储的资料类型较为丰富，包括预印本、电子印本、后印本、图书、学位论文、会议论文、多媒体、课件材料、学习资料、数据文件、音频和视频文件、机构记录或其他任何类型的数字文件。开放获取仓储通常还依照文责自负的原则，允许作者随时对其作品进行不间断的创作和修改，给作者充分表达思想的空间。以下介绍几种典型的开放获取仓储。

1．DSpace 联盟工程

数字空间（DSpace）系统由美国麻省理工学院图书馆和美国惠普公司实验室合作，经过两年多的努力，于 2002 年 10 月开始投入使用。该系统是以内容管理发布为设计目标，遵循 BSD 协议的开放源代码数字存储系统，可以收集、存储、索引、保存和重新发布任何数字格式、层次结构的永久标识符研究数据。

DSpace 可以接受的数字化材料包括论文与预印稿、技术报告、雇用证书、会议论文、电子论题、数据集（包括统计数据、地理信息数据、数学等）、图像（包括可视化图像、科学图表等）、声频文件、视频文件、学习对象、重定格式后的数字图书馆馆藏。DSpace可以存储、管理和发布任何已经和未经出版的本地馆藏，保证印刷和数字文献的统一索引和定位。

- 剑桥大学机构知识库，提供剑桥大学相关的期刊、学术论文、学位论文等电子资源。
- MIT Dspace，收录了麻省理工学院教学科研人员和研究生提交的论文（包括已发表和待发表的）、会议论文、预印本、学位论文、研究与技术报告、工作论文和演示稿全文等。
- 香港科技大学图书馆 Dspace，收录了香港科技大学的学术论文、学位论文、研究报告等内容，用户可免费获取全文。
- 厦门大学学术典藏库，主要用来存储厦门大学教学和科研人员的具有较高学术价值的学术著作、期刊论文、工作文稿、会议论文、科研数据资料，以及重要学术活动的演示文稿等。

2. 电子印本系统

新冠肺炎疫情发生以来，学术界展开了一系列研究活动，为了尽早公开自己的研究成果，全世界的学者第一时间将研究结果提交到预印本服务器上发布。那究竟什么是预印本呢？其实它属于电子印本中的一种类型。电子印本是指以电子方式复制学术文献，一般包括预印本和后印本。预印本是指科研人员在其研究成果在正式出版物上发表之前，出于和同行交流的目的，自愿先在学术会议上或通过互联网发布的科研论文、科技报告等文献。后印本是指内容已经经过出版部门审核，达到出版要求的文献。目前，学界普遍认为预印本是未经同行评审就上传到公共服务器上的学术论文，后印本是经同行评审之后未正式出版的论文。下面介绍几个影响力较大的预印本平台。

（1）arXiv

arXiv 是美国国家科学基金会和美国能源部资助，于 1991 年 8 月由美国洛斯阿拉莫斯国家实验室建立的一个电子预印本文献库。其建设目的在于促进科研成果的交流与共享，帮助科研人员追踪本学科最新研究进展，避免研究工作重复。2001 年后 arXiv 转由美国康奈尔大学进行维护和管理。arXiv 是世界上最大的电子预印本库，提供物理、数学、非线性科学、计算机科学、量化生物学、量化金融学、统计学领域的电子预印本文献超过百万篇（截至 2021 年 3 月 18 日）。

（2）中国预印本服务系统

中国预印本服务系统是中国科学技术信息研究所与国家科技图书文献中心联合建设的以提供预印本文献资源服务为主要目的的实时学术交流系统，于 2004 年 3 月 18 日正式开通服务。该系统收录的预印本内容主要是国内科研工作者自由提交的科技文章，一般只限于学术性文章，科技新闻和政策性文章等非学术性内容不在其收录范围之内。该系统的收录范围按学科分为五大类：自然科学，农业科学，医药科学，工程与技术科学，图书馆、情报与文献学。除图书馆、情报与文献学外，其他每个大类再细分为二级子类，如自然科学又分为数学、物理学、化学等。

中国预印本服务系统只对上传的文章进行粗略的审核，系统会删除非法、有害、淫秽、胁迫、骚扰、中伤他人的，诽谤、侵害他人隐私或诋毁他人名誉或商誉的，种族歧视或其他不适当的信息，以及其他与学术讨论无关的内容。系统不对文章进行学术审核，文章仅代表作者个人的观点，不代表中国预印本服务系统的观点。在该系统中发表的文章，版权归作者本人所有。

（3）中国科技论文在线

中国科技论文在线是教育部科技发展中心建立的一个电子印本系统，目前涵盖 43 个一级学科，是我国涵盖学科最多、范围最广的开放获取资源。该系统目前已收录超过 129 万篇学术论文，除提供在线论文发表及本站论文检索功能外，还提供诸如名家精品、获奖论著、科技期刊、期刊预印论文及国内外著名信息资源库的介绍和链接。

（4）其他预印本平台

- 电子和计算机科学预印本数据库。
- 有机农业预印本数据库。
- 化学预印本服务器（CPS）。
- 电子印本网络。

3．D-Scholarship

佛罗里达州立大学机构收藏库 D-Scholarship 为佛罗里达州立大学的各个院系及其研究人员提供对自己的研究成果和教学资料实施自我存档和自我管理的全面服务。从存储对象来看，D-Scholarship 不仅存储论文的预印本，也涉及其他绝大部分基于电子格式的学术内容，包括工作文档、技术报告、会议录、实验数据、电子演示文稿、多媒体文件和简单的网络文献。

4．eScholarship

加利福尼亚大学机构收藏库 eScholarship 是由加利福尼亚数字图书馆创立的，收藏有已发表的论文专著、本校学术期刊、连续出版物、研究生研讨课资料等。eScholarship 提供免费全文浏览和下载，目前已收录了近 7 000 种、140 万篇文献。

5．OpenDOAR

OpenDOAR 是由英国的诺丁汉大学和瑞典的伦德大学图书馆在 OSI、JISC、CURL、SPARC 欧洲部等机构的资助下于 2005 年 2 月共同创建的开放获取机构资源库、学科资源库目录检索系统，用户可以通过机构名称、国别、学科主题、资料类型等途径检索和使用这些知识库。OpenDOAR 和开放获取期刊目录一起构成了当前网络免费全文学术资源（期刊论文、会议论文、学位论文、技术报告、专利、学习对象、多媒体、数据集、工作论文、预印本等）检索的主要平台。截至 2016 年 3 月，该网站已经注册各类机构库 3 048 个。

6．中国科学院机构知识库

中国科学院机构知识库以发展机构知识能力和知识管理能力为目标，快速实现对本机构知识资产的收集、长期保存、合理传播利用，积极建设对知识内容进行捕获、转化、传播、利用和审计的能力，逐步建设包括知识内容分析、关系分析和能力审计在内的知识服务能力，开展综合知识管理。

7．香港大学学术库

香港大学学术库共有 16 万多篇资源，其中有学位论文 2 400 多篇，都可免费下载全文。另外，还包括图书、图书章节、期刊文章、专利等。

8．TAIR

台湾学术机构典藏库（Taiwan Academic Institutional Repository，TAIR）是中国台湾国立台湾大学图书馆接受“台湾教育部”委托而建立的台湾学术成果入口网站，综合了中国台湾绝大部分大学的典藏库资源。TAIR 现在有 99 所各类学术机构的资源，可以进行综合查询，也可以进入每所大学的典藏机构进行单独查询。

9．香港八校机构仓储

香港八校机构仓储整合了香港中文大学、香港城市大学、香港浸会大学、香港科技大学、香港教育学院、香港理工大学、岭南大学、香港大学 8 所政府资助大学的机构知识库，由香港科技大学利用开源软件 Dspace 开发并维护。截至目前，该库收录学术资源近 30 万条，资源类型包括期刊论文、会议论文、学位论文、图书、专利、工作论文、PPT、视频等，提供按学科浏览、按作者浏览、一般检索、快速检索等功能。

10．CALIS 机构知识库

CALIS 机构知识库是“CALIS 三期机构知识库建设及推广”项目成果之一。该项目由北京大学图书馆、北京理工大学图书馆、重庆大学图书馆、清华大学图书馆和厦门大学图书馆 5 个示范馆联合建设。项目组与各高校协同工作，根据各高校的通用及特定需求，开发了三套机构知识库系统：CALIS 机构知识库中心系统、CALIS 机构知识库本地系统开源版、CALIS 机构知识库本地系统自主开发版。CALIS 机构知识库中心系统提供机构知识库注册、元数据收割与检索浏览服务；CALIS 机构知识库本地系统提供机构知识库建设平台，提供登录注册、提交审核、权限管理、用户管理、数据管理和检索浏览等功能；CHAIR 本地系统作为项目成果，免费提供给 CALIS 成员馆使用，并提供技术支持与服务。

11．Socolar

Socolar 是开放获取资源的“一站式”检索服务平台，中文网页，整合了世界上重要的开放获取资源，并提供开放获取资源的全文链接。该平台收录了 6 000 多种来自互联网的开放获取期刊、仓储等学术资源信息，收录目录可以用《中图法》分类法和其他分类法查找，提供“一站式”检索和链接服务。

12．GoOA

GoOA 是开放获取论文“一站式”发现平台，由中国科学院立项启动，由中国科学院文献情报中心负责实施建设。GoOA 收录了经严格遴选的来自 120 多家知名出版社的 1 900 多种开放获取期刊，均为即时开放获取期刊（包括原生开放获取期刊、由商业期刊转型的开放获取期刊）。GoOA 收录开放获取论文 27 万多篇，学科涉及自然科学领域及部分社会科学领域。资源特色包括：提供开放获取期刊和论文集成发现、免费下载，关联检索、知识图谱分析，开放获取期刊投稿推荐，用户参与分享，提供 OAI 数据批量下载接口等。

近年来，开放获取作为一种新型的学术交流理念和机制，得到了长足的发展。开放获取的信息资源类型已经不限于最开始的学术期刊，还包括电子印本、电子图书、学位论文、会议论文、研究报告、专利、标准、多媒体、数据集、工作论文、课程与学习资料等。此外，还包括一些带 Web 2.0 特征的微内容，如论坛、博客、维基、RSS 种子及 P2P 的文档共享网络等内容，在此不一一展开介绍。开放的信息获取途径为科研成果的交流打开了一条快速的通道，从而使学术的交流打破出版周期长的壁垒，同时也使部分学术资源不再因高昂的图书资料购置经费而可望不可即。

5.3　开放教育资源

5.3.1　开放教育资源运动的兴起和发展

随着教育信息化的发展，在线学习成为一种教学方式并蓬勃发展，2002 年在联合国教科文组织会议上，“开放教育资源”（Open Educational Resourcs，OER）作为一个术语首次出现。OER 的定义为：基于网络的数字化素材，人们在教育、学习和研究中可以自由、开放地使用和重用这些素材。OER 旨在动员全球的教育工作者共同协力开发一种全球性的教育资源，为世界人民所共享。为此，全球数百个高等教育机构和相关组织组成立了国际开放课件联盟（Open Course Ware Consortium，OCWC），并大力推广普及网络公开课。这时的网络公开课的主要模式是在网络上发布大学课堂的录像共享课件，以实现开放高等教育资源的目标。但这种模式难以实现学生和授课教师之间的互动，学习体验远不及传统的课堂教学，这就促使了慕课（Massive Open Online Courses，MOOC）的诞生。

MOOC 这一概念是 2008 年由加拿大爱德华王子岛大学的学者 Dave Cormier 和 Bryan Alexander 联合提出来的。通俗地说，MOOC 是为了增强知识传播而由具有分享和协作精神的个人或组织发布在互联网上的开放课程。这种大规模在线课程于 2011 年秋天开始掀起风暴，来自 190 多个国家的约 16 万名学生同时注册并学习了斯坦福大学的"人工智能导论"免费课程，引起了全球的广泛关注，被誉为"印刷术发明以来教育最大的革新"，呈现出"未来教育"的雏形。2012 年，三大 MOOC 平台，即哈佛大学与麻省理工学院联合创办的 Edx，斯坦福大学、普林斯顿大学与宾夕法尼亚大学等联合创办的 Courser，斯坦福大学创办的 Udacity 依次诞生，成为当今规模最大、最有影响力的三个 MOOC 平台。由此，2012 年被《纽约时报》命名为"慕课元年"，并预测 MOOC 将推动高等教育革命，甚至取代实体大学课堂。以下介绍开放教育资源中的两个典型代表：网络公开课和 MOOC。

5.3.2 网络公开课

1. 网络公开课的定义

网络公开课是以网络为主要媒介进行传播和共享的公开课。它来源于常态课，是在公共环境下展示的公开课堂，目的是使更多的人能够通过网络平台共享全球优质的公开教育课程。最初的网络公开课是指美国麻省理工学院公布到网上的课堂实录录像。

网络公开课的含义涉及两方面的内容：第一，它是高校课堂教学实录，即在自然课堂状态下的课堂实际录像；第二，它是直接公布到网上的课堂实录，仅供学习和传播。因此，网络公开课通过计算机网络操作来实现管理，这也是其与传统授课模式的本质区别。

2. 网络公开课的兴起和发展

网络公开课的理念起源于美国麻省理工学院，2001 年，该校校长提出网络课件开放工程，并率先将其学院的全部课程资源通过网络公布于众，让全球的任何网络使用者都可以免费下载。随后，剑桥、耶鲁、牛津、哈佛等世界各大名校纷纷效仿，在网上公布本校的课程资源，供学习者下载学习，有力地推动了开放教育资源运动的发展。2006 年，苹果公司利用其自身的技术优势创建了 iTunes U 学习频道，集中了美国多所知名高校的公开课资源，受到了大批学习者的追捧和喜爱。2003 年，中国开放教育资源组织建立，同年启动了"精品课程建设工程"，旨在向全社会开放共享优质教育资源。2011 年 1 月，网易宣布正式加入 OCWC，成为 OCWC 在中国唯一的企业联盟成员，并共享 OCWC 全球名校课程资源，这就是众所周知的网易公开课平台。同年 6 月，上海交通大学正式加入 OCWC，成为国内第一所加入该联盟的高校。在对已有开放课件翻译和应用的基础上，继网易公开课之后，免费公开课在各大网站纷纷上线。2011 年 11 月，我国首批 20 门“中国大学视频公开课”免费向社会开放，“十二五”期间，国家“精品课程建设工程”的 1 000 门精品视频公开课和 5 000 门国家级精品资源共享课极大地推动了国内网络公开课的发展。

5.3.3　MOOC

1. MOOC 的定义

MOOC，是 2011 年末从美国硅谷发端而来的在线学习浪潮。“M”代表 Massive（大规模），与传统课程只有几十名或几百名学生不同，一门 MOOC 课程动辄上万名学生，最多达 16 万名学生；第二个字母“O”代表 Open（开放），以兴趣为导向，凡是想学习的，都可以进来学习，不分国籍，只需一个邮箱，就可注册参与；第三个字母“O”代表 Online（在线），学习在网上完成，无须舟车劳顿，不受时空限制；第四个字母“C”代表 Course，即课程之意。4 个字母合在一起，MOOC 代表大规模在线开放课程。

2. MOOC 的教学方式

MOOC 课程定期开课，与学校的学期相似，错过开课时间就需要等下次开课。课程视频通常很短，几分钟到十几分钟不等，更符合网络时代碎片化学习的特点。在 MOOC 课程进行当中，教师还会提若干个问题，学生必须答对问题才能继续跟随上课。MOOC 有作业、上交作业截止期限、期末考试，通过考试会获得一张结课证书。如果在学习中有问题，则可以在课程论坛发帖求解，可能会得到来自世界各地的“学霸”的解答！

3. MOOC 与网络公开课的区别

从整体功能来看，MOOC 和网络公开课都是以网络学习为目的设计的，课程的参与者遍布全球，参与课程的人数众多，课程的内容可以自由传播，并允许师生、生生共同思考，合作解决问题，让学生在与他人的互动中，自然地建立起概念。MOOC 既适用于完全的在线课程，也可作为传统课程的补充。两者都具有支持网络学习的共性特点，但同时也有许多差异，如表 5-3 所示。

表 5-3　网络公开课与MOOC的差异

特　征	网络公开课	MOOC
学生责任	资源的浏览者	学习活动的参与者
教学侧重	重在老师“教”	重在学生“学”
教学方式	单一的视频呈现	完整的课程结构
课程时长	大于 40 分钟	10 分钟左右
学习互动	无	多样化互动
评价机制	单一或无	多元化评价

总结来看，网络公开课的本质是教育资源库，是课程资源的提供者，并不组织教学，不会给学习者以证书评价，而 MOOC 不仅提供免费资源，还实现了学习者在学习过程中的全程参与。学习者在这个平台上学习、分享观点、做作业、评估学习进展、参加考试、得到分数、拿到证书，经历了学习的全过程。在过去的网络公开课学习中，除了学习者自己，没有人知道他学了什么，但是 MOOC 不仅能让别人看到学习者学了什么，还能记录其学习过程，评价其学习情况，检验其准确掌握知识的程度。因此，MOOC 更符合学习的一般规律。

5.3.4 国外的开放学习平台

1．Coursera

Coursera 是由斯坦福大学两位计算机教授于 2012 年 4 月创办的营利性在线教育平台。该平台与全球 29 个国家和地区的 200 多所高等院校和科研机构合作，旨在提供免费公开的在线课程，其中不乏耶鲁、斯坦福这些世界名校的课程。在全球新冠肺炎疫情暴发期间，该平台的注册用户和课程数均大幅增长，截至目前已有 7 700 多万名学习者、4 000 多门课程，课程涵盖计算机科学、数据科学、商务、健康、艺术与人文、社会科学、物理科学与工程等多个学科。目前，Coursera 已经成为提供开放课程数量最多、规模最大、覆盖面最广的免费课程在线学习平台。

国内的一些名校如北京大学、上海交通大学、复旦大学，以及网易和果壳网等公司也分别与 Coursera 展开了合作。Coursera 对国内用户非常友好，界面支持中文，一些英文课程还提供中文字幕。

Courser 会向完成相应课程的学生颁发结业证书，并为他们推荐适合的工作，这两种服务会向学生收费，以此实现平台的盈利。

2．edX

edX 是一家提供 MOOC 课程服务的非营利性组织，由哈佛大学和麻省理工学院共同创办，旨在为全球用户提供来自全球顶尖高校及组织的 MOOC，包括哈佛大学、麻省理工学院、加州大学伯克利分校、清华大学、北京大学、香港大学、香港科技大学等 160 多所高校。目前该平台开设了 3 000 多门课程。课程主题涵盖生物、数学、统计、物理、化学、电子、工程、计算机、经济、金融、文学、历史、音乐、哲学、法学、人类学、商业、医学、营养学等多个学科。国内顶尖高校北京大学、清华大学等有联合上线课程。希望获得课程的认证资格证书的用户需要交纳费用，其他用户均免费。edX 的课程教学视频依托于 YouTube。除提供在线免费课程外，edX 还通过线上、线下混合教学的研究来不断提高线下教学质量。

3．Udacity

Udacity 是由斯坦福大学的三位教授最早创建的一个营利性 MOOC 平台，起步较 Coursera 晚，规模较小，没有与学校结盟。它侧重于基础学科和实用性学科，如计算机技术，学习者可以在该网站上学习 HTML、CSS、JavaScript、Python、Java 和其他编程语言。其大部分课程都是平台与开课老师个人合作的，而且很多课程都有翻译字幕。每门课程完成后，学生可以参加 Udacity 在各大个人考试中心进行的付费期末测试。其互动模式和盈利模式与 Coursera 一致。

4．Khan Academy

Khan Academy，即可汗学院，是由孟加拉裔美国人萨尔曼·可汗创立的一家非营利性教育组织。可汗学院的课程由一个个 10 多分钟的小视频组成，大部分课程讲解的都是基础性内容，涉及从幼儿园教育到大学教育的各个层次，涉及的学科广泛，主要包括数学、物理、生物、化学、天文学等。可汗学院的教学模式更接近网络公开课的模式，讲课人从不出现在屏幕前，只有电子黑板系统出镜。

可汗学院仅提供英语教学课程，一部分课程提供中文字幕服务，官方也在继续招募志愿翻译。另外，可汗学院在中国同网易展开合作。在网易公开课的网站上，可以看到一部分由网易提供字幕的可汗学院的课程。

5．Futurelearn

Futurelearn 是英国第一个 MOOC 平台，创立于 2013 年，创立者是具有丰富的远程教育经验的英国公开大学。它汇聚了全英许多优秀大学的课程资源，涵盖工程数理、自然环境、社会人文、商务管理、艺术传媒、心理健康、语言文化、学习技巧、技术等领域的数百门课程，而且课程有英文字幕，可以下载字幕的 PDF 文档。

6．OpenupED

OpenupED 由欧洲 11 个国家共同创办，并得到了欧洲委员会的支持。目前该平台提供多种学科的课程内容，覆盖 12 种语言。

7．Udemy

Udemy 是一个在线学习和教学市场的营利性平台，用户可以随时在该平台上学习任何课程，也可以建立自己的课程，将自己擅长的专业与知识介绍给全世界，课程费用由老师自主决定，通常为 20～100 美元不等。该平台目前有 130 000 余门课程，拥有上百万名学生。课程包括编程、市场营销、数据科学等。该平台不仅提供课程视频，还有自己的学习管理系统，内置编程接口、论坛和社交元素。

8．Open2 Study

Open2 Study 是澳大利亚最大的 MOOC 平台，它为用户提供了丰富的自适应课程，课程没有统一的开始和结束时间，学生可以随时注册，按照自己的节奏修完课程并领证书，对学习课程的时长也没有限制。另外，为了调动用户参与的积极性，该平台还设计了 40 余种样式各异的勋章，这些勋章会显示在用户档案页上。

9．Iversity

Iversity 是德国的 MOOC 平台，面向全世界征集课程，并为被甄选的课程团队提供一定金额的课程制作经费。课程上线后，在课程学习窗口，课件、扩展阅读和讨论区设置在课程视频下方，尽可能为用户的学习和讨论提供便利。Iversity 平台上的课程通常是英语授课，部分课程有英文字幕，也有一些德语课程。

10．P2PU

P2PU 是一个比较特殊的 MOOC 平台，通过将课程集中发布在邮件列表中供用户学习，没有教授或大学来组织，任何人都可以进行自己的教与学，所有课程都是免费的，但不提供学分认证。

5.3.5　国内的开放学习平台

1．学堂在线

学堂在线是清华大学自主研发的 MOOC 平台，比国内其他 MOOC 平台起步要早一些。目前，学堂在线运行了清华大学、北京大学、复旦大学、斯坦福大学、麻省理工学院、加州大学伯克利分校等国内外几十所顶尖高校的优质课程，涵盖计算机、经管创业、理学、工程、文学、历史、艺术等 13 大学科门类的超过 3 000 门课程。

此外，学堂在线积极利用在线教育资源促进混合式教学模式创新。混合式教学旨在通过更有效率、更有弹性的学习方式，充分利用并结合线上与线下学习的不同特点，提升学习效果。迄今为止，学堂在线为国内几百个大专院校和机构搭建了小规模私有在线课程平台，使这些机构能借此开展 MOOC 建设并推进基于 MOOC 的混合式教学实践。

2．中国大学 MOOC

中国大学 MOOC 被誉为中文 MOOC 界的 Coursera，是网易和高等教育出版社合办的网站，网易负责平台研发和互联网运营，高等教育出版社负责课程建设和高校运营，主要引进 985、211 高校课程。国家精品课程“爱课程网”是其课程提供方之一，也有中国台湾新竹清华大学这类名校。该网站课程免费，访问速度快。

3．好大学在线

好大学在线是上海交通大学自主研发的中文 MOOC 联盟的官方网站，2014 年 4 月 8 日正式上线。中文 MOOC 联盟是部分中国高水平大学自愿组建的开放式合作教育平台，为公益性、开放式、非官方、非法人的合作组织，旨在通过交流、研讨、协商与协作等活动，建设具有中国特色的、高水平的大规模在线开放课程平台，向成员单位内部和社会提供高质量的 MOOC 课程。目前该平台提供北京大学、上海交通大学、香港科技大学、中国台湾新竹大学等 300 多所合作高校的 2 000 多门课程，内容涵盖工学、理学、文学、法学、经济学、管理学、教育学等 14 个学科，课程学习全免费。

4．爱课程网

爱课程网是教育部、财政部“十二五”期间启动实施的，“高等学校本科教学质量与教学改革工程”支持建设的高等教育课程资源共享平台，集中展示中国大学视频公开课和中国大学视频共享课，并对课程资源进行运行、更新、维护和管理。该平台主要面向高校师生和社会大众，提供优质教育资源共享和个性化教学资源服务，具有资源浏览、搜索、重组、评价、课程包的导入导出、发布、互动参与和“教”“学”兼备等功能。可以说，爱课程网是一个精品公开课程共享系统。

5．UOOC 联盟

2014 年 5 月，深圳大学积极倡导、发起并成立了“全国地方高校 UOOC 联盟”，简称 UOOC 联盟，旨在整合全国地方高校优质教学资源，促进我国高等教育均衡化发展。该联盟自成立以来，加盟高校规模不断扩大，成员高校达 134 所，覆盖师生人数 360 万人；MOOC 课程数量不断增多，上线 MOOC 课程数量达 555 门；学校参与度广泛，供课学校已有 68 所；学生选课人数不断增加，累计选课人次近 141 万人。该联盟实现了地方高校之间优质 MOOC 课程资源的共建、共享及学分互认，开展了在线教育的理论研究，形成了较大的社会影响。

6．智慧树网

智慧树网隶属上海卓越睿新数码科技股份有限公司，是全球大型学分课程运营服务平台。智慧树网服务的会员学校近 3 000 所，已有超 2 000 万人次大学生通过智慧树网跨校修读并获得学分。智慧树网帮助会员高校之间实现跨校课程共享和学分互认，完成跨校选课修读，是一个拥有名师、名课、名校的在线互动教育学堂。

7．果壳网 MOOC 学院

MOOC 学院是果壳网旗下的一个讨论 MOOC 课程的学习社区，它收录了三大课程提供商 Coursera、Udacity、edX 的所有课程，并将大部分课程的课程简介翻译成中文。MOOC 学院的“果壳评分”在线课程点评系统，使学习者可以在自主学习的范畴内，给上过的 MOOC 课程点评打分，在学习的过程中和同学讨论课程问题，记录自己的上课笔记。MOOC 学院的定位是讨论、点评和记录课程，课程是属于其他平台的，MOOC 学院不直接收录课程内容，只是专注于帮助学习者互相交流，发现课程。

8．MOOC 中国

MOOC 中国致力于向国内学习者分享最好的 MOOC，从网络海量的教育资源中挑出和推荐最有价值的 MOOC 课程，报道最新的在线教育资讯。MOOC 中国目前收录了全世界著名大学的 9 106 门在线课程，这些课程来自各个中外 MOOC 平台。MOOC 中国其实相当于一个集成平台，当你选择其中一门课程时，会进入提供该课程的 MOOC 平台听课。

9．华文慕课

华文慕课是由北京大学和阿里巴巴主办的，服务于全球华人的 MOOC 平台，主要以中文课程为主。目前该平台上有 127 门课程，合作学校包括北京大学、北京师范大学、台湾大学、未明大学。

10．慕课网

慕课网的标签是“国内最大的 IT 技能学习平台”，由北京慕课科技中心创立。慕课网以独家视频教程、在线编程工具、学习计划、问答社区为核心特色，课程涵盖前端开发、PHP、HTML5、Android、iOSt 等 IT 前沿技术语言，从基础到进阶、到高级，从实用案例到高级分享，为 IT 学习者提供了一个迅速提升技能、共同分享进步的互联网在线学习平台。

11．网易云课堂

网易云课堂是网易公司倾力打造的在线实用技能学习平台，相当于国内版 Udacity。网易云课堂精选各类课程，与多家权威教育、培训机构合作，课程数量已达 10 000 门以上，课时总数超过 100 000 课时，课程涵盖实用软件、IT 与互联网、外语学习、生活家居、兴趣爱好、职场技能、金融管理、考试认证、中小学教育、亲子教育等十几个门类，其中不乏数量可观、制作精良的独家课程。网易云课堂致力于从用户生活、职业、娱乐等多个维度为用户打造实用的学习平台。

12．网易公开课

网易公开课是网易推出的全球名校视频公开课项目，用户可以在线免费观看来自哈佛大学等世界名校的公开课课程，以及可汗学院、TED 等教育性组织的精彩视频。该平台致力于为爱学习的网友创造一个公开的免费课程平台。

13．腾讯课堂

腾讯课堂是国内最大的在线职业教育平台，一端连接有学习需求的用户，一端连接有优质内容的教育机构或老师，聚合了 IT 互联网、设计创作、兴趣生活、语言留学等多领域的职业教育课程，帮助广大学员提升职业和就业技能。截至 2020 年 8 月，腾讯课堂累计服务学员超过 4 亿人次，课程数量超过 30 万门，每周有上千万名用户在该平台在线学习，服务教培机构、学校、企业及公共部门超过 30 万家，帮助众多学员成功就业、创业。

14．我要自学网

我要自学网是由来自电脑培训学校和职业高校的教师联手创立的一个视频教学网

站，是一个技能学习平台，面向对象是广大电脑爱好者。该网站目前涵盖的教程分类有电脑办公、平面设计、室内设计、室外设计、影视动画、机械设计、工业自动化、程序开发、网页设计、会计课程等。该网站有几百套专业软件视频教程，视频采用职业培训授课资料，由经验丰富的在职教师原创录制。

学习分享

本章向大家介绍了开放与免费资源，可以作为大家获取资源或文献全文的补充方式。作为课程资源实例，以下分享了一些信息素养教育方面的 MOOC 课程列表，读者朋友如有延伸和深入了解信息素养及相关内容的兴趣和需要，搜索这些课程进行学习。

1. 信息素养——学术研究的必修课（林佳，等，清华大学）。
2. 信息检索（黄如花，武汉大学）。
3. 文献管理与信息分析（罗昭锋，中国科学技术大学）。
4. 信息素养：效率提升与终身学习的新引擎（周建芳，四川师范大学）。
5. 信息素养与实践——给你一双学术慧眼（龚芙蓉，武汉大学）。
6. 信息素养通识教程：数字化生存的必修课（潘燕桃，中山大学）。
7. 文献检索（吉久明，等，华东理工大学）。
8. 文献调研与信息检索（郭劲赤，华东师范大学）。
9. 学术资源利用与检索思维（谢亚南，东北师范大学）。
10. 文献信息检索与利用——让你成为行走的搜索引擎（陈秀萍，等，成都航空职业技术学院）。
11. 信息素养：开启学术研究之门（张倩苇，等，华南师范大学）。
12. 医学文献检索（胡德华，等，中南大学）。
13. 信息检索（陈晓红，等，西南交通大学）。
14. 大数据与法律检索（黄文旭，等，湖南师范大学）。
15. 知识产权信息检索与利用（肖冬梅，湘潭大学）。
16. 知识创新与学术规范（叶继元，等，南京大学）。
17. 标准与我们的生活（侯俊军，等，湖南大学）。
18. 网络信息计量与评价（肖明，等，北京师范大学）。
19. Python 网络爬虫与信息提取（嵩天，等，北京理工大学）。
20. SAS 统计分析及应用（滕冲，等，武汉大学）。

➘ 练习、讨论与思考

1. 什么是元搜索引擎？请找出一种元搜索引擎并尝试使用，记录你的检索过程和结果情况。如何判断其是元搜索引擎？

2. 百度搜索引擎中的逻辑“与”、逻辑“或”、逻辑“非”分别用什么符号表示？

3. 用本章介绍的不同的学术搜索引擎搜索“artificial intelligence”，对比检索结果的数量和质量，并尝试导出引文格式和下载全文，给出你的评价。

4. 结合本章内容，尝试查找与你所学专业相关的一种开放获取外文期刊，登录期刊页面并浏览（或检索），了解可下载论文全文的年限、全文格式（PDF、HTML 或其他形式），然后对该期刊做一个简单的介绍和评价。

5. 如果让你查找最新的与新冠肺炎疫情相关的可开放获取的学术文献，你会如何查找？请记录你的检索过程，并评价对结果是否满意。

6. 登录中国科技论文在线，了解相关信息资源状况。从中下载一篇相关的论文，查阅有关评论信息，了解提交论文的过程。

7. 用百度搜索“汽车”和“品牌”方面的资料，但不要包括“丰田”的内容，资料类型为 Word 文档、PDF 文档、PPT 文档，请写出检索式。

8. 请列举三种你熟悉的有特定功能的专业搜索引擎，列举检索实例，说明它们的功能。

9. 找一张图片，用百度识图搜索，对比结果有无差别，用文字加以描述。

10. 本章介绍了很多开放学习平台，请尝试使用其中的一个或几个，记录你的学习过程，谈谈你的使用感受。

第6章

管理文献与知识，提升学习科研效率与质量

如今，互联网改变了全世界人们的生活、工作和娱乐方式。打开手机、计算机等各种电子设备，人们可以随时接收到无数新资讯。获得感兴趣的信息和文献时，人们会进行下载、保存、收藏和记录。人们保存和收藏下来的文献、文档和各种信息会越来越多，越来越繁杂。当进行写作、记忆、团队合作、制作 PPT、做报告、做培训、做演示等事务时，人们需要有效地管理和利用文献、整理思路、记录思想火花、启发灵感。适当地使用辅助性信息工具，可以帮助人们定制信息、跟踪最新资讯、记录和管理知识与文献、整理和启发思路等，从而更高效地进行信息活动和工作，提升学习和科研的效率与质量。

本章思维导图

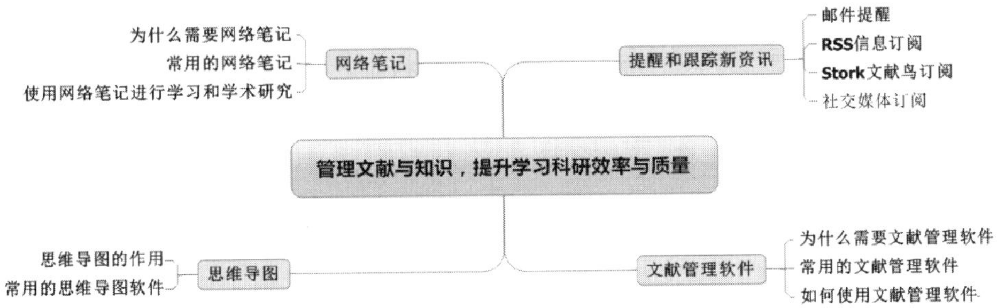

6.1 提醒和跟踪新资讯

6.1.1 邮件提醒

1．电子邮件提醒功能

很多数据库都提供了邮件跟踪提醒功能。当用户对特定期刊、特定关键词、特定课题内容感兴趣，希望定期收到数据库的提醒邮件时，可以使用数据库的邮件提醒（也称邮件跟踪、邮件定制）功能，而不需要每次都重新检索数据库。在数据库中设置好提醒跟踪的条件，就可以通过邮件收取和查看数据库自动、定期发来的新收录文献的信息了，非常方便，特别适用于跟踪和追踪课题研究动态、关注主题的新进展、新发期刊提醒等。

2．邮件提醒的操作演示

下面以 EV 平台为例，简要介绍其邮件提醒功能的使用和操作。

EV 的邮件提醒每周五（在每周数据库更新后）发送消息，其中包含与保存的搜索匹配的任何新记录。可以从搜索结果页面、Search history 创建电子邮件提醒。

（1）从搜索结果页面创建电子邮件提醒

第 1 步，根据信息需求进行搜索。例如，在 Compendex & Inspec 数据库搜索 "virtual reality WN TI AND simulations WN TI"。

第 2 步，在结果页面找到 "Create Alert"（创建提醒）功能，如图 6-1 所示。

217 records found in Compendex & Inspec for 2020-2022: (((virtual reality) WN TI) AND ((simulations) WN TI))

Create alert　Save search　Share search　RSS feed

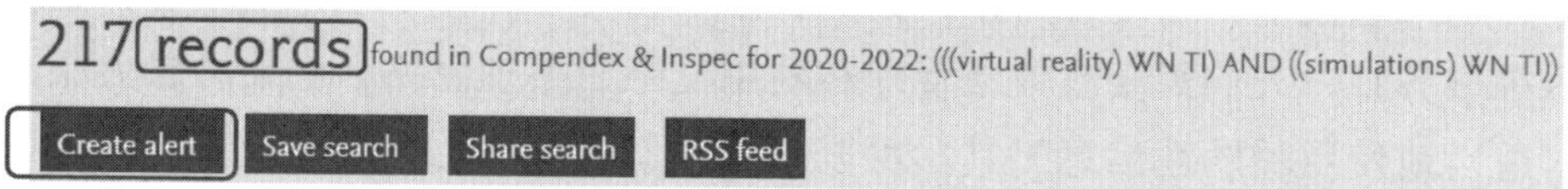

图 6-1　从搜索结果页面创建电子邮件提醒

第 3 步，提醒功能需要注册登录后使用，注册一般免费。如果已登录，则可直接进入第 4 步的邮件提醒页面，如图 6-2 所示。

第 4 步，完成邮件提醒。

Alerts and Saved searches

Alerts and saved searches can be created from a Search results list and the Search history page.　　　　　　Help about Alerts
Note: A maximum of 260 Alerts and Saved searches can be set at once. Alerts are sent weekly.

Name	Search query	Active ⓘ	Recent pub	Actions
	(((virtual reality) WN TI) AND ((simulations) WN TI)) More details ⌄	▣	☐	✎ ✕ ⤳

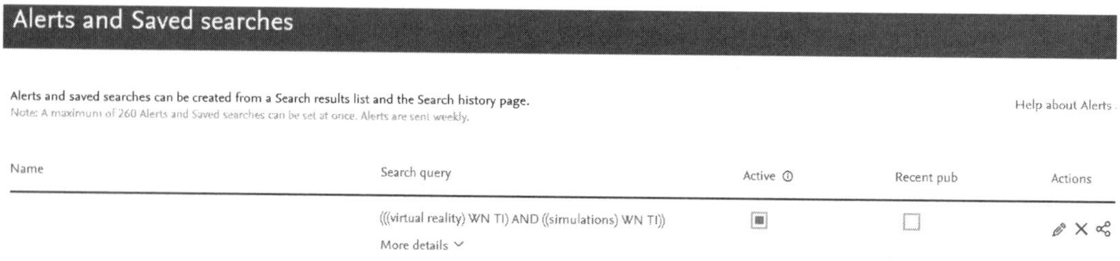

图 6-2　邮件提醒页面

（2）从 Search history 创建电子邮件提醒

如果从 Search history 创建电子邮件提醒，则可看到如图 6-3 所示的页面。在搜索历史记录表中，勾选要设置为电子邮件提醒的搜索结果方框，登录后可进行修改、设置等操作。

Search history on Engineering Village

Searches for signed in users are saved automatically in Search history for 7 days.
Note: A maximum of 50 searches are kept at any time.

4 searches　　　　　　　　Delete all　Email　Print　Download　　　　　　Combine searches: [#4] (#1 AND #2) NOT #3

Combine searches　　Search query　　　　　　　　　　　　　　　　　　Alert　Save search　Search actions

#4　[] ▼　217 results in Compendex & Inspec for: (((virtual reality) WN TI) AND ((simulations) WN TI))
　　　　　Details ✓

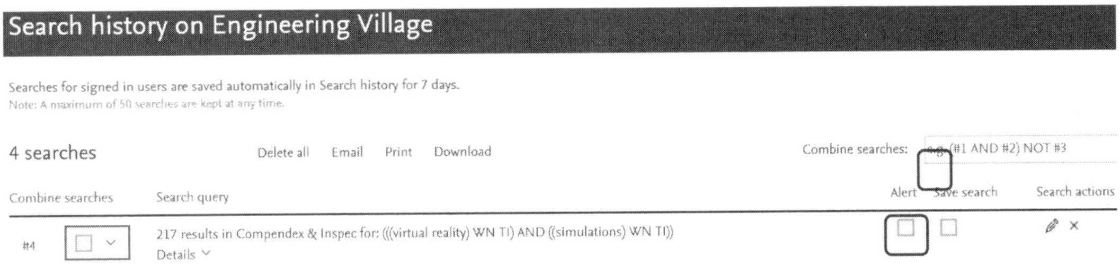

图 6-3　从 Search history 创建电子邮件提醒

3．其他数据库和资源平台的邮件提醒

关于其他数据库的电子邮件提醒操作，读者可在数据库的帮助和指引下，参照上述流程，加以练习和掌握。

6.1.2　RSS 信息订阅

有没有一种技术，让我们足不出户，就可以领略大千世界的无限精彩？有，互联网。有没有一种方式，让我们不用频繁地使用浏览器访问网络，就可以及时、高效地获取感兴趣的网络信息？有，RSS！

1．什么是 RSS

RSS 复杂的历史渊源，造成了它存在以下 3 种不同的英文解释：①Rich Site Summary，丰富的站点摘要；②RDF（Resource Description Framework，一种用于描述 Web 资源的标记语言）Site Summary，RDF 站点摘要；③Really Simple Syndication，真正简单的联合或聚合。无论是"丰富的站点摘要"，还是"RDF 站点摘要"，RSS 指的都是一种描述、同步和共享网站信息资源（早期主要是 Blog 资源，现在扩展为各种信息资源）的新方式。

支持 RSS 的网站作为网络信息提供者，向用户提供了一些以可扩展标记语言（eXtensible Markup Language，XML）编写的 RSS feed 文件，以记录并发布该网站（栏目、频道或板块）最新更新的信息，内容主要包括最新更新文章的标题、摘要及网络链接地址等。RSS feed 文件内容随网站信息的更新而同步更新，但文件网址保持不变。

在网络环境下，用户常规获取信息的方式是逐个打开提供信息的网站，如图 6-4 所示，比较费时。而有了 RSS 的支持，用户只需订阅各网站提供的 RSS feed 文件，无须访问网站，即可通过 RSS 客户端工具（RSS 阅读器）获取并阅读各网站的更新信息，如图 6-5 所示，大大提高了获取信息的效率。

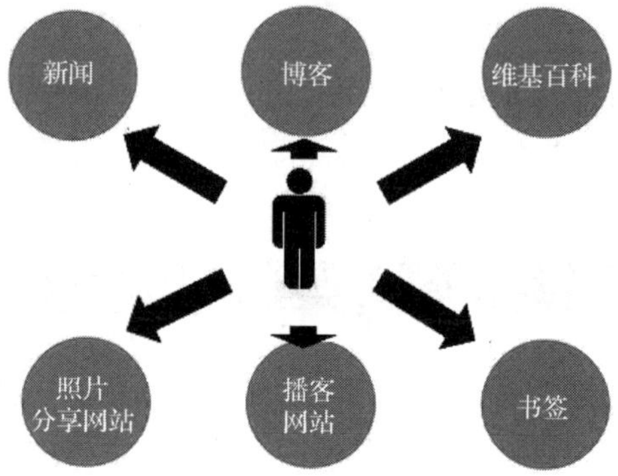

图 6-4　常规的信息获取方式

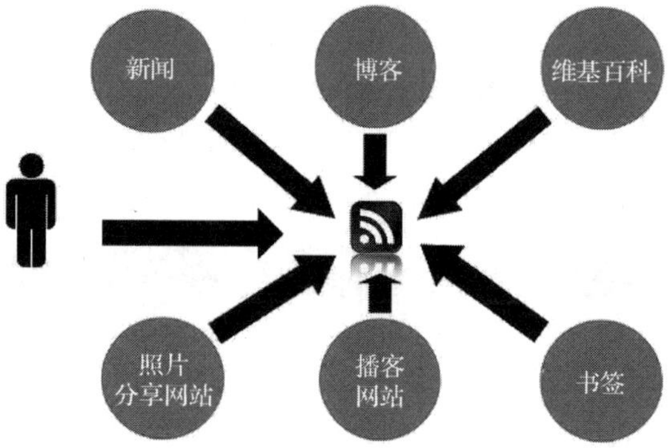

图 6-5　基于 RSS 的信息获取方式

RSS 的优点可以概括为："一站式"服务，节约时间；获取信息及时；阅读效率高；便于管理；便于分享；免受垃圾信息、邮件、广告的骚扰；无须提供私人信息；学习简单，等等。RSS 常用于订阅论坛、博客、新闻、科学文献等的新信息。

2. RSS feed 文件与 RSS 阅读器

实际应用 RSS 时，离不开 RSS feed 文件与 RSS 阅读器。RSS feed 文件反映网站最新的更新信息，RSS 阅读器则用于订阅、读取和分析 RSS feed 文件，进而获取及时的网站更新信息。

（1）RSS feed 文件

提供 RSS 服务的网站，通常采用以下两种方式向用户提供 RSS feed 文件的相关信息。

① 单独放置方式。在网站（栏目、频道或板块）首页的显要位置标注 RSS feed 文件的网络链接，一般采用有"XML""RSS""FEED""SUB"等字样的橙色小图标进行标记。

② 集中放置方式。如图 6-6 所示是人民网集中放置的 RSS feed 列表，这是目前支持 RSS 的网站普遍采用的一种 RSS feed 提供方式，即将网站所有的 RSS feed 链接图标按照类别集中放置在同一个页面，统一向用户提供。

图 6-6　人民网看天下新闻阅读器及其部分 RSS 频道

（2）RSS 阅读器

RSS 阅读器是一种软件，或者说是一个程序，这种软件可以自由读取 RSS 和 Atom 两种规范格式的文档。这种读取 RSS 和 Atom 文档的软件有多个版本，由不同的人或公司开发，有着不同的名字。RSS 软件能够实现大致相同的功能，其实质都是为了方便地读取 RSS 和 Atom 文档。但是不同的阅读器在功能强弱上会有区别，如一次抓取的信息条数、阅读管理等操作的功能性等。同时，有不少 RSS 阅读器既提供 PC 端，也提供移动端，信息可以同步，对用户来说非常方便，用户可根据自己的需求特点加以选择。

RSS 阅读器可分为在线阅读器和离线阅读器两种。在线阅读器的优点有：不受机器限制，只要联网，通过浏览器就可以使用；速度比较快，阅读内容可以实时同步，不需要安装软件；可以分析用户阅读习惯；可以获取一定的统计；搜索比较方便。离线阅读器的优点有：可以将文章下载到本地离线阅读；不受浏览器限制，方便操作管理。

常见的 RSS 阅读器有新浪点点通、看天下、有道阅读、FeedDemon、GreatNews、Reeder、The Old Reader、Feedly、Inoreader 等。此外，IE 8+等浏览器也内置有 RSS 阅读器。QQ 邮箱也提供订阅功能，但在订阅功能上不如专用的 RSS 阅读器。

3. RSS 阅读器的一般使用方法

① 注册账号并登录阅读器。

② 查找 RSS 源（信息发布地址），将 RSS feed 添加到阅读器中的“快速添加频道”输入框，如图 6-7 所示，然后进行订阅。

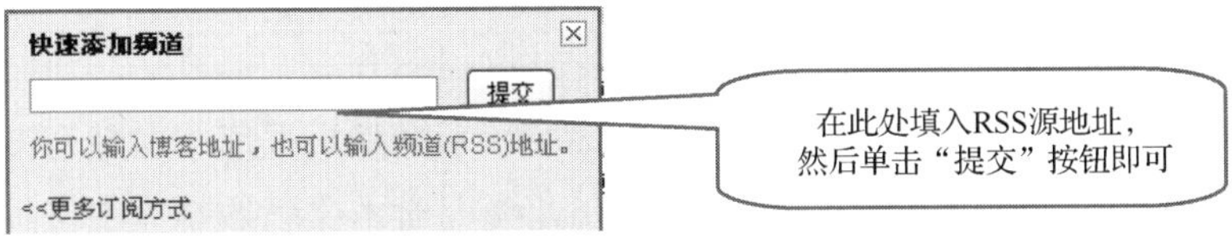

图 6-7　将 RSS feed 添加到阅读器中的“快速添加频道”输入框

对于查找到的 RSS feed 地址，一般有 3 种操作方法：直接单击订阅；单击鼠标右键复制链接地址订阅；全站订阅，直接复制网址。

③ 阅读订阅信息。订阅信息可设置不同的显示方式，如仅显示标题、显示标题和摘要、显示全文，以及显示每页记录条数等，便于高效、快捷地浏览和阅读最新信息。

④ 管理订阅信息，包括创建文件夹，编辑频道名称，删除、移动订阅频道，导入订阅，导出订阅，分享订阅等。

⑤ 注意事项。

- 不同的阅读器订阅方法略有不同。
- 同一种阅读器，如果使用不同的浏览器、使用电脑端和 iOS/Android 平台，订阅方法也会有所不同。

4．RSS 订阅方法实例

RSS 订阅虽然简单，但针对不同的信息，准确找到其 RSS feed 的方法不一定相同。下面以 GreatNews 阅读器为例，说明科学文献的订阅方法。

（1）GreatNews 简介

GreatNews 是一款非常优秀的 RSS 阅读器，体积小巧，功能齐全，是一款绿色软件。首先创建账户，登录 GreatNews 阅读器主页，可选中文或英文界面。中文界面如图 6-8 所示。

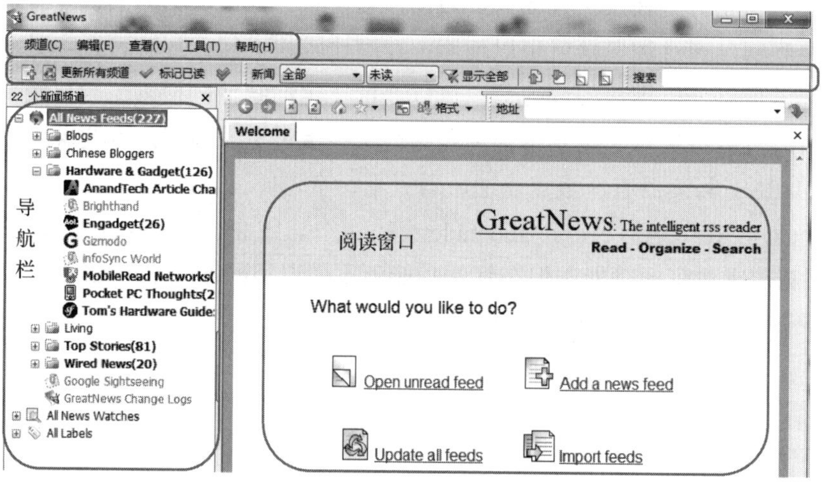

图 6-8　GreatNews 阅读器的中文界面

（2）科学文献订阅

科学文献的订阅主要包括学术新闻的订阅、学术文献数据库中文献资源的订阅、学术期刊的订阅和学术博客的订阅几个方面。在此说明学术文献数据库中文献资源的订阅和学术期刊的订阅。

① 学术文献数据库中文献资源的订阅。学术文献数据库虽然数量众多，但针对关键词订阅相关文献的方法大同小异。下面以 EV 为例，说明文献的订阅步骤。注意，很多数据库需先注册登录才可使用其 RSS 订阅服务。

第 1 步，根据信息需求进行搜索。例如，在“6.1.1 邮件提醒”中已进行过 Compendex & Inspec 数据库中的搜索：virtual reality WN TI AND simulations WN TI。

第 2 步，在结果页面找到“RSS feed”（RSS 订阅）功能，如图 6-9 所示。

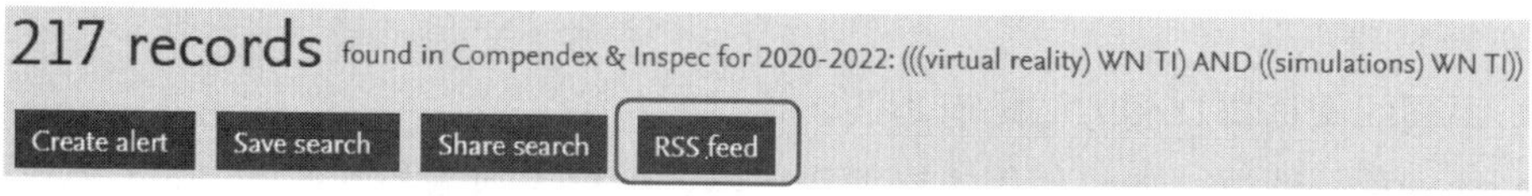

图 6-9　结果页面的“RSS feed”功能

第 3 步，复制该 RSS feed 地址（见图 6-10），将其粘贴到 GreatNews 阅读器的频道栏中即可完成订阅，可为此订阅重新命名。

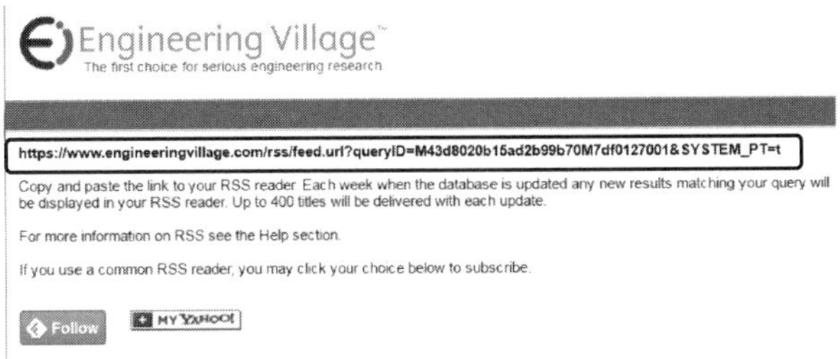

图 6-10　检索结果的 RSS feed 地址

第 4 步，阅读订阅结果，如图 6-11 所示。

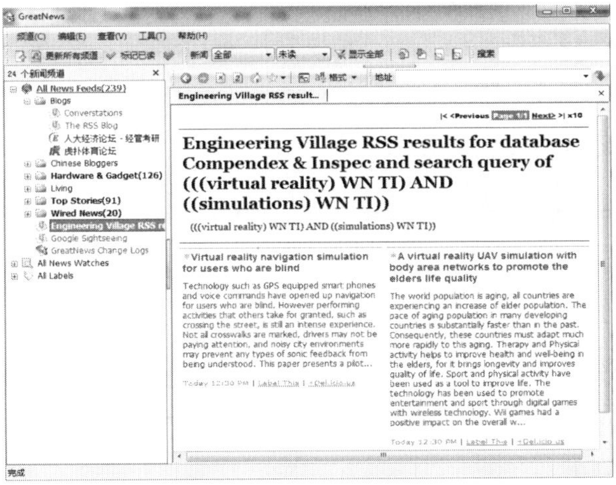

图 6-11　阅读订阅结果

② 学术期刊的订阅。学术期刊的订阅有两种方法。a.直接订阅期刊，即直接链接到期刊杂志社网站去查找 RSS 源，查到后进行订阅；或者通过搜索引擎查找该期刊的 RSS 源进行订阅。b.在方法 a 无法找到期刊的 RSS 源的情况下，可采用学术文献数据库中文献资源的订阅方法进行订阅，将搜索关键词换成搜索指定的杂志名称即可。

通常，直接订阅期刊的时效性要比通过数据库搜索订阅更好。

6.1.3　Stork 文献鸟订阅

Stork 文献鸟是一款简单易上手的文献订阅工具，只要你把所有想跟踪的主题提炼出关键词，或者把领域内比较有名的人的名字输进去，每天，Stork 就会自动搜索并把结果发给你，让你第一时间知道所关注领域的新文献。要是一次检索出的文献过多，Stork 就会把每篇文章对应期刊的影响因子用颜色标记出来（颜色越黄，影响因子越高），帮你快速选择最值得阅读的文献。

6.1.4　社交媒体订阅

随着信息生态环境的不断演变，学术传播与交流模式也发生了极大的变化，微信、微博等社交新媒体的社会接受度非常高，通过微信公众号等社交媒体获取最新信息非常便利。例如，微信已经成为人们使用最多的应用之一，甚至已成为现代人的一种生活方式，给予了用户更多的选择和便利，进一步降低了沟通和交易成本，创造了更多的信息价值。微信公众平台的账号可分为服务号、订阅号、小程序、企业号等，其内容涉及方方面面，也是人们获取关注信息的一种重要方式和渠道。高品质的学术博客也是用户获取优质信息的好工具。

6.2　文献管理软件

6.2.1　为什么需要文献管理软件

1．解决学术和科研写作中经常遇到的问题

文献调研在科研工作中必不可少，花在文献方面的时间会占整个科研时间的很大一部分。在网络信息海量存储和增长、便捷获取和下载的当下，个人保存的文献越来越多，只靠记忆来管理文献越来越不现实。

- 各种来源收集的文献杂乱无序，没有统一有效管理的位置，想用的时候却经常挖掘不到合适的文献。
- 做课题或撰写论文时，需要对文献进行研读，或者借鉴已有的文献进行分析、讨论。但因文献太多，形式繁杂，让人们无从下手。
- 在撰写论文的过程中，不同期刊要求的投稿格式各不相同，参考文献的插入、整理和格式处理一直令写作者头疼，一不留神就会错误百出，还浪费了大量的时间和精力。

面对这些问题，人们迫切需要一款能够更好地管理文献的软件。

2．文献管理软件的作用

文献管理软件是研究者用于记录、组织和调阅引用文献的计算机程序。通过文献管理软件，研究者可以快捷、方便、准确地检索、管理和利用各种信息和文献，提升科研、写作和学习流程的效率，并促进最终研究成果的产出。

6.2.2　常用的文献管理软件

文献管理软件有很多种，在主体功能方面，一般均提供检索、管理、分析、发现和写作几大类功能，但不同的软件也有各自的一些特色功能。

目前比较常用的国产文献管理软件有 NoteExpress、知网研学、Notefirst 等，支持中文，适合中文用户使用。

国外文献管理软件有 Mendeley、RefWorks、Procite、Zotero 和 EndNote 等，主要针对英文用户。

1．NoteExpress

NoteExpress 是由北京爱琴海乐之技术有限公司自主研发，拥有完全知识产权的文献检索、管理与应用系统，全面支持简体中文、繁体中文和英文。NoteExpress 提供信息导入、过滤、全文下载及文献管理功能，帮助用户整理、组织摘要和全文，在撰写论文、专著或报告时，在正文中的指定位置添加文中注释，按照不同的期刊和论文格式要求自动生成参考文献索引，提高研究者的文献管理和研究效率。其主要功能与特点如下。

① 支持两大主流写作软件 MS Office 和 WPS。其写作插件支持 MS Office Word 2003/2007/2010/2013、OpenOffice.org Wirter 和 WPS 等多种文字处理软件。用户在使用微软 Office Word 或金山 WPS 软件撰写科研论文时，利用内置的写作插件可以实现边写作边引用参考文献。

② 文件导入，全文下载。可以将各种类型的文件，如 PDF、DOCX、CAJ、KDH 等，导入 NoteExpress 中进行管理。可以进行常用数据库的全文下载。

③ 全文智能识别，题录自动补全。NoteExpress 可智能识别全文文件中的标题、DOI 等关键信息，并自动更新补全题录元数据。

④ 强大的期刊管理器。NoteExpress 内置最近 5 年的 JCR 期刊影响因子、最新的国内外主流期刊收录范围和中国科学院期刊分区数据，在添加文献的同时，自动匹配填充相关信息。

⑤ 研究笔记。用户在阅读文献的同时可以在 NoteExpress 中记录文字、图片、表格、公式等多种类型的笔记。

⑥ 标记系统。NoteExpress 提供多种标记，如星标、彩旗，用户可以根据喜好对文献进行个性化标记。

⑦ 灵活多样的分类方法。传统的树形结构分类与灵活的标签标记分类，使用户管理文献时更加得心应手。多级文件夹功能可以建立多层级的文件夹来分门别类地管理数据。可以给文献打上多个标签来进行分类，并可以通过标签组合对不同的文献进行快速定位。

⑧ 丰富的参考文献输出样式。NoteExpress 内置近 4 000 种国内外期刊、学位论文，以及国家、协会标准的参考文献格式，支持格式一键转换，支持生成校对报告，支持多

国语言模板，支持双语输出。

⑨ 自动备份。NoteExpress 可以在启动或关闭时自动备份打开的数据库，全面提升数据的安全性。

⑩ 支持 Windows、iOS、安卓、金山 WPS 系统，支持多屏幕、跨平台协同工作。NoteExpress 客户端、浏览器插件和青提文献 App，可让用户在不同屏幕、不同平台之间，利用碎片时间，高效地完成文献追踪和收集工作。使用青提文献 App 可订阅近千种主流刊物的文献信息，实现个性化订阅，并以跨屏幕协同流程，将手机端、网页端、PC 端的文献管理、阅读、引用等功能进行整合，实现“一站式”科研文献管理服务，并可将在青提文献 App 中收藏的文献通过 NoteExpress 的下载功能同步到桌面端。青提文献 App、NoteExpress、浏览器插件账号通用，数据打通，方便管理和高效利用。

2．知网研学

知网研学是在提供传统文献服务的基础上，以云服务的模式，提供集文献检索、阅读学习、笔记、摘录、笔记汇编、论文写作、个人知识管理等功能为一体的个人学习平台。该平台提供网页端、桌面端（Windows 和 Mac）、移动端（iOS 和安卓）、微信小程序，多端数据云同步，满足学习者在不同场景下的学习需求。

3．Mendeley

Mendeley 这个名字来源于“现代遗传学之父”格雷戈尔·孟德尔和“化学元素周期表之父”德米特里·伊万诺维奇·门捷列夫。该软件一经问世，便得到科研人员的各种好评。该软件为免费软件，可以创建书库、管理文档、管理引用参考文献，能自动捕捉作者、期刊名、杂志期（卷）号等重要信息，自动生成参考文献，支持群组共享文献资料，支持多平台云端存储。

4．EndNote

EndNote 是 Clarivate Analytics 提供的科研文献工作流管理工具。在科研人员的研究、管理、写作和发表等工作中，EndNote 可协助其创建个人文献图书馆，并将检索、分析、管理、写作、投稿整合在一起，创建简单的流程，使科研人员高效率地工作。

目前 EndNote 提供单机和网络两种使用方式。如果用户所在机构已经拥有 Web of Science 平台资源（集成了 SCI/SSCI 等数据库），即可通过 Web of Science 享用 EndNote 网络版带来的便利。而机构开通 EndNote 单机版（Site License）后，即可通过管理员获取安装包，在工作或个人电脑上安装功能更加强大的 EndNote 单机版。

EndNote 有着易用的界面和强大的文献搜索功能，支持中文，无论是在文献的检索、管理、文献全文的自动获取方面，还是在论文写作过程中的文献引用插入、SCI 期刊模板等方面，均可为用户提供强大的帮助。

① EndNote 支持国际期刊的参考文献格式，提供写作模板，涵盖各个领域的期

刊。用户可以方便地使用这些格式和模板，如果准备写 SCI 稿件，那么更有必要采用该软件。

② EndNote 能直接连接上千个数据库，并提供通用的检索方式，提高了科技文献的检索效率。

③ EndNote 能管理的数据库没有上限，至少能管理数十万条参考文献。

④ EndNote 快捷工具嵌入 Word 编辑器中，可以让用户很方便地边书写论文边插入参考文献，书写过程中不用担心插入的参考文献会发生格式错误。

⑤ EndNote 的系统资源占用少，很少出现因 EndNote 数据库过大而导致计算机死机的现象，这是 EndNote 很重要的特色之一。

⑥ 使用国外数据库下载数据时，均支持 EndNote，即使检索的机器上没有安装 EndNote，也可以方便地使用。

6.2.3 如何使用文献管理软件

限于篇幅，本书仅以 EndNote 为例对文献管理软件的使用做概括性说明和技巧提示，详细操作可根据不同的文献管理软件提供的使用教程加以学习和掌握。

1. EndNote 的主要功能

文献管理软件通常有检索、管理、分析、写作几大类功能。EndNote 的功能如图 6-12 所示。如表 6-1～表 6-4 所示分别总结了 EndNote 这几大功能的实现。

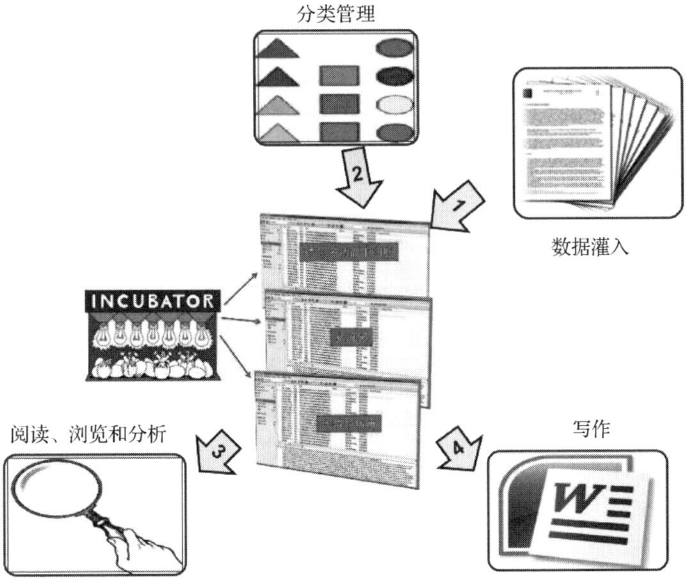

图 6-12　EndNote 的功能

表 6-1　EndNote的数据灌入功能

手工输入	方法：References->New reference
在 EndNote 中联网检索	方法：Tools->Online search
TXT 导入	方法：file->import->file/folder
PDF 导入	方法：同 TXT 导入
网站输出	
EndNote 网络版同步	方法：preference->sync

表 6-2　EndNote的分类管理功能

group	
smart group	可以检索的方式添加 library 中的目标文献。例如，挑出所有来自《科学》期刊中的文献。该组一旦建好，在 library 中新添加文献时，该 smart group 会自动将其中满足之前检索条件的文献添加进来

表 6-3　EndNote的阅读、浏览和分析功能

在 EndNote 中可批量下载全文	方法：在要下载的文献位置单击鼠标右键->find full text
给某篇文献添加附件	方法：reference->file attachment 或单击鼠标右键
页面布局	方法：可利用右下角的 layout 设置
选择不同字段排序	
分析不同字段	方法：Tools->subject bibliography
给文献标注重要程序	方法：rating
文献列表页面显示哪些字段	方法：edite->preference->display fiele 中设置
给文献添加注释	方法：在浏览窗口中的 reference 中找 research notes 字段
灌入 EndNote 的 PDF 可编辑且可对所做标注进行检索	方法：打开 PDF 页面即可编辑，之后在检索中用 PDF notes 字段可实现对所标注内容的检索

表 6-4　EndNote的写作功能

在 Word 中插入参考文献	方法 1：insert citation->insert citation
	方法 2：insert citation->insert selected citation
增删参考文献	方法：在 Word 中选择 EndNote 工具栏中的 Edit & manage citations
统一格式化处理	方法 1：在 style 中选择待投期刊名称
	方法 2：如果 style 列表中没有待投期刊，也可使用过滤器定制格式

2. EndNote 工作流程及技巧简要说明

EndNote 怎么用？简单概括一下，只需三步就可以完成：文献导入、文献管理和文献编排。

（1）文献导入：解决从哪里找文献的问题

各种数据库，如 Web of Science、CNKI、PubMed 等，以及其他的内源、外源、英文、中文数据库中的文献信息，都可以导入私人图书馆中，打造个性化的科研文献库。

EndNote 还支持外部各类数据库的导入。EndNote 嵌入的在线检索功能可以在数百个大学（牛津大学、剑桥大学、普林斯顿大学等）图书馆及在线数据库（Web of Science、PubMed、MEDLINE 等）中进行文献检索，从而帮助用户快速获取国内外的文献信息。

针对计算机中原有的各种 PDF 文档，也可进行导入，导入后还可智能生成对应 PDF 全文的文献题录，实现与本地文件夹同步更新。

（2）文献管理：解决如何进行文献管理的问题

通过 EndNote，用户可以对私人科学图书馆中的文献按照作者、出版年份等 49 个字段进行排序，便于精准定位到所需文献。特有的“Rating”字段，可让用户根据文献的重要性、创新性、与课题的相关程度给予相应的星级评分。

用户可以使用 EndNote 提供的常规分组、智能分组、组合分组 3 种不同的分组方式，有序地管理文献，既可满足预先设定的分组条件来对所有文献进行自动分组，也可使用逻辑运算符 AND、OR、NOT 对已有的分组进行不同的组合。例如，可以利用组合分组将某学者在某期刊上发表的相关文献统一归类。

分组管理是很有用的文献管理诀窍，它不仅提供文献导入功能，各种文献管理功能也很全面，如排序、检索、去重、分组、自动查找并下载全文、分析、同步、共享等。

（3）文献编排：解决如何提升写作与投稿效率的问题

写论文的时候，参考文献格式的处理往往令人头疼不已，工作量很大，重复性高，一不留神还容易出错。EndNote 安装后的“Cite While You Write”（边写作边引用）插件（见图 6-13）可以与 Office 集成。通过设置期刊写作模板、文献插入及管理、一键文献格式调整 3 种功能，帮助科研工作者严格按照投稿期刊的要求，方便、快捷地完成论文写作中的参考文献相关工作。

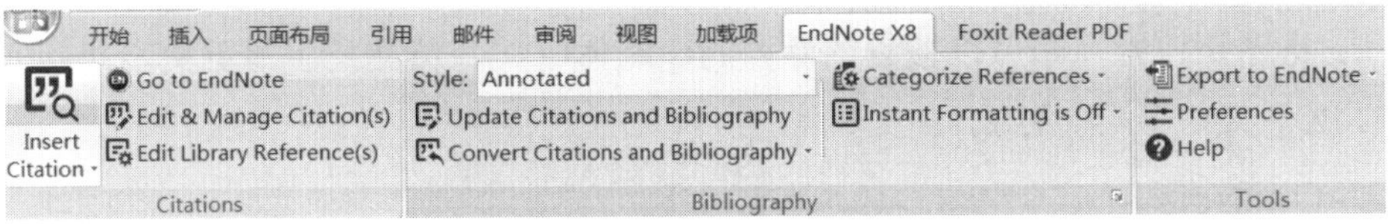

图 6-13　EndNote 的 Cite While You Write 插件

6.3 网络笔记

6.3.1 为什么需要网络笔记

在使用数据库、网页、微信、微博、博客时，或者在进行学习、科研、培训、办公、生活、娱乐、项目策划、个人规划时，我们都会接触、接收、收藏、保存各种各样的信息。在这些信息中，对于来源于数据库的相对规整的文献信息，我们可以用文献管理软件来进行高效的管理和利用；而对于很多来源广泛、类型多样、用途各异、多媒体形式的其他各种信息，则可以用网络笔记来方便、有效地管理和利用。

过去我们习惯用传统的纸质笔记来记录信息，但是如今信息量极大，纸质笔记的查找、携带都非常不方便。而今天有了大量的网络笔记工具，它们基于云端，不同的终端均可使用，输入、输出、查找信息非常方便。

这些网络笔记基本上实现了全平台覆盖、全媒体适用、多平台多终端云同步的功能，易于使用，可随时更改，快速搜索，长期保存。合理地使用网络笔记工具，可以让我们的信息处理和利用更加有效，让我们的学习、工作和生活更加方便。

6.3.2 常用的网络笔记

网络上有很多笔记，如图 6-14 所示。印象笔记、OneNote、为知笔记、有道云笔记等的用户较多，功能也较强。有些网络笔记较有特色，如卡片日记；有些网络笔记汇集成多种功能，如 MarginNote。手机上的记事本也能帮助我们保存信息，起到简便笔记本的作用。

图 6-14 部分网络笔记工具图标

1. 印象笔记

印象笔记支持任意格式的文件作为附件插入笔记中，实现跨平台同步，方便任意格式的资料在不同平台之间的管理。印象笔记有网页剪报功能，还有一个很有用的特色功能——支持图片搜索，即可以搜索图片内的印刷体中文、英文及手写英文，此搜索对文字版的 PDF 文件也同样有效。

2. OneNote

OneNote 提供一种灵活的方式，将文本、图片、数字手写墨迹、录音和录像等信息全部收集并组织到计算机上的一个数字笔记本中，方便将所需的信息保留在手边，减少在电子邮件、书面笔记本、文件夹和打印结果中搜索信息的时间，从而有助于提高工作效率。OneNote 提供了强大的搜索功能和易用的共享笔记本：搜索功能使用户可以迅速找到所需内容，共享笔记本使用户可以更加有效地管理信息超载和协同工作。

3. 为知笔记

为知笔记的定位为“高效率工作笔记”，除了常用的笔记功能，在“工作笔记”和“团队协作”方面功能也较强，能较好地解决团队记录和团队协作沟通问题。

4. 有道云笔记

有道云笔记采用了“三备份储存”技术以防资料丢失，解决了个人资料和信息跨平台、跨地点的管理问题。它提供 2GB 初始免费存储空间，并且随着用户在线时间的增长，登录账号所对应的储存空间也可以同步增长。其所占内存比印象笔记小一些，是本土化的产品，更贴近国人习惯。

5. 记事宝

记事宝可以方便地将短信内容导入软件中，可以添加提醒功能，在桌面上显示最新的记事并快速添加记事。记事宝拥有书签分类功能，方便用户随时随地查阅与修改个人记事资料。

6.3.3 使用网络笔记进行学习和学术研究

1. 网络笔记的一般使用方法

这里以印象笔记为例简单说明网络笔记的一般使用方法。

（1）软件下载

用户可在印象笔记的官网下载该软件，下载软件后按提示注册账号。印象笔记支持 Windows 操作系统、iOS 系统、Android 系统等。

（2）特点概述

- 随时记录一切内容：无论是点滴灵感、待办清单，还是会议记录、项目资料，都可以随时记录，永久保存内容。
- 支持所有设备：可以保存一切内容，笔记会自动同步到所有设备，用户再也不用回想某个东西究竟存在哪台设备，因为它就在笔记里。
- 快速查找所需：利用一个简单的搜索框，用户能轻松找到放进笔记里的所有内容，无论是笔记、图片，还是附件内的文字，都能迅速搜索到。
- 高效协作共享：用户无须跳出应用，即可基于笔记展开讨论，共享工作笔记本，合作完成团队目标。

事实上，上述特点也是各种网络笔记共同的功能特性，只是不同的网络笔记，在性能优劣上会有差异。

（3）印象笔记能完成的工作

① 收集信息。无论是网页文章，还是在 App、微信、微博上看到的内容，都可以非常方便地存储到印象笔记。

② 产生信息。用户可以直接在印象笔记中写作、创作，点滴记事、完整文章均可。

③ 整理和搜索信息。印象笔记有非常强大的 OCR 识别功能和全文搜索功能，用户可以非常方便地用关键词搜索到想要的信息。印象笔记提供笔记本和标签两个维度，方

便对信息进行分类管理。同时，印象笔记支持合并笔记、移动笔记、复制笔记、分享笔记，后续整理非常方便。

2. 使用印象笔记进行学习和学术研究的几种技巧

（1）将课程整理到笔记本中，组织好所有的课业内容

用户可以使用印象笔记作为数字笔记本，将所有的课程笔记、学校信息、日程安排等收集保存，建立自己的笔记本结构，将类似的文件整理到一起。例如，为每门课程创建一个笔记本，将所有笔记、讲座信息、实验数据记录进去。

同理，也可以将研究内容整理到笔记本中。例如，用户想对某个课题进行研究，可以在笔记中保存自己搜索到的关于这个主题的所有信息，建立一个笔记本，对所有信息进行分类整理，需要的时候可以马上找到。

进阶技巧：如果需要进一步整理分类资料，则可以建立多个笔记本，将这些笔记本归入同一个笔记本组，使笔记本结构更加清晰。例如，可以为每个学期创建一个笔记本组，将本学期的课程笔记本整理进去。设置笔记本组能帮助用户更快地找到需要的资料。

（2）从网络中收集文档资料

可以使用印象笔记的剪藏功能来一键收藏网页内容到印象笔记，当需要在短时间内从网络中收集大量文稿信息时，这一功能显得尤为便利。例如，将校园网上关于课程、活动等的截图、图片和重要信息保存到印象笔记中。

进阶技巧：在移动设备上为经常使用的笔记本打开离线笔记本功能，方便在没有网络访问的时候查看笔记内容。

（3）使用移动设备来保存图片、扫描文档

使用印象笔记的拍摄模式，用户可以随时随地记录瞬间的灵感。例如，参观时拍摄不允许外带的文档的照片、拍摄白板、扫描手稿，方便之后随时查看和标注。手稿被扫描并存储后，印象笔记会使用 OCR 技术帮助用户搜索图片中的文字。

进阶技巧：可以在任何 Android 或 iOS 设备上创建手写笔记，使用手写笔或手指绘制草稿、表格等。

（4）标注图片或 PDF

可以使用标注工具的各种功能，在图片或 PDF 上添加注释、箭头、方框和其他形状的提醒，突出文档重点，强调重点内容。

进阶技巧：使用移动设备中印象笔记的拍摄功能，扫描课程大纲讲义和其他纸质文档；在计算机上，将 PDF 和 Office 文档保存到印象笔记的相关笔记中。

（5）录制语音笔记

为了保证不错过任何重要信息、与研究课题有关的信息，可使用印象笔记的录音功能，录制重要的对话和采访记录，保存为语音笔记。当然，前提是征得录音对象的允许。目前录音功能支持 Mac 版、Windows 桌面版、Android 版、iPhone、iPad 和 iPod Touch

版印象笔记。

进阶技巧：为了方便之后进行查询和参考，可以在录音笔记中加入相关的文字资料或录音内容的文字版；可以通过设置提醒，在课后及时复习相关笔记。

（6）与其他研究伙伴分享笔记和笔记本

用户可以使用印象笔记将自己的笔记和笔记本分享给研究伙伴，给予对方可以编辑的权限，让大家一起共享资料、互相启发；可以轻松实现发送消息和分享笔记或笔记本的功能，而不必切换到其他程序。

进阶技巧：对于经常访问的笔记或网站，可以创建一条目录笔记，实现快速跳转。

（7）使用待办事项列表和提醒功能管理任务

用户可以将课堂作业等任务清单全部存储到印象笔记中，只要设备上安装有印象笔记客户端，用户就可以随时随地访问这些清单。还可以将校园网上的各种事件信息存储到印象笔记中。

进阶技巧：将清单分享给小组内的其他成员，并在分享时设置可以编辑的权限，让每个人完成任务之后都在笔记中勾选复选框，告诉大家这个任务已经完成。

6.4　思维导图

6.4.1　思维导图的作用

在日常生活中，很多人都会遭遇这样的问题：读完一本书或一篇文献，常常抓不住重点、记不住内容；想向别人表达自己的观点，但总是绕来绕去说不明白；羡慕别人的知识体系清晰、有条理，感叹自己脑子里只有一团乱麻。

这是缺少思维能力的表现。

其实，与其他技能类似，思维能力也是可以通过训练得到提升的。诞生于 20 世纪 50 年代的思维辅助工具——思维导图，就可以很好地帮助我们训练思维，激发脑力。这种图文并茂、将发散性思维形象化的工具，最明显的特征就是可以让我们以更加发散的思维来思考问题，有效地帮助我们完成知识整理、问题分析、思路梳理、头脑风暴等工作，发掘大脑潜力，提高工作、学习效率，称得上全世界范围内很知名的、很受欢迎的效率工具之一。在新加坡等国家，思维导图被列为学生的必修课程。

6.4.2　常用的思维导图软件

思维导图，又叫心智图，它的创始人是“大脑先生”托尼·巴赞（Tony Buzan）。它是一种将发散性思考具体化的方法，能把各级主题的关系用相互隶属和相关的层级图表现出来。思维导图软件有很多种，这里简单介绍几种。

1．XMind

XMind 是一个开源项目，可以免费下载并自由使用。XMind 有 Plus/Pro 版本，提供更专业的功能。除了地图结构，XMind 也提供树、逻辑和鱼骨图，具有内置拼写检查、搜索、加密甚至音频笔记功能。

2．MindManager

MindManager 由美国 Mindjet 公司开发，界面可视化，有着直观、友好的用户界面和丰富的功能，可使用户有序地组织思维、资源和项目进程。同时，MindManager 还是一个高效的项目管理软件，能很好地提高项目组的工作效率和小组成员之间的协作性。作为一个组织资源和管理项目的方法，可从思维导图的核心分支派生出各种关联的想法和信息。MindManager 功能强大，易于上手，能对节点轻松拖放和设置优先级，方便地添加图像、视频、超链接和附件，并支持各种格式的导出。无论是读文献还是写论文，MindManager 都可以很好地帮助用户进行记忆并厘清思路。

3．MindMeister

MindMeister，即在线思维导图应用软件，有网页版 iOS 版、Android 版，用户可以在学校、家里、办公室甚至旅途中使用。

思维导图 HD 是 MindMeister 的官方 iPad 应用，能够在 iPad 上编辑树状思维导图。它可以无缝兼容 MindMeister 在线账户，并与其同步，还可以从 MindManager 软件中导入导图和文本文件，或者导出为微软 Word 格式、PDF 格式或图片格式。该软件操作简便，用户只需点击、拖曳、输入，即可完成导图的摆放和录入。

4．FreeMind

FreeMind 是用 Java 编写的免费心智图软件，有一键式“折叠/展开”和“跟随链接”，操作快捷。其产生的文件格式后缀为.mm。

5．SimpleMind+

SimpleMind+最大的特点是简明、容易操作，可以自由摆放每个节点，单独移动某个节点，或者按住后自动全选该节点及所有的从属节点使之一并移动。但中心节点没有这个特点，不能点选所有节点。移动所有节点很简单，单击任意一个连线即可。

6．Mindmaps

Mindmaps 是一款跨平台的、基于 GPL 协议的自由软件，是一个开源的应用程序，使任何人都可以轻松地创建好看的思维导图，可以创建分支（子想法）与无限层级，所有这些都互相连接。Mindmaps 具有扩展性、一键展开多功能的定义格式和快捷键等特性。

7．Mindnode

Mindnode 是 Mac 专用的应用程序，为付费软件。借助 Mindnode，用户可以轻松地记下想法。无限的画布可让用户添加尽可能多的思维导图，甚至可以跨不同的地图连接节点。

8. Coggle

Coggle 是一个免费的在线协作思维导图工具，支持快捷键、撤销/重做、多人协作、拖曳**图片、嵌入第三方网页、操作历史记录（每个节点都能记录下创建者和创建时间），可设置不同颜色的连接线。当用户设计完导图后，可以创建一个链接，公开分享。

9. 百度脑图

百度脑图为百度开源项目，是一款便捷的脑图编辑工具，简单易用。借助它，用户可在线上直接创建、保存并分享自己的思路。百度脑图免安装，云存储，易分享，功能丰富。

在浏览器地址栏中输入 http://naotu.baidu.com，即可进入百度脑图的主页，操作方法与思维导图软件大致相同。

用户在线上编辑完成之后，既可以保存到网盘中，也可以保存到本地，可以保存为图片格式，也可以保存为 SVG（浏览器中打开）、TXT 等格式，还可以保存为 KM 文件，在 KityMinder 中打开。

如果保存在本地，则 PNG 和 SVG 文件默认没有扩展名，对此分别加上.png 和.svg 扩展名即可。

10. 幕布

幕布是一款在线思维概要整理工具，类似于 WorkFlowy（一种极简的思维整理方式），通过无限的树形结构来组织内容，单击任何一个点，都可以以该点为中心展开新的思维导图。幕布可以帮助用户快速记录想法，支持思维导图演示。

➘ 学习分享

以下是一个实例，作者综合利用本章介绍的信息工具构思写作思路、搭建论文框架，读者可借鉴其思维过程，获得一些启发。

谭令威同学分享（2018 年 12 月）：

> **题目：永磁同步直线电机控制策略研究及进展**
>
> **主要关键词：**永磁同步直线电机（PMLSM）；控制；Permanent Magnetism Linear Synchronous Motors；PMLSM；control
>
> 检索式的调整：利用中国知网的结果分析功能，对搜索出来的结果进行分析，获得检索结果的关键词、主题等频次信息，如图 1 所示，可作为下次检索时调整检索式的依据，高效快速。

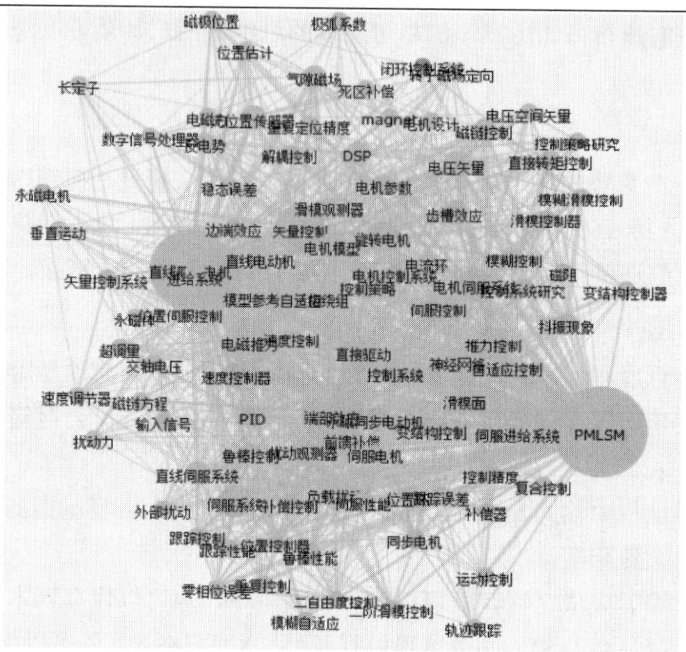

图 1　关键词共现网络

具体检索过程： 限于篇幅，此处不再讲述。

论文框架搭建过程： 使用 Histcite、NoteExpress 软件对文献进行处理，快速获取价值比较高的文献，以此形成对整个研究领域基本情况的认知。

将检索结果导入 NoteExpress 进行分析。获得检索结果的词频统计图和词频云图，分别如图 2 和图 3 所示。

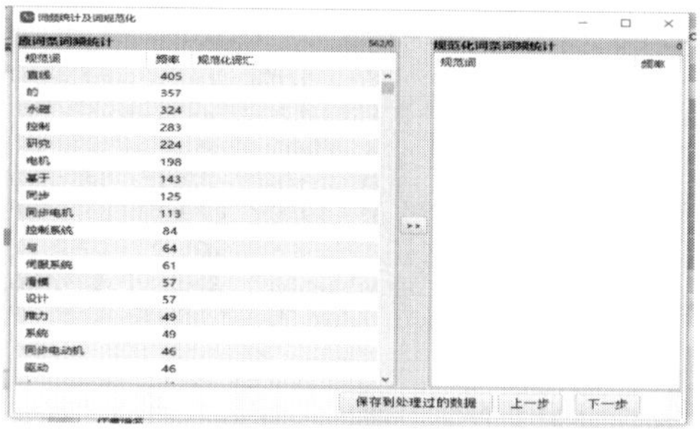

图 2　词频统计图

图 3　词频云图

从上述两个图中可以看出，有关永磁同步直线电机控制策略出现最多的词是滑模、推力、模糊、鲁棒、神经网络、鲁棒、PID、适应、学习、矢量、观测、预测。根据词频统计，初步搭建论文框架，如图 4 所示。

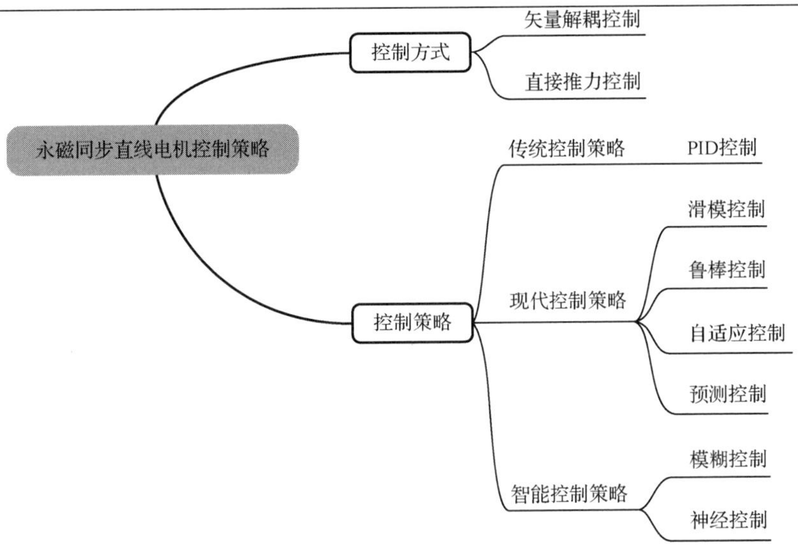

图 4　初步搭建论文框架

练习、讨论与思考

1. 请根据自己的需要下载并安装一款文献管理软件。

2. 进行文献管理软件的操作练习，如检索、查重、添加笔记、导入题录等。

3. 在论文写作中应用 NoteExpress 的插件功能，帮助自己自动添加参考文献，并尝试按不同期刊的不同格式要求进行更换。

4. 使用 RSS 阅读器在 SDOL 数据库中订阅你感兴趣的主题的文献。

5. 使用 RSS 阅读器订阅你感兴趣的期刊、新闻、博客、论坛各一种。

6. 尝试使用一种网络笔记。

7. 尝试使用一种思维导图软件。

8. 你会向小伙伴推荐哪些微信公众号？请说明推荐理由。

第 7 章

分析研读信息，进行科研过程训练

作为在校大学生，一些人在本科期间就开始参加学术、科技或创新等竞赛，或者跟随老师提前接触一些具体的科研项目，也有一些人发表了学术论文。又或者，一些本科生或低年级的研究生对科研工作比较陌生，甚至认为这是遥不可及的事情。然而，科研既不像想象中那么神秘，也不是简单地利用软件、硬件或设备完成某个功能或某项试验、推导出某个理论、得出某个正确的结论，这只是科研的结果。对科研新手而言，科研过程训练的重要性往往大于科研结果本身。

本章思维导图

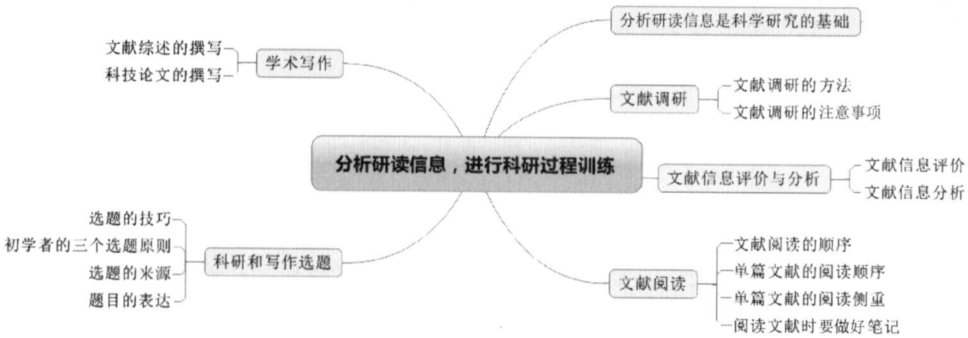

7.1　分析研读信息是科学研究的基础

科学研究，简称科研，是人类为寻求真理和为自身服务而探究自然、社会和思维现象及其规律的活动；是运用严密的科学方法，从事有目的、有计划、有系统的认识客观世界、探索客观真理的活动过程。其基本任务就是探索、认识未知，包括：创造知识，如创新、发现、发明等；修正知识，如对知识的鉴别、修改、完善；开发知识，如对知识的应用和再创造。

科研能力的培养，主要在于培养科研人员独立从事科学研究的能力，即独立思考问题和主动探求答案的能力。顺利完成科研活动任务所需要的能力包括科研创新能力、发现问题和解决问题的能力、文献收集与处理能力、逻辑思维与口头表达能力、动手操作能力等。

在科研过程中，文献搜索是一个不可缺少的重要环节，而且是一个不断发现的过程。文献信息的搜索和调研，以及相关的文献分析、文献阅读、科研与论文选题、学术写作等，是科研过程的有机组成部分，也是科研的基本技能。

在前面的章节，我们介绍了文献信息搜索和利用的资源、工具、方法和技能等，本章主要介绍文献调研、文献信息评价与分析、文献阅读、科研和写作选题学术写作。

7.2　文献调研

7.2.1　文献调研的方法

用户进行文献调研是为了解决问题。文献检索是第一步，用户查到文献后需要进行研读，获取有效的信息，并经过分析、整理、总结，解决相关问题，即检索、分析、阅读、总结，这才是一个完整的文献调研过程。

1．了解基础知识

查找综述、专业书籍或学位论文，数量不一定需要太多，论述全面、高质量即可，也可以请专业人士推荐。

2．查找研究现状

在这种情形下，通常需要较高的查全率，同时需要对所查到的信息进行分类整理，以得到全面和完整的信息。

3．查找关键技术

在这种情形下，有时查准率比查全率重要，并不需要进行大量的文献调研，只需要找到最相关的几篇重要文献，了解研究重点在哪里即可。

4．查找相似研究

在这种情形下，查准率最重要，要查找是否有非常接近的文章及技术，并进行定题跟踪。

5．查找研究方向

可以利用综述。好的综述通常有对历史、现状和发展趋势的概括总结。此外，比较全面的文献、分析不同时期的研究重点的文献、部分文献的前言，也会有阐述发展方向的内容。另外，也可以向行业的资深人士请教。

7.2.2　文献调研的注意事项

1．明确调研目的

文献调研首先要明确调研目的，调研目的不同，检索文献的侧重点就不同，阅读文献的重点也会不同。当然，并不是所有文献调研都需要同时查全和查准，有时偏重查全，有时偏重查准。

2．文献调研的原则

文献调研的原则包括新颖性、完整性、经济性、多样性、连续性等。这几个原则都是为了保障查全率和查准率，这是文献调研的关键。

3．重视信息来源

应侧重选用文献来源级别高、品质高的数据库，以及有质量保障的信息来源，注意信息来源的广泛性和全面性。

7.3　文献信息评价与分析

期刊论文、会议论文或学位论文等学术论文是学术文献的重要类型，也是学术文献检索和交流的主要对象。获得大量文献信息后如何快速有效地进行接下来的整理、筛选工作，挑选出高质量的、有参考价值的信息，显得越来越重要。

7.3.1　文献信息评价

1．文献信息评价的基本原则

获得检索结果后，需要对文献信息的价值做出评价。可以从可靠性、先进性和适用性三个方面来判断和评价文献信息的价值。

（1）可靠性

信息价值的可靠性主要是指信息的真实性，通常包含完整性、科学性和典型性这三个方面的内容。在利用信息之前，对文献信息价值的可靠性进行鉴定、判断和评价的方法有：①看作者的知名度；②看出版机构的学术性；③看文献的品位档次；④看信息来源的渠道；⑤看被引用率的高低；⑥看引文的权威性和规范性；⑦看发表时间的先后；⑧看专业程度的深浅、保密等级；⑨看内容的完整性和可信性；⑩看公众的评价和反应。

当然，上述方法必须综合考虑，不能单独使用其中一种来作为判断信息可靠性的标准。

（2）先进性

文献信息价值的先进性通常是一个相对概念，至少与时间和地域要素有关，其判断和评价一般可选用操作性较强的指标：①看文献的品位档次；②看出版机构的学术性；③看发表时间的先后；④看文献计量学的特征；⑤看文献内容的新颖性；⑥看信息发生源的背景和优势；⑦看推广应用的情况；⑧看技术参数的优劣；⑨看经济指标的好坏。

（3）适用性

文献信息价值的适用性判断和评价通常是在可靠性和先进性的基础上进行的，并将信息供需双方的情况加以比较，分析二者的异同。可靠而先进的信息可按照适用性的要求做进一步的筛选：①看条件的相似性；②看实践的效果；③看近期目标的需求；④看长远发展的需要；⑤看专家的评价和反应；⑥看综合利用的可能性。

这些文献信息价值评价的方法和内容可供选择参考，但切不可生搬硬套，一定要具体问题具体分析，灵活应用。

2. 对学术论著的一些评价方法

（1）查阅学术论著（常指图书或论文）的序言和介绍

在论著中，作者往往会介绍写作目的，同时也会指出读者对象。通过阅读序言和介绍，可以了解该论著是汇总过去的研究成果，还是阐述新观点，是否能帮助读者更好地了解研究的领域。通过阅读文章的序言，读者可以发现作者的写作目的。有些作者是在进行某一领域中已出版文献的总结、评论和综述，这类学科综述大部分可用作二手资料来源。有些作者是为了检验或发展一套新理论或新方法。如果这类论著发表在著名的学术刊物上或由权威出版社出版，即使理论上存在争议，也应当受到读者的重视。还有一些作者的写作目的可以是复制以前的研究，以寻找类似的或截然不同的结论，修订或改编一种尺度或其他研究标准，或者检验现有理论的一小部分。这些研究虽然都很重要且受到高度重视，但传统上都被认为比那些引进或发现新的理论和研究标准的研究水平要低一些。阅读论著的序言和介绍可以使读者了解论著的研究范围和潜在价值。

（2）评价论著的方法和数据

一本有价值的图书、一篇有水平的论文所应用的研究方法应该非常清楚详细，数据应该准确无误，成果应该是明显的。如果研究方法含混，数据有明显差错，可信度就会大大降低。

（3）评价论著的时效性、地域性

有些学科领域的研究带有很强的时代特征、地域特征，当收集到一些研究资料以后，一定要注意这些资料产生的年代背景及国家/地区背景，因为学科领域在全世界的发端、流传与发展并不平衡，有些研究可能还带有浓厚的本土化特色，要注意分析。

（4）了解作者的背景和资格

了解、查证作者过去的出版发表记录。例如，在这一领域，作者还有哪些论著？哪些人、多少人曾引用他（她）的作品？作者是这一领域的专家还是年轻的学者？作者所在的机构是什么？等等。这些背景资料也有助于读者判断论著的价值和质量。

3．网站信息资源评价

学术网站资源对今天学术研究的作用是不可估量的。然而，网站资源无以计数，而且质量参差不齐，究竟哪些网站学术水平较高？哪些网站内容比较丰富？哪些网站内容比较可靠？这些已经成为获取网上信息必须解决却并不容易解决的棘手问题。

目前人们针对网站优选和评价提供了一些工具和方法。这些方法归纳起来，主要有客观和主观两类。客观方法就是利用网上现成的工具或评价结果；主观方法就是浏览者自己根据某种标准进行评价。实际应用时可根据需要选择其一或结合使用。

（1）网站信息资源的定量评价

定量评价是指按照数量分析方法，利用网上自动收集和整理网站信息的评价工具，从客观量化的角度对网站信息资源进行的优选与评价。目前在互联网上有许多信息评价工具。例如，有的搜索引擎能把网页搜索软件发往每个网站，记录每一页的所有文本内容，并统计检索词的出现频率；有的搜索引擎可以测定网站的链接数量；有的搜索引擎可以自动统计网站的点击率。一般来说，网站被用户访问的次数越多，说明该网站上的信息越有价值。而一个网站被链接的数量的多少，可以反映该网站内容的重要性。某特定主题的词汇在一个网站出现的频率的高低，可以反映该网站的专业化程度。这样，将有关网站的访问次数、下载情况、链接数量等进行整理排序，就可以对网站影响力、网站所提供信息的水平和可信度等做出评判，进而选出常用网站，给出热门网站。这种方法类似于传统文献信息工作中通过引文等方法来确定核心期刊。

（2）网站信息资源的内容评价

内容是评价与选择的核心，内容可以反映网站信息资源的本质。评价网站信息资源的内容可从以下几方面考察。

① 完备性。网站收录信息资源的范围要全面、广泛，应该基本涵盖相关主题的所有概念，能使用户全面、准确、系统地了解和掌握特定主题的基础知识、研究方向及相关课题研究的具体成果。要包括世界上主要语种圈内有关研究的信息，既有文字信息，又有图像信息；既提供原始文献，又提供其他网址的资源链接；既提供一次文献，又提供二次文献；既有数字化的印刷型材料，又有原创的电子文献。电子文献要包含多种格式

的资源。

② 可靠性。网站应有明确的创建者，并能使用户检索到关于创建或拥有网站的机构或个人的说明。每项信息都要标明作者及其身份，要提供作者、网站创始人或管理人的联系地址。引用其他信息来源时应当注明出处，以备用户进一步核查，并确保引用事实和数据的准确。所有信息都要经过核实并可以通过其他信息验证。网站要保证其内容没有政治问题与色情暴力倾向，不含商业性广告色彩。作者在文章中不使用过激的词语，不能带有某种偏见。语言表述要严谨、规范，有很高的精确度，无拼写和语法错误。

③ 权威性。网站的主办者要具有专业背景，在学术界拥有较大的影响力。作者或信息提供者应在本专业领域具有一定的声望。信息要能够经常被其他权威网站摘引、链接与推荐。通常情况下，可以通过主页上的“about me”“contact me”等提供的内容来考察网站的作者、发布者及网站信息来源的权威性。一般来说，在某个专业比较著名的权威机构或专家所拥有的网站和发布的信息会具有较高的质量。尤其是大学和研究机构的网站，一般在信息发布前就已对信息进行了审查、筛选，这样的信息权威性较强。

④ 原创性。在互联网上，相同的主题常常会出现在许多网站上，但这些网站发布原始信息的数量和质量具有较大的差别。有的网站以发布原始信息为主，有的网站主要发布有关该主题链接的集合，还有一些网站是其他网站信息的镜像。通常发布原始信息的网站，其研究结论是经过严肃思考而得出的，与那些简单地照搬别人信息的网站相比，具有较强的独创性。

（3）核心网站评价法

核心网站主要是指这样一些网站/网页：它们中所含有的学术信息在其发布的所有信息量中占有极大的比例，而且与其他网站/网页中的同类信息相比，具有更高的学术价值，从中可以反映该学科专业主题领域的最高研究水平、最新研究成果和发展动态，而且具有较高的相对稳定性和专业人士访问率。专业核心网站的确定，将大大方便科研人员尽快获得高质量的专业信息，从而提高科研速度和效率；方便科研人员了解学术研究最新成果，跟踪最新科研进展和热点、焦点问题。核心网站评价法主要有以下几种。

① 用户评价法。网络信息用户是网站优劣的直接感受者，查找和选择网站及利用网站信息的经历给用户留下了深刻的印象，从而使他们成为最有发言权的群体。对网站进行评价时，可以列出若干项指标，采取问卷调查的方式，让用户将自己对某一网站或某类网站的真实感受表达出来。在设计问题时，既可以用肯定或否定的回答方式，也可用打分或标等级的方式，最后将无数随机自愿回答问题的用户答卷汇总起来，进行综合评比，确定一个阈值，大于阈值的就可称为核心网站。

② 专家评价法。邀请有关学科专家、政府领导、网络技术精英、网站主管等组成专家组，依照一定的指标体系（如核心网站评定准则）对网站进行投票评比，将评比得分相加后，依据从高分到低分的顺序排列，确定一个阈值，排在阈值之前的即为核心网站。

这种方法在操作中类似于用户评价法。

③ 指标体系评价法。这种方法就是将网站的内容和形式细化成若干指标，并分别赋予一定权重，逐项加以评价，最后求得多个网站的综合得分，并依据从高分到低分的顺序排列，从而确定核心网站。评价指标体系包括内部特征指标和外部特征指标。内部特征指标主要用来评价网站所提供的具体信息，因为要评定核心网站（特别是学术性核心网站），不能不考虑其所发布的信息质量；外部特征指标主要用来评价网站外表状态（上网检索信息时可以首先直接感觉到的特征）。在具体的评定过程中，可以根据不同指标在不同类型网站中的重要程度，赋予适当的权重。

7.3.2 文献信息分析

文献信息分析就是根据特定课题的需要，对收集的大量文献信息资料和其他多种有关的信息进行研究，系统地提出可供使用的资料。广义的文献信息分析是在占有所需文献信息的基础上，对信息进行整理、综合、分析、推理，从而发现新的知识或发明新的技术的过程。除纯粹的抽象思维外，文献信息分析实际上是一般科学研究中必不可少的环节，或者就是科学研究的后半过程。即使是实验性、实证性研究，最终也需要对获取的信息进行整理和分析。狭义的文献信息分析，是在进行文献信息调研的基础上，对大量已知信息的内容进行整序和以科学抽象为主要特征的信息深加工的活动，其目的是获取经过增值的信息产品，从而为决策提供支持和预测服务。下面简单介绍几种文献信息分析方法。

1．引文分析法

引文分析法是 1958 年美国科学情报研究所所长尤金·加菲尔德博士的创新，他利用科学论文相互之间的引证关系，不仅构建了一种揭示各学科内部联系的新型组织与检索方法，还创建了这种学术论文的定量评价方法。引文分析法的依据是在某一学术领域，某篇论文的被引用次数在某种程度上可以反映该论文在某一时期的学术影响。经常被引用的论文称为高被引论文，以此为基础，再考虑其他衡量因素（如学科之间的应用差异、论文发表时间的长短等），可以筛选出某一学科或领域中较有影响力的论文，即高影响力论文。

根据不同的角度和标准，可以将引文分析法划分为不同的类型。根据获取引文数据的方式不同，有直接分析法和间接分析法之分。前者是直接从来源期刊中统计原始论文所附的被引文献，从而取得数据并进行引文分析的方法；后者则是通过科学引文索引和期刊引用报告等引文分析工具，查得引文数据再进行分析的一种方法。根据文献引证的相关程度不同，有自引分析、双引分析、三引分析之分。根据分析的出发点和内容不同，引文分析大致有三种基本类型：引文数量分析、引文网状分析和引文链状分析。引文数量分析主要用于评价期刊和论文，研究文献情报流的规律等；引文网状分析主要用于揭示科学结构、学科相关程度和进行文献检索等；引文链状分析是基于科技论文之间存在一种“引文链”，如文献 A 被文献 B 引用，文献 B 被文献 C 引用，文献 C 又被文献 D 引用等，对引文的链状结构进行研究，可以揭示科学的发展过程并展望未来。

2. 内容分析法

内容分析法是对文献内容进行客观、系统、量化分析的一种科学研究方法，其目的是弄清楚或检测文献中本质性的事实和趋势，揭示文献所含有的隐性情报内容，对事物发展做出情报预测。内容分析法实际上是一种半定量研究方法，其基本做法是把媒介上的文字、非量化的有交流价值的信息转化为定量的数据，建立有意义的类目分解交流内容，并以此来分析信息的某些特征。内容分析法具有以下几个方面的优点。

（1）较为客观的研究方法

内容分析法是一种规范的方法，对类目定义和操作规则规定得十分明确与全面，它要求研究者根据预先设定的计划按步骤进行，研究者的主观态度不太容易影响研究的结果，不同的研究者或同一研究者在不同的时期重复这个过程应得到相同的结论。如果出现了不同的结论，就要考虑研究过程中有什么问题。

（2）结构化研究

内容分析法目标明确，对分析过程进行高度控制，所有的参与者都要按照事先安排的方法和程序操作执行。结构化研究的最大优点是结果便于量化与统计分析，便于用计算机模拟与处理相关数据。

（3）非接触研究

内容分析法不以人为对象，而以事物为对象，研究者与研究对象之间没有任何互动，研究对象也不会对研究者做出反应，研究者的主观态度不易干扰研究对象，这种非接触研究比接触研究的效率高。

（4）定量与定性结合

这是内容分析法最根本的优点。内容分析法以定性研究为前提，找出能反映文献内容的一定本质的量的特征，并将其转化为定量的数据。定量数据只不过把定性分析已经确定的关系性质转化成数学语言，不管数据多么完美，也只是对事物现象方面的认识，不能取代定性研究。因此，定量与定性结合能对文献内容所反映的本质有更深刻、更精确、更全面的认识，得出科学、完整、符合事实的结论，获得一般从定性分析中难以找到的联系和规律。

（5）揭示文献的隐性内容

内容分析法可以揭示文献内容的本质，查明几年来某专题的客观事实和变化趋势，追溯学术发展的轨迹，描述学术发展的历程，依据标准鉴别文献内容的优劣，揭示宣传的技巧、策略，衡量文献内容的可读性，发现作者的个人风格，分辨不同时期的文献类型特征，反映个人与团体的态度、兴趣，获取政治、军事和经济情报，揭示大众关注的焦点等。

内容分析法较调查法、实验法、观察法更容易达到研究目的，研究者可以在调查法、实验法行不通时采用内容分析法。另外，内容分析法在弥补过失方面比其他研究方法容易得多，研究者只需要对资料进行重新编录，而无须一切从头开始。假如调查结果不理想，需要重做一遍，无疑要耗费双倍的时间和经费。如果一项实验研究失败了，那么要重做也许根本不可能。内容分析法适合做纵向趋势分析。

3．文献信息分析工具

（1）利用数据库的分析功能

不少数据库都提供了比较强大的结果分析功能，如 CNKI、国家知识产权局专利检索平台、Web of Science、Incite 分析平台等，可以方便地对获得的检索结果进行多维度的排序、过滤、分析等操作，读者可以多加练习，熟练掌握。

（2）HistCite

HistCite 是一款基于引文的分析软件，由 SCI 的发明人加菲尔德开发，能够用图示的方式展示某一领域不同文献之间的关系，了解引文历史，帮助用户快速绘制出一个领域的发展历史，定位出该领域的重要文献，以及最新的重要文献。

通常我们在检索使用 Web of Science 时，会先获取阅读引用频次较高的文章。但是，很多时候，引用频次较高的论文的引用既包括同行的，也包括外行的，而我们真正想寻找的应该是那些被同行论文引用多的文献。同时，我们还需要找一些比较新的文章，但是新文章的引用频次往往很低，因为发表年限太短，人们往往还没来得及引用，这样，使用引用频次排序的方法，往往会把最新的文章漏掉。而 HistCite 这款软件，就能很好地解决上述问题。

（3）CiteSpace

文献信息分析工具有很多，有免费的，有收费的，有专用的（如 CiteSpace 等），也可以利用 Excel 等工具。这里简单说明一下 CiteSpace。

CiteSpace 是一款应用于科学文献中识别并显示科学发展新趋势和新动态的软件，软件作者为美国德雷塞尔大学教授（终身教职）陈超美博士。

CiteSpace 能解决的问题包括：在某个研究领域，哪些文献是具有开创性和标志性的？在某个研究领域的发展历程中，哪些文献起着关键作用？哪些主题在整个研究领域占据着主流地位？不同的研究领域之间是如何相互关联的？基于一定知识基础的研究前沿是如何演变的？等等。

CiteSpace 的数据来源包括 Web of Science、CSSCI、CNKI、NSF、Derwent、Scupos、arXive-Print、Pubmed 和 SDSS。

还有很多文献信息分析的专门工具，此处不再一一说明。

利用数据库的文献分析功能和文献分析工具，能获得对某一领域文献的全面认识，迅速了解在该领域贡献突出的文献，了解所检索文献中的互相引用等关系，有助于我们把握相关领域文献的全貌，有兴趣的读者可自行探究练习。

7.4 文献阅读

7.4.1 文献阅读的顺序

1. 优先阅读的文献

① 最相关的文献。人的精力是有限的，因此我们优先看的是最相关的文献。最相关的文献是研究的有效资源，对研究的帮助很大。

② 新文献。新文献新颖性好，通常也有对之前研究的总结，可以顺藤摸瓜，找出重要文献。

③ 综述文献。综述文献中有对之前研究的总结，而且比一般文献总结得更全面。根据文献搜索和分析的结果，先看综述，以最短的时间把握研究脉络和概况。一般来说，通过看综述、阅读对某领域有较多介绍的专著，可以较全面地了解该领域的发展历史、研究近况、研究程度、最近进展等，了解一些国外相关期刊的名称和作者，对一些专门的术语和英文单词也会有所了解。

应选取权威杂志上相关研究领域权威人士撰写的综述。这类文章信息量大，论述精辟，读后不但有助于读者掌握相关研究的重点和焦点内容，而且有助于读者掌握研究领域的大方向和框架，哪些作者、哪所高校或研究所在哪个研究方向比较强等信息。

④ 好期刊的文献、代表性的文献。在权威刊物上发表的论文和权威论著、SCI 和 EI 文献、核心期刊文献等，其质量和价值一般较高，代表了学术发展的基本状况。

⑤ 引用率高的文献。高品质文献、经典文献要优先阅读。

⑥ 有代表性的作者的文献，也就是权威学者或活跃在学术界的作者的论文、论著。这些论文、论著代表了学术发展的基本态势。

2. 泛读、跳读和精读

在文献阅读过程中，我们通常先读综述，其次泛读摘要，然后挑选最相关的进行精读。应根据不同的需要对论文进行泛读和跳读。

要学会根据目的去精读和略读。要根据研究的视角来梳理文献，即结合研究视角，特别是研究的具体问题，选择要阅读的文献，这样文献范围会大大缩小，也有利于把握文献。

3．先综述后论著

对于一个尚不熟悉的领域的课题，先找相关的综述。综述是了解该领域的最快途径，优秀的综述甚至可以作为教科书来读，而教科书具有滞后性。论著通常偏重于某一点，所以阅读顺序在综述之后。

对于论著，先根据摘要初步判断哪些部分是自己需要的，然后获取全文。对于自己要研究的不熟悉的内容，也可以先翻阅中文教科书。教科书中的知识体系比较成熟，有助于对这一领域进行大致的了解，这样在阅读文献时会很有帮助。

对于自己感兴趣的问题，不仅要看原文，还要看它的参考文献，一般深追几篇论文，对于想了解的问题就会有较好的了解。

4．先中文后外文

中文是我们的母语，容易看懂，可以顺畅地阅读，有助于较准确地理解、掌握文献内容，也比较容易有成就感。

7.4.2　单篇文献的阅读顺序

1．摘要、引文、引用的主要信息、研究背景

最节约时间的阅读方法是看摘要，因为依靠背景知识，通过摘要即可大致勾勒出文章内容。

2．图表

图表用于了解主要数据和解释。

3．讨论和结论

将图表和结论联系起来，根据图表判断结论是否恰当。

4．结果

详细阅读结果，看数据是如何得到的，又是如何分析的。

5．材料和方法

详细阅读材料和实验方法，看实验是如何进行的。

6．讨论和结果

进一步掌握文献，注意讨论中的关于从已知的知识和研究中如何解释论文获得的结果。当论文中有大量图表时，如果我们能重新画出这些图表，并且能用自己的语言来解说，那就表明读懂了。

7.4.3　单篇文献的阅读侧重

1. 不同部分的重要性

一篇论文中最重要的部分依次是图表、讨论、文字结果、方法。现在工程技术领域期刊对图表的要求都比较高，这符合现代人必须在最短的时间内把握最必要的信息的要求。因此，阅读时要先看摘要、图表，对于个别涉及新方法或突破性结果的论文，还要看讨论、文字结果和方法。

2. 摘要部分

最省事的是只看摘要，但有时这是不够的。相对省事的方法是细看摘要、略读前言，再看结果中的图表，最后读自己感兴趣的讨论部分。但如果文章对自己很有意义，则应该通读全文。

3. 讨论部分

文章的讨论部分非常重要，如果时间充裕，建议研读和模仿高质量文献的讨论部分。理解讨论中的精髓非常重要，这是表达作者的创新性的关键部分。不同的人对同样的数据可能有不同的看法和分析方式，从图表的趋势解析和论据的组合中可以看出作者的功力。

在寻找课题阶段，重点读讨论、结论及展望；在课题设计阶段，主要了解材料和方法。若只需了解一下某项研究的思路，则可选取摘要、引文与结论进行泛读。要尽量把握作者的研究思路，然后学习作者的分析方法，最后学习作者的写作技巧和写作语言方式等。这些学习会对我们的研究有很大的启发和帮助。

7.4.4　阅读文献时要做好笔记

1. 为什么要做笔记

阅读文献有没有收获，要看是否既有输入，又有输出。输出是学习的最佳方法，是检验我们是否掌握信息内容的一种方法。输出的优点是：将信息归纳总结，变成自己的知识；增强了记忆；便于日后需要时查找资料，不至于再花费时间重新去找重点内容、重要论据或论点；作为储备，以备不时之需。因而，在阅读文献的过程中，最好能做笔记，一边阅读，一边做必要的记录和整理。

2. 哪些文献需要做笔记

精读文章的同时做笔记和标记是非常关键的，好文章可能每读一遍都会有不同的收获，每次的笔记加上心得，总结起来会对我们大有帮助。

对一些观点相近或相反的论文可以参照地读、比较地读，考查不同作者表达的观点和原因，带着思考做笔记。

3. 做笔记的方法

阅读文献要懂得抓重点、找思路，用图表的方式将作者的整个逻辑画出来，逐一推敲。阅读文献也需要批判性思维，文献中也有一些是不可信的，不要盲目崇拜，要多动脑、多思考。

阅读笔记可按不同的内容进行分类摘录，如进展、研究方法、实验方法、研究结果等，并可加上自己的批注。在方法上，我们可以利用前面介绍的文献管理软件来构建自己的知识体系；也可以用 Word、Excel 等工具做分类整理，根据关注的问题将文献的内容拆分，或者直接在 PDF 等文档上做标记，记录关键的段落、图和观点等。

4. 笔记能力的训练和提高

文献调研需要提高阅读能力，包括阅读速度、阅读技巧，通过输出、做笔记的方式来将信息转化为自己的内容并进行积累。

最后一步是对所查、所读文献的总结，回答调研文献之前提出的问题。在调研之前明确调研目的，做好“查”和“读”两步，剩下的就水到渠成了。

7.5 科研和写作选题

选题，就是选择研究的课题或写作的论题，是在占有大量资料的基础上，确定研究的方向和目标，往往是在对某一方面进行了比较深入的研究以后，选择有针对性的题目展开论述。

7.5.1 选题的技巧

选题成功是研究成功的前提。没有好的选题，即便洋洋洒洒数万言，乃至数十万、数百万言，结果都是无用的废话。这就不能被视为成功的研究。成功的研究一定是建立在成功的选题之上的。

1. 研究的目标取向

成功的选题应该揭示研究的目标取向，也就是要使研究实现什么样的目标。研究的目标取向反映的是研究是否有价值、是否值得研究。因此，根据选题就可以知道该问题研究的状况和可能的发展趋势。如果选题没有揭示研究的目标取向，而只是陈述了一个事实，那么就意味着该选题不值得研究，或者说前人已经做了比较详尽的研究，在目前的状况下已经没有深入研究的可能了，这种选题就不应该选。

2. 研究的具体范围

成功的选题应该范围具体，不是大而全的。也就是说，选题不能过大，过大的选题会使研究无法深入下去，查阅文献花费的时间太多，而且归纳整理困难，容易导致大题小做或文不对题。

另外，如果选题太小，也不容易写好。题目太小，研究就会沉迷于琐碎的细节，从而使研究失去价值和品位。特别是有的细节并不具有代表性，也不能真正反映事物发展的趋势，但由于研究者的视野太小，因此无法从细节中发现事物发展的基本规律。

3．选题要敢于质疑

要敢于质疑一个学术问题，或者说要有争鸣性。学术研究是无止境的，真理更是无止境的。很多学术观点在当时是对的，或者说在当时是真理，但当时间和条件发生变化后，其真理性也会发生变化。因此，选题一定要敢于质疑，但质疑必须有理有据，而不是随便怀疑。在有理有据的基础上敢于质疑，这样的选题一定是有价值的。

4．选题要有可发展性

选题的可发展性对高水平论文的持续产出具有极大的作用。研究具有开创性，突破一点以后就可以向纵深发展，使研究工作自成系列、成面成片。新兴研究领域有许多尚待研究之处。反之，如果研究的问题已处于某研究分支的末端，即使在该问题上有所突破，也很难持续发展。

5．选题要有可能性

应结合所学知识，选择自己能胜任的或有研究基础的课题，否则就难以写出水平较高的论文。例如，有的同学对“云计算”“大数据”感兴趣，想研究这些新技术引发的法律问题，但是对相关内容只看了一本畅销书，对其他方面完全没有概念，那么就无法进行研究。所以，如果对某方面很不熟悉，就不要贸然去做。另外，还要根据所具备的研究条件和所能获得的文献资料的“质”和“量”来选题，尽可能选自己相对熟悉的、有资源可供研究的题目。

6．选题要有新颖性

只有重视有关领域的学术动态，才能选出合适的课题。选题要能反映出新的学科矛盾的焦点、新成果、新动向。如果想在国际期刊上发表文章，就必须了解国际研究动态，选择与国际学术研究合拍的课题。

总之，选题是很讲究技巧的。选题实际上是知识积累后的第一次思想井喷，没有知识积累就无法进行选题。好的选题可以使研究事半功倍，是论文成功的前提。

7.5.2　初学者的三个选题原则

这里向初学者推荐北京大学法学院凌斌教授《论文写作的提问和选题》一文中提出的“小清新”原则。

选题的“小清新”原则（节选）

这里再提供三个原则，供初学者参考。三个原则合在一起，叫作“小清新”。

初学者论文写作常见的问题就是“过大”“过生”“过旧”，根源在于没有做好前期的选题工作，涵盖的范围太大，不了解已有的研究成果，缺乏新颖的材料和视角。依照“小清新”这三个选题原则，可以首先“题中选新”，从众多题目中最“新”的问题开始；其次“新中选清”，研究新颖领域中自己更为熟悉、清楚的问题；最后“清中选小”，选择自己能够驾驭的问题，做到以小见大、见微知著。

7.5.3　选题的来源

1．从现实中选题

在现实生活中，有许多值得探讨的问题。作为学生，可以根据专业学习、课程学习、科研训练的要求选题，可以根据自己的兴趣选题，可以接受老师的建议来选题，也可以为了解决生活、学习中遇到的问题而选题，或者是在学习时、听讲座时受到某种启发或发现了一些值得怀疑的地方，需要通过研究来解决这些问题，从而选题。

2．从文献中选题

选题的问题意识来源于对文献的阅读和分析，问题意识不是凭空产生的，而是基于既有的研究而发现问题。文献是写好论文的材料，也是研究的基础，反映的是研究者的专业基础和专业能力。没有文献，就好比造房子没有砖块；也好比在空中造房子，没有基础。文献是学术传承和学术伦理的载体。尊重文献就是尊重前人的研究，也体现了学术发展的脉络。因此，文献在撰写论文的过程中至关重要。通过搜索、阅读文献，可以敏锐地发现问题、提出选题。

3．通过检索选题

通过检索并分析数据库中的检索结果，可以了解学术研究动态、科技动态及有关资料，选择较新颖的课题。这些数据库各高校都有。

4．运用工具选题

利用数据库提供的选题工具来选题。例如，ISI 中的 Essential Science Indicators 能对正在开展的工作进行量化分析，以保证用户的科学研究同科学发展趋向一致。ISI Highly Cited.com 介绍有关杰出人物的研究状况、有关领域的研究热点和发展趋向。

7.5.4　题目的表达

在选题之后，还有一个重要的问题，那就是题目的表达，即如何把内容表达出来。有以下几个注意事项。

1．题目不宜太长

题目太长，表明作者缺乏概括能力和抽象能力。题目要求精练、简洁，要力求达到多一个字太长、少一个字太短的水平。

2．核心概念的数量

核心概念不宜多，最多两个，最好一个。如果核心概念超过两个，就很难把握论文到底要研究什么。此外，如果概念太多，很可能通篇都在解释概念，实质性的内容就被冲淡了。

3．表达要精准

题目表达要精准，如果引起歧义，或者模糊不清，那么在写作论文时就很可能出现跑题、偏题现象。

7.6　学术写作

做科学研究一般都要撰写论文，这是一个对某个论题研究结果的报告。我们首先要做文献调研；其次做研究，如做实验、做观察、做调查等；再次做分析，得到主要的结论；最后才是写论文。

通过写作，把做了哪些科学研究工作、能够得到哪些结论、为什么能够得到这些结论，整理得井井有条，并记录下来，形成正规的文字，这样才能够真正了解清楚，也才能与他人正式交流。

对本科生来说，经常需要进行课程论文、创新创业项目申报书、学术性论文、学位论文、综述论文等的撰写。经过上述文献调研、信息分析、文献阅读、整理总结的过程，就为写作学术论文做好了准备。

学术写作有一些通用的基本要求，包括：①学术论文要求在所研究领域具有科学性、首创性，有较高的学术价值，反映本学科的学术水平和发展动向，代表学科发展前沿，有超前意识；②技术报告要求有新论点、新认识、新发现，实用性强，技术先进；③综述性文章要求具有超前信息，有自己独到的观点和见解；④立论要求材料可靠、数据真实、公式正确、推理符合逻辑；⑤实验结果要求准确可靠、有新成果；⑥图表要求与文中的叙述相符；⑦英文题目与摘要要符合英美表达习惯和用法。

学术写作的一般步骤包括：①选题；②拟出大纲和提纲；③命题；④资料收集与整理；⑤组织文字，包括打腹稿、打草稿、正式成文等；⑥定稿后的反复修改；⑦投稿与发表。

7.6.1　文献综述的撰写

1．文献综述的定义

文献综述是对某一学科、专业或专题的大量文献进行整理筛选、分析研究和综合提炼而成的一种学术论文，是高度浓缩的文献产品。它反映当前某一领域某分支学科或重要专题的历史现状、最新进展、学术见解和建议，能比较全面地反映相关领域或专题的历史背景、前人工作、争论焦点、研究现状和发展前景等内容。“综”要求对文献资料进行综合分析、归纳整理，使材料更加精练明确，更有逻辑层次；“述”要求对综合整理后的文献进行比较专门、全面、深入、系统的评述。

2. 文献综述的类型

历史、成就、展望是文献综述不可缺少的三个组成要素。其中，某个要素在综述文章中所占的比重大小和突出程度，决定了综述的性质。综述的写作，实际上都是回顾性的，具有 4 个特点：写作方法是概括地回顾过去的事实；写作人称是第三人称；写作态度是客观的，不夹杂个人的分析推论；文章范围是限定的，专题性极强，不能庞杂。根据涉及的内容范围不同，文献综述可分为综合性综述和专题性综述两种类型。综合性综述以一个学科或专业为对象，而专题性综述则以一个论题为对象。可将文献综述分为以下 4 种类型。

（1）动态性文献综述

动态性文献综述就一个专题，按年代和学科本身发展的历史阶段，由远及近地综合分析，反映这方面研究工作的进展。其在内容安排上的特点是：时间顺序严格，注重介绍历史阶段性的成就，关键是对学科发展阶段判断准确，重点选择每一阶段有代表性的文献，其他次要的文献则可多可少。

（2）成就性文献综述

成就性文献综述专门介绍某一方面某一项目的新成就、新技术、新进展。这种文献综述可不考虑或避开叙述有关的历史和现状，而是直接跨到所需的时间段。此类文献综述颇有实际价值，对当前工作有指导意义。

（3）学术观点争鸣性文献综述

学术观点争鸣性文献综述系统地总结出几种学术观点，由作者加以分类、归纳和总结，按不同的观点安排材料，分别叙述。这样的综述，时间顺序和具体成果不是主要的要求。在学术观点争鸣性文献综述中，原文的引用更为严格，而且“综”与“述”都要用原文的事实和观点，作者的概括、分析则极少。

（4）综合简介性文献综述

综合简介性文献综述为作者概括多方面的事实、现象，对某个问题的文献资料进行综合的叙述，完全不考虑时间顺序，只按内容本身的特点加以分段安排，多见于首次介绍的问题。

3. 文献综述的作用

撰写文献综述是积累、理解和传播科学资料、培养组织材料能力、提高科学思维能力的好办法，是搞好科研工作的必经之路，有助于科研工作的各个环节。

文献综述高度浓缩了几十篇甚至上百篇散乱无序的同类文献的成果与存在的问题或争论焦点，对其进行了归纳整理，使之达到条理化和系统化的程度。它不仅为科研工作者完成科研工作的前期劳动节省了用于查阅分析文献的大量宝贵时间，而且非常有助于科研人员借鉴他人成果、把握主攻方向，并有助于领导者进行科学决策。

文献综述为科研选题提供理论依据，提供选题线索，扩大选题来源。这是因为文献综述的过程可以帮助作者有意识地改变科研题目的组成，改制出新的选题；发现前人工作中的空白、欠缺和不足，拟订出新的选题；引用边缘科学资料，合成新的课题。通过文献综述，作者可以认真分析、思考自己研究题目中的理论，对自己题目中的假说进行深入理解和分析，为选题打下比较坚实的理论基础。此外，在实验手段和指标选择上均可有所参考和借鉴。写好一篇文献综述，会在学术思想上有所启发，对科学实验方法有所借鉴，对自己从事的研究课题的水平有所衡量，对要取得的结果有所预见。

4．文献综述的格式

文献综述的格式与一般研究性论文的格式有所不同。这是因为研究性论文注重研究的方法和结果，而文献综述要求向读者介绍与主题有关的详细资料、动态、进展、展望，以及对以上各方面的评述。除综述题目外，其内容一般包含 4 部分，即前言、正文、总结和参考文献。撰写文献综述时可按这 4 部分拟写提纲，再根据提纲进行撰写工作。

（1）前言

前言部分主要说明写作目的，介绍有关的概念、定义及综述的范围，扼要说明有关主题的现状或争论焦点，使读者对全文要叙述的问题有一个初步的认识。要提出问题，点出主题并指出意义，加上大致的学术背景。前言部分文字极少，以 100～200 字为宜。

（2）正文

正文部分是综述的主体，其写法多样，没有固定的格式。可按年代顺序进行综述，也可按不同的问题进行综述，还可按不同的观点进行比较综述。不管用哪种格式综述，都要将收集到的文献资料进行归纳、整理及分析比较，阐明有关主题的历史背景、现状和发展方向，以及对这些问题的评述。

正文部分应说明主题所提出的问题，根据文章的性质，可再分段落或加小标题，每个段落或小标题下面都从不同侧面、不同层次解释题目的中心内容，而且段落之间各有分工并保持内在联系。正文部分的每一段落的开头，应是综合提炼出来的观点，即论点；接着是既往文献所提出的实验结果和调查事实，即论据。可见，正文部分是按论点和论据组织材料的。如果作者所要归纳的观点与前人文献所述一致，可把前人的论点引证出来，作为开头；如果前人的观点分散或不甚明确，则需作者整理、概括出来，成为开头。总之，综述正文部分是以综述概括的论点开头引路，继而以诸家的资料、实验结果为论据展开层次论证。所以，综述也是一篇论证文章的体裁，只是论点和论据均由前人文献提供。

（3）总结

总结部分可有可无，当文章较长、涉及内容较多时，最后可回应主题，加上结尾。结尾的内容可以概括精练地明确文章的结论，交代本专题尚待解决的问题及对前景的展望。有的综述可自然结束，不另加结尾部分，只在正文部分最后写几句加以收笔。

（4）参考文献

参考文献是文献综述必不可少的附属部分，虽然放在文末，却是文献综述的重要组成部分。它不仅表示对被引用文献作者的尊重及引用文献的依据，而且为评审者审查提供查找线索。参考文献的编排应格式规范，条目清楚，查找方便，内容准确无误。

5．文献综述的写作技巧

了解了文献综述的组成因素、格式特点后，要写综述并不困难，关键是掌握文献资料，运用写作技巧。

（1）定好文献综述的标题

标题要画龙点睛，概括全文的中心问题，并反映说明问题的程度与角度。标题包括文章主要涉及的对象和对这个对象的说明语言，包括研究、进展、关系、简介等，如《益生菌的保健作用与研究综述》《富营养化水体中微囊藻毒素（MCs）去除技术研究进展》。

（2）精确提炼观点

收集的文献资料有许多是分散的，是从不同侧面阐明问题的，作者要把它们归纳概括起来，按综述文章格式的层次归类，将问题性质相同的归到一起，标注重要资料，如字句和段落，作为综述文章待用的内容。其中，有的是原著的语言，有的是作者理解后的记录。在资料已经分组、内容已经充实的基础上，可对各组资料提炼出概括的观点。这种观点如有原文则用原文，如无原文则用作者的语言。归纳的这些观点问题在综述正文部分中，成为牵头引线的语言，即“问题开头，观点引路”。

（3）运用好连接性语言

文献综述主要使用既往文献资料，越接近和应用原文越好。因此，综述文章中作者要加的多半是承上启下、牵头引路的语言，通过概括、综合，把各种文献资料的观点、事实等融为一体，变成一篇简明、和谐、流畅的论文。

（4）安排必要的铺垫性资料

有的文献综述内容较深，一般读者不易理解，需要在文献综述开头介绍一些基础资料，作为读者进入这个知识领域的铺垫。这些资料可放在文章之前，也可放在中间的一个过渡段里。这部分内容不是某篇文献中记述的，而是作者归纳整理后写进去的。这部分内容不宜过多，只限于极需要的部分。

（5）尽量引用一次文献

写文献综述时尽量多引用原始文献，即一次文献。文献综述的主要资料来源是公开发表的单篇文献，其次是综述、文摘、简报，再次是教科书、专著、专题等。如果一篇文献综述引用的大部分资料都来自二次文献，则提炼的观点和事实不足以令人信服，而且会导致片面的结论。在文献综述中，教科书和专著为有关问题提供了基本知识和基础材料，也应当利用。尽管这些材料大部分不能写进综述中去，但可起到打基础的作用，也十分重要。

7.6.2　科技论文的撰写

科技论文写作是人类从事科学技术信息书面存储的社会实践活动的全过程。世界著名物理学家和化学家法拉第指出："科学研究有三个阶段，首先是开拓，其次是完成，最后是发表。"科技论文是创新性科学技术研究工作成果的科学论述，是理论性、实验性或观测性新知识的科学记录。按照国际科学界的规定，任何一项科研成果（尤其是基础理论研究成果）的确立，都必须以在公开学术刊物上发表为依据。专业学术期刊是进行科技信息交流的理想工具。将研究成果撰写成论文，投往专业学术期刊，就是把科技成果公之于众，确定科技成果的优先权。科技论文写作能力是创新型人才的必备素质之一。

1．科技论文的定义

科技论文是报道自然科学研究和技术开发创新性工作成果的论说文章，是阐述原始研究结果并公开发表的书面报告。科技论文是以科技新成果为对象，采用科技语言、科学逻辑思维方式，并按照一定的写作格式撰写，经过正规严格的审查后公开发表的论文。写科技论文的目的是报告自己的研究成果，说明自己对某一问题的观点和看法，接受同行的评议和审查，以期在讨论和争论中渐近真理。理解科技论文的定义，有利于科技论文的写作和发表。

2．科技论文的分类

科技论文有很多种不同的分类法。下面从两个不同的角度对科技论文进行分类，并说明各类论文的含义及写作要求。

（1）按发挥的作用分类

① 学术性论文。学术性论文是指研究人员提供给学术期刊发表或向学术会议提交的论文，它以报道学术研究成果为主要内容。学术性论文反映了该学科领域最新的、最前沿的科学水平和发展动向，对科学技术事业的发展起着重要的推动作用。这类论文应具有新的观点、新的分析方法和新的数据或结论，并具有科学性。

② 技术性论文。技术性论文是指工程技术人员为报道工程技术研究成果而提交的论文，这种研究成果主要是应用已有的理论来解决设计、技术、工艺、设备、材料等具体技术问题而取得的。技术性论文对技术进步和提高生产力起着直接的推动作用。这类论文应具有技术的先进性、实用性和科学性。

③ 学位论文。学位论文是指学位申请者提交的论文。这类论文依学位的高低又分为

学士论文、硕士论文和博士论文三种。

（2）按研究方式和论述内容分类

① 实（试）验研究报告。这类论文不同于一般的实（试）验报告，其写作重点应放在“研究”上。它追求的是可靠的理论依据，先进的实（试）验设计方案，先进、适用的测试手段，合理、准确的数据处理，以及科学、严密的分析与论证。

② 理论推导。这类论文主要是对提出的新的假说进行数学推导和逻辑推理，从而得到新的理论，包括定理、定律和法则。其写作要求是数学推导要科学、准确，逻辑推理要严密，并准确地使用定义和概念，力求得到无懈可击的结论。

③ 理论分析。这类论文主要是对新的设想、原理、模型、机构、材料、工艺、样品等进行理论分析，对过去的理论分析加以完善、补充或修正。其论证分析要严谨，数学运算要正确，资料数据要可靠，结论要准确，一般还须经实验验证。

④ 设计计算。它一般是指为解决某些工程问题、技术问题和管理问题而进行的计算机程序设计；某些系统、工程方案、机构、产品的计算机辅助设计和优化设计，以及某些过程的计算机模拟；某些产品（包括整机、部件或零件）或物质（材料、原料等）的设计或调、配制等。对这类论文总的要求是内容要相对“新”，数学模型的建立和参数的选择要合理，编制的程序要能正常运行，计算结果要合理、准确，设计的产品或调、配制的物质要经实验证实或经生产、使用考核。

⑤ 专题论述。这类论文是指对某些事业（产业）、某一领域、某一学科、某项工作发表议论（包括立论和驳论），通过分析论证，对它们的发展战略决策、发展方向和道路，以及方针政策等提出新的、独到的见解。

⑥ 综合论述。这类论文应在作者博览群书的基础上，综合介绍、分析、评述该学科（专业）领域国内外的研究新成果、发展新趋势，并表明作者自己的观点，做出发展的科学预测，提出比较中肯的建设性意见和建议。一篇好的综合论述，对学科发展的探讨，产品、设计、工艺材料改进的研究，科学技术研究的选题，研究生学位论文的选题，以及青年科技人员和教师进修方向的选择等的指导作用都很大。对这类论文的基本要求是：资料新而全，作者立足点高、眼光远，问题综合恰当、分析在理，意见和建议比较中肯。

3．科技论文的格式

（1）题名

科技论文的题名又叫“题目”“标题”“文题”“论题”，有的题名还包括副标题或引题。一篇论文一般还有若干段落标题，也称为层次标题或小标题。

题名是一种标记，不是句子，它比句子更简洁。题名是以最恰当、最简明的词语反映报告、论文中最重要的特定内容的逻辑组合。题名所用的每个字、词都必须考虑到有助于选定关键词和编制题录、索引等二次文献可以提供检索的特定实用信息，应该避免使用不常用的缩略词、首字母缩写、字符、代号和公式等。题名一般不宜超过 20 字。

报告、论文用于国外交流时，应有外文（多用英文）题名，外文题名一般不宜超过 10 个实词。

（2）作者署名

作者署名一般应列于标题之下。署名的作用有：表明作者对成果有优先权，是论文的法定主权人；表明作者的责任，是论文的负责者；便于读者联系；著作权属于作者。著作权包括署名权，即表明作者身份，在作品上署名的权利。

（3）作者单位

标明作者单位主要是为了便于读者与作者联系，如索取复印件、商榷某一观点、邀请讲学等，同时也为作者的作品提供负责单位。署名单位应写全称，中文论文还应加上邮政编码。如果论文作者来自不同的单位，则要求用不同的符号或阿拉伯数字标注清楚。

（4）摘要

摘要一般由三部分组成：①研究目的，简要陈述研究目的、研究内容及需要解决的问题；②研究方法，简要介绍研究所采用的实验方法和基本步骤；③研究结果，简要描述实验的主要发现、主要结论及论文的价值。

摘要应放在文章题目、作者姓名及工作单位之下，这样利于读者在阅读文章之前了解该文章的内容，决定是否需要继续阅读。关于英文摘要，在目前国内的专业期刊中，有的刊物将其放在题目之下、正文之上，有的将其放在文章的最后，还有的把刊中所有的摘要都放在该刊最后的文摘页中。从习惯上来看，把英文摘要放在中文摘要之后、正文之前为好。

摘要不应分段，但长篇报告和学位论文的摘要可分段。摘要的字数视需要而定，一般中文论文 250～300 字；英文论文以 1 000 印刷符号为宜，原则上不超过全文的 3%。写论文摘要时，应尽量将文中的内容和用于理解这些内容的主要要素写进去。

（5）关键词

关键词是为了文献标引工作，特别是为了适应计算机自动检索的要求，从论文标题、摘要、结论中提炼出的具有实质意义的、表达论文主题内容的语词（单词或组合词）或术语。每篇文章选取 3～8 个词，置于摘要的下方。作者应选用能反映论文内容特征的、通用性强的、为同行所熟知的关键词。根据联合国教科文组织的规定，全世界公开发表的科技论文，都必须附有英文关键词。因此，为了扩大国际学术交流，发表的论文要用英文给出题名、作者、摘要及关键词，放在中文摘要的后面。

（6）引言

引言又称导言、概述、绪论、前言等，是论文开头部分的一段短文，也是论文主体部分的开端。它向读者交代本研究的来龙去脉，引导读者阅读和理解全文。引言的内容包括：说明本研究工作的缘起、背景、目的、意义等；介绍本研究相关领域前人研究的历史、现状、成果评价及其相互关系；陈述本项研究的宗旨，包括研究目的、理论依据、方案设计、要解决的问题等。引言应内容简练，突出重点，不应与论文摘要雷同。

（7）材料与方法

不同学科、不同类型论文的表述方式不同。一般应描述完成研究的时间、地点，选用的实验材料，说明实验方法和过程。如果是采用前人的方法，则只需写出实验方法的名称，注明出处。如果是自己设计的独特的新方法，则需详细说明。材料与方法是论文科学性的基础，是提供论文科学性的依据。该项描述的详细程度应以别人能再现文中的实验结果为标准。但是，需要指出的是，涉及保密和专利的内容不要写进去。这是因为科技文章既有理论上（学术上）的馈赠性，又有技术上的经济性（专利性）。要正确处理交流与保密的关系，交流是指学术上的交流，保密是指技术诀窍的保密。对于技术上的要害问题，要含而不露、引而不发。

（8）结果与讨论

实验结果就是实验过程中所获取的数据和所观察到的现象，它是论文的核心，论文是否具有创新性应从这里体现。结果引发讨论，导出推理。研究结果的表达方式不限于文字，通常还可用表格、插图、公式等表示。讨论应从实验和观察的结果出发，从理论上对其进行分析比较、阐述、推论和预测；推论中要提出自己的新见解，要着重讨论新发现、新发明和新启示，以及从中得出的结论；应比较本研究所得的结果和预期的结果是否一致；应与前人研究的结果进行比较，寻找相互之间的关系，指出下一步需要开展的工作的设想和建议。这部分内容是论文的重点，是交流赖以产生的基础，也是评价该研究论文学术价值高低的最重要的部分。研究简报一般将这部分合在一起写。充实的研究论文将结果与讨论分开写。

（9）致谢

致谢位于正文后、参考文献前。编写致谢时不要直书人名，应加上“××教授”“××博士”等敬称，如“本研究得到×××教授、×××博士的帮助，谨致谢意”“试验工作是×××单位完成的，×××工程师承担了大量试验，对他们谨致谢意”。

致谢的对象一般是曾经帮助过本项研究而又不符合论文作者署名条件的团体或个人，以示作者对他人劳动成果的尊重和感激之情。致谢对象一般包括在本科研工作中给予指导或提出建议的人；对本项研究工作给予经费、物质资助的组织和个人；承担部分实验工作的人员；对论文撰写提供过指导或帮助的人；提供实验材料、仪器设备及给予其他方便的组织与个人；为本项研究承担某项测试任务、绘制插图，或者给予过技术、信息等帮助的人。

（10）参考文献

参考文献是科技论文中的一个组成部分，它非常重要，因为当今的大部分科研成果都是在前人的研究成果或工作基础上发展起来的。论文中的参考文献可以反映论文真实可靠的科学依据；反映作者对前人劳动的肯定和尊重；便于同行了解该研究领域的动态并采用追溯法查找与此研究方向相关的文献；有助于科技情报人员进行文献情报研究。

论文中的参考文献应置于致谢段之后、附录段（如有）之前。参考文献的著录规则、文献类型和电子文献载体的标志代码、顺序编码制和著者-出版年制见本书第 2 章的相关内容。

4. 科技论文的投稿

（1）科技论文投稿的目的

学术论文撰写完成后需要在学术期刊上发表，以供他人阅读。这就面临如何选择投稿目标期刊的问题。选择原则是根据自己论文的水平，在争取发表的同时，获得最大的投稿价值。所谓投稿价值，是指论文发表所产生的影响的总和。最高的投稿价值可概括为：论文能够以最快的速度发表在能发表的最高级刊物上，并能最大限度地为有需要的读者所检索到或看到，能在最大的时空内交流传递。

（2）选择投稿目标期刊

选择投稿目标期刊总的原则是：在力争尽快发表的前提下，综合考虑各种因素，获得较大的投稿价值。基于论文的水平，向国外投稿时应尽量选择 SCI、EI 来源期刊，本学科的国外核心期刊，以及影响因子高的国外期刊；向国内投稿时应尽量选择本学科的国内核心期刊、统计源期刊等。在实际中应结合以下情况考虑。

① 论文水平自我评估、论文及期刊的分类。投稿前对论文的水平或价值（理论价值与实用价值）做出客观、正确的评估，是一个重要而困难的工作过程。评估的标准是论文的贡献或价值大小，以及写作水平的高低。作者可采用仔细阅读、与同行讨论、论文信息量评估等办法进行论文水平的自我评估。其中的信息量包括真实性、创造性、重要性、学术性、科学性和深难度。评估的重点在于论文是否有新观点、新材料和新方法。

对论文理论价值的评估是对作者构造新的科学理论、利用最新理论研究过程和结果的评估，看其是否在理论研究上开辟了新领域、有突破或创见。具有国际先进理论水平的论文是：提出了新学说、新理论、新发现、新规律；对国际前沿科研课题做出了重要补充或发展；对发展科学具有普遍意义。具有高或较高理论水平的论文是：论文涉及或采用最新科学理论；有独立的科学推论；有抽象模型及逼近客体原型；构造了新的术语或概念；运用了新的研究方法。一般先进理论水平的论文是：在前人的基础上提出了新看法、增添了新内容、找到了新论证方法，其观点、方法虽不是创见，但解决了前人未能解决的问题。

论文分类大致包括理论论文、理论与技术论文、技术论文、综述、评论和简报快报等。不同类型的论文的投向取决于目标期刊的类型，即理论型（学术型）期刊、技术型期刊等。

② 期刊报道的范围、读者对象。不同的科技期刊有不同的宗旨、不同的论文收录报道范围，这就决定了投稿论文的主题内容范围。科技期刊的收录范围和期刊的类型及级别基本决定了该期刊的读者对象，也基本决定了稿件的写作风格与详简程度。

③ 期刊的学术地位、影响和期刊等级。科技期刊的学术地位和学术影响表现在期刊所收录论文的水平、主编、编辑单位、在专业人员心中的地位等方面。从图书情报界的角度看期刊的学术地位和学术影响，则表现在期刊的影响因子大小、是否被国内外检索工具收录、是否为学科核心期刊等方面。期刊的学术地位和学术影响与所谓的期刊“级别”有密切关系，但不能一味地只凭影响因子的大小作为评判刊物水平的标准，影响因子的大小只代表影响的大小，并不一定代表本专业的最高水平。越是专业性强的论文，越应当发表在本专业的范围内。

④ 出版周期。出版周期是指期刊的出版频率，一般分为年刊、半年刊、季刊、双月刊、月刊、半月刊、旬刊、周刊和不定期刊。对于不定期刊、年刊和半年刊应不投稿或少投稿为好。

⑤ 出版论文容量。期刊的论文容量是指期刊一年或一期能发表多少篇论文。例如，某种半月刊每期容量为 20 篇，则年容量为 480 篇。一般来说，应尽量选择出版周期短、容量大的期刊投稿。

⑥ 对作者是否有资格要求。有的科技期刊对作者有资格要求。例如，要求作者具有某国国籍，属于某地区、某研究机构、某协会会员等。作者应从“作者须知”等处了解期刊对作者是否有资格要求，不具有某期刊作者资格要求的作者不要向该期刊投稿，除非论文合作者有资格。

⑦ 语言文种。从科技文献交流体系看，汉语的使用范围、中文刊的发行范围及中文论文被世界性检索工具收录的比例等因素制约了中文论文影响力的发挥。而且中国科技人员人均占有刊比例小，发稿不易。英语是一种科技交流的世界性语言，在国际影响大的英文刊物上发表自己的论文，能提高论文作者及其单位的学术地位，因此向国外期刊投稿也受到中国科技界的重视。

当然，如果所研究的问题是中国的问题，希望与中国的同行专家交流，或者有可能启发国内的相邻研究领域的专家，就没有必要到国际刊物上去投稿了。

⑧ 版费。向国外一些学术刊物投稿被接受后，出版社将向文稿作者征收出版费，这些费用被称为版费或出版费。之所以如此，是因为有的出版社把版费作为科研费用的必要组成部分，视版费为作者所在单位对传播其研究成果的费用和对出版社的资助。不同国家、不同刊物对版费的收费标准不同。

⑨ 当前组稿倾向与论文时效性。科技期刊有年度出版计划、主题选择、专题出版和在一段时间内倾向某种内容的情况。要掌握目标期刊的这些情况，可向期刊出版社索取年度计划，或者查阅该期刊的近期目录和内容。对具有倾向性且时效性较强的论文，应

尽量投向出版周期短的半月刊、月刊和快报。

⑩ 刊物内容范围。通过浏览目标期刊近期刊登论文的目录和内容等获得目标期刊的动态和变化情况，利用期刊的征稿启事和作者须知等了解刊物的内容范围。

➘ 学习分享

问：你在写文献综述和写论文的时候，有什么操作性强的经验可以总结分享一下吗？

龚启鸣同学分享（2020 年 12 月）：

这次，我在“搜索”这门课程里“捡”回了一个很重要的工具——思维导图。在开始写综述之前，我真的一点头绪都没有，脑子里一团乱麻。之后，我偶然想起上课时老师讲的，思维导图可以帮助我们厘清思绪，于是我就试着在 MarginNote 中画了一下，慢慢地，思路就清晰起来了，而且能列举几种不同的逻辑关系，最后定下一种，顺利完成了正文写作。也许这就是思维导图的作用吧，以前也有学过，但是一直没用，在这次的综述写作中，我重新把这把利器“捡”回来了，同时也让我真正认识到思维导图的重要性。图 1 是我写作文献综述时使用的思维导图。

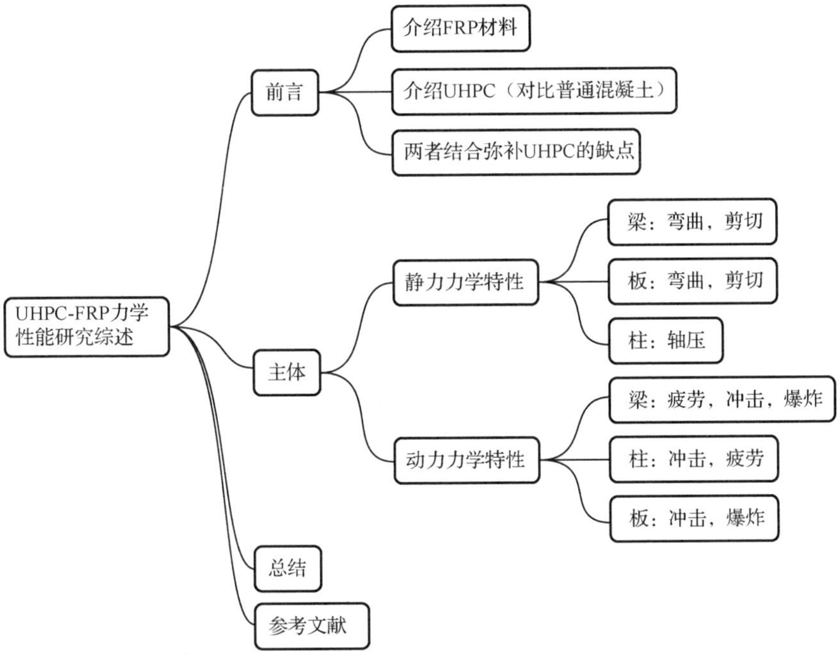

图 1　写作文献综述时使用的思维导图

黄瑜同学分享（2018 年 12 月）:

运用 MindManger 思维导图软件进行文献综述写作

在写文献综述的时候，合理运用思维导图可以帮助我们厘清写作的思路，从而有效地提高写作的效率。我撰写文献综述的步骤如下。

第一步：在写文献综述前，我先检索大量与所选课题相关的文献，并及时做笔记。做笔记的格式为：参考文献格式+笔记，示意如下：

[1]Yoon, B. H., Kim, J. G. & Ha, Y. C. Arthroscopic Excision of an Osteoid Osteoma of the Lesser Trochanter of the Femoral Neck[J]. Arthrosc Tec 6, 2017.05.

笔记：Byung-Ho Yoon 等在关节镜下用磨头对骨样骨瘤进行切除时，可以完全切除病变组织，能避免手术治疗后病情复发的情况，这种切除方式具有出血少和感染概率低等优点，关于这种技术的一个问题是外科医生应该熟悉关节镜。

第二步：经过检索大量文献，并对所研究的课题有一定认识后，我开始撰写文献综述。首先，通过运用 MindManger 列出初步的提纲。论文内容初步打算涉及 7 个方面，分别将 7 个方面相关的文献所做的笔记通过附件形式添加到所列的提纲中，以便后续的综述撰写和文献整理。

第三步：通过 MindManger 中列的提纲，在 Word 中进行文献综述的撰写，同时完善初始所列提纲的内容，最后完成文献综述的撰写。

➘ 练习、讨论与思考

1. 从你现有的知识角度理解“科研”的内涵。
2. 简述你接触科研的方式与经历。
3. 你认为科研过程的训练对你有哪些作用？
4. 如果希望未来从事科研方面的工作，你认为在本科阶段需要做哪些方面的准备工作？
5. 列举你所知道的在你的专业科研领域做出突出贡献的专家。
6. 什么是引文分析法？它有几种基本类型？
7. 什么是内容分析法？内容分析法有哪几个方面的优点？
8. 简述文献综述的格式。
9. 简述科技论文的撰写过程。
10. 近期你在学习过程中对什么问题产生过兴趣吗？你能否经过文献调研、分析、阅读、总结、思考等步骤，拟订一个合适的选题，进一步深入研究？

第8章

活用信息，发现、探索、创新、创造

发现、探究和解决问题，或者提供解决问题的思路和信息支持，是信息活动的应有之义。面向科学研究全过程的信息活动，是不断地发现问题、研究探索、形成新认知、获得研究成果的探究性活动，是这一系列过程循环、递进和开放地进行的活动。通过发现、获得、整合、记录、存取、分享、探索、更新、创造信息和知识等过程，达到不断创新的最终目的。大学生正处于学术专业学习和科学思维培养的黄金时期，也正处于朝气蓬勃、快速成长、求知欲旺盛的阶段，充满着创新和创造的思维活力和动力，活用、用好信息的强大助力，遵守信息伦理与规范，并结合科研训练和创新指导，新的成长征程，就从现在开始！

本章思维导图

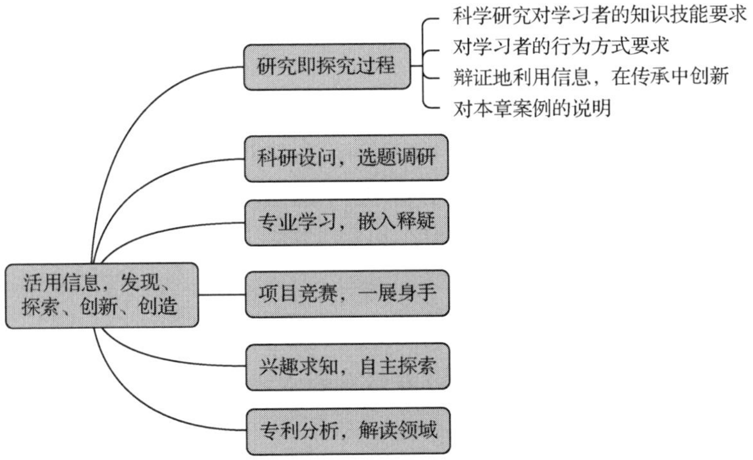

8.1 研究即探究过程

8.1.1 科学研究对学习者的知识技能要求

科学研究的过程，就是对未知事物进行探究的过程。科学研究，是针对学科内或学科间的空白点及未解决的问题，或者重新审视、质疑已有的研究结论，探索利用更先进的研究方法、更多元的学科视角，提出解决问题方案的信息活动过程。科学研究对学习者的知识技能要求，主要体现在以下方面。

1．发现和提出问题

能够发现问题，并且提炼出研究问题；能基于信息空白制定研究问题；能重新审视现有的信息或可能存在矛盾的信息，制定研究问题。

2．确立合适的调研范围

解决不同类型、不同要求、不同个案的问题，需要不同特质和性质的信息，在时间、地域、文献类型、学科属性、信息来源等诸多方面都会有区别，因而需要确立合适的调研范围，或者限定调研范围。

3．分解问题

能够将复杂的问题分解为简单的问题。科学问题的解决，往往涉及多个方面、内容和流程，如果能够将复杂的大问题分解为若干相对简单的小问题、子问题，解决的难度就可以降低，从而提高解决问题的效率。

4．选择研究方法

确定研究问题后，下一步的工作就是选择最能达到研究目的的手段，即通常所说的研究方法。最合适的研究方法的选择，往往取决于多个因素，需要根据不同的研究问题的类型，选择适宜的研究方法，并根据不同的需求、环境条件和探究类型，综合使用多种研究方法。研究方法有很多，常用的有文献法、观察法、实验法、调查法、统计法、比较法等。

5．综合多种渠道，获取研究观点，并对所收集的信息进行评估

进行科学研究时，前人的研究是很重要的，需要对研究对象可能涉及的文献有一个全面的把握。需要查找国内外的文献信息，以了解研究概况，知道前人或他人已经研究过什么、做过什么、做对了什么、解决了什么、忽略了什么、有什么地方存在错误或不完善、有什么得失。对收集到的信息、研究状况进行评估，及时发现信息缺口、薄弱环节或空白，这些都可以成为我们的研究方向和内容。

6．掌握基本的信息组织方法，以有意义的方式组织信息

人们常用的信息组织方法有以下几种。

① 形式特征组织法。根据信息的形式特征，使用一套形式化的符号系统，按照一定的规则组织信息，包括字顺法、号码法、物名法、专用代码法、引证关系法、时序法、地序法、其他特征充化法。

② 内容特征组织法。根据信息的内容特征，使用一套含有语义的符号系统来组织信息，包括分类组织法、主题组织法、元素结构组织法。

③ 信息效用组织法。根据信息的实用价值来组织信息，主要有权值组织法、特色组织法和重要性递减法。信息效用组织法能够反映和满足用户的信息需求，它是一种应用性的组织方法，在实际生活中运用极为广泛。

每种信息组织方法都有其特有的功用，有些信息组织方法的功能是互补的，将多种方法结合起来使用会达到更好的效果，如分类主题一体化的组织方法、规范组织方法与自然语言组织法的结合等。

随着互联网广泛而深入的发展，网络信息在社会信息量中的比重日益上升，是一个巨大的信息资源库，具有无序性、不均衡性、非对称性、资源分布的动态性等特点，它在为人们提供丰富的信息资源的同时，也为信息组织工作带来了极大的困难。在实际操作过程中，人们很少简单地运用某一层次的信息组织方法，通常是将不同层次的不同信息组织法综合起来加以运用，甚至会在它们的基础上加以延伸、改进和创新，使之不断完善和发展。

7．掌握信息分析的科学方法，能够通过相关分析和演绎得出合理的结论

获取信息后，应根据课题研究的需要，用一定的方法对所收集的大量信息资料进行归纳、分析、判断、推理、计算、综合，形成新的可以利用的信息集合或新的知识。简单地说，仅仅获得文献、知道有哪些文献是相关的还不够，还要知道这些文献中哪些是主要的、哪些是次要的，要经过自己的分析归纳和思考，形成新认识，产生新信息。信息分析方法可分为定性分析方法、定量分析方法及定性和定量相结合的分析方法。定性分析方法包括综合法、对比法、相关法、因果法等；定量分析方法包括文献分析法、预测分析法、系统分析法等。通常将定性分析方法和定量分析方法结合使用，可以更好地进行信息分析工作，满足决策和预测的需要，得出合理的结论。

8.1.2　对学习者的行为方式要求

研究是一个开放的信息探索与深入的过程。每个人都会受到个人知识或经验的局限，因而，保持强烈的求知欲、开放意识和批判态度非常重要。可以从以下几个方面提高个人的信息素养和能力。

1．视研究为开放式的信息探索和深入过程

科学研究是一个螺旋式加深和向上的过程，旧的问题解决了，新的问题又出现了，针对新出现的问题，继续新的研究过程，不断解决问题。个人的知识或经验具有局限性，要正确地认识到这一点，保持虚心求知的态度，具备开放和发展的意识，持有科学的批判和质疑精神，不断拓展和深入探索问题。

2. 在发现研究问题阶段的注意事项

要具备发现问题的敏感性，不忽略看似简单的问题，以及当前认识较模糊的方面，这些简单问题、模糊问题的存在，对研究过程是有益的，反映了学习者在认识上存在一定程度的不清晰，需要加以重视和解决。而简单问题的领会和解决，有可能会对研究产生重要的甚至颠覆性的作用，在科学研究的历史上有无数事实证明了这一观点。

3. 在收集和使用信息过程中的注意事项

在收集和使用信息的过程中，要遵守信息道德和法律准则。合理、合法地获取信息，规范地引用参考文献，尊重知识产权，遵守法律法规，是科学和学术规范的基础。

4. 在研究探索过程中的注意事项

研究和探索的过程不是一蹴而就的，往往具备持久性、适应性和灵活性等特点。在此过程中，需要用多维的研究视角收集和评估信息，努力学习和应用新的研究方法，如有需要可寻求适当的帮助。

8.1.3 辩证地利用信息，在传承中创新

传承和创新不可分割，任何创新都是在前人研究的基础上产生的。前人的研究是创新的基石，这也就意味着，我们在信息的获取与利用中，需要具备辩证的思维，既有传承，又能创新。

1. 在解决问题过程中融入新的信息

问题的解决是一个反复的过程，在解决问题的过程中，我们会利用各种已有知识和信息，解决的问题又可以形成新的知识和信息。在这样的反复过程中，问题不断解决，知识和信息不断增长，新增长的知识和信息又进一步促进新研究问题的发现和解决，在不断的传承中，不断得到创新成果。

2. 信息成果需要分享

知识和信息经过整合与重组，形成新的信息成果，需要与同行分享、交流，进入文献传递交流环节，融入学术交流。这些成果可以是正式发表的，如期刊论文、会议论文、学位论文、专利等；也可以是以非传统形式在网络上发布的，如博客、个人主页、微信、各种社交媒体。无论采用何种分享形式，如发表、发布、出版、交流等，都可以促进知识和信息的传播和利用，在传播和利用的过程中，引致和促进知识和信息的增值。

3. 增强研究影响力，促进研究进步

信息成果的获得，是发现问题、研究问题、探索问题、解决问题，再发现新的问题、解决新的问题的过程。现代社会是分工合作、相互连通的社会，一类问题的解决有助于另一类问题的解决，一种技术的进步可以促进另一种技术的发展，各种技术和各个学科相互依存和促进。因而，将研究成果进行传播和扩散，增强研究成果的影响力，也是非常必要的。

8.1.4 对本章案例的说明

大学生的信息需求涵盖学业科研、个人成长、生活娱乐、求职创业等诸多方面，无论是专业学习、课程论文、创新训练、科研项目、实习设计、学术竞赛、毕业设计，还是社团活动、求职应聘、考研考证、公务员考试，以及个人生活娱乐、兴趣培养、网络交流等，都会与专业学术信息、普通网络信息发生交互。大学生既是信息的消费者，也是信息的生产者，与信息世界的联系愈加紧密。本章后面的内容以发现、探索、创新、创造为主线，选编了一批大学生习作。这些习作是学生们结合学习、科研和生活的实际需求，自己发现问题、提出问题，利用信息知识和信息技能，探索和解决问题的实例，展现了信息素养的学习成果，以及因信息素养训练和提升而带来的专业深化、项目竞赛、科研入门、兴趣成长等方面的进步。

案例基本按以下体例编排：问题情境（或课题背景、选题原因）—课题分析与问题分解—检索策略及调整—检索结果记录、分析与研读—问题解决方案与实践—分享与思考。

受篇幅所限，所选编的案例，除第一篇较完整地保留了原作外，其他案例以体现搜索思维为主，主要展示对结果的分析利用、对信息再创造的成果，而对检索获得和选取的文献记录则做简化处理，仅列出题录，或者以参考文献的方式列于案例之后。部分在行文上会稍加润饰。希望这些选编案例可以给本书读者信息素养的学习和提升带来直观的感受，引发读者的思考，促进读者的信息行动和实践。

8.2 科研设问，选题调研

案例 1：关于水空两栖无人机的研究

导读：科学研究选题，研究价值如何？对应项目产品，实现难度怎样？应用市场，是否值得跟进？存在科研疑惑，能否获得解答？计算实验验证，能否形成学术成果？

了解现状与前景、指导各阶段理论、参考详细技术方向：展开全面调研、获得所需信息、释疑解惑启迪创新。分析检索课题、明确检索需求、构建检索思维：完善检索流

程、检索阅读分析比对与总结文献、圆满实现检索目标。

作品完成人：郑宗楷 ，大三

完成日期：2020 年 4 月

课题名称：关于水空两栖无人机的研究

1 检索思路构建

1.1 检索课题分析

1.1.1 概念分析

水空两栖无人机是一种能够跨越水和空气两种介质工作的无人机。此类多旋翼无人机结合了空中无人机与水中潜航器的工作优势，在跨介质工作领域具有较大的市场推广前景与军事应用价值，但也结合了两者的技术难点。由于该类无人机的应用仍处于起步阶段，课题对各高校、研究所与市场产品现状进行研究，分析水空两栖无人机的可行设计方案、技术难点与控制理论。

1.1.2 选题背景

旋翼无人机面世之后，这种可在空气介质中工作的无人机得以迅速发展，各种高性能的无人机被广泛应用于如航拍、救援、农业生产等场合。目前，空中无人机的技术已十分成熟，但可用于两栖工作的无人机技术仍有不足。立足于四旋翼无人机的坚实发展基础，科技人员开始把目光转移到无人机的功能扩展上，进而研究可将潜航器水下航行的高度隐蔽性和传统无人机空中飞行的高机动性结合起来的、具有水空两栖功能的无人机。通过将空中无人机与水中潜航器的优势相结合，体现研究的创新性，实现研究项目的价值。

1.1.3 调研重点及目的

作为一个科研项目的选题，本次调研的最终目的是通过查找文献得到水空两栖无人机的全面信息，通过查阅这些文献资料，能为整个项目提供各个阶段的理论指导或参考。例如，项目开始前需要对项目进行前景与现状调研，项目开始后需要对详细的技术方向进行研究，并且避免与现有的研究成果重复。

按照一个机电类产品课题项目正常的设计制作流程，我将检索结果按照同样的分类方法归类，其中：

前期：在项目开始前，需要对这个课题的市场前景、研究现状、研究价值等做一个基本调研，确定该课题的合理性、必要性与研究价值。

中期：项目开始后，首先需要做的是产品的基本结构设计、外形设计、机械设计等“定型”工作，基本要求是搭建产品的基本物理框架，验证可行性。

后期：完成物理框架的搭建后，需要进行控制理论与算法的研究，并将此种控制算法编写成程序，写入无人机控制系统中，最终完成整机的制作。

1.1.4　课题所属学科

使用万方智搜服务平台（以下简称万方）、中国知网（以下简称知网）进行初检，使用学科分类、学科分布功能，确定课题所属学科及子领域为工业技术（自动化技术、计算机技术、能源动力工程）、航空航天、军事、工程科技。

1.1.5　所需文献类型

根据在万方和知网上的搜索结果，可基本确定课题所需文献主要有期刊文章、科技成果、科技报告、专利。

从检索结果来看，可初步得出三个结论。

（1）从相关文献发表的时间线（见图 1）来看，近年来发表的文献越来越多，而且集中在 2014 年以后，越来越多的人对此进行了研究，说明这是一个新兴的项目，是一个值得研究的项目。

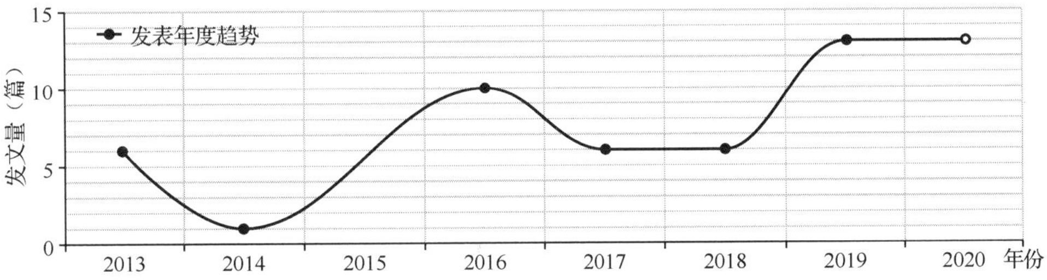

图 1　相关文献发表的时间线

（2）这个选题的论文数量不是很多，相关专利的数量远远超过论文的数量，说明这个项目还处在初步的应用阶段，是一个比较偏向应用类型的题目，做出实物的人较多，做出深入的研究并发展出完整的理论来发表论文的人较少。但同时也留下一个疑问：这个课题是否实现难度较低，或者学术价值较低，以至于很多人在申请了专利、做出了实物的情况下，也不足以发表论文？

（3）整体而言，专利和论文的数量都不算特别多，说明整个研究都还处于起步阶段。但同时也留下另一个疑问：这个题目是否可行性较低或应用价值较低，在无人机和潜航都已经诞生这么久之后的今天，研究的人还不是特别多？

在后续的调研中将解答这两个问题。

1.2　检索式分析

1.2.1　提炼检索词

1.2.1.1　中文

（1）初步检索：使用知网、万方初步查询“水空两栖无人机”，得到的关键词主要为“潜射无人机”“水空两栖”“飞行器”等，剩下的大部分都不是特别符合要求。

（2）扩充检索词：通过初步检索查到的论文关键词，如点开论文“基于四旋翼无人机的水空两栖新型飞行器系统的设计”，查看其关键词，可以得到“无人机”“四旋翼”

“水上救援”等检索词。利用同样的方法可以得到更多的检索词。

（3）总结分类：可以将题目分为三个部分。

前半部分为描述“水空两栖”类的，可以得到“潜射”“水上”“水下”“水空”“两栖”类的关键词，均可以表达出“跨介质”“跨媒介”“多媒介”等描述无人机最主要的工作场景“水空”两介质的特点，将其他只能在空中飞行的无人机或只能在水中航行的潜航器区别开来。

后半部分为描述“无人机”类的，包括多种无人机的类型，有“多旋翼”“四旋翼”“固定翼”“共轴”“多轴”“无人机”“飞机”“平台”等检索词，基本将所有的无人机类型都包括了进来，保证了查全率，同时对装置的种类做出了限制，是“无人”类的、非载人类型的小型装置或平台。

最后一个部分为补充部分，将课题的领域进行细分，方便将查找的文献进行归类。按照一开始的研究任务，可将细分领域大致分为前景现状应用类、结构设计类、算法控制类，故可以分别提出关键词“前景”“应用”“综述”“市场”，“结构”“机身”“设计”，“建模”“控制”“算法”。而根据这些关键词对应的研究阶段不同，又可以将它们分为前期调研类、中期设计类、后期控制类。

1.2.1.2　英文

（1）初步检索：使用 Web of Science 初步查询“amphibious aircraft”，得到的关键词有“engineering”“transportation”“instrument”等，但从翻译上来看都不是很符合检索要求，于是开始使用扩充检索词的办法。

（2）扩充检索词：首先点开一篇名为“Survey on the novel hybrid aquatic-aerial amphibious aircraft: Aquatic unmanned aerial vehicle (AquaUAV)”的文章，得到其关键词“Bionics; Aquatic-aerial operation; Aquatic unmanned aerial vehicle (AquaUAV); Air-water transition; Water-air transition”，均比较符合检索要求，同时在这篇文章的引用文献中找到了“submersible aircraft”“unmanned air system”。继续使用这种方法查阅其他论文，得到“waterproof”“vehicle”“aerial”“underwater”“cross medium”“multi medium”。

（3）总结分类：按照同样的分类方法，前半部分为体现工作介质“两栖”类，后半部分为体现机器特性“无人机”类，补充部分为细分部分，体现技术特点，将在后面的表格中给出。

1.2.2　确定检索词

确定的检索词如表1所示。

表1　确定的检索词

	中文检索词	英文检索词
前半部分	水空/两栖/跨介质/多介质/潜航器/潜射/水上/防水/多媒介/水空过渡/水空转换	amphib*/cross-medium/multi-medium/aquatic/submersible/hybrid/ waterproof/ water-air transition/air-water transition

续表

	中文检索词	英文检索词
后半部分	多旋翼/四旋翼/多轴/无人机/无人巡检平台/多轴/共轴/无人机/飞行器	drone/vehicle/quadcopter/aircraft/unmanned/air system/coaxes
补充部分	前景/应用/综述/市场； 结构/机身/设计； 建模/控制/算法	prospect/summarize; structure/design; modeling/control/algorithm

1.2.3　确定检索式

根据前面提出的分类标准，将减速的式子同样分为前后两个部分，基本的结构为(两栖 1+两栖 2+两栖 3…)*(无人机 1+无人机 2+无人机 3…)。

补充部分为方便检索分类，为课题在不同阶段的研究提供参考。

1.2.3.1　中文检索式

（1）SU=((水空+两栖+跨介质+多介质+防水+多媒介+潜射+水空过渡+水空转换)*(无人机+多旋翼+多轴+四旋翼+共轴+巡检平台+飞行器))

——此条检索式提供一个**总的概览**，保证查全率。

（2）SU=(前景+应用+综述+市场)*((水空+两栖+跨介质+多介质+防水+多媒介+潜射+水空过渡+水空转换)*(无人机+多旋翼+多轴+四旋翼+共轴+巡检平台+飞行器))

——为**前期调研**提供参考。

（3）SU=((水空+两栖+跨介质+多介质+防水+多媒介+潜射+水空过渡+水空转换)*(无人机+多旋翼+多轴+四旋翼+共轴+巡检平台+飞行器)*(结构+机身+设计))

——为**中期结构设计**提供参考。

（4）SU=((水空+两栖+跨介质+多介质+防水+多媒介+潜射+水空过渡+水空转换)*(无人机+多旋翼+多轴+四旋翼+共轴+巡检平台+飞行器)*(算法+动力学+控制))

——为**后期机体动力学建模与算法设计**提供参考。

1.2.3.2　英文检索式

（1）((amph* +“cross medium” + “multi medium” + “water air” + tran* + hybrid + aquatic + submersible + waterproof) AND (drone + aircraft + quadcopter + vehicle + unmanned + “air system” + coaxes))

——总览

（2）(prospect + summarize)AND((amph* + “cross medium” + “multi medium” + “water air” + tran* + hybrid + aquatic + submersible + waterproof) AND (drone + aircraft + quadcopter + vehicle + unmanned + “air system” + coaxes))

——前期调研

（3）((amph* +“cross medium” + “multi medium” + “water air” + tran* + hybrid + aquatic +

submersible + waterproof) AND (drone + aircraft + quadcopter + vehicle + unmanned + “air system” + coaxes))AND (structure + design + body)

——中期设计

（4）((amph* +“cross medium” + “multi medium” + “water air” + tran* + hybrid + aquatic + submersible + waterproof) AND (drone + aircraft + quadcopter + vehicle + unmanned + “air system” + coaxes))AND (modeling + control + algorithm)

——后期设计

以上检索式中“+”表示逻辑“或”；“*”表示逻辑“与”；以上检索式为通用检索式，会根据数据库的不同改变表达形式。

2 检索过程展示

首先确定信息源。利用百度学术搜索进行中文试检索，在检索结果中可以看出，中文文献主要获取平台有知网、万方、国家知识产权局专利数据库。

再利用百度学术搜索进行英文试检索，在检索结果中可以发现，英文文献的主要获得平台有 Web of Science、ScienceDirect、Springer Link，如表 2 所示。

表 2 确定的信息源

中文数据库	英文数据库
知网	Web of Science
万方	ScienceDirect
国家知识产权局专利数据库	Springer Link

2.1 中国知网

首先尝试使用分类号检索。在初步检索得到的文章中，大部分的分类号为 TP242.3，这个分类号对应的类目如图 2 所示。

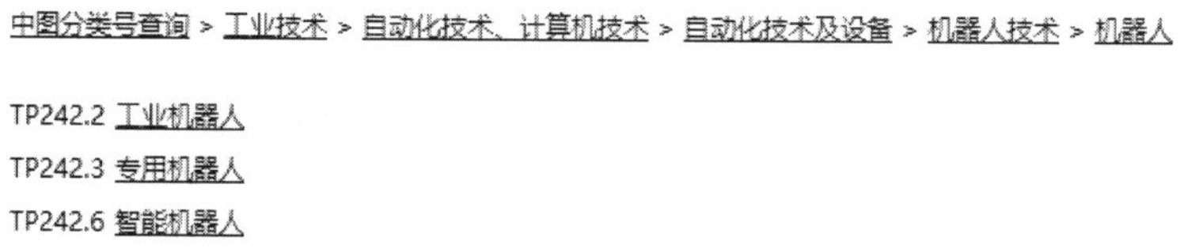

图 2 分类号 TP242.3 对应的类目

但在知网中输入上述分类号查找以后，得到的结果非常多，但符合水空两栖无人机的结果非常少，故不采用。

还有一个使用比较多的分类号是 TP273，这个分类号对应的类目如图 3 所示。

可以看出其中涉及的基本上都是自动控制算法的内容。虽然较少与“水空两栖”紧密结合，但是“自适应算法”本身就是需要被运用到“水空过渡”问题中的一种重要算法，所以这个分类号下的算法可以作为一定的参考。

中图分类号查询 > 工业技术 > 自动化技术、计算机技术 > 自动化技术及设备 > 自动化系统 > 自动控制、自动控制系统

TP273+.1最佳控制、最佳控制系统

TP273+.2自适应（自整定）控制、自适应控制（自整定）系统

TP273+.3复合控制、复合控制系统

TP273+.4模糊控制、模糊控制系统

TP273+.5计算机控制、计算机控制系统

图 3　分类号 TP243 对应的类目

2.1.1　总览检索

使用检索式：

SU=((水空+两栖+跨介质+多介质+防水+多媒介+潜射+水空过渡+水空转换)*(无人机+多旋翼+多轴+四旋翼+共轴+巡检平台+飞行器))

结果分析：检索结果为 230 条，但查准率不是特别高，猜测是由于使用主题搜索导致的，于是换成题名 TI 再次搜索，使用检索式：

TI=((水空+两栖+跨介质+多介质+防水+多媒介+潜射+水空过渡+水空转换)*(无人机+多旋翼+多轴+四旋翼+共轴+巡检平台+飞行器))

得到 37 个结果，基本满足查准率的要求。得到的结果涵盖了前、中、后期的研究，同时也发现有些检索结果的题名并没有包含在后面将要分类检索的前、中、后期的研究中，如“跨介质飞行器呼之欲出”。因此，我决定在完成前、中、后期研究的分类检索后，再回到这条检索式，对检索得到的结果进行人工分类。

其中“潜射”这个关键词涉及一些如“潜射飞行器”等非常偏向潜射导弹类型的文章，与我们的大学课题研究不相符，故删去“潜射”这个关键词，得到检索式：

TI=((水空+两栖+跨介质+多介质+防水+多媒介+水空过渡+水空转换)*(无人机+多旋翼+多轴+四旋翼+共轴+巡检平台+飞行器))

检索结果基本符合要求，满意。

2.1.2　前期研究

使用检索式：

TI=(前景+应用+综述+市场)*((水空+两栖+跨介质+多介质+防水+多媒介+水空过渡+水空转换)*(无人机+多旋翼+多轴+四旋翼+共轴+巡检平台+飞行器))

结果分析：检索结果为 15 条，均符合要求，大部分为研究类的，可以视其为综述性文章。应用类的有三条，均能基本体现应用需求与市场情况。

2.1.3　中期研究

使用检索式：

TI=((水空+两栖+跨介质+多介质+防水+多媒介+水空过渡+水空转换)*(无人机+多旋翼+多轴+四旋翼+共轴+巡检平台+飞行器)*(结构+机身+设计))

结果分析：得到 12 条结果，基本符合要求，设计类的文章较少涉及算法，大多停留在物理结构设计层面，基本符合要求。

2.1.4　后期研究

使用检索式：

TI=((水空+两栖+跨介质+多介质+防水+多媒介+水空过渡+水空转换)*(无人机+多旋翼+多轴+四旋翼+共轴+巡检平台+飞行器)*(算法+动力学+控制+建模))

结果分析：得到控制类的文章基本涉及核心算法，还留意到使用关键词“分析”可以检索到前中后期设计相关的文章，故考虑将其加入各个阶段的检索关键词中。

2.2 万方

2.2.1 总览检索

首次使用万方，使用检索式：

题名：((水空+两栖+跨介质+多介质+防水+多媒介+水空过渡+水空转换)*(无人机+多旋翼+多轴+四旋翼+共轴+巡检平台+飞行器))，查询的文献类型如图 4 所示。

图 4　使用万方查询的文献类型

得到的检索结果较多，但查准率很低，虽然选择了“题名”检索字段，但是得到的结果依然没有包含词组的组合，如“双轴各向异性介质多分量感应测井响应快速计算”，完全不符合题意，有时候只出现单个字，猜测是因为需要将词组用双引号括起来以进行精确检索。

更改检索式为：

题名：(("水空"+"两栖"+"跨介质"+"多介质"+"防水"+"多媒介"+"水空过渡"+"水空转换")*("无人机"+"多旋翼"+"多轴"+"四旋翼"+"共轴"+"巡检平台"+"飞行器"))。

得到 70 条结果，且查准率较高，基本符合要求。

2.2.2 前期研究

使用检索式：

题名：((前景+应用+综述+市场)*("水空"+"两栖"+"跨介质"+"多介质"+"防水"+"多媒介"+"水空过渡"+"水空转换")*("无人机"+"多旋翼"+"多轴"+"四旋翼"+"共轴"+"巡检平台"+"飞行器"))。

结果分析：得到 26 条结果，符合要求。

2.2.3 中期研究

使用检索式：

题名：(("水空"+"两栖"+"跨介质"+"多介质"+"防水"+"多媒介"+"水空过渡"+"水空转换")*("无人机"+"多旋翼"+"多轴"+"四旋翼"+"共轴"+"巡检平台"+"飞行器")*("结构"+"机身"+"设计"))

结果分析：检索结果为 15 条，基本符合要求。

2.2.4 后期研究

使用检索式：

题名：(("水空"+"两栖"+"跨介质"+"多介质"+"防水"+"多媒介"+"水空过渡"+"水空转换")*("无人机"+"多旋翼"+"多轴"+"四旋翼"+"共轴"+"巡检平台"+"飞行器")*("算法"+"动力学"+"控制"+"建模"))

检索分析：检索结果为 5 条，符合要求。

2.3　国家知识产权局

在该平台主要进行专利检索，查看具体的研究现状与其他团队的研究方案，一方面可以借鉴学习，另一方面也可以规避重复方案的设计。

使用检索式：

题名：((水空 OR 两栖 OR 跨介质 OR 多介质 OR 防水 OR 多媒介 OR 水空过渡 OR 水空转换)AND(无人机 OR 多旋翼 OR 多轴 OR 四旋翼 OR 共轴 OR 巡检平台 OR 飞行器))

结果分析：得到了 45 条结果，基本都符合要求，其中包括一些关于两栖无人机局部零件的设计。但检索时国家知识产权局的网站运行速度实在太慢，刷新时间非常长，我决定先在万方查得专利名称与大致方案（万方上的专利没有图片展示），再转到国家知识产权局网站搜索对应的专利全文，查看具体情况。

在万方平台输入检索式：

题名：((水空+两栖+跨介质+多介质+防水+多媒介+水空过渡+水空转换)*(无人机+多旋翼+多轴+四旋翼+共轴+巡检平台+飞行器))

结果分析：得到 385 条结果，基本符合要求。

2.4　网络搜索引擎

虽然网络平台的文章内容不具有权威性，但作为课题的前期调研，我认为这仍然是一种重要的信息来源。正是由于网络媒体的实时性与新颖性，使其吸纳了越来越多的人的文章及近期发表的文章，便于文章的广泛传播。

在微信公众号平台上的搜索结果如图 5 所示。

（a）　　　　　　　　　　（b）

图 5　在微信公众号平台上的搜索结果

（c）　　　　　　　　　　（d）

图 5　在微信公众平台上的搜索结果（续）

在以上 4 篇推文中，(a) 和 (b)（一篇国内、一篇国外）介绍的是商业市场，从 2 500 万美元、1 000 亿美元等数字来看，资本对此类无人机仍然较为看好，市场应用前景广阔。(c) 和 (d) 是两所国外大学的实验室研究成果，从年份来看已经做出了一段时间，但他们的研究成果也存在明显的缺点与有待改进的地方。通过查找无人机名字 “Naviator” 和 “Loon Copter” 可以得到，这两所国外大学分别是罗格斯大学与奥克兰大学，我在后续的英文检索中可以直接检索这两个无人机或大学的名字得到相关文献。

2.5　Web of Science

2.5.1　总览检索

初次检索，使用检索式：

((aquatic OR amph* OR "aerial water" OR submer* OR "cross medium") AND (aircraft OR drone))

检索字段为 “标题”。

得到的结果有 2 887 条，显然太多了，检查后发现英文文章与中文文章不同，英文文章的标题可以起得非常长，导致很多文章前后部分的关键词离得太远，实际上是无关联的两个词，所以加入了布尔运算符 NEAR/5，限制关键词之间的间隔为 5 个单词。

需要注意，使用 Web of Science 的布尔运算符如 AND、OR、NOT 的时候，与前后的单词空一格，否则会报错。

使用检索式：

((aquatic OR amph* OR "aerial water" OR submer* OR "cross medium" OR "multi medium") NEAR/5 (aircraft OR drone))

得到365条结果，但是查看发现很多都是专利信息，我希望能将专利信息与论文信息分开来检索，所以将Derwent Innovations Index数据库取消勾选，再次检索，得到38条结果。

在得到的论文中发现有的论文题目中出现了“UAV”关键词，查询后发现这个关键词的全称是“unmanned aerial vehicle”，也就是无人机的英文缩写，故在检索词中添加“UAV”，再次检索：

((aquatic OR amph* OR "aerial water" OR submer* OR "cross medium" OR "multi medium") NEAR/5 (aircraft OR drone OR UAV))

得到43条结果，均较为符合要求，满意。

有些文章以“vehicle”表达无人机的意思，故在检索式的最后加入了“vehicle”关键词：

((aquatic OR amph* OR "aerial water" OR submer* OR "cross medium" OR "multi medium") NEAR/5 (aircraft OR drone OR UAV OR vehicle))

但检索后得到287条结果，查看论文内容后，发现“vehicle”所表达的意思过于广泛，涉及所有的“交通运输类工具”。例如，文章“Amphibious wheeled armored vehicles”意思是“两栖轮式装甲车辆”，这显然是不符合题意的，但文章“Modeling and control of unmanned aerial/underwater vehicles using hybrid control”中出现的“vehicle”却表示“无人机”的意思，并且标题中没有更多关键词表达“无人机”，在摘要、关键词甚至全文中都以“vehicle”表示“无人机”的意思，因此只能选择将含有“vehicle”关键词的检索式单独列出，逐条人工复查检索。

故去掉“vehicle”，根据前面查到的一些论文，在前半部分加入“tran*”，这类词含有过渡、转换的意思，再次检索：

((aquatic OR amph* OR "aerial water" OR submer* OR "transition" OR "cross medium" OR "multi medium") NEAR/5 (aircraft OR drone OR UAV))

检索结果为87条，但是其中由于单词“transition”存在于很多种情况中，除了水空过渡，还有倾转旋翼无人机等的状态过渡等，在“transition”前再增加“水空”等关键词又会与前面的检索词重复，于是放弃这个检索词。

之后又在关键词中发现“unmanned vehicle”的意思是无人交通工具，而就目前来说，能够跨越水空的载人设备较少，加入“unmanned”可以准确排除“vehicle”中的车辆等大型设备，故再次检索：

((aquatic OR amph* OR "aerial water" OR submer* OR "cross medium" OR "multi medium") NEAR/5 (aircraft OR drone OR UAV OR quadcopter OR unmanned))

检索结果为 100 条，大部分符合题意，满意。

2.5.2　前期调研检索

使用检索式：

((survey OR research OR use OR market* OR prospect) AND (aquatic OR amph* OR "aerial water" OR submer* OR "cross medium" OR "multi medium") NEAR/5 (aircraft OR drone OR UAV OR quadcopter OR unmanned))

检索结果为 15 条，基本符合要求。注意到除了“use”，还有“using”等关键词表达同样的意思，故改为“us*”，检索结果仍为 15 条。

2.5.3　中期设计检索

使用检索式：

((aquatic OR amph* OR "aerial water" OR submer* OR "cross medium" OR "multi medium") NEAR/5 (aircraft OR drone OR UAV OR quadcopter OR unmanned) AND (structure OR design OR body))

检索结果为 19 条，基本符合要求。注意到“idea”也可以表达设计、创意的意思，故加入关键词“idea”再次检索，检索结果仍为 19 条。

2.5.4　后期算法检索

使用检索式：

((aquatic OR amph* OR "aerial water" OR submer* OR "cross medium" OR "multi medium") NEAR/5 (aircraft OR drone OR UAV OR quadcopter OR unmanned) AND (modeling OR control OR algorithm))

检索结果为 19 条，基本符合要求。

2.6　ScienceDirect

根据 ScienceDirect 的检索规则，不支持通配符，并且布尔逻辑运算符不得多于 8 个，故做适当的调整后，检索式为：

("amphibious" OR "cross medium" OR "multi medium" OR "water air" OR "aquatic" OR "submersible" OR "waterproof") AND ("drone" OR "aircraft" OR "quadcopter" OR "vehicle" OR "unmanned" OR "air system")

结果分析：一共得到 19 条结果，比较符合要求，包含前、中、后期的研究。由于结果较少，并且得到的结果与在 Web of Science 中查找的基本相同，是包含关系，故不再进行分期检索。

2.7　Springer Link

同样使用检索式：

("amphibious" OR "cross medium" OR "multi medium" OR "water air" OR "aquatic" OR "submersible" OR "waterproof") AND ("drone" OR "aircraft" OR "quadcopter" OR "vehicle" OR "unmanned" OR "air system")

得到 0 条结果，只能将检索字段改为“全部”，同样得到 0 条结果。多次尝试后发现这个数据库好像不支持括号，于是放弃使用这个数据库。

3　检索结果

检索的目的是方便项目的调查与研究，文献的数据库来源是次要的，所以这里我不将数据库来源作为一级分类，而将前、中、后期对应的研究文章作为一级分类，将数据库来源作为二级分类。

3.1　前期调研检索

前期调研检索的内容主要是市场评估、应用前景与发展现状，文章的被引次数一般不高，主要以综述类文献为主。而前期调研对文献的实时性要求较高，以方便评估市场与应用状况随时间的发展趋势，所以在这一部分我选择按时间排序检索文献。

3.1.1　知网

[1] 齐铎，李永利，张佳强，梁晓龙，竹武林. 旋翼型两栖无人机的发展现状及其在近海破障作战中的应用分析[J]. 飞航导弹，2019(11):43-47.

关键词：旋翼型两栖无人机；近海破障；障碍物探测；精确爆破；战场评估

摘要：介绍了两栖无人机的基本概念，梳理了具有代表性的四种旋翼两栖无人机的基本特点，并指出了目前旋翼型两栖无人机发展存在的问题。从障碍物探测、精确爆破及战场评估三方面对旋翼型两栖无人机在近海破障作战中的应用进行了分析。

分析：显然，此篇文章阐述的是两栖无人机的应用场景，符合课题的前期调研要求。从其出版刊物看，是偏向军事类的应用。

从这篇文章的参考文献中，查找到：

[2] 杨健，冯金富，齐铎，马宗成，张强. 水空介质跨越航行器的发展与应用及其关键技术[J]. 飞航导弹，2017(12).

关键词：水空介质跨越航行器；外形动力；控制；通信

摘要：水空介质跨越航行器是能够自主适应不同介质环境（通常为空气和水），可多次跨越介质界面并可持续航行的复用型航行器，具有优越的性能。回顾了与其功能类似的其他运载器的发展情况，重点介绍了水空介质跨越航行器外形、动力、通信、控制等关键技术，并对此类航行器的应用前景进行了展望。

分析：这篇文章没有在总览检索中被找到，其中的关键词“介质跨越”“航行器”没有出现在一开始给出的检索词中，因此查看这篇文章，发现其符合前期应用的调查研究，并且介绍更为详细，有很多附带的图片与介绍（见图 6），故收录。

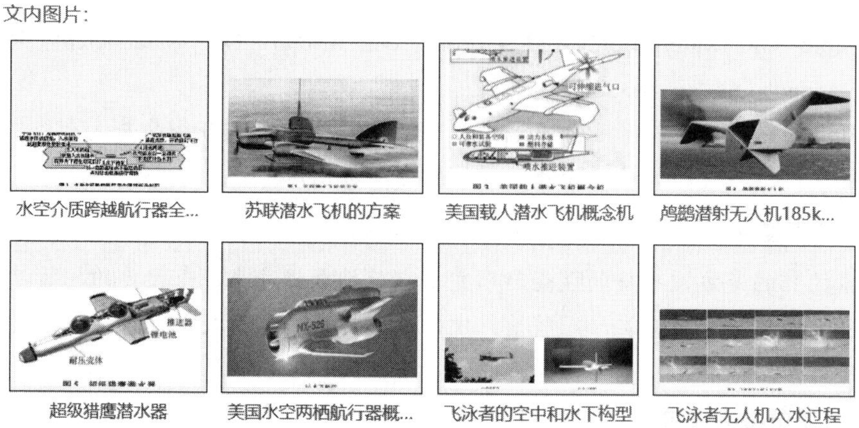

图 6 《水空介质跨越航行器的发展与应用及其关键技术》一文中附带的图片与介绍

[3] 杨兴帮，梁建宏，文力，王田苗. 水空两栖跨介质无人飞行器研究现状[J]. 机器人，2018，40(01):102-114.

关键词： 水空两栖运动；跨介质无人飞行器；水上无人机；潜射无人机；潜水无人机

摘要： 通过充分的文献调研和总结，对现有水空两栖跨介质无人飞行器进行了比较全面系统的分析，从整个无人机领域的视角对该种无人飞行器进行了综述。将当前水空两栖跨介质无人飞行器分为水上无人机、潜射无人机和潜水无人机三大类，并综述了各类水空两栖跨介质无人飞行器的典型样机，讨论了各自的共性问题和运动介质的转换方式。

分析： 此文是一篇典型的综述性文章，介绍的是课题的研究现状与调查，收录了多种现有的研究方案，内容非常浅显，仅停留在课题介绍层面。这类文章在课题初步选型阶段非常有用，并且可以在其参考文献中找到大量其他的研究。但此文的参考文献均不是特别符合要求。

[4] 任显祺. 水陆两栖飞行器河流污染监控及水质检测研究[J]. 河南科技，2019(07):137-138.

摘要： 近年来，受人类活动和社会发展的影响，水资源问题越来越严重，引起了政府的高度重视。我国在水质监测方面投入了大量人力、物力。为提高水质监测效率，并结合新时代的智能化要求，本文提出了一种基于水陆两栖技术的全新水质监测装置，从多角度进行智能监测，并可随时取样、及时检测水体质量，由此可达到水质监测自动化、信息化和现代化的目的。

关键词： 水陆两栖；水质监测；STM32；河流污染

分析： 这篇文章描述的是水空两栖无人机的民用应用，与前面的军事应用可以区别开来。民用市场的应用更加贴近生活实际，能更好地带来产品的经济效益，证明了产品的市场价值与应用场景。

3.1.2 万方

[1] 孙泽鹏，宋乾福，贾重任. 跨介质飞行器的应用与技术特点分析[J]. 军民两用技

术与产品，2015(10):22-23.

摘要： 跨介质飞行器是集潜艇、水面舰艇和飞机的优势于一身，既可以在水中潜航，又能在水面起降和滑行，还能在空中飞行的新型特种飞行器，主要应用于插入式作战和近海侦察等特殊作战任务，可作为现有武器装备系统的补充。文章阐述了跨介质飞行器的主要特点和用途，重点介绍了跨介质飞行器的技术应用，对跨介质飞行器的技术难点进行了分析。

关键词： 跨介质飞行器；潜射无人机；潜航飞行器

分析： 这又是一篇介绍应用的文章，同样是军事方面的应用，可以看出该类型的无人机在军事上的应用是比较广泛的。

3.1.3　国家知识产权局

专利调研主要是查看他人具体的研究情况，具有参考借鉴价值，同时也可以避免重复研究。这里截取了相关专利信息的图片（见图 7～图 12），因为这些图能具体反映结构设计及外形方面的信息，方便分析。

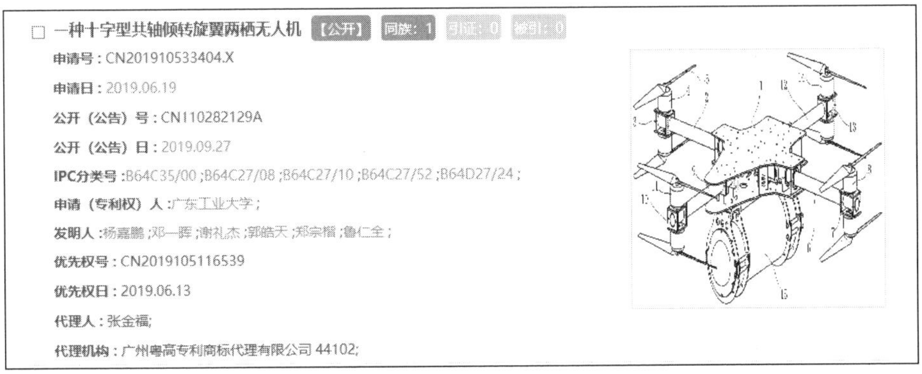
一种十字型共轴倾转旋翼两栖无人机 【公开】 同族：1 引证：0 被引：0

申请号：CN201910533404.X

申请日：2019.06.19

公开（公告）号：CN110282129A

公开（公告）日：2019.09.27

IPC分类号：B64C35/00；B64C27/08；B64C27/10；B64C27/52；B64D27/24；

申请（专利权）人：广东工业大学；

发明人：杨嘉鹏；邓一晖；谢礼杰；郭皓天；郑宗楷；鲁仁全；

优先权号：CN2019105116539

优先权日：2019.06.13

代理人：张金福；

代理机构：广州粤高专利商标代理有限公司 44102；

图 7　专利信息 1

分析： 这个专利就是我所在课题组申请的，但是从题目检索层面来讲确实是最符合题意的专利产品。该专利除了“两栖”，还具有“倾转”“共轴”的特点。

一种两栖四旋翼无人机 【公开】 同族：1 引证：0 被引：0

申请号：CN201710097439.4

申请日：2017.02.22

公开（公告）号：CN106926654A

公开（公告）日：2017.07.07

IPC分类号：B60F5/02；B64C35/00；B64C27/08；B64C39/02；

申请（专利权）人：浙江大学；

发明人：黄豪彩；黄亮；沈芸；盛超武；吴挚；革文科；

代理人：胡红娟；

代理机构：杭州天勤知识产权代理有限公司 33224；

图 8　专利信息 2

分析： 浙江大学的作品申请专利的时间较早，本质上都是多旋翼无人机，也是共轴八桨结构，但与第一个专利最大的区别在于没有加入倾转结构。

一种浮体抛离式两栖四旋翼无人机 【公开】 同族：1 引证：0 被引：0
申请号：CN201710097434.1
申请日：2017.02.22
公开（公告）号：CN106945827A
公开（公告）日：2017.07.14
IPC分类号：B64C27/08；B64C35/00；B63G8/00；
申请（专利权）人：浙江大学；
发明人：黄豪彩；黄亮；沈芸；吴季；盛超武；革文科；
代理人：胡红娟；
代理机构：杭州天勤知识产权代理有限公司 33224；

图 9　专利信息 3

分析： 该专利与“一种两栖四旋翼无人机”几乎同时申请，区别在于该专利的机体可潜入水下分离，与上一个专利的整机入水不同。

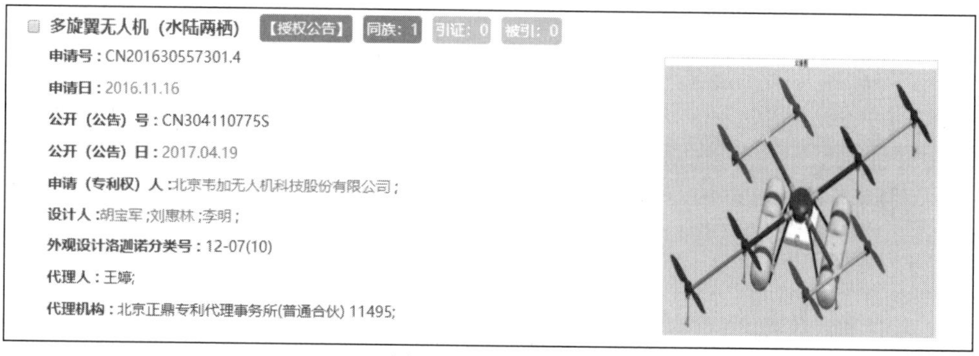
多旋翼无人机（水陆两栖） 【授权公告】 同族：1 引证：0 被引：0
申请号：CN201630557301.4
申请日：2016.11.16
公开（公告）号：CN304110775S
公开（公告）日：2017.04.19
申请（专利权）人：北京韦加无人机科技股份有限公司；
设计人：胡宝军；刘惠林；李明；
外观设计洛迦诺分类号：12-07(10)
代理人：王嫱；
代理机构：北京正鼎专利代理事务所(普通合伙) 11495；

图 10　专利信息 4

分析： 这是某无人机公司的专利产品，与其他专利产品的区别在于旋翼数量非常多，采用了类似潜艇的浮筒设计，没有采用共轴结构。

一种具有多种栖息结构的水陆两栖四旋翼无人机 【公开】 同族：1 引证：0 被引：0
申请号：CN201911038893.8
申请日：2019.10.29
公开（公告）号：CN110626514A
公开（公告）日：2019.12.31
IPC分类号：B64D47/00；B64C27/08；B64D45/04；B25J11/00；
申请（专利权）人：中国石油大学（华东）；
发明人：罗德；尹树丛；杜贞鹏；宋建港；
代理人：刘桂荣；
代理机构：北京睿博行远知识产权代理有限公司 11297；

图 11　专利信息 5

分析： 这是中国石油大学（华东）最近申请的专利，也是四旋翼无人机，具有较为复杂的机体结构，具有栖息功能。

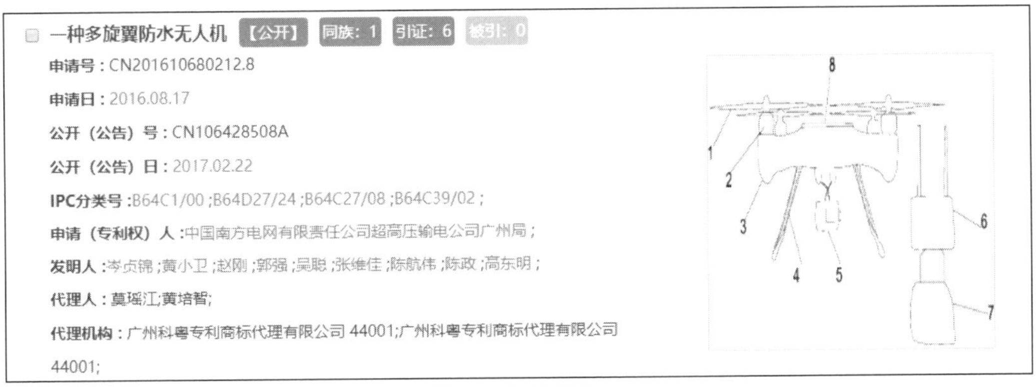
一种多旋翼防水无人机 【公开】 同族：1 引证：6 被引：0

申请号：CN201610680212.8

申请日：2016.08.17

公开（公告）号：CN106428508A

公开（公告）日：2017.02.22

IPC分类号：B64C1/00；B64D27/24；B64C27/08；B64C39/02；

申请（专利权）人：中国南方电网有限责任公司超高压输电公司广州局；

发明人：岑贞锦；黄小卫；赵刚；郭强；吴聪；张维佳；陈航伟；陈政；高东明；

代理人：莫瑶江;黄培智;

代理机构：广州科粤专利商标代理有限公司 44001;广州科粤专利商标代理有限公司 44001;

图 12 专利信息 6

分析： 这是中国南方电网有限责任公司的专利，虽然其只能“防水”，不能“潜水”，但从其申请单位可以看出，这种类型的无人机的确具有较好的应用前景与市场。

3.1.4 Web of Science

[1] Yang XB; Wang TM.; Liang JH.; Yao GC.; Liu M. Survey on the novel hybrid aquatic-aerial amphibious aircraft: Aquatic unmanned aerial vehicle (AquaUAV)[J]. PROGRESS IN AEROSPACE SCIENCES.2015(74):131-151.

Abstract: Wide application prospects in military and civil field are more than bright, therefore many institutions have focused on the development of such a vehicle. However, due to the significant difference of the physical properties between the air and the water, it is rather difficult to design a fully-featured AquaUAV. Until now, majority of partially-featured AquaUAVs have been developed and used to verify the feasibility of an aquatic-aerial vehicle. In the present work, we classify the current partially-featured AquaUAV into three categories from the scope of the whole UAV field, i.e., the seaplane UAV, the submarine-launched UAV, and the submersible UAV. Then the recent advancements and common characteristics of the three kinds of AquaUAVs are reviewed in detail respectively. Then the applications of bionics in the design of AquaUAV, the transition mode between the air and the water, the morphing wing structure for air-water adaptation, and the power source and the propulsion type are summarized and discussed.

Key words: Bionics; Aquatic-aerial operation; Aquatic unmanned aerial vehicle (AquaUAV); Air-water transition; Water-air transition; Morphing structure

分析： 从标题“Survey on”可以看出，这是一篇调研现状的文章。从摘要“we classify... into three categories”可以看出，作者将现有的跨介质无人机分为三类，对每一类都进行了一定程度的举例与介绍，如“bionics”（仿生技术）等，是一篇对水空两栖无人机现状介绍较为完整的综述性文章。

[2] Hyeon, Kim Soo; 홍성철; 이병인; Jang, Seongho; Suh, Jeong-Min; 시바쿠마르; 박제성; SANG, JUNG EUN. Water Quality Measurement using Amphibious Drones and Development of Chlorophyll-a Prediction Formula Through Temperature[J].Journal of the Korean Society of Urban Environment. 2019(19):111-121.

Abstract: As the eutrophication in rivers becomes serious, the green algae bloom has also a great influence on the water quality in recent years. In order to know the number of Chl-a in the current stream, the process is complex and time-consuming. To solve these problems, this study compared the growth rate of Chl-a by temperature and DO and developed a formula that can predict the number of Chl-a by using the UV absorbance value.

Key words: Chl-a; DO; Green algae bloom; UV absorbance

分析： 这篇文章来自“Korean society of urban environment”，是一篇主要研究环境的文章，但其中使用了水空两栖无人机进行环境检测，可以体现出该类型无人机为“water quality measurement”提供了很大的帮助，是此类监测的有利设备，说明这是两栖无人机的一个重要应用。

3.1.5 ScienceDirect

[1] Iftikhar B. Abbasov; V'iacheslav V. Orekhov. Computational modeling of multipurpose amphibious aircraft Be-200[J]. 2015(74):131-151.

Abstract: The paper is dedicated to 3D computational modeling of amphibious aircraft Be-200. Hereby the process of amphibious aircraft components phased modeling is presented. Variants of shading and rendering of model under development are presented as well.

Keywords: Computational 3D modeling; Amphibious aircraft; Method of polygonal extrude; Shading; Rendering; Indirect illumination

分析： 刚看到这个题目时很容易认为这是一篇偏向动力学建模的文章，因为标题中出现了“computational modeling”，但是从摘要可以看出，实际上这是一篇“3D computational modeling”（计算机三维建模）的文章，描述的是机身结构设计建模，并对机型做了相应的力学仿真。

3.2 中期研究检索

在有关“设计”的检索中，我按照被引次数排序，原因是被引量最高的文献说明在设计上最成熟，最受到行业认可，是比较合理可行的方案。

3.2.1 知网

[1] 徐博达，于丹阳，赵宏伟，杨宇恒，任帅，李佳思. 一种四旋翼两栖机器人的设计分析[J]. 新技术新工艺，2015(06):53-58.

摘要： 随着科学技术的发展，机器人技术得到了普遍重视和广泛应用。结合陆地、空间两栖机器人的特定需求，设计了一种四旋翼两栖机器人，针对机器人飞行特点和路面运动特性，研究了其工作机理，结合 Pro/E 软件对机器人进行了建模分析，通过 ANSYS 软件对机器人关键部件进行了静力学分析研究，对机器人和新结构进行了试制加工，并进行了模态试验分析。结合控制系统策略和主要传感器对机器人运动状态的实时反馈，提出了机器人的主要运动模式和控制策略。设计的机器人具有结构轻巧、控制方便和适合复杂的工作环境等特点，在特殊环境勘察和灾害探测等领域具有重要的应用前景。

关键词： 四旋翼；两栖机器人；静力学分析；运动模式；模态分析

（该专利文内图片如图 13 所示。）

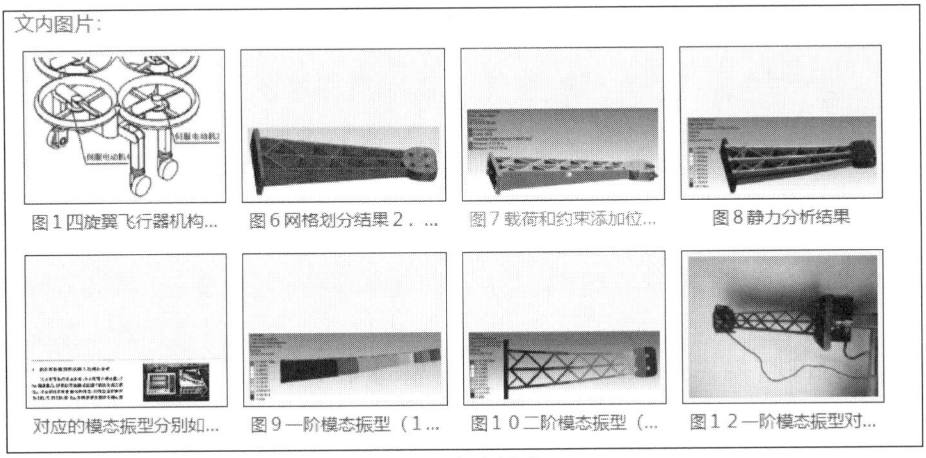

图 13　文内图片 1

分析： 从文内图片、关键词可以看出，这篇文章的内容偏向于结构设计、静力学分析、结构力学计算等，使用了三维建模软件对结构进行力学仿真分析，是搭建两栖无人机架构的框架之前重要的参考文献。

[2] 陈哲吾. 涵道式垂直起降两栖飞行器原理设计与研究[D]. 湖南大学，2010.

摘要： 本文设计研究了一种涵道式垂直起降两栖飞行器，在地面上行驶时，其涵道口的格栅翼闭合起来就是一辆车，由四轮轮毂电机驱动；当需要在空中飞行时，则由两个涵道螺旋桨提供升力，由两个推进涵道螺旋桨提供前进动力，通过调节上下格栅翼的偏角实现空中车体运动的平衡。基于飞行器的飞行力学原理和飞行稳定性原理，并按照运动学、气动力、动力学相结合的动态分析方法，研究了涵道式飞行器样机的理论升力、推进涵道螺旋桨能产生的推进力。应用数值模拟仿真对飞行器进行了空气动力学分析，获得了涵道螺旋桨的升力特性、格栅翼的性能影响及整个飞行器的操控特性，并确定了飞行参数、结构参数和动力参数。本文论证了该飞行器的可行性，为进一步研究提供了理论和实验依据。通过对原理验证模型的空中飞行特性与地面行驶性能进行实验，实验结果与理论分析、数值仿真结果基本一致。

关键词： 两栖飞行器；涵道螺旋桨；格栅翼；垂直起降；操控特性

（该专利文内图片如图 14 所示。）

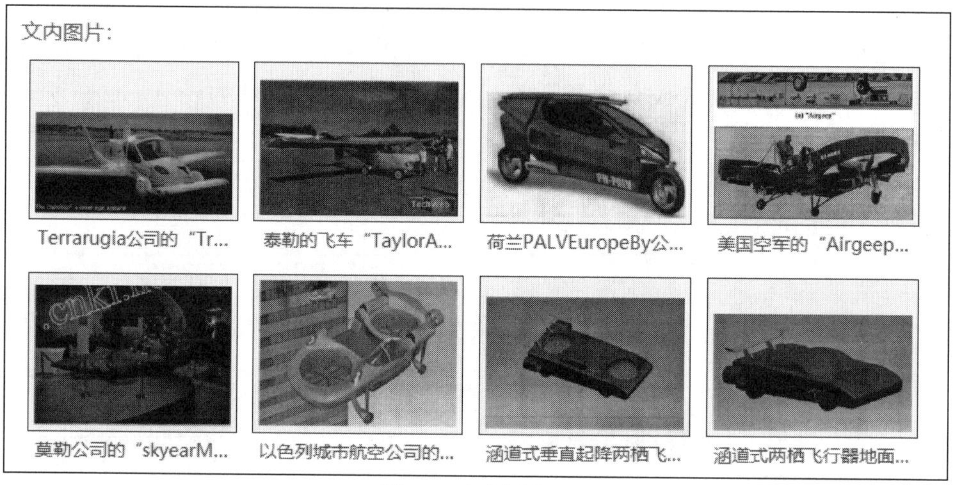

图 14　文内图片 2

分析： 从文内图片及摘要可以看出，涵道设计是本文介绍的重点，通过空气动力学分析，分析了涵道式两栖飞行器的设计是否合理。这样的文章对于本课题是否应该使用涵道结构设计起到了非常大的指导作用，省去了大量的前期理论分析研究工作，直接参考本文即可得出相应的结论。

[3] 李涛，魏强，付龙，骆敏舟，陈赛旋，王美玲，刘效. 基于四旋翼驱动的两栖机器人设计与分析[J]. 机械设计，2017，34(05):6-12.

摘要： 传统的移动机器人往往只具有单一的运动模式，因此环境适应能力较弱。从提高移动机器人的环境适应能力角度出发，设计了一种新型两栖移动机器人。首先描述了该机器人的机械结构与控制及传感系统，并阐述了机器人通过对 4 个旋翼的转动速度和方向进行配置，从而实现其在空中飞行或在地面滚动的运动学原理。然后通过牛顿第二定律与欧拉方程对机器人进行了动力学建模，所得的动力学模型同时适用于机器人的空中飞行和地面滚动。最后通过试验验证该两栖机器人能够实现预期的两种运动模式，以证实其能够提升传统的移动机器人的环境适应能力。

关键词： 移动机器人；四旋翼机构；两栖机器人；机构设计；动力学分析

分析： 该文章为两栖无人机的结构分析提出了一种新的结构设计理念——仿生设计。该文章主要介绍了此种无人机的机械结构设计、动力学建模与动力学模型，满足中期研究的检索要求。

[4] 杨晓飞，於慧敏，孟子晗，梁辰雨. 一种用于辅助搜救的两栖飞行器设计[J]. 扬州大学学报（自然科学版），2019，22(03):31-35.

摘要： 为提高水上搜救运作效率，结合飞行器速度快、视野广和船舶救援的特点，提出了一种新型的用于辅助搜救的两栖飞行器设计方案。该飞行器采用船型结构，通过四旋翼提供飞行升力，倾转旋翼可提供水上航行的动力，数值仿真和飞行测试结果表明，系统的控制精度高、平稳性好，满足实际应用需求。

关键词： 两栖飞行器；无人机；倾转旋翼结构；水上搜救

（该专利文内图片如图 15 所示。）

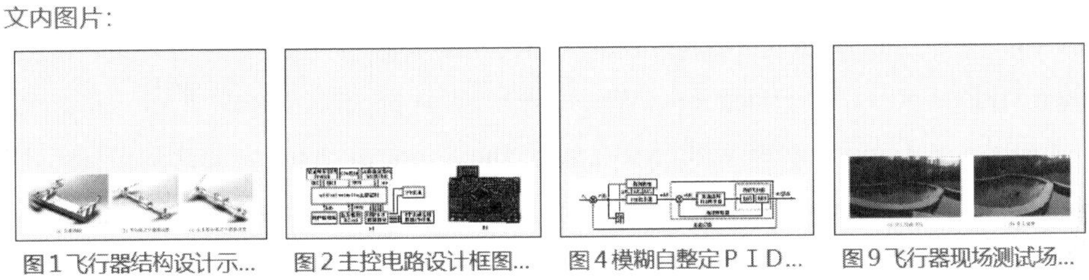

图 15　文内图片 3

分析： 本文提出了一种新的结构设计——“倾转”设计，与前文所提到的结构设计都有所不同，提供了新的思路。同时文中的研究者也做出了相应的实物并给出了实际的应用测试，很好地证明了这种设计的可行性，为课题提供了新的结构设计参考。

通过以上几篇文章，查找它们的参考文献，点击文章的作者，查找作者最近的研究成果，均没有得到更多合适的文章与研究结果，所以暂时以这几篇文章为准。

3.2.2　万方

[1] 郑佳. 两栖飞行器地面行驶系统的结构设计与相关力学性能分析[D]. 湖南：湘潭大学，2014.

摘要： 本文首先以普通汽车和电动汽车的设计为参考依据，结合涵道式结构的特点，对飞行汽车进行了初步的总体设计，确定了飞行汽车原理、主要结构与性能参数、初步的总体布置方案，建立了车身的三维模型，为后续的详细设计提供了重要的参考依据。对决定飞行汽车地面行驶性能的悬架结构进行了详细的设计，建立了三维悬架模型；提出了一种基于运动合成的解析方法，对悬架的定位参数进行了校核，给出了精确的分析结果，与 ADAMS 的分析结果进行了比较，证明了该方法的正确性；对其中的某些参数做了适当的优化。最后，基于多柔体动力学理论和数值仿真方法，建立了刚柔耦合的悬架多体动力学模型，直接模拟了：（1）在普通水泥路和乡间土路等路面激励下的悬架系统的动态响应；（2）飞行汽车降落过程中悬架系统受到冲击载荷作用的动态响应，并进行了强度校核。

关键词： 飞行汽车；涵道螺旋桨；地面行驶系统；结构设计；力学性能；数值分析

分析： 从摘要及关键词可以看出，该文章出现了“ADAMS 仿真”“飞行汽车”“强度校核”等关键词，可见该文章是基于一种大型的两栖飞行器（飞行汽车）进行的力学设计与仿真，其结构设计比起小型无人机应该更加合理，力学性能更好，具有一定的参考依据。

3.2.3 Web of Science

[1] Alzu’bi,H (Alzu’bi, Hamzeh); Mansour,I (Mansour, Iyad); Rawashdeh,O (Rawashdeh, Osamah). Loon Copter: Implementation of a hybrid unmanned aquatic-aerial quadcopter with active buoyancy control[J]. JOURNAL OF FIELD ROBOTICS, 2018,35(5):764-778.

Abstract: Aquatic-aerial unmanned vehicles recently became the focus of many researchers due to their various possible applications. We present in this paper an unconventional unmanned hybrid aquatic-aerial quadcopter with active buoyancy control that is capable of aerial flight and water-surface operation, as well as subaquatic diving. We report on the first successful prototype of the vehicle, named the Loon Copter, to provide initial evaluation results of its performance in both mediums. The Loon Copter uses a single set of motors and propellers for both air and underwater maneuvering. It utilizes a ballast system to control vehicle buoyancy and depth underwater, as well as to perform seamless air-to-water and water-to-air transitions.

Key word: buoyancy;control;propellers;unmanned aerial vehicle;unmanned aquatic-aerial vehicle; unmanned underwater vehicle

分析：标题中出现了“Loon Copter”，可以直接判断这篇文章来自前面从公众号上查找到的罗格斯大学的论文。虽然标题中出现了“control”，但实际上是“buoyancy control”，只是整机浮标系统的控制，其他的控制基本不涉及。主要描述的是“implementation”，即第一代原型机的功能实现与具体方式，属于机构设计类文章。还可以看到作者使用了“ballast system”，即浮箱系统控制沉浮，因此在设计上有一定的参考借鉴价值。

[2] Esakki B.; Ganesan S.; Mathiyazhagan S.; Ramasubramanian K.; Gnanasekaran B.; Son B.; Park SW.; Choi JS. Design of Amphibious Vehicle for Unmanned Mission in Water Quality Monitoring Using Internet of Things[C]. 2018，18(10).

Abstract: …Components and subsystems of the amphibious vehicle are developed with due consideration for aerodynamic, structural, and environmental aspects. Finite element analysis (FEA) on static thrust conditions and skirt pressure are performed to evaluate the strength of the structure. For diverse wind conditions and angles of attack (AOA), computational fluid dynamic (CFD) analysis is carried out to assess the effect of drag and suitable design modification is suggested. A prototype is built with a 7 kg payload capacity and successfully tested for stable operations in flight and water-borne modes. Internet of things (IoT) based water quality measurement is performed in a typical lake and water quality is measured using pH, dissolved oxygen (DO), turbidity, and electrical conductivity (EC) sensors. The developed vehicle is expected to meet functional requirements of disaster missions catering to the water quality monitoring of large water bodies.

Key word: amphibious UAV; hovercraft; FEA; CFD; prototype; water quality; sensors; Internet of Things

分析：从标题和摘要可以看出，这篇文章结合了无人机的设计与应用，既是一种无人机的“design”，同时也是一种基于“internet of things”（物联网）的“quality monitoring”（水质监测）无人机，介绍了该两栖无人机的应用。在结构设计方面，该文章也做了较为深入的研究，其中包括“finite element analysis”（有限元分析）等的结构分析工作，并且制作出了相应的原型机，有较大的参考价值。

3.2.4　ScienceDirect

[1] R. Salazar; A. Campos; V. Fuentes; A. Abdelkefi. A review on the modeling, materials, and actuators of aquatic unmanned vehicles[J]. Ocean Engineering, 2019, 172:257-285.

Abstract: Aquatic robotics is making a critical transition to adapt and inspire more efficient systems from nature. The result is the abandonment of inefficient propeller-based locomotion for a biological locomotion type suitable for the specific mission. Bioinspired aquatic unmanned vehicles (AUVs) could be exploited in a diverse range of missions depending on the design and its capabilities. Removing the human pilot and creating an animal-based AUV means that more hazardous aquatic environments can be studied with reduced repercussions. There is a diverse range of biological locomotion's to choose from when developing a bioinspired AUV. The respective animals that exhibit a specific swimming mode give a range of criteria to follow make the system more capable of swimming. In this review, how previous AUV developers determined the kinematic, physical, and hydrodynamic modeling of these systems are consolidated and discussed. The electronic components of these systems are outlined to give an idea of how these bioinspired AUVs are constructed.

分析：从标题“review”（综述）可以看出，这篇文章综述了“modeling, materials”和“actuators”等的两栖无人机的相关方面，并且从摘要可以看出，大部分内容都是在讲“bio”技术，即仿生技术，这是一篇不同于常见的旋翼类两栖无人机的综述性文章，在仿生技术的研究层面具有较高的参考价值。

3.3　后期研究检索

这里的检索涉及控制算法，统一按照被引次数来排序，被引次数较高的算法成熟度与可行性均较高。由于这类检索的结果较少，各个检索平台得到的结果基本一致，不一致的部分均不太符合要求，故有些检索平台不再列出。

3.3.1 知网

[1] 葛阳，冯金富，马宗成，谭骏怡，陈国明. 两栖四旋翼航行器近水面飞行控制研究[J]. 飞行力学，2019，37(04):45-49.

摘要： 两栖四旋翼航行器接近水面时水面会发生相应的形变，使其地面效应的确定更加困难，对航行器运动控制造成不利影响。基于 ADRC 原理设计了自抗扰控制器，并通过仿真试验验证其性能。结果表明，当航行器近水面飞行高度低于 0.5m 时，地面效应较为显著，PID 控制器无法实现有效跟踪，而 ADRC 控制器无论是在航行器高度下降初期还是接近水面，与参考轨迹的吻合程度均较高，控制效果要优于 PID。

关键词： 两栖四旋翼；近水面；地面效应；自抗扰控制

（文内图片如图 16 所示。）

文内图片：

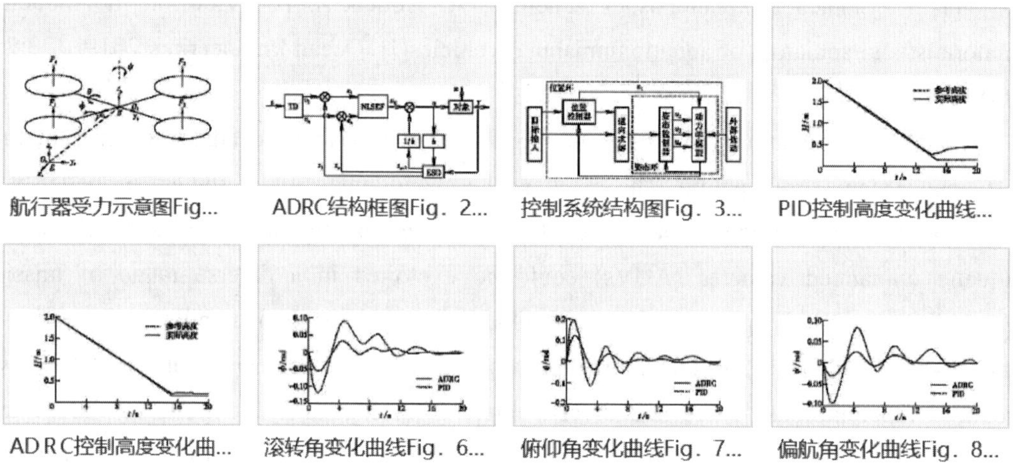

图 16 文内图片 4

分析： 从摘要与关键词“ADRC”“PID”“控制器”等及各种曲线可以看出，该文章属于严格的控制层面的文章，与结构设计无关，使用 ADRC 算法改进传统的 PID 算法，并做了两种算法的效果对比。“ADRC”自抗扰控制算法正是本课题组需要的研究算法，具有较好的借鉴价值与意义。

[2] 李涛，魏强，付龙，骆敏舟，陈赛旋，王美玲，刘效，庄晓明. 四旋翼两栖机器人姿态求解与控制[J]. 机械与电子，2015(10):62-66.

摘要： 介绍了一种基于四旋翼驱动的两栖移动机器人。首先简要介绍了该机器人的机械结构与控制及传感系统，介绍了机器人由四旋翼机构提供动力，并通过对 4 个旋翼的转动速度和方向进行配置，从而实现在空中飞行或在地面滚动的原理。然后采用四元数方法对该两栖机器人进行了姿态求解，在此基础上，基于 PID 算法开发了机器人的飞行控制算法，并进行了相应的仿真。最后通过实验验证了该两栖机器人能够实现预期的两种运动模式，即空中飞行和地面滚动。该机器人提高了传统只具有单一运动模式的移动机器人的环境适应能力。

关键词： 移动机器人；四旋翼机构；两栖机器人；姿态求解；运动控制

分析： 从关键词“PID”“姿态求解”“四元数”等可以看出，本文是一篇偏向姿态控制的文章，与上一篇的运动控制有区别，但仍属于无人机控制领域的一个重要组成部分，同样具有较好的借鉴意义与价值。

[3] 范玺斌，平志伟，张中星. 两栖联合作战无人飞行器协同控制方法研究[J]. 飞航导弹，2019(05):79-83.

摘要： 在未来的联合作战中，无人飞行器对作战样式有着深远的影响。以海上和两栖作战无人飞行器为背景，分析了无人飞行器避撞的关键技术及其发展趋势，在无人飞行器目标检测、碰撞估计方法及避撞机动方法等方面进行了综述。提出了人工智能技术运用到无人机飞行中的防碰撞问题，并给出了研究方向。通过运用路径规划及对飞行轨迹的预测原理，实现无人飞行器在未知空域的协同飞行防碰撞。最后，对碰撞检测技术的未来走向做出了展望。

关键词： 两栖作战；舰载无人机；人工智能；航迹规划；碰撞检测

分析： 运动轨迹规划、多机协同、碰撞估计属于控制领域不同于姿态求解与自动控制算法的一个方面，但也涉及控制中的一个新问题，在后续的多机协同控制研究中能起到较好的参考作用。

[4] 吝科，冯金富，张晓强，高峰. 升力型潜水飞行器水空动力学特性研究[J]. 舰船科学技术，2014，36(09):94-97+105.

摘要： 水空两相介质物性的巨大差异为潜水飞机的水下潜航和空中飞行带来了诸多难题，本文选择升力型航行器为研究对象，采用数值仿真手段研究其飞行和潜航动力学特性，模拟结果说明：在低速航行时，存在匹配的速度区间使得升力型航行器在空中和水下的各动力学参数随攻角的变化趋势相似并且数值相近，航行器获得相似的飞行和潜航环境；通过对水下高速航行的可行性的探讨，获悉升力型航行器不适宜在水下高速潜航，需采用变体方式改变构型来提高航行器的动力学性能。

关键词： 潜水飞机；数值仿真；气动特性；水动特性

分析： 本文的内容是有关动力学建模的，动力学建模有利于控制仿真，但严格来讲不属于控制理论范畴，借鉴意义相对较低。

3.3.2 Web of Science

[1] Wu Y.;Li LL.;Su XC.;Gao BW. Dynamics modeling and trajectory optimization for unmanned aerial-aquatic vehicle diving into the water[J]. AEROSPACE SCIENCE AND TECHNOLOGY. 2019(89):220-229.

Abstract: Based on the established dynamic model, the diving process is regarded as a free motion to avoid the instability during the control switch between air and water. To obtain the satisfactory trajectory under certain optimization index, an adaptive and global-best guided CS algorithm, named as improved cuckoo search (ICS) algorithm, is developed to strength the exploitation ability and search efficiency. Simulation results demonstrate that the established dynamical model of UAAV is rational and can reflect the characteristic of the diving motion. The proposed ICS algorithm performs better than the particle swarm optimization (PSO) algorithm and the standard CS algorithm both in optimizing the elapsed time of diving process and the terminal position error.

Key word: Aerial-aquatic vehicle; Diving process;Dynamics modeling; Trajectory optimization; Cuckoo search algorithm

分析：摘要前半段描述了“dynamics modeling”和“trajectory optimization”，即动态模型和轨迹最优规划的问题，然后描述了“cuckoo search algorithm”（布谷鸟搜索算法），属于算法的一种，可见该文章属于严格的控制算法层面的文章，并且提出了一些国内论文中没看到过的算法，为前沿技术探索提供了思路。

[2] Duarte, M; Oliveira, SM; Christensen, AL.Hybrid control for large swarms of aquatic drones [J]. ALIFE 2014: The Fourteenth International Conference on The Synthesis and Simulation Of Living Systems, 2014:785-792.

Abstract: Maritime tasks, such as surveillance and patrolling, aquaculture inspection, and wildlife monitoring, typically require large operational crews and expensive equipment. Only recently have unmanned vehicles started to be used for such missions. In this paper, we propose a scalable robotics system based on swarms of small and inexpensive aquatic drones. The behaviors are then combined hierarchically with preprogrammed control in an engineered-centric approach, allowing the overall behavior for a particular mission to be quickly configured and tested in simulation before the aquatic drones are deployed. We demonstrate the scalability of our hybrid approach by successfully deploying up to 1,000 simulated drones to patrol a 20 km long strip for 24 hours.

Key word: Behaviors;Migration;Evolution;Driven;Noise

分析：本文描述的是一种关于“large swarms”的“hybrid control”，即有关集群的规划控制。从摘要可以看出，研究人员“propose a scalable robotics system based on swarms of aquatic drones”，并且做了相应的持续 24 小时的仿真。有关集群运动规划的控制应该属于较为后期的研究，是结构设计、控制算法与原型机实物都完成了以后才需要进一步考虑的事情。为了得到所有研究阶段的文献，收录这篇文章备用。

[3] Ravell, DAM; Maia, MM; Diez, FJ. Modeling and control of unmanned aerial/underwater vehicles using hybrid control[J]. Control Engineering Practice, 2018 (76):112-122.

Abstract: Modeling and control of a multi-medium unmanned vehicle capable of seamless operation in air or underwater is introduced in this paper.The continuous dynamics are modeled by the Newton-Euler formalism, taking into account the effects of the buoyancy and drag phenomena, normally neglected in aerial vehicles. A hybrid controller is designed for trajectory tracking considering the full system, including a transition strategy to assure the switching between mediums. Stability analysis for the full system is provided using hybrid Lyapunov and invariance principles. The performance of the control strategy is validated through simulations. Finally, an experimental platform consisting of a multirotor in an octo-quadcopter configuration was developed and some preliminary experimental results are introduced, showing the vehicle performing in air, underwater and through the transition.

Key words: Multi-medium systems; Hybrid control; Unmanned aerial/underwater vehicles; Multirotors; Trajectory tracking

分析： 本文描述了在前面的微信公众号中提到的奥克兰大学的“naviator”原型机。从标题“modeling and control”和摘要“trajectory tracking”“Lyapunov and invariance principles”可以看出，与“Loon copter”文章不同，这篇文章重点在于介绍该无人机的控制算法和动力学建模，是一种“hybrid control”。从摘要还可以看出，该文章也提及了少部分的机身结构设计。作为一个完整的作品，具有前、中、后三个阶段的参考价值。

3.3.3　ScienceDirect

[1] Yu Wu. Coordinated path planning for an unmanned aerial-aquatic vehicle (UAAV) and an autonomous underwater vehicle (AUV) in an underwater target strike mission[J]. Ocean Engineering, 2019(182):162-173.

Abstract: Unmanned system has become more and more popular as it can adapt to diverse environments and has prospective applications. Especially, the coordination among heterogeneous vehicles is capable of completing complicated tasks, which is often beyond the ability of homogeneous vehicles. In this paper, the underwater target strike mission is concentrated, and the mission is completed by the coordination between a UAAV and an AUV. UAAV and AUV are deployed in this mission because UAAV has strong search ability in air and can communicate with AUV directly after it dives into water. Firstly, to decompose the problem, the mission is divided into two phases, i.e., single flying of UAAV and underwater coordination between UAAV and AUV. In the coordinated path planning model, the motion of vehicles, the constraints in different media and the optimization index in each phase are all formulated into mathematical forms. Based on the particle swarm optimization (PSO) algorithm, Compared to the whole method, the two-phase method can better deal with the complicated constraints in each phase.

Keywords: Unmanned system;Unmanned aerial-aquatic vehicle;Autonomous underwater vehicle;Coordinated path planning;Particle swarm optimization algorithm

分析： 文章的标题涉及“coordinated path planning”和“underwater target strike mission”，是一篇涉及轨迹规划和水下军事打击任务、偏向算法的文章，但同时也体现了此类无人机的应用场景之一——水下军事打击任务。

4 总结

4.1 研究可行性

首先回答前文提出的两个问题。

问题 1： 这个题目是否实现难度较低，或者学术价值较低，以至于很多人在申请了专利、做出了实物的情况下，也不足以发表论文？

答： 否。从专利检索的结果来看，很多专利中的设计方案还暂时停留在天马行空的想法当中，从实际工程设计的经验来看，并不具有可行性，不一定能最终得到实物。另外，很多专利只设计了两栖无人机的一个零部件或一个细分功能，整机的完善程度还不是很高。而且，从查找的这么多种专利设计中可以看出，此类无人机的结构设计可以有多样化的选择，没有局限的框架，哪些设计更合理，值得通过计算与实验验证。

问题 2： 这个题目是否可行性较低或应用价值较低，以至于在无人机和潜航器都已经诞生这么久之后的今天，研究的人还不是特别多？

答： 否。从查找到的应用类文献来看，此类无人机的军事应用大于民用应用，因此可以推测很多专利与论文是不公开发表的。而从检索到的文献发表时间来看，近 5 年来相关文献的数量逐步上升，说明该领域属于新兴领域，仍然具有研究价值与市场价值。

再从前、中、后期的检索结果进行总结。

前期： 从文献检索的结果来看，应用与市场类的文章不少。由于水空两栖无人机的跨介质、隐蔽性、灵活性及工作场景的灵活性，其在军事应用显然比民用层面的应用更多更广，但民用层面的应用也不少，从南方电网的几篇涉及水库检测的专利，以及国外科研机构、高校和高新技术展示会来看，国外有关此类跨介质无人机的应用市场拓展比国内更快、更广，也可以看出国内市场仍有待开拓。再结合近年来相关论文数量的增长趋势，可以判断这是一个值得跟进的领域。

中期： 项目的中期研究主要进行了结构设计、机体选型、零件选型等物理层面的操作。从已有的文献与专利来看，对民用市场来说，多旋翼类型是应用最为广泛的，也是最为合理的。而军事领域对速度要求较高，多采用固定翼类型。在多旋翼类型中，有采用类似潜艇的排水式沉浮控制，也有利用自重与旋翼升力相结合的浮沉控制，还有子母机类型的释放分离式。而其中四轴居多，有四轴四旋翼的设计、四轴八旋翼的共轴设计、涵道式设计等。

后期： 在控制算法方面，由于涉及水空过渡时的密度转换问题，各种控制参数都需要转换。有研究使用自适应 PID 算法、模糊 PID 算法、滑膜控制等，还有的研究使用 ADRC 自抗扰算法等，论文中给出了各种算法在水空过渡时的表现，具有较好的参考借鉴意义。还有的论文是有关轨迹规划、动力学建模等问题的。从国外的众多算法类文献中可以看出，国外文章使用的算法比国内更深入、更多样，并且涉及面更广，在集群规划等方面都有涉及，也可以反映出国内在这个领域的研究还有很大的潜力，很多方面都有待研究。

补充： 该项目完成后由本校图书馆开具了查新报告。由于当时的查新点除了“水空两栖无人机”，还细化了“共轴”“倾转”“浮标通信系统”“三维定位系统”等方面，所以在查新报告中的检索更加详细，但仍可以看出“水空两栖无人机”的查新检索式。可以看到与我的检索式还是比较接近的，查新报告中的中文检索式比我的检索式多了“海”关键词；英文检索式则更倾向于词组结合查询，并且将“水”类关键词与“空”类关键词用 and 连接，这样的查全率应该会更好些。从查询结果来看，查新报告查询了更多的数据库，查全率更高，但其更偏向于结构设计，即中期检索类文章，算法类较少提及，如图 17 所示。

（三）检索词

1. 水，海，water，underwater，swim
2. 空，air，fly，flight
3. 两栖，aerial/underwater vehicle，aerial/submersible vehicle
4. 四轴，quadrotor，quadcopter，quad-rotor，multirotor，multi-rotor
5. 无人机，飞行器，UAV，unmanned aerial vehicle，unmanned vehicle
6. 倾转旋翼，旋翼倾转，旋翼，tiltrotor，tilting-rotor，tilt-rotor，rotor
7. 倾转，倾斜，pitched，pitching
8. 通讯，通信，communication，communicate
9. 浮标，buoy，float
10. 遥控信号，图传信号，无线图传，无线图像传输，信号发射器，remote signal，wireless image transmission，signal projector
11. 激光，laser
12. 三维，3D，three-dimensional
13. 定位，location，locating，positioning，localization

（四）检索式

1. (水 or 海) and (空 or 两栖) and (无人机 or 飞行器 or 倾转旋翼 or 旋翼倾转) and (旋翼 or 四轴 or 倾转 or 倾斜)
2. (无人机 or 飞行器) and (倾转旋翼 or 旋翼倾转) and (四轴 or 水 or 海 or 两栖)
3. (无人机 or 飞行器) and (水 or 海 or 两栖) and (通讯 or 通信) and (浮标 or 遥控信号 or 图传信号 or 无线图传 or 无线图像传输 or 信号发射器)
4. (无人机 or 飞行器) and (水 or 海) and (激光 or 三维 or 3D) and 定位
5. (underwater or swim* or sea) and (air or fly* or flight) and (UAV or unmanned aerial vehicle*) and rotor
6. (aerial underwater vehicle* or aerial submersible vehicle*) and (quadrotor or quadcopter or quad rotor or multirotor or multi rotor or tiltrotor or tilting rotor or tilt rotor) and (unmanned or pitched or pitching)
7. ((unmanned or aerial) near vehicle*) and ((communicat* or transmit*) near (water or sea)) and ("signal projector*" or remote signal* or wireless image transmi* or buoy* or float*)
8. ((location or locating or positioning or localization) near ("water" or "sea")) and laser and ((unmanned or aerial) near vehicle*)
9. ((location or locating or positioning or localization) near (3D or "three dimensional")) and water and ((unmanned or aerial) near vehicle*)

图 17　本课题使用的检索词与检索式

4.2　文献汇总

为便于利用，将选中文献汇总如下，其中包含了 J、P、D、C 4 种文献类型。

4.2.1　前期研究

[1] 齐铎，李永利，张佳强，梁晓龙，竹武林. 旋翼型两栖无人机的发展现状及其在近海破障作战中的应用分析[J]. 飞航导弹，2019(11):43-47.

[2] 杨健，冯金富，齐铎，马宗成，张强. 水空介质跨越航行器的发展与应用及其关

键技术[J]. 飞航导弹，2017(12)

[3] 杨兴帮，梁建宏，文力，王田苗. 水空两栖跨介质无人飞行器研究现状[J]. 机器人，2018，40(01):102-114.

[4] 任显祺. 水陆两栖飞行器河流污染监控及水质检测研究[J]. 河南科技，2019(07):137-138.

[5] 孙泽鹏，宋乾福，贾重任. 跨介质飞行器的应用与技术特点分析[J]. 军民两用技术与产品，2015，(10):22-23.

[6] 广东工业大学. 一种十字型共轴倾转旋翼两栖无人机: CN201910533404.X[P]. 2019-09-27.

[7] 浙江大学. 一种两栖四旋翼无人机: CN201710097439.4[P].2017-07-07.

[8] 浙江大学. 一种浮体抛离式两栖四旋翼无人机: CN201710097434.1[P]. 2017-07-14.

[9] 北京韦加无人机科技股份有限公司. 多旋翼无人机（水陆两栖）: CN201630557301.4 [P]. 2017-04-19.

[10] 中国石油大学（华东）. 一种具有多种栖息结构的水陆两栖四旋翼无人机: CN201911038893.8[P].2019-12-31.

[11] 中国南方电网有限责任公司超高压输电公司广州局. 一种多旋翼防水无人机: CN201610680212.8[P].2017-02-22.

[12] Yang XB.; Wang TM.; Liang JH.; Yao GC.; Liu M. Survey on the novel hybrid aquatic-aerial amphibious aircraft: Aquatic unmanned aerial vehicle (AquaUAV) [J]. PROGRESS IN AEROSPACE SCIENCES, 2015(74):131-151.

[13] Hyeon, Kim Soo; 홍성철; 이병인; Jang, Seongho; Suh, Jeong-Min; 시바쿠마르; 박제성; SANG, JUNG EUN. Water Quality Measurement using Amphibious Drones and Development of Chlorophyll-a Prediction Formula Through Temperature[J]. Journal of the Korean Society of Urban Environment, 2019(19):111-121.

[14] Iftikhar B. Abbasov, V’iacheslav V. Orekhov. Computational modeling of multipurpose amphibious aircraft Be-200[J]. 2015(74):131-151.

4.2.2 中期研究

[1] 徐博达，于丹阳，赵宏伟，杨宇恒，任帅，李佳思. 一种四旋翼两栖机器人的设计分析[J]. 新技术新工艺，2015(06):53-58.

[2] 陈哲吾. 涵道式垂直起降两栖飞行器原理设计与研究[D]. 湖南大学，2010.

[3] 李涛，魏强，付龙，骆敏舟，陈赛旋，王美玲，刘效. 基于四旋翼驱动的两栖机器人设计与分析[J]. 机械设计，2017，34(05):6-12.

[4] 杨晓飞，於慧敏，孟子晗，梁辰雨. 一种用于辅助搜救的两栖飞行器设计[J]. 扬州大学学报（自然科学版），2019，22(03):31-35.

[5] 郑佳. 两栖飞行器地面行驶系统的结构设计与相关力学性能分析[D]. 湖南：湘潭大学，2014.

[6] Alzu'bi, H (Alzu'bi, Hamzeh); Mansour, I (Mansour, Iyad); Rawashdeh, O (Rawashdeh, Osamah). Loon Copter: Implementation of a hybrid unmanned aquatic-aerial quadcopter with active buoyancy control[J].JOURNAL OF FIELD ROBOTICS,2018,35(5):764-778.

[7] Esakki B.; Ganesan S.; Mathiyazhagan S.; Ramasubramanian K.; Gnanasekaran B.; Son B.; Park SW.; Choi JS. Design of Amphibious Vehicle for Unmanned Mission in Water Quality Monitoring Using Internet of Things[C]. 2018.18(10).

[8] R. Salazar; A. Campos; V. Fuentes; A. Abdelkefi.A review on the modeling, materials, and actuators of aquatic unmanned vehicles[J]. Ocean Engineering, 2019,172:257-285.

4.2.3　后期研究

[1] 葛阳，冯金富，马宗成，谭骏怡，陈国明. 两栖四旋翼航行器近水面飞行控制研究[J]. 飞行力学，2019，37(04):45-49.

[2] 李涛，魏强，付龙，骆敏舟，陈赛旋，王美玲，刘效，庄晓明. 四旋翼两栖机器人姿态求解与控制[J]. 机械与电子，2015(10):62-66.

[3] 范玺斌，平志伟，张中星. 两栖联合作战无人飞行器协同控制方法研究[J]. 飞航导弹，2019(05):79-83.

[4] 吝科，冯金富，张晓强，高峰. 升力型潜水飞行器水空动力学特性研究[J]. 舰船科学技术，2014，36(09):94-97+105.

[5] Wu Y.; Li LL.; Su XC.;Gao BW. Dynamics modeling and trajectory optimization for unmanned aerial-aquatic vehicle diving into the water[J]. AEROSPACE SCIENCE AND TECHNOLOGY, 2019(89):220-229.

[6] Duarte, M; Oliveira, SM; Christensen, AL. Hybrid Control for Large Swarms of Aquatic Drones[J]. ALIFE 2014: THE FOURTEENTH INTERNATIONAL CONFERENCE ON THE SYNTHESIS AND SIMULATION OF LIVING SYSTEMS, 2014:785-792.

[7] Ravell, DAM (Ravell, Diego Alberto Mercado); Maia, MM (Maia, Marco Moreno); Diez, FJ (Diez, Francisco Javier). Modeling and control of unmanned aerial/underwater vehicles using hybrid control[J]. CONTROL ENGINEERING PRACTICE,2018(76):112-122.

[8] Yu Wu. Coordinated path planning for an unmanned aerial-aquatic vehicle (UAAV) and an autonomous underwater vehicle (AUV) in an underwater target strike mission[J],Ocean Engineering,2019(182):162-173.

8.3 专业学习，嵌入释疑

案例 2：建筑灰空间的设计

导读：源自专业兴趣，搜索利用信息，为学习之路开疆拓土。

作品完成人：陈华悦，大二

完成日期：2021 年 1 月

1 课题分析

1.1 课题背景

我现在就读于城乡规划专业，我们在大二上学期的设计作业是：别墅。在设计别墅时，老师提到了“灰空间”的概念，并说到灰空间能使我们设计的建筑更好地与周围环境融合，使两者变为一个有机的整体。但是我对“灰空间”这一概念还非常模糊，从而使我的设计在“灰空间”的运用上少之又少，也导致我的设计没能很好地与周围环境融合。学习了信息素养课程之后，我决定重新面对这一问题，并解决这个问题，提升自己的专业知识和能力。

1.2 概念描述

所谓的“灰空间”，最早是由日本建筑师黑川纪章提出来的。“灰空间”一方面指色彩，另一方面指介乎室内外的过渡空间。对于前者，他提倡使用日本茶道创始人千利休阐述的“利休灰”思想，以红、蓝、黄、绿、白混合出不同倾向的灰色装饰建筑；对于后者，他大量利用庭院、走廊等过渡空间，并将其放在重要的位置上。而就我们一般人的理解，“灰空间”就是那种半室内、半室外、半封闭、半开敞、半私密、半公共的中介空间。这种特质空间一定程度上抹去了建筑内外部的界限，使两者成为一个有机的整体，空间的连贯消除了内外空间的隔阂，给人一种自然有机的整体感觉。（百度百科）

1.3 研究重要内容及目的

本课题检索的重点有以下两个。

（1）建筑“灰空间”的处理手法。

（2）查找一些在“灰空间”上处理得较为优秀的建筑案例。

1.4 中英文关键词

本课题使用的检索词如表 1 所示。

表 1　本课题使用的检索词

中文关键词	英文关键词
建筑	architecture;construct*;building
灰空间；过渡空间	gray space;grey space;gray spatial
设计；手法；方式；方法	design*

2　检索策略与结果

2.1　中国知网

（1）检索式：

SU=建筑 AND SU=(灰空间+过渡空间) AND SU=(设计+方法+手法+方式)

（编者说明：在万方等数据库中的检索式类似，后面不再一一列出，仅列出所选文献题录及阅读笔记）。

（2）检索数量：115。

（3）文献选取：

① 标题：高校建筑灰空间再利用设计——以天津农学院敏学楼电梯灰空间为例

作者：漆蕾 陈鑫 吕清淼 冀媛媛

出处：中外建筑，2020(09):160-162.

摘要：在建筑中进行灰空间设计越来越广泛，灰空间不仅是一种室内外空间的过渡，其对观景人而言也是心理上的转变和过渡，良好的设计可以营造一种独特的氛围，以达到情景交互的奇妙体验。通过探讨高校建筑灰空间的再利用设计，以天津农学院敏学楼灰空间再利用设计为例，追求同楼层内平行灰空间不同设计与不同楼层垂直灰空间不同设计的多样性、多维度方案，取得人文与生态环境相契合的多元性空间设计。

关键词：灰空间；再利用设计；高校建筑

文献类型：学术期刊

文献阅读小结：此篇文章围绕“如何对天津农学院敏学楼的教学楼内 2～12 层电梯间附近总共近 1 000 m^3 的灰空间进行再利用设计”的问题展开论述，介绍了从开始调查周边环境、人物活动等，到最后方案生成的整个过程。

② 郑敏杰. 试论园林景观设计中的“灰空间”形式[J]. 居舍，2019(23):101+190.

文献阅读小结：此篇文章记录了园林景观设计中的灰空间形式，分别有基础道路、地形结构、绿植隔离、景观小品。

③ 熊新宇. 博物馆建筑过渡空间设计策略——以龙游县博物馆设计为例[D]. 华中科技大学，2019.

文献阅读小结：此篇文章结合龙游县博物馆，非常深入地阐明了建筑的过渡空间与周围环境的关系，如界面、尺度等，以及其灰空间的处理方式，是一个很好的借鉴例子。

④ 张雯娟. 文化艺术综合体“灰空间”设计研究[D]. 北京林业大学，2017.

文献阅读小结：此篇文章针对很多类型建筑中的文化综合体与灰空间的关系，从设计构成及发展机制，到设计原则及生成策略，最后到设计解析，清晰明了地论述了在文化综合体中应该如何设计周围的灰空间，对我的大学生活动中心设计有很大的帮助。

2.2　万方数据知识服务平台

⑤ 李伟，苑思楠. 从场景到空间——基于感知与体验的小型建筑设计实验教学探索

[C].//全国高等学校建筑学学科专业指导委员会. 2015 全国建筑教育学术研讨会论文集. 2015:261-265.

文献阅读小结：此篇文章就当前的问题“国内现阶段大学二年级小型建筑设计教学仍多以传统的基于场地设计、功能组织和结构逻辑作为出发点来逐步展开教学活动，但是与改革后大学一年级的建筑基础设计教学无法进行有效的过渡与衔接，甚至出现矛盾，致使本科建筑的基础教学思路不能得以连贯地实施与开展”展开讨论，并论述了 4 个解决措施。这对我之后更好地提升专业素养有很大的帮助。

⑥ 何子昕. 建筑艺术设计中灰空间的运用探讨[J]. 建筑工程技术与设计，2020, (4): 671. DOI:10.12159/j.issn.2095-6630.2020.04.0639.

文献阅读小结：此篇文章论述了建筑的灰空间在建筑艺术中的应用效果及应该如何实际运用。

⑦ 李卓，赵越. “灰空间”在小型独立空间建筑中的设计研究[J]. 文艺生活 · 文艺理论，2014，(4):48-48.

文献阅读小结：此篇文章剖析了灰空间的概念，以及灰空间的设计手法：在空间中做“减法”形成“灰空间”；在空间中做“切削”形成“灰空间”；在空间中做“挖空”形成“灰空间”；在空间中做“加法”形成“灰空间”。

⑧ 杨海荣，张书彦. 论廊子在建筑设计中的运用[J]. 中外建筑，2007，(6):17-19. DOI: 10.3969/j.issn.1008-0422.2007.06.005.

文献阅读小结：在灰空间的设计上，我观察到很多文章都会采用廊道，此篇文章则专门对灰空间中的廊道进行了剖析，还点出了当前廊道设计的不足之处，以及改进的方法。

⑨ 解强宗. 对海滨度假村过渡空间设计的探讨[N]. 云南经济日报，2011-05-23(002).

文献阅读小结：此篇文章对度假村这样的旅游景点中的过渡空间进行了探讨，增加了我的知识储备。

2.3 Web of Science

⑩ Gong, Cong; Hu, Changjuan.The research of gray space design of architecture based on green stormwater infrastructure application.International Conference on Alternative and Renewable Energy Quest (AREQ), SPAIN, FEB 01-03, 2017

文献阅读小结：此篇文章深入探讨了绿色雨水基础设施应用的建筑灰空间设计。

3 课题综述

3.1 问题

我所选择的课题是“建筑灰空间的设计”，需要解决的问题是：①建筑灰空间的处理手法；②查找一些在灰空间上处理得较为优秀的建筑案例。

3.2　解决方法

我在三种文献数据库中进行了相关文献的检索，在检索结果中找到了最合适我所选的课题及最能解决我所提出的问题的期刊论文、学位论文等。通过这次资料检索，我了解到建筑灰空间的设计越来越重要。要想设计好建筑外部的灰空间，首先要做的就是了解建筑外部空间的环境要素。《高校建筑灰空间再利用设计——以天津农学院敏学楼电梯灰空间为例》中提到在设计天津农学院敏学楼电梯的灰空间时，首先测量与调查温度、湿度、光照强度、人流量与人群活动范围及行为习惯，每层楼分布的教育办公职能，所含有的文化故事与含义等，再对所获得的数据进行科学分析，归纳总结后得出每个灰空间区域的特点，确定每个空间的设计主题。除此之外，还对其现状进行调研、发问卷等。从上可知，要想设计好灰空间，我们要对建筑的外部环境有一个非常深刻的了解，包括其与人、与自然的关系，然后才考虑如何处理灰空间。在《论廊子在建筑设计中的运用》中，我得知了廊道是一个很好的灰空间处理方式；在《"灰空间"在小型独立空间建筑中的设计研究》中，我懂得了四种营造灰空间的方法；在《试论园林景观设计中的"灰空间"形式》中，我懂得了道路、道路边的植被也是很好的灰空间的介质。而在灰空间上处理得较为优秀的建筑案例有《高校建筑灰空间再利用设计——以天津农学院敏学楼电梯灰空间为例》中论述的天津农学院敏学楼电梯灰空间，以及《博物馆建筑过渡空间设计策略——以龙游县博物馆设计为例》中论述的龙游县博物馆周围的灰空间。而在 Web of Science 中查到的 The research of gray space design of architecture based on green stormwater infrastructure application，更是开拓了我的新思路，灰空间不仅可以使建筑更好地融入环境，还能让建筑更加环保，减少对环境的污染。

参考文献：（说明：前面已有列出，因篇幅所限，引处略去。）

8.4　项目竞赛，一展身手

本节选编了三份为大创项目和专业竞赛而搜索文献解决问题的检索案例，它们在文献阅读吸收、问题解决方案、研究要点形成等方面，各有侧重，各有特色。

案例 3：多媒体教室空间光环境设计的研究

作品完成人：卢澍楠，大二

完成日期：2021 年 1 月

1　选题分析

1.1　选题背景

本人参与了专业课老师的科研项目，近期正在积极准备"大创"的项目，本次课题内容为整个项目中重要的一部分，同时，我也对本课题十分感兴趣，希望从中了解到相关的拓展专业知识以提升自己的专业能力。希望通过此次信息调研检索实践，获得较多的理论依据，为项目的前期做好准备，同时对今后的实地调研提供指导。

1.2　概念描述

多媒体教学空间：在这个信息技术发达的时代，多媒体教室已成为必不可少的教学工具，多媒体教室由多媒体计算机、液晶投影仪、数字视频展示台、中央控制系统、投影屏幕、音响设备等多种现代教学设备组成。

光环境设计是现代建筑设计的一个有机组成部分，其目的是追求合理的设计标准和照明设备，节约能源，使科学与艺术融为一体。正确地认识目前多媒体教学空间光环境的现状，能够有效地帮助解决视觉健康等一系列现阶段存在的问题。

1.3　调研重点内容

本次调研的重点内容主要有两个方面，一是多媒体教学空间现状和基本建筑信息调查（主要包括了解多媒体教学空间现状和基本建筑信息，了解使用者的主观评价，同时将影响多媒体教学空间光环境的基本建筑信息进行归纳分类）；二是多媒体教学空间光环境测量实验（对多媒体教学空间的课桌桌面照度、黑板照度、投影屏幕亮度、投影屏幕区环境照度、教学空间亮度进行测量，以了解黑板、课桌桌面照度及多媒体屏幕亮度对学生视觉健康的影响）。

1.4　调研目的

希望通过前期相关理论论文数据的检索、收集、分析，以及后续的实际调查与综合研究，揭示多媒体教学空间光环境的现状与现存问题，探讨多媒体教学空间的优化问题，改善多媒体教学环境，为项目前期做好充分的准备。

2　检索策略

2.1　检索工具

中国知网；万方数据知识服务平台；维普中文期刊服务平台；EV；ISI Web of Knowledge（ISI）。

2.2　检索词的选择

中文关键词： 多媒体教室（多媒体教室、信息技术教室）
光环境（光环境、采光、自然采光）
设计（设计）

英文关键词： 多媒体教室（multimedia classroom、Information Technology Classroom）
光环境（luminous environment、lighting、natural lighting、natural illumination）
设计（design、devise）

2.3　检索式

(多媒体教室 OR 信息技术教室) AND (光环境 OR 采光) AND (设计)

TS=(multimedia classroom OR Information Technology Classroom)AND TS=(luminous environment OR lighting)AND TS=(design)

3　主要检索结果记录（略）

4　课题综述

摘要： 随着多媒体教学的推广与普及，各个学校都在大力建设多媒体教室，但在多媒体教室的使用过程中还存在很多问题，最突出的就是多媒体教室光环境问题。通过对多媒体教学空间现状和基本建筑信息的调查，以及对多媒体教学空间光环境的测量，开展对多媒体教室空间光环境设计的研究与问题解决。

随着信息技术和网络技术的发展，多媒体辅助教学的优势与作用越发凸显。运用多媒体技术，可以突破传统教学手段的局限性，提供丰富多彩的图、文、声、像等信息，使教学更加形象化，使一些复杂的问题直观化，使学习变得更容易[1]，同时激发学生的学习兴趣，扩大视野，节省教学时间，提高教学质量。因此，无论是各大高校还是中小学都在推广多媒体教学，大力建设多媒体教室。但在当前多媒体教室的设计和使用中还存在很多问题，其中多媒体教室的光环境问题尤为突出。不良的光环境会影响青少年的视觉健康。因此，我们对这一方面的问题进行了相应的研究。

4.1　多媒体教室空间的现状

在解决问题之前，我们需要先了解问题的现状。我们通过现场考察、实地测量的方式了解多媒体教学空间现状和基本建筑信息，主要的内容摘要如表 1 和表 2 所示（表中内容是在指导老师的指导下，通过收集、整理、分析资料得出的）。

表 1　学校多媒体教学空间现状摘要

教学方式	多媒体设备种类型号	设备布置情况	设备使用情况
以多媒体教学为主	投影屏幕	讲台居中	整堂课使用/偶尔使用/几乎不用等情况
多媒体与黑板相结合	交互式电子白板	讲台两侧	
多媒体与白板相结合	计算机/电视等	临窗等	维护程度等

表 2　学校多媒体教学空间基本建筑信息摘要

基本建筑信息（小/初/高中）		主要特点
建筑形态	楼层	首层/中间层/顶层
	层高	—
	遮阳形式	外遮阳、内遮阳等
	教学楼平面及布局	行列式/组团式等
	教室类型及规模	普通教室/特殊教室；教室面积和学生人数
教室设计	教室朝向	主要采光方向
	教室平面	平面形状特点

续表

基本建筑信息（小/初/高中）		主要特点
教室设计	室内装修材质	窗户和内饰等家具情况
	座位排列布置方式	行列式/开放小组式
采光方式	采光形式	顶部采光/侧面采光/顶部和侧面结合采光
	采光口尺寸	窗地比、窗墙比、窗高等
	采光口使用状态	遮蔽/未遮蔽

通过收集、分析所得数据，将影响多媒体教学空间光环境的基本建筑信息进行归纳分类、建立数据库，为之后进行数据化研究、建立典型多媒体教学空间模型打基础。

通过查找相关文献，我们了解到多媒体教室光环境应该符合的要求有：①能清晰地看清屏幕上的文字和图像；②教师能够看清讲义和学生的表情，并便于键盘等设备的操作；③能够满足学生书写的需要；④避免各种眩光；⑤保证视角的需要；⑥教室内光线均匀，黑板应具有局部照明[2]。以此，对多媒体教学空间进行一个大致的了解，为后续的设计实验打好坚实的基础。

4.2　多媒体教学空间光环境的测量

在多媒体教学过程中，由于多媒体屏幕的使用，相当于在空间中增加了新的光源。黑板、课桌桌面照度及多媒体屏幕亮度都会影响学生的视觉健康[3]。已有的教室天然光环境调研通常只测量工作面照度和采光系数，而忽视测量使用多媒体进行教学时室内的天然光环境。此外，亮度与人体视觉舒适度和视觉功效有着直接的关系[4]，关系着青少年对室内光照强度的感受，更能反映使用者的采光偏好。因此，我们将对多媒体教学空间的课桌桌面照度、黑板照度、投影屏幕亮度、投影屏幕区环境照度、教学空间亮度进行测量，得出相应的实验数据，并对相应的数据进行分析，以得出更加正确的数据，为后续多媒体教室光环境的设计打好前期的基础。

4.3　多媒体教室光环境的设计

通过查找相关文献，我们了解到多媒体教室光环境设计应注意以下事项：①适度的天然采光；②合理布置灯具；③合理控制灯具；④避免眩光等光缺陷[5]。根据一些资料的收集及文献阅读，我们也了解到影响多媒体光环境的主要有自然光环境、多媒体设备光源情况、教室内部光源、教室桌椅设备布局及用材等因素[6]。同时，与常规教室采光设计不同，多媒体教学空间需要针对不同区域的不同采光需求进行分区域采光设计，探讨不同区域的采光设计方法。在保证多媒体屏幕清晰度的同时，为黑板、课桌桌面提供充足、均匀的自然光照是进行多媒体教学空间采光设计的重点。因此，在指导老师的指导下，我们通过收集与分析材料得出多媒体教学空间采光设计研究要点，如图 1 所示。

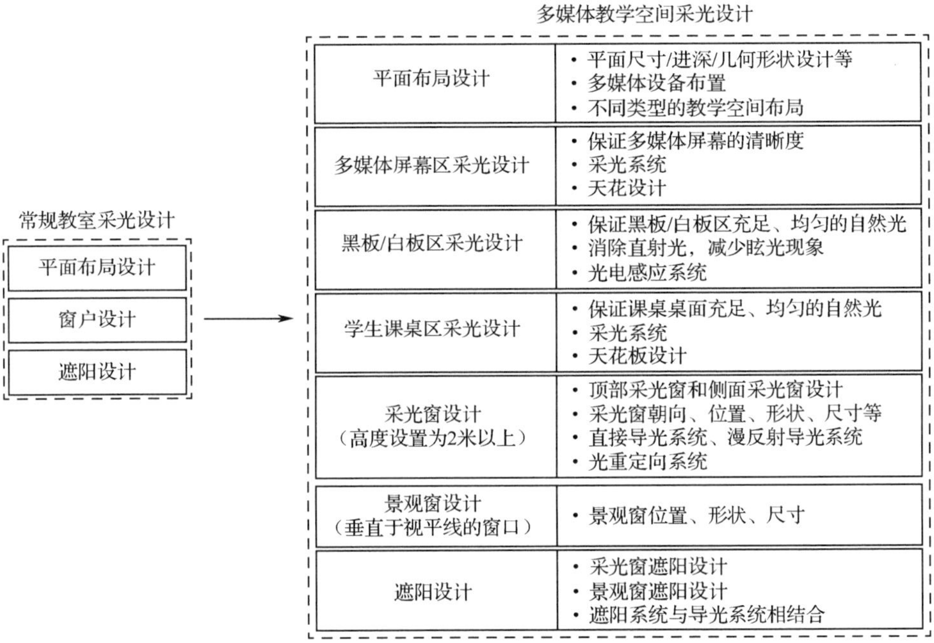

多媒体教学空间采光设计
常规教室采光设计
平面布局设计
窗户设计
遮阳设计
平面布局设计
• 平面尺寸/进深/几何形状设计等
• 多媒体设备布置
• 不同类型的教学空间布局
多媒体屏幕区采光设计
• 保证多媒体屏幕的清晰度
• 采光系统
• 天花设计
黑板/白板区采光设计
• 保证黑板/白板区充足、均匀的自然光
• 消除直射光，减少眩光现象
• 光电感应系统
学生课桌区采光设计
• 保证课桌桌面充足、均匀的自然光
• 采光系统
• 天花板设计
采光窗设计
（高度设置为2米以上）
• 顶部采光窗和侧面采光窗设计
• 采光窗朝向、位置、形状、尺寸等
• 直接导光系统、漫反射导光系统
• 光重定向系统
景观窗设计
（垂直于视平线的窗口）
• 景观窗位置、形状、尺寸
遮阳设计
• 采光窗遮阳设计
• 景观窗遮阳设计
• 遮阳系统与导光系统相结合

图 1　多媒体教学空间采光设计研究要点

在了解了相关设计要点后，我们也了解到设计上存在的难点：①屏幕上严格杜绝出现太阳直射光斑；②如何改善大进深教室采光分布的均匀度，提高教室光环境质量[7]。

根据以上对采光设计的分析，相信在前期得到的大量有效的数据的基础上，我们能够为后续对多媒体教室光环境的设计进行比较充分的研究。

综上所述，对多媒体教室空间光环境设计的研究，需要进行大量前期资料的收集、中期实地的调研考察、后期对数据的分析及相关设计研究。我们需要做的工作有很多，但我依旧乐在其中，因为倘若能够做出一定的成果，就能够为后续的多媒体教室设计提供一定的帮助，为解决多媒体教学空间给青少年带来的视觉健康问题做出一定的贡献。

参考文献

[1] 隋浩智，郭斌，刘宁. 多媒体教室的光环境设计[J]. 科协论坛（下半月），2012(03):114-115.

[2] 彭小云. 多媒体教室的声、光环境[J]. 工业建筑，2006(z1):101-103.

[3] 毛万红，麻欣瑶，周红燕. 高校多媒体教室光环境测试与视觉实验研究[J]. 华中建筑，2012，30(02):49-51.

[4] 贾世桢. 高校多媒体教室光环境主观评价实验研究[D]. 河北工程大学，2019.

[5] 周玉娟，李凯. 多媒体教室光环境的调查分析与研究[J]. 建筑设计管理，2012，29(12):68-70.

[6] 张文正，黑萌萌，王璐. 多媒体教室光环境研究进展[J]. 绿色科技，2020(14):161-162.

[7] 李振霞，沈天行. 多媒体教室及报告厅充分利用天然采光的设计方法[C].//中国能源学会. 2010 中国可再生能源科技发展大会论文集. 2010:2433-2438.

5 分享

通过本次的检索作业，我更加了解了与多媒体教室空间光环境研究相关的内容，这为后续进行“大创”项目的实地调研提供了极大的帮助，让我更加清楚地认识到自己该做什么，该付出什么，同时也让我更加坚定了当初参加该项目的决心。

我是第一次参与“大创”的项目，先前也没有太多的竞赛经验，同时对之前老师布置的项目内容也没有深入的了解，通过这学期对“大学生信息素养”这门课程的学习，我能够利用知网、万方、读秀等学术资源平台获取与该项目有关的学术资料、理论等，让我能够更加清楚地了解整个项目，让我能够全身心地投入其中，同时也为整个项目的前期工作做好充分的准备。

案例 4：儿童友好型社区的研究与设计

作品完成人： 林宝滢，大二

完成日期： 2021 年 1 月

1 课题分析

1.1 选题背景

这学期我和班上四位同学组队，在老师的带领下参加了“攀登计划”和“大创”项目，我们团队研究的项目课题方向为“儿童友好”，我觉得这个课题落实到现实中最贴近我们专业的就是“儿童友好型社区的研究与设计”，而且这个课题和我的专业“城乡规划”息息相关，我想借此机会提前了解我们专业未来要做的事情。但我对这个课题的定义、目前国内外在这方面的研究方法和项目设计、调研的方法等了解得都不太深入，所以在学习了“大学生信息素养”这门课后，我希望可以深入了解关于“儿童友好型社区的研究与设计”的文献，对推进项目进展和我的学习有所帮助。

1.2 课题描述

随着社会的发展，社会上各类人群的生活和精神需求越来越多。目前，大部分的城市建设、居住空间和娱乐空间等都是以成人的视角设计的，往往忽略了儿童的需求，而儿童属于相对弱势的群体，对环境的要求大于成人，但因为目前设计视角不全面，导致儿童活动的空间较少，并且因为儿童的活动空间与成人有差别而导致安全问题频频发生。儿童友好致力于从儿童的视角出发，设计适合他们的空间环境，满足他们在社区中活动的物质、精神等需求。儿童友好型社区，是指在社区设置中，除满足大部分成年人的需求外，也要考虑到儿童在社区中活动的物质和精神等方面的需求。

1.3 调研重点内容及目的

调研重点内容：课题前期开展调查的方式，儿童友好型社区设计应从哪些方面入手，需要注意什么，以及目前国内外儿童友好型社区的建设情况。

调研目的：更全面地设计儿童友好型社区，让儿童的生活更美好，同时也帮助我们推进“攀登计划”和“大创”项目。

2 检索策略

检索词：儿童友好型；小孩友好型；childern friendly
社区；小区；community

检索式：(儿童友好型 OR 小孩友好型) AND (社区 OR 小区)children friendly AND community

数据库：中国知网；维普；万方；Taylor&Francis 期刊数据库。

3 检索结果（略）

4 课题综述

通过阅读各种文献，我对“儿童友好型社区的研究与设计”这个课题有了很多新的认识，这对我开展项目有很大帮助。

首先，我对儿童友好型和儿童友好型社区的定义有了新的了解。儿童友好型的定义是，对儿童友好，能够维护儿童的权益，通过改善儿童生活环境，实现儿童身体、心理、认知、社会、经济上的需求和权利。儿童友好型社区从儿童使用的角度出发，研究儿童行为与社区环境之间的空间互动关系。探讨社区空间设计，研究内容包括儿童友好型社区空间的设计理论、实地调研、案例分析、设计原则、设计方法等多个方面。社区的建设不仅涉及建筑、规划领域，还包括社会政策、社区管理、文化建设等多个方面。

在《儿童友好型社区空间设计研究》这篇论文中，作者的研究方法是在文献资料收集和实地调查的基础上，针对出现的问题进行整理和分析，并探讨解决问题的策略，提出自己的思考和启发。这篇论文综合运用了学科交叉法、归纳法、问卷调查法、行为观察法、实例分析法、对比研究法等多种研究方法[1]。在 What can the urban designer do for children? Normative principles of child-friendly communities for responsive third places 这篇论文中，作者的研究方法和技术是使用访谈法，通过随机行为、游戏和角色分析的小组研究来调查观察者，同时作者发现，在设计时根据儿童比例设计视图也很重要[2]。

《社区规划中的儿童友好政策探索与思路——以深圳市儿童友好型社区试点经验为例》这篇论文提到，深圳福田区在红荔社区儿童友好型社区的规划编制和建设中，先期开展了大量儿童问卷调研和访谈，了解儿童在社区中的真实活动和行为[3]。

我们可以通过实地考察和发放问卷的方式来研究儿童友好型社区的设计要求。例如，我们现在在广州读书，可以在学校周围社区向儿童及儿童家长发放问卷进行了解，或者通过观察、访谈的形式来收集信息。

其次，我知道了儿童友好型社区的规划布局不只是简单的物质方面，应该是全面的，要考虑很多方面。在《儿童友好型社区空间设计研究》这篇论文中，我了解到在儿童友好型社区的规划布局中应注意：①交通规划；②区域划分；③应当关注儿童的可识别性；④日光、通风；⑤封闭与开敞空间。在社区的规划布局中，应将封闭与开敞空间合理结合，布置出适合儿童活动的空间序列[1]。在浏览了许多论文后，我了解到儿童友好型社区中的儿童活动空间可以分为室内和户外，儿童友好型社区户外活动空间的设计原则有：可达性原则、安全性原则、游憩质量原则、多功能性原则、生态性原则[4]。对儿童户外活动空间友好度的考察主要从两个角度进行，即儿童友好设施和儿童友好环境。

《寒地儿童友好型社区规划设计思考》这篇论文让我认识到设计儿童友好型社区时应该因地制宜，在不同的地区根据当地环境的特点来设计，虽然我们现在生活在南方城市，但是我们的设计思路应该考虑到各个地区，不能只用南方人的思路来设计，这样才能设计得更全面。这篇论文提到的关于适应寒地气候条件布局的方法有：①选择遮风向阳位置；②实现围合空间布局。此外，我还从这篇论文中学到：除寒地气候影响外，寒地传统习俗也与寒地城市儿童友好型社区建设息息相关，不同社区公共空间与标志节点的处理也因其周边地点城市文化的影响而有所不同，基于寒地文化重新对社区进行规划思考会在传统儿童友好型社区的基础上焕发新的活力[5]。

在《儿童友好社区在地化实践探索——以景龙社区为例》这篇论文中，我觉得有值得借鉴的地方。例如，作者针对景龙、景华新村公共空间较为充足的特征，重点增强内部街道的公共活动属性。通过打造景龙路内部步行街来串联七大主题活动区；补充儿童活动设施，作为全年龄段的公共活动休闲空间；通过涂鸦等方式对内部社区广场西侧两栋建筑的外墙进行美化；在社区广场东南侧划出三分之一的区域用作儿童软质游乐场地；沿广场边界，间隔适宜地布置垂直绿化设施；在公共角内按照不同的年龄段划分使用空间和添加活动设施，提升环境品质[6]。我们可以利用原有社区的结构，在原来的基础上打造适合儿童活动的空间，让社区由单一变得丰富，同时让儿童有更多合适的空间，设计安全、有趣又便捷的儿童友好路径。

《一种儿童友好型社区公共座椅》这篇专利[7]让我眼前一亮，因为我们目前想到的东西比较空泛和宏观，但是儿童友好型社区公共座椅则落到了现实的物质方面，它给我们的方案的具体落实提供了一个思路方向，因为社区不仅由人和建筑组成，还需要椅子等各种附属构件，在社区内设计适合儿童的座椅也是设计儿童友好型社区的其中一点，我们在设计的时候可以用到这类座椅。

关于我想了解的国内外在这方面的研究情况，我也找到了答案，在《儿童参与视角下的儿童友好型社区空间微更新》这篇论文中，提到了基于儿童视角的国内外儿童友好型社区建设。目前，国内外的儿童在社区建设中的参与度都很低，而国内在儿童友好型社区的建设中多以空间景观规划设计为主，儿童尚无参与规划的权利，儿童的空间需求是成人“认为的”。2018 年中国儿童中心出台了《中国儿童友好社区建设指标体系》，从制度友好、空间友好、服务友好和文化友好 4 个方面提出了具体要求。其中，文化友好明确了儿童与家长参与儿童友好型社区建设，社区成立由儿童自愿组成的委员会，其成员代表整个社区的儿童，有组织架构、章程和工作计划。深圳市在创建儿童友好型城市中，依托儿童友好型社区试点，通过探索社区儿童参与机制，保障社区规划和实施中的儿童空间利益。珠海在推进金湾区少年儿童友好试点社区建设方面，以西城社区为试点，成立了少年儿童议事会，参与社区服务和规划建设工作，全方位培养社区儿童的主人翁意识[8]。

国外对儿童健康和城市环境之间的联系的研究比较早。按照“空间需求—影响因素—规划策略”的逻辑，学者们对国外城市儿童的户外公共活动空间需求与规划策略进行了系统的研究。国外学者对活动空间的分类、影响儿童健康成长的环境因素、儿童参与城市规划与治理、如何将当前交通导向的街道改造为儿童友好的街道、城市社区内儿童活动场地选择与场地生物多样程度之间的关系、儿童作为城市居民本身如何判定城市中哪些地点对他们有风险或可能带来危险等方面进行了深入的研究，有效地支撑了儿童友好型社区的规划与治理[9]。国外学者对儿童友好型社区的研究主要围绕“健康产出”进行，在可行性与效果分析、儿童户外活动与社区设计关系探索等方面都有所涉及。李树文等人指出，国外的经验强调“给予全体儿童针对影响他们的问题发表意见的承诺”。例如，印度的阿默特巴德市采用赋权视角，让孩子通过参与、体验、改变和行动，将其课堂所学运用到自身事务改变之中。丹麦的比隆和瑞典的斯德哥尔摩让孩子参与到城市设计中，发挥孩子设计的创造性和参与社区建设的积极性等。此外，国外的社区致力于将社区建设成为一个使儿童感到安全、被珍视和被支持的地方[10]。通过阅读这些资料，我明白了，在儿童友好型社区的规划和设计中，不仅要从儿童的视角出发，还应该让他们参与设计过程，打造真正的儿童友好型社区。

参考文献

[1] 刘子粲. 儿童友好型社区空间设计研究[D]. 成都：西南交通大学，2014.

[2] Elshater, Abeer. What can the urban designer do for children? Normative principles of child-friendly communities for responsive third places[J]. Journal of Urban Design, 2018, 23 (3):432-455.

[3] 刘磊，雷越昌. 社区规划中的儿童友好政策探索与思路——以深圳市儿童友好型社区试点经验为例[J]. 城市建筑，2018，(12):22-25. DOI:10.3969/j.issn.1673-0232.2018.12.006.

[4] 王楠，周建华，李旭.儿童友好型社区户外活动空间设计策略[J]. 西南师范大学学报（自然科学版），2017，42(07):118-125.

[5] 徐雪桐，张桂波. 寒地儿童友好型社区规划设计思考[J]. 山西建筑，2020，46(14):

30-31.

[6] 王方，林芳菲. 儿童友好社区在地化实践探索——以景龙社区为例[C].//中国城市规划学会. 2019 年中国城市规划年会论文集. 2019:1-11.

[7] 重庆第二师范学院. 一种儿童友好型社区公共座椅：CN201820397212.1[P]. 2018-10-15.

[8] 刘贝，邓凌云. 儿童参与视角下的儿童友好型社区空间微更新[C].//中国城市规划学会. 2019 年中国城市规划年会论文集. 2019:1-9.

[9] 温锋华，王雅姝. 儿童友好型社区健康空间需求与治理策略[J]. 北京规划建设，2020(03):25-29.

[10] 李树文，袁泉. 国外儿童友好社区建设经验对我国的借鉴[J]. 市场周刊，2019(06):141-142.

案例 5：关于岭南地区古建筑保护方法的研究

作品完成人：黄楚炘，大二

完成日期：2021 年 1 月

1 课题分析

1.1 课题

关于岭南地区古建筑保护方法的研究。

1.2 选题背景

我选择该课题的原因是希望通过对岭南地区古建筑保护方法的探究学习和资料搜索，达到为近期参与的汕头小公园立面设计项目做铺垫的目的。

1.3 调研重点

汕头小公园立面设计涉及以下 5 个方面的重点内容。

（1）古建筑保存与维护；

（2）建筑装饰完善与修复；

（3）民国时期文化氛围营造；

（4）古建筑与旅游业、商业等行业的开发相结合；

（5）当地文化的传承与发扬。

1.4 调研目的

通过对相关资料的查找，解决以下问题，达到老墟新生的项目目的。

（1）汕头小公园立面设计的参考依据来源；

（2）如何对建筑装饰进行保留与修缮；

（3）如何打造浓郁的文化氛围；

（4）开拓当地的商业与旅游业。

1.5　现存问题

我所负责设计的片区以民居为主，同时包含 3 栋历史保护建筑，分别为长发祥记客栈、金安客栈、当地书塾。片区内建筑受损程度各不相同，有立面保存较完好的民居、部分坍塌的建筑、完全坍塌的废墟等。部分建筑已经被当地居民进行了后期改造，因此导致民居装饰要素及建筑构造形式较为混乱，进行立面设计及业态定位时较难寻找依据。

2　检索策略

2.1　数据库

中国知网，维普中文期刊服务平台，万方数据知识服务平台，Web of Science。

2.2　检索词

（1）中文检索词：

岭南；岭南地区；广东
古建筑
保护；保存

（2）英文检索词：

lingnan region; south china area
ancient; traditional
building; architecture
protect*; preservation; conservation

2.3　检索式

通用检索式：(岭南 OR 广东) AND 古建筑 AND（保护 OR 保存）

Web of Science 检索式：主题: (lingnan region or south china area) AND 主题: (ancient or traditional) AND 主题: (building or architecture) AND 主题: (protect* OR conservation OR preservation)

2.4　其他

除上述检索策略外，在检索时，为了精确地查找出所需的与课题关系度高的文献，我还采用了精炼的方式缩小查找范围，以提高查找效率。

3　检索结果（略）

4　课题综述

4.1　综述

4.1.1　通过对课题的系统检索，并阅读重要文献，我收集了以下 10 篇内容贴合课题并具有一定新颖性的文献。

（1）Chikan's Arcade Buildings: The Hybrid and Civil Architecture of Lingnan。

（2）Research on architecture technology and its aesthetic features of traditional residential buildings in Edong。

（3）《岭南地区混凝土预制类建筑装饰元素应用研究》。

（4）《基于文化符号的岭南传统私家园林建筑装饰色彩研究》。

（5）《近代广府地区民居建筑装饰研究》。

（6）《浅析外来建筑文化在岭南的传播及其影响研究》。

（7）《浅析岭南地区潮汕民居中的封火墙装饰艺术》。

（8）《岭南地区复合型文化建筑休闲空间设计研究》。

（9）《古建筑档案的数字化保护技术研究——以广东省潮州市为例》。

（10）《广东佛山东华里古建筑群保护与利用初探》。

4.1.2　经过系统的阅读与归纳整理，下面我将从以下两个方面，综述本次检索对我所参与的项目起到的作用。

（1）建筑立面装饰的采集与复原设计方式。

（2）古建筑群保护与利用的措施。

4.1.2.1　建筑立面装饰的采集与复原设计方式。

（1）建筑立面要素。

建筑立面设计的重点要素包括：混凝土预制类建筑装饰元素、近代广府地区民居建筑装饰、当地原有的建筑装饰元素、外来建筑文化对建筑装饰的影响，以及建筑色彩等。

（2）立面装饰的采集方式。

常见且易操作的方式：数据收集、实地调查和比较分析等。

例如，音频、视频数字化采集。传统磁带的音频和视频档案是一种以模拟信号方式记录的档案材料，利用数字化技术对音频、视频数据进行采集和存储，有利于对此类大量的资料进行更好的保护和管理，并提高利用效率。如潮州牌坊街的“状元坊”，要想了解当年的科举状元林大钦的事迹，可以通过采集老一辈人的音像资料来进行。

新颖方便但费用较高的方式：古建筑的三维扫描。

例如，激光三维扫描技术。这是一项先进的数字采集技术，应用范围相当广泛，特别是在城市建设档案管理工作中。因此，古建筑档案的数字化起着重要的作用。它能够深入到任何复杂的现场环境中，并且能够快速完成建筑物表面数据点的扫描测量工作，从而获取精准的三维坐标点云数据。通过将这些三维数据传输到计算机中，就能构建出建筑物表面的三维模型。这些数据不仅能够为古建筑保护研究工作提供完整、精确、永久的数字资源，而且能够为古建筑保护和修复提供可靠的依据，更重要的是能够在已有数据的基础上还原已经不存在的古建筑。激光三维扫描为古建筑的精确记录、重要实物档案的宣传利用等提供了方便，但同时它也是一项技术性高、专业性强、运行费用高的技术。

4.1.2.2　古建筑群保护与利用的措施。

（1）做好古建筑群的保护工作。

（2）制定汕头小公园全面开发利用规划，建立民俗文化博览区。将地块中的废墟加以利用，改造为废墟公园，并通过布置在废墟中穿梭的流线与以匠人为主题的雕塑、壁画、工具等，建立民俗文化博览区。

（3）设立专门管理机构，建立综合素质高的管理人才队伍。

（4）加强与旅游部门和媒体的沟通与合作。

（5）建立汕头小公园网站或公众号，开拓网上宣传。

4.1.3　检索和阅读文献后的感悟。

“大学生信息素养”这门课程帮助我了解了各大常见电子资源的使用方式，使我能够对课题进行多角度的探索和分析。在检索期间，我接触到了前期准备时考虑不周的点。例如，在研究古建筑装饰时不仅要考虑图案，还要考虑饰面颜色等，这体现了检索的全面性，它能帮助我及时查漏补缺，进一步完善工作。

除此之外，信息检索的便捷性令我深切地体会到，档案的数字化是时代发展的大势所趋，古建筑档案的数字化保护是档案资源充分开发利用的不可缺少的重要组成部分。针对潮州的 700 多处古建筑，我们要对收集开发的档案信息资源有选择、有重点、有针对性地进行数字化，这是一个循序渐进的过程。实现数字化以后，可以提高这些档案资源检索的效率，利用计算机设备快速获取足够准确的档案信息；同时也能减少原始档案的使用频率，使原始档案避免人为破坏，有利于这些珍贵档案的保存。随着数字化技术的不断发展，如何利用现代化技术保护这些珍贵的古建筑档案、保存和复原潮州古建筑这一课题，还需要我们不断努力地创新、探索。

4.2　建筑立面装饰的采集与复原课题实践成果展示

4.2.1　实地调研，创建当地立面装饰元素基因库，如图 1 所示。

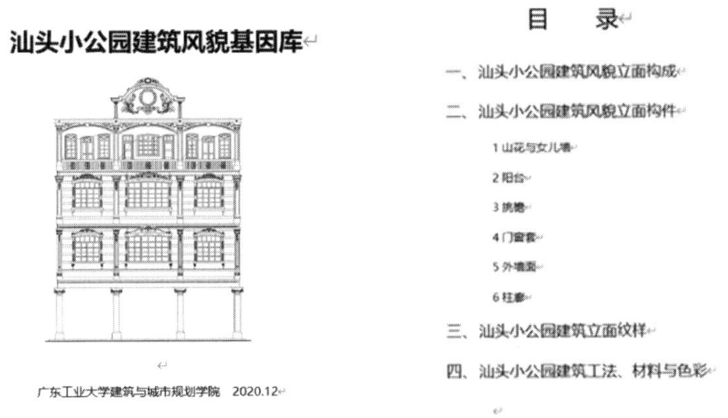

图 1　当地立面装饰元素基因库

4.2.2 利用数字技术对片区进行航拍扫描，建立 Google 实景模型，如图 2 所示。

图 2 Google 实景模型

4.2.3 根据建筑构造对特色价值要素进行分类，建立一栋一表，如图 3 所示。

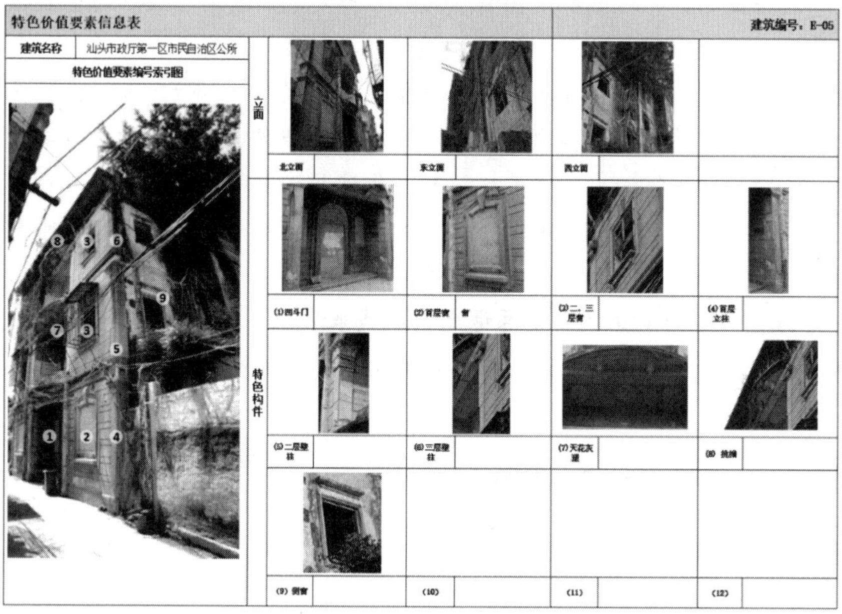

图 3 一栋一表

参考文献

[1] 王海娜. 广东佛山东华里古建筑群保护与利用初探. 四川文物，2006(1):64-66.

[2] 佘利莉. 古建筑档案的数字化保护技术研究——以广东省潮州市为例[J]. 建筑工程技术与设计，2016,(26):42. DOI:10.3969/j.issn.2095-6630.2016.26.042.

[3] 欧阳宁，钱佳雯，陈君豪，汤辉. 岭南地区混凝土预制类建筑装饰元素应用研究

[J]. 山西建筑，2017，43(20):207-208.

[4] 梁林怡. 基于文化符号的岭南传统私家园林建筑装饰色彩研究[D]. 广州：广州大学，2018.

[5] 漆雪薇. 近代广府地区民居建筑装饰研究[D]. 广州：广州大学，2017.

[6] 冯威. 浅析外来建筑文化在岭南的传播及其影响研究[J]. 才智，2014(06):256.

[7] 孙萍. 岭南地区复合型文化建筑休闲空间设计研究[D]. 广州：华南理工大学，2015.

8.5　兴趣求知，自主探索

案例 6：石湾公仔陶瓷制作工艺及其艺术性探究

导读：了解本土文化，增强对家乡的归属感，提升文化自信。

作品完成人：梁华杰，大二

完成日期：2021 年 1 月

1　课题分析

1.1　选题背景

本课题的选题来源于本人对家乡陶瓷文化的探索需求，本人对佛山的石湾公仔文化十分感兴趣，希望从中了解佛山的过去与当下，满足自己对石湾公仔文化的好奇心。

1.2　选题概念

石湾公仔又称石湾艺术陶瓷，是一种特色传统陶瓷工艺品，产于中国陶瓷名镇——广东省佛山市石湾镇，是在日用陶器高度发展、商业流通活跃繁荣的基础上产生的。它的艺术创作根植于民间，每件作品都充满了浑厚、粗犷、质朴、率真的审美情趣。石湾公仔上釉别具一格，釉色浑厚斑斓，造型生动传神。在技法上，塑造人物以不施釉的陶泥“胎骨”表现人体肌肤，取得了“比瓷雕更有温情和人性”的艺术效果。自明代以来，石湾公仔已逐步形成了自己的风格，在兼收并蓄、善仿善创的发展进程中，成为中国乃至世界陶艺史上的一朵奇葩，是一种富有乡土气息的传统民间艺术。

1.3　调研重点内容

石湾公仔的制作流程、制作方法的变革及创新。

1.4　目的

让自己更加深入地了解佛山本土文化，增强对家乡的文化自信和归属感。

2　检索策略

2.1　检索工具

中国知网；万方；维普中文期刊服务平台；读秀学术搜索；EV；ISI Web of Knowledge(ISI)

2.2　检索词

中文关键词：石湾公仔（Sherwani doll）
佛山陶瓷（Foshan Ceramics）
传统陶瓷工艺品（Traditional ceramic crafts）
制作流程（Production process）
艺术性（art）

2.3　检索式

通用检索式：（石湾 OR 佛山）AND 陶瓷 AND 制作流程 AND 艺术性

中国知网检索式：（主题=石湾公仔 或者 佛山陶瓷 或者 岭南传统陶瓷工艺品）并且（主题=制作流程 或者 制作工艺创新）并且（主题=艺术性）

英文检索式：(Sherwani OR Foshan OR Traditional) AND (doll OR Ceramics) AND Production process AND (art OR crafts)

3　检索结果（略）

4　课题综述

阅读众多文献后，我了解到，就石湾公仔的艺术性而言，坊间一直存在两大流派：传统派与现代派，或者说民间派与学院派。据了解，传统派以刘传、区乾及其弟子为代表，属于石湾陶艺中走传统路线的；现代派则以高永坚、谭畅、胡博、梅文鼎等为代表，该派因受西方思想影响，更加注重艺术观念、形式感及强烈的超前意识，敢于尝试，以求突破传统，向前跨一大步。

之后对检索的论文进行阅读分析，梳理出石湾公仔的制作流程，我根据网上搜索到的资料，借鉴部分论文给出的工艺流程，整理了一系列思维导图，如图 1～图 5 所示，图中囊括了陶艺的制作步骤、制作技法、装饰技法、常用工具、宝炉的品种。

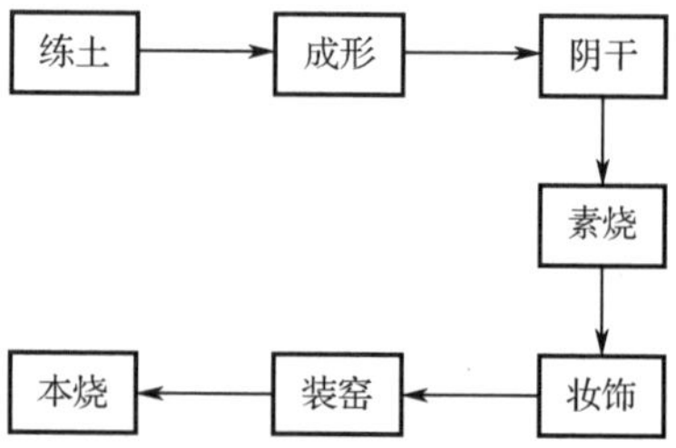

图 1　陶艺的制作步骤

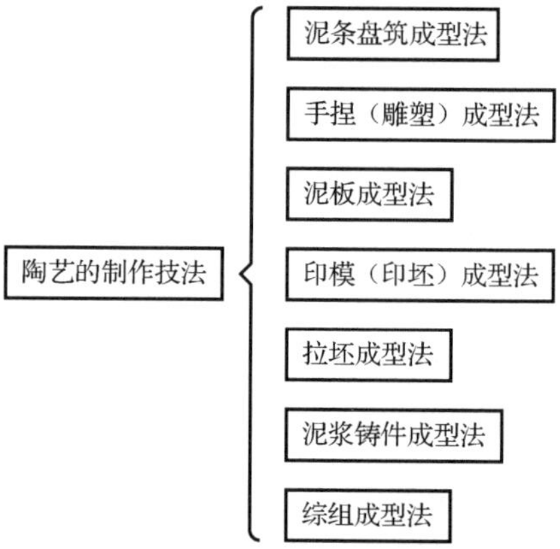

图 2　陶艺的制作技法

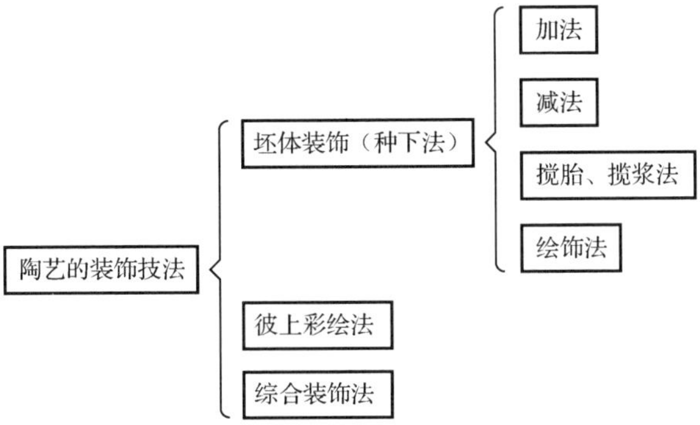

图 3　陶艺的装饰技法

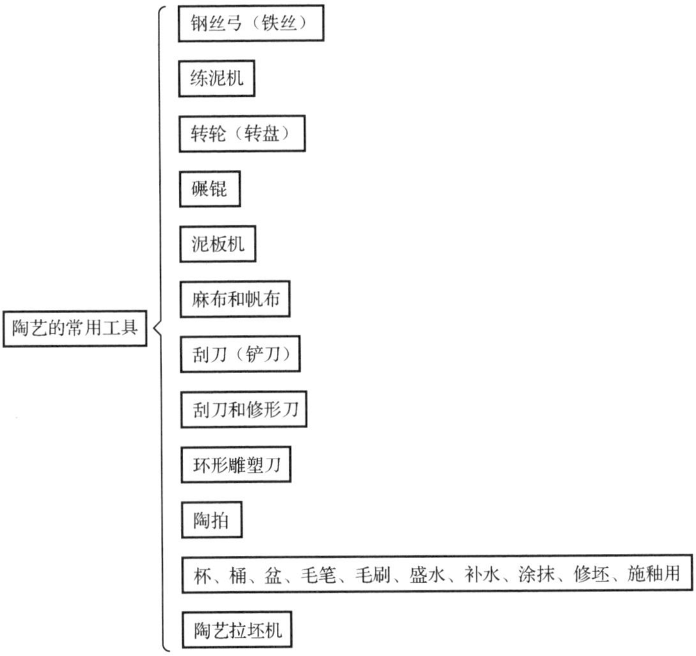

图 4　陶艺的常用工具

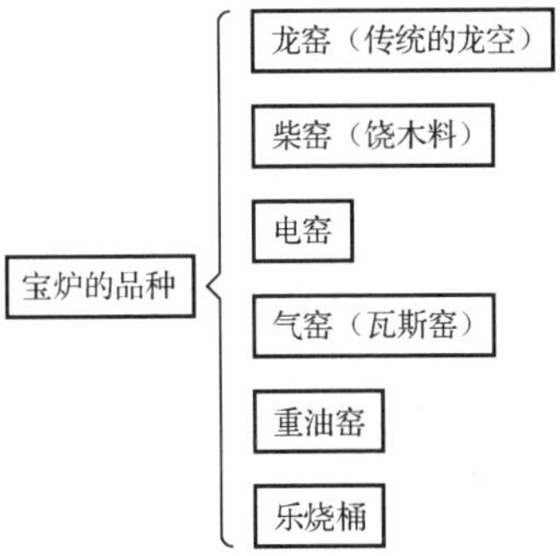

图 5　宝炉的品种

8.6　专利分析，解读领域

案例 7：我国基于数据挖掘的医疗诊断系统专利分析报告

导读：面对海量的专利数据，利用专利分析工具，对专利进行多角度分析，解读领域，了解全局，预测发展，提供建议。

作品完成人：陈蔚星，研一

完成日期：2020 年 12 月

摘要：随着医疗信息系统的普及和医疗数据获取技术的提高，医药行业积累了丰富的医疗数据。尤其是移动医疗的繁荣，使医疗数据的信息化和数字化程度日益提高。这也使利用数据挖掘技术从海量的医疗数据中发现潜在规律，成为医疗人员进行临床诊断的新途径。但目前国内数据挖掘技术还处于起步阶段，需在预警模型、护理记录标准化、引进数据管理人员等方面加强建设，使数据挖掘用于医疗护理工作，预测病情发展趋势，辅助临床决策，从而维护患者安全。

一、引言

数据挖掘（Data Mining，DM）是从大量、不完全、有噪声的、模糊的、随机的医疗健康数据信息中挖掘潜在的、有效的信息，从中找出有意义的关系、模式和趋势等的过程，涉及统计学、数学、机器学习方法、人工智能、数据可视化等多种技术。数据挖掘的实现依赖多种数据挖掘方法，应用于病情恶化早期识别中的数据挖掘算法有逻辑回归（Logistic Regression，LR）、贝叶斯（Bayesian Network，BN）、决策树模型（Decision Tree Model，DTM）、随机森林（Random Forest，RF）、人工神经网络（Artificial Neural Network，ANN）和支持向量机（Support Vector Model，SVM）等机器学习方法。

数据挖掘对疾病管控来说是有效的技术手段，通过使用数据挖掘的各类算法在大量医疗健康数据中挖掘出相关医疗数据的预测值或患者疾病，或者发生某种情况的概率，有助于医护人员识别危重症患者、评估疾病严重程度、预测病死率等。

为帮助护士及早识别患者的病情，国外学者构建了多种基于患者生理参数的病情预警系统，如早期预警评分（Early Warning Score，EWS）[1]、改良早期预警评分（Modified Early Warning Score，MEWS）[2]、国家早期预警评分（National Early Warning Score，NEWS）[3]等。尽管病情预警评分得到了广泛的应用，但仍然存在不足，如评估工具包含的生理参数有限，而且大多是单一时点的评分，缺乏连续性，不能全面反映患者病情变化趋势等。而数据挖掘技术的兴起及其在病情识别方面的应用在很大程度上解决了上述难题。

专利是一种格式化的文献，包含名称、申请人、发明人、IPC 分类号、权利要求书和说明书等内容[4]，我们可以很容易地从一篇专利中得知多个申请机构的合作关系，进而从检索出的多篇专利中获得较大范围的申请机构合作关系图，从而获得更多的信息。

本文首先使用指定专利平台和设计好的检索式，对该领域的专利进行检索，对检索结果进行详细的描述和解读，包括综合分布、学科和领域分布、发明人及其合作关系图、申请单位及其合作关系图等，通过申请单位合作关系图来分析申请单位之间的关系结构，并以此提出更好的关系结构，这有利于该领域的研究。最后对结果分析进行总结，并根据这些结果提出相关建议，展望未来。

二、数据来源

本文采用的数据来源是壹专利平台，壹专利平台囊括全球 104 个国家和地区的一亿多条专利数据，并以周为单位进行专利数据的更新。壹专利平台包括多种检索方式，检索结果比较精准，并提供多种形式的数据统计图供用户进行分析。

三、分析框架与思路

根据本文的主题——我国基于数据挖掘的医疗诊断系统专利分析，可以大致确定检索所需要的关键词，根据在本校“专利信息分析”课程中学到的知识，可将其划分为“数据挖掘”“医疗”“诊断”“系统”4 个部分。又根据所学的近义词、同义词知识，将“医疗”拓展为“医疗”“疾病”，将“诊断”拓展为“诊断”“预测”“决策”“诊疗”，限定申请日期为 1984 年 3 月 12 日至 2020 年 12 月 5 日，也就是从我国《专利法》颁布之日起至今（检索当天）。最后根据壹专利平台的检索式规则，生成检索式：

TACD=(数据挖掘) and TACD=(医疗 or 疾病) and TACD=(诊断 or 预测 or 决策 or 诊疗) and TACD=(系统) and 申请日>=(1984.03.12) and 申请日<=(2020.12.05)

其中 TACD 包括“标题”“摘要”“权利要求”“说明书”4 个字段，即在这 4 个字段中，任意一个出现指定检索式的都符合条件。

检索结果出来后，发现存在许多与计算机或医疗不相关的领域，原因是没有规定分类号，于是从检索结果中筛除不相关的领域，保留计算机、医疗健康、数据处理相关领域，最终从 74 个小分类号中提取出来的小分类号有 A61B、G06F、G16H、G06Q、G06K、G06N、G06T、H04L。之所以使用小分类号，是因为能够在检索结果数量和准确度之间取得平衡，并在一定程度上提高检索效率。

此时生成的检索式为：

TACD=(数据挖掘) and TACD=(医疗 or 疾病) and TACD=(诊断 or 预测 or 决策 or 诊疗) and TACD=(系统) and 申请日>=(1984.03.12) and 申请日<=(2020.12.05) and IPC=(A61B or G16H or G06F or G06Q or G06N or G06K or G06T or H04L)

检索后的结果都符合指定的专业领域，准确度获得了极大的提升。得到检索要素表，如表 1 所示。

表 1 检索要素表

检索要素	检索要素 1	检索要素 2	检索要素 3	检索要素 4
检索要素名称	数据挖掘	医疗	诊断	系统
中文关键词	数据挖掘	医疗；疾病	诊断；预测；决策；诊疗	系统
英文关键词	data Mining	medical; disease	diagnosis;prediction; decision-making; diagnosis and treat	system
缩略语等	DMMS			
IPC 分类号	A61B;G06F;G16H; G06Q;G06K;G06N; G06T;H04L			

四、多种维度分析

使用上述检索式，在壹专利平台中进行检索，检索式及检索结果如图 1 所示。

如图 1 所示，检索结果数量为 2 092 条，与不加同义词、近义词的检索式相比，检索结果数量多出一倍多，提高了查全率。下面从前文提到的多个角度对检索结果进行分析。

1. 综合分布

检索结果的年度分布如图 2 所示。

图 1　检索式及检索结果

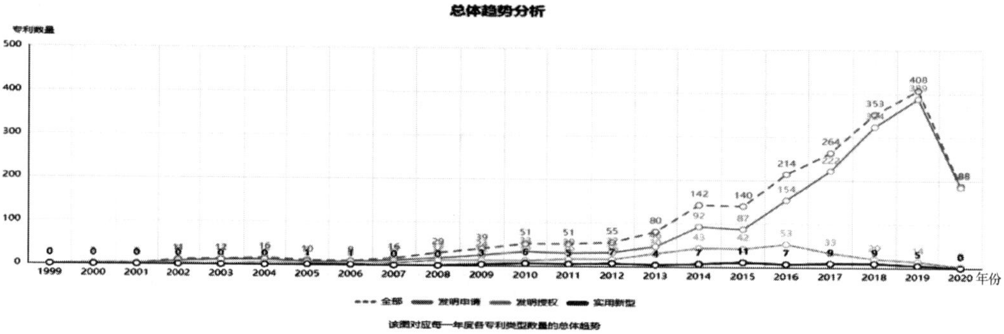

图 2　检索结果的年度分布

从图 2 来看，数据挖掘医疗诊断系统相关的发明专利（这里包括处于申请阶段和已经授权的发明专利）从 2000 年开始有申请记录。2000 年和 2001 年处于孕育、逐渐积累的阶段，鲜有相关发明专利出现，原因可能是这个时期我国的经济实力还不够强大，互联网技术也处在萌芽阶段，因此科技水平还不够高。2002—2006 年呈现出稳步低速增长且短暂刹车的态势，专利数量上升到两位数并缓慢增长后又短暂地回到个位数（接近两位数）。2007—2012 年重新进入稳步增长后又短暂刹车的时期，发明专利数量增长率比之前提高且稳定了几年，然后又短暂地回到接近 0。2013—2019 年进入快速增长时期，发明专利数量增长率明显高于前一个时期，这说明我国这个时期的经济实力较之前有了很大的提升，互联网早已遍布全国，科技水平有了很大的提高，科研环境逐渐成熟，因此科研实力也有了很大的提升。2020 年的发明专利数量较 2019 年有较大幅度的下降，原因可能是 2020 年新冠肺炎疫情的暴发，使我国经济发展受到一定程度的影响，各个机构、企业的发展也受到影响，再加上人员流动的限制，导致整体科研进展受到限制，因此发明专利数量有所下降。

虽然说专利数量大部分时期都呈增长态势，但授权的专利数量并没有一直增长，反而在近几年呈下降态势，说明许多专利的质量、标准没有达到要求，创新度有待提高，希望科研机构能够追求发明成果的创新性和技术质量。

而实用新型专利始终稳定在 10～20 个，数量变化相对稳定，但不够多，因此也希望广大科研人员可以将成果落到实处，投入生产生活。

2. 学科和领域分布

检索结果的学科和领域分布如图 3 所示。

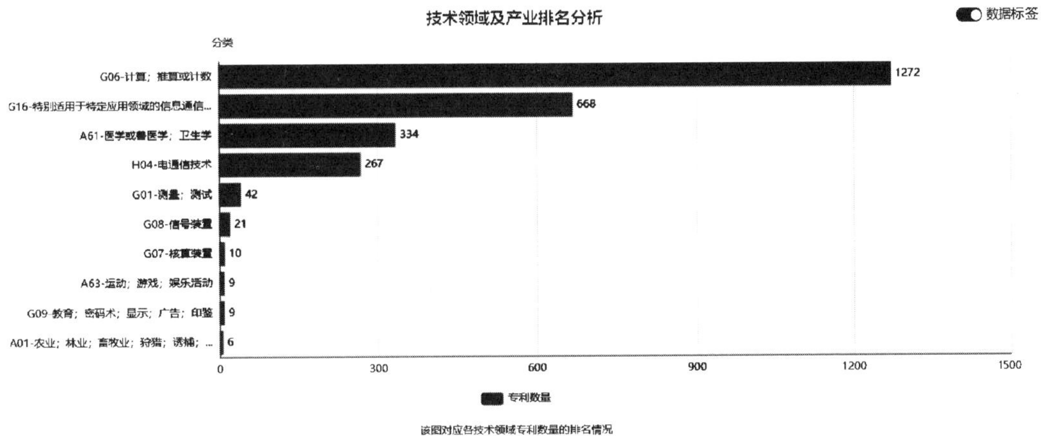

图 3　检索结果的学科和领域分布

从图 3 来看，专利数量最多的前 4 类分别是“G06–计算；推算或计数”“G16–特别适用于特定应用领域的信息通信技术[ICT]”“A61–医学或兽医学；卫生学”“H04–电通信技术”。第一类偏计算机类，第二类和四类偏计算机和通信技术类，第三类偏医学类。但由于数据挖掘医疗本身是交叉技术领域，因此每一类所用到的技术都涉及多个技术领域，但技术主体依然是计算机技术、数据挖掘、医学理论。虽然还有少部分偏其他技术领域的类，如信号装置、控制调节等，但涉及医疗或日常健康方面的技术成果绝大部分属于计算机技术、数据挖掘及医疗领域。

3. 发明人及其社会关系

检索结果的发明人合作关系与排名分析分别如图 4 和图 5 所示。

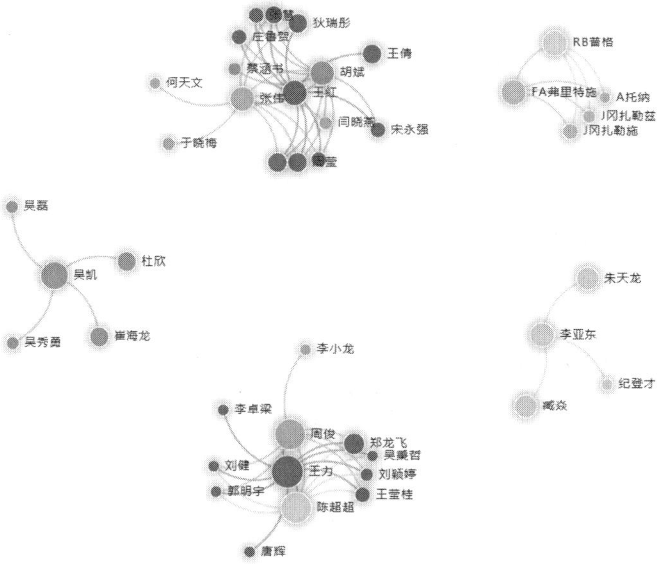

图 4　检索结果的发明人合作关系

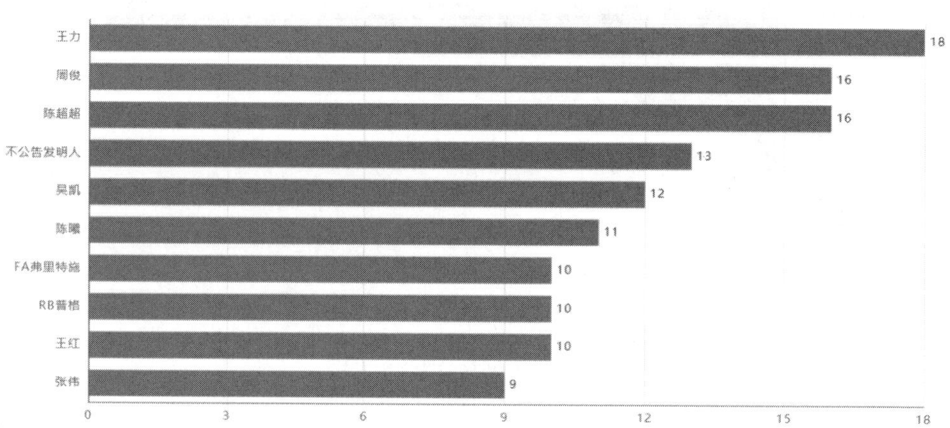

图 5　检索结果的发明人排名分析

图 4 和图 5 分别显示了专利数量前 20 名的发明人的合作关系结构，以及它们各自的专利数量。图 4 中的圆圈越大，代表相应的发明人专利数量越多，如王力拥有 13 个专利（包括审查中的），周俊拥有 12 个专利（包括审查中的）。

4. 申请单位及其合作关系

专利申请单位及其合作关系分别如图 6 和图 7 所示。

从图 6 来看，专利数量排名前三的申请单位分别是腾讯科技（深圳）有限公司、华南理工大学、南京邮电大学，占据前 20 名专利总数的 1/4，说明企业和高校是该领域专利发明的主力军，事实上也确实如此，如图 8 所示。

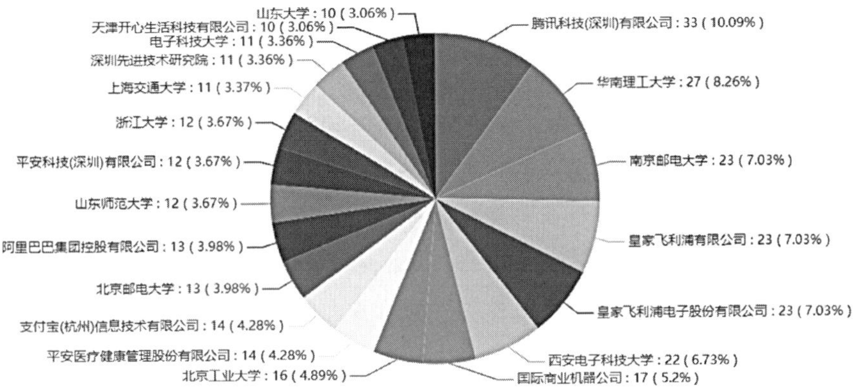

图 6　专利申请单位

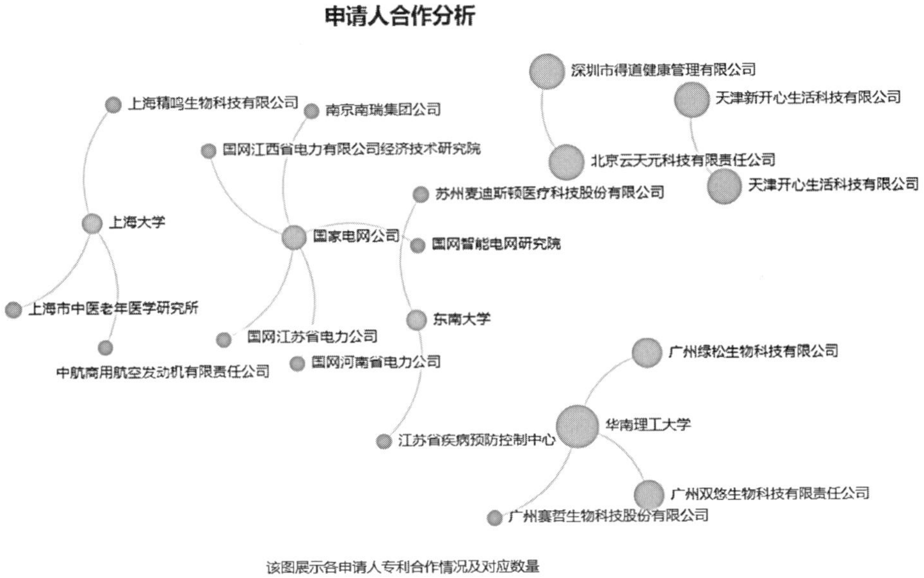

图 7　专利申请单位合作关系

图 8　相关专利的申请人类型（中国）

图 8 显示了检索结果的申请人类型分布，其中企业和高校的专利数占据前两位，占专利总数的 70%左右，这也说明大型企业有战略目标和较充足的资金进行研发，能够吸引足够多的人才；而高校聚集了全国各地该专业领域的学者、教授，也有国家的资金支

持，科研水平自然不低，专利成果就多了。

再来看图 7，图 7 与图 4 类似，也是圆圈越大，代表申请单位拥有的专利数量越多。在该合作关系中，有强强联合，如北京云天元科技有限责任公司与深圳市得道健康管理有限公司的合作；有大机构与小机构之间的优势互补，如华南理工大学、广州双悠生物科技有限责任公司、广州绿松生物科技有限公司、广州赛哲生物科技股份有限公司的合作；有企业之间的合作；也有企业与高校的合作。这说明该领域专利在我国有着良好的合作氛围，不同类型的机构能够积极合作、取长补短，各自发挥自身的优势，把科研实力最大化地发挥出来，有助于科研实力的不断进步。

根据图 7 的专利申请单位合作关系及上述分析，提出两个建议。第一，与华南理工大学合作的是几家生物科技公司。我们知道，在广州，中山大学、广东工业大学等高校在生物科技方面也有不错的实力，因此可以考虑将其纳入该合作圈，这样不仅能够加强团队的科研实力，形成良好的人才供给、优势互补，更重要的是，能给更多的在校研究生提供良好的科研实践环境，有助于提升在校研究生的科研水平，为我国未来储备更多的人才。第二，在图 7 中，与国家电网公司合作的有省电网公司，也有私营企业，这是一个很好的合作关系，国有企业能够提供资金和人员，必要时还有国家政策的支持，私营企业能够提供人才和创新动力，两者优势互补，有助于营造良好的科研氛围，增强科研创新水平，因此，可以有针对性地加强国有企业和私营企业的合作。

即便高校与企业是科研中的主力军，但前几名专利申请单位的专利数量与排名靠后的专利申请单位的专利数量差距并不大，这说明该专业领域的研究在我国的机构单位中分布比较均匀，各单位能发挥自身的优势，形成一个良好的竞争环境与科研环境，这对该领域专利成果的不断突破与涌现是有利的。

五、结论与建议

本文基于主题得到专利检索式。首先根据课程所学知识，对关键词添加了同义词、近义词，使检索结果查全率更高。使用壹专利平台，根据该平台的检索式规则生成检索式，在检索结果的基础上进行分类号筛选，根据主题所要检索的技术领域，最终得到符合条件的分类号，将该分类号放进检索式，得到最终的检索结果。此结果不仅提高了查全率，还提高了查准率。

然后，对检索结果进行了 4 个方面的分析。一是综合分布分析，专利数量随着时间的推移经历了萌芽时期、稳定浮动时期、缓慢增长后短暂刹车时期、快速增长时期、因新冠肺炎疫情而下降时期。二是学科和领域分布分析，专利数量最多的几大类分别属于计算机技术、数据挖掘及医疗领域，这符合检索目的。三是发明人及其社会关系分析，分析了专利数量排名靠前几位发明人，他们的合作人有哪几位，并对他们的合作关系进行了简单介绍。四是申请单位及其合作关系分析，通过分析申请单位的专利数量排名得出，在国内，企业和高校是该专利研究的主力军，拥有绝大部分专利，但专利数量的分布是均匀的，即专利数量最多的几个申请单位并没有比排在后面的申请单位多出很多，这说明国内各地各单位能发挥自身的优势，并具备一定的科研实力，能够形成一个良好的竞争环境与科研环境。通过分析专利数量排名靠前的申请单位之间的合作关系得出，国内的合作关系十分多样化，有私营企业之间的合作、私营企业与高校之间的合作，还有私营企业与国有企业之间的合作，基于此关系提出了两点建议：一是在华南理工大学所在的合作关系中可以加入中山大学、广东工业大学等生物科技实力较强的高校单位，以增强合作团队的科研实力，帮助更多的在校研究生提高科研实践水平；二是增加私营企业与国有企业的合作数量，以更好地将国家的资源和政策与私企的人才和创新活力相结合，加快科研进展。

最后，针对文献检索，简单地说下我的小总结。针对自己要研究的课题，首先可以简单地定下几个关键词，然后在网上检索相关文献，通过检索到的文献标题和自己的研究主题，进一步确认课题的关键词。将关键词的每类概念区分成块，对每个块加上同义词、近义词，必要时可以将原关键词替换掉，去掉不必要的虚词，写出一套完整的检索式。接着选择一个相对权威的检索平台，检索之后再对结果进行分类号筛选，提高查准率，去除检索噪声。由于检索结果存在大量的分类号，所以只需选出符合自己课题专业领域的分类号，就能得出一个拥有相对高的查全率和查准率的结果。在专利平台和数据库方面，有国内的国家知识产权局专利检索系统、中国专利信息网、中国知网专利数据库、壹专利平台等，还有国外热门的专利检索平台，如美国专利数据库、欧洲专利检索系统等，让我在以后的专利检索中有了更多适合自己需求的选择。

参考文献

[1] Morgam R, Williams F, Wright M.An Early Warning Scoring System for detecting developing critical illness[J]. Clin Hatens Care, 1997, 8(1): 100-101.

[2] Subbe C P. Validation of a Modified Early Warning Score in medical admissions[J]. QJM, 2001, 94(10): 521-526.

[3] Royal College of Phsicians. National Early Warning Score(NEWS): standardizing the assessment of acute-illness severity in the NHS. Report of a working party[R]. London: Royal College of Physicians, 2012.

[4] 张燕，彭伶丽，梁玲玲，罗贞. 数据挖掘技术在患者病情识别及管理中的研究进展[J]. 护理学杂志，2020，35(11):17-20.

练习、讨论与思考

1. 阅读本章案例，思考它们给你的学习和研究带来的启发。

2. 近期你有什么学术问题希望深入了解、学习或解决？心动不如行动，赶快行动起来吧！请自主确定选题，比较全面地搜索中英文文献并进行文献分析，完成一份专题信息调研报告。

3. 自拟研究主题，搜索文献资料，遵循学术规范，写作一篇论文或文献综述。

4. 学完了本书，对于“信息素养是包含多种关于信息的知识技能和思维意识的一组复合能力”，你有何思考和理解？

5. 知识更新，学无止境，每个人都应该做一名终身学习者。请思考与实践：如何更好地掌握以信息素养为核心的学习能力，以延伸你学业学习的范畴，以及与其他学术和社会学习目标相融合？

主要参考文献

[1] Information Literacy Competency Standards for Higher Education [EB/OL]. [2021-11-15]. http://repository. arizona. edu/handle/10150/105645.

[2] Global media and information literacy assessment framework: country readiness and competencies [EB/OL]. [2017-02-15]. http://www.unesco.org/new/en/communication-and-information/resources/publications-and-communication-materials/publications/full-list/global-media-and-information-literacy-assessment-framework/.

[3] Framework for Information Literacy for Higher Education [EB/OL]. (2015-02-02). [2021-11-03]. http://www.ala.org/acrl/standards/ilframework.

[4] 程萌萌，夏文菁，王嘉舟，等. 全球媒体和信息素养评估框架（UNESCO）解读及其启示[J]. 远程教育杂志，2015，(01):21-29.

[5] 符绍宏，高冉.《高等教育信息素养框架》指导下的信息素养教育改革[J]. 图书情报知识，2016，(03):26-32.

[6] 韩丽风，秦小燕，杨志刚，等. 新环境下高校信息素养教育宏观规划研究[J].图书情报工作，2020, 64(07): 39-45.

[7] 韩丽风，曾晓牧，林佳. 新环境下高校信息素养教育实践的创新探索[J]. 图书情报工作，2018，62(24):12-17.

[8] 黄如花，冯婕，黄雨婷，等. 公众信息素养教育：全球进展及我国的对策[J]. 中国图书馆学报，2020,46(03):50-72.

[9] 王芳，安璐，黄如花，等. 突发公共卫生事件中的科学应对与思考：图情专家谈新冠疫情[J]. 图书情报知识，2020(02):4-14.

[10] 王知津. 工程信息检索教程[M]. 北京：机械工业出版社，2015.

[11] 林豪慧，孙丽芳. 高校信息素质教程[M]. 北京：电子工业出版社，2013.

[12] 蔡莉静. 图书馆利用基础[M]. 北京：海洋出版社，2013.

[13] 彭奇志. 信息检索与利用[M]. 北京：中国轻工业出版社，2013.

[14] 葛兆光. 大胆想象终究还得小心求证[N]. 文汇报，2003-03-09(8).

[15] 黄健．高校图书馆发展研究[M]．长春：吉林文史出版社，2009.

[16] 胡爱民．现代信息检索[M]．北京：光明日报出版社，2014.

[17] 孙道银．信息管理[M]．北京：经济管理出版社，2014.

[18] 张智松，李民胜．现代医药、化工企业经济信息分析方法[M]．北京：中国医药科技出版社，2000.

[19] 迈克尔·德图佐斯．未来的社会：信息新世界展望[M]．上海：上海译文出版社．1998.

[20] 葛洛蒂，张国治．未来生存——通向 21 世纪的超级文凭[M]．北京：电子工业出版社，1999.

[21] 胡昌平，乔欢．信息服务与用户[M]．武汉：武汉大学出版社，2001.

[22] 胡继武．信息科学与信息产业[M]．广州：中山大学出版社，1995.

[23] 陈燕，等．传播学研究方法[M]．北京：科学出版社，2002.

[24] 赖茂生．科技文献检索指导[M]．北京：北京大学出版社，1992.

[25] 刘城汾．网络信息安全常见问题及其对策[J]．科技与企业，2015，(12): 69.

[26] 凌斌．论文写作的提问和选题[J]．中外法学，2015，27(1):24,36-42.

[27] 廖晨．微博信息可信度的评判模型和可视化工具研究[D]．北京：清华大学，2015.

[28] 彭真明．给初涉科研同学的建议[EB/OL]．(2017-01-01)．[2021-11-02]．http://blog.sciencenet.cn/home.php?mod=space&uid=425437&do=blog&id=1024732.

[29] 杨延丽．给新人的一点文献调研经验[EB/OL]．(2016-10-08)．[2021-11-02]．http://blog.sciencenet.cn/blog-285633-1007357.html.

[30] 往北走．如何研读一篇论文？[EB/OL]．(2015-05-11)．[2021-11-02]．http://www.360doc.com/content/15/0511/11/23023322_469620827.shtml.

[31] 蒋永福，刘鑫．论信息公平[J]．图书与情报，2005，(6).

[32] 穆安民．科技文献检索实用教程[M]．重庆：重庆大学出版社，2015.

[33] 景玉慧，介伟萌，刘晓玲．MOOC 与公开课比较研究[J]．软件导刊，2014(8): 199-201.

[34] 刘赛娜，董玉伟，黎婉倩．网络公开课及其对我国高等教育的影响[J]．软件导刊，2016，15(7):218-219.

[35] 开放存取及其发展历程[EB/OL]．(2015-08-29)．[2021-11-03]．http://www.zhixing123.cn/lunwen/50413.html.

[36] 温州大学图书馆．开放获取资源[EB/OL]．[2021-11-03]．http://lib.wzu. edu.cn/info/1014/1216.htm.

[37] 全球 60 个超优质线上学习资源网站[EB/OL]. (2017-01-03). [2021-11-03]. http://www.360doc.com/content/17/0103/07/33036672-619662989.shtml.

[38] 兰州大学信息素质教育网站．开放存取[EB/OL]．[2021-11-03]．http://lib.lzu.edu.cn/Html/xinxi-2011/2011-6/16/20110616111599.html.